中国历史文化名镇

松溉古镇

上册

夏明宇　粟瀛龙◎编著

西南大學出版社
SWUP
国家一级出版社　全国百佳图书出版单位

图书在版编目（CIP）数据

中国历史文化名镇. 松溉古镇 / 夏明宇, 粟瀛龙编著. -- 重庆 : 西南大学出版社, 2023.5
ISBN 978-7-5697-1822-5

Ⅰ. ①中… Ⅱ. ①夏… ②粟… Ⅲ. ①乡镇—概况—永川区 Ⅳ. ①K928.5

中国国家版本馆CIP数据核字(2023)第098054号

中国历史文化名镇｜松溉古镇（上、下册）

ZHONGGUO LISHI WENHUA MINGZHEN SONGJI GUZHEN

夏明宇　粟瀛龙　编著

责任编辑：王玉竹
责任校对：张　琳
装帧设计：闰江文化
封面题字：沈　鹏
排　　版：张　艳
出版发行：西南大学出版社（原西南师范大学出版社）
　　　　　地址：重庆市北碚区天生路2号
　　　　　邮编：400715
　　　　　电话：023-68254353
经　　销：全国新华书店
印　　刷：重庆金博印务有限公司
幅面尺寸：185mm × 260mm
印　　张：27.25
字　　数：485千字
版　　次：2023年5月 第1版
印　　次：2023年5月 第1次印刷
书　　号：ISBN 978-7-5697-1822-5
定　　价：168.00元（上、下册）

《松溉古镇》
编审委员会

顾问

张智奎　常晓勇

策划

张小梅　徐秀霞

主审

唐士德　王成虎　杨　蓓　赵后波

成员

程洪树　刘春平　雷　波　许志浪
田必武　张　梅　陈能雄　钟礼良
冯昭全　唐常正　王　峰　廖婷婷

出品

重庆市永川区文化和旅游发展委员会
重庆市永川区松溉镇人民政府

承制

重庆余冠文化传播有限公司

发现松溉：万里长江闻名遐迩的历史文化古镇

序

在成渝地区亿万人民着力打造巴蜀文化旅游走廊的大时代，《松溉古镇》的出版是一个可以载入历史的可喜事件。

《松溉古镇》有美景、有历史、有人物、有故事，是以“镇志”方式呈现文化旅游资源的有益尝试。作者以史学家的严谨、文学家的手法多维度解析古镇，梳理了古镇的万千气象，升华了古镇的人文境界。

文化自信是最根本的自信。文化需要发掘和传承。图书是传承文化的载体，是人类文明进步的阶梯。品读《松溉古镇》犹如徜徉在古镇曲折回环的青石坡梯，不同台阶就有各异的风景，不同角度就有别样的美感。在读与品中，与作者一起探寻古镇根脉，那山川形胜孕育的松山溉水，从她名号诞生那一刻开始，就注定了不同凡响；与作者一起走进错落有致、宽窄有序的街巷，那庙宇祠堂、吊脚楼、四合院，已经让你流连忘返；与作者一起品鉴那林林总总、珠玉杂陈的风情风物，定会让你体会到古镇文化的丰富多彩、源远流长；与作者一起对话历史人物，那俊采星驰、名人辈出的兴旺，又会让你感受到曾经玉笋齐抽的生机盎然。当然，你也可以像诗人一样，一盏灯、一杯茶、一碗酒，对影小酌，与作者一起回味古镇的过往旧事，生发出些许对时光流逝的惆怅。

这是一部考证有据、文笔清新、生动有趣的地方志。这本书强化了松溉在全国古镇中的地位。读罢全书，你会得出跟作者一样的结论——一品古镇、十里老街、百年风云、千载文脉、万里长江——这美誉松溉配得上。松溉古镇是重庆“山水之城·美丽之地”的翘楚，是巴蜀文化旅游走廊上的明珠。她因规模宏大的古建遗存、依山就势的轩昂气象、水墨画般的独一无二，称得上是“万里长江闻名遐迩的历史文化古镇”。

文化旅游让人们生活更美好，是高品质生活的标配。旅游业方兴未艾，古镇游长盛不衰。《松溉古镇》是了解松溉的百科全书，作者匠心独运，编排图文并茂，出版正当其时，品读开卷有益。

松溉古镇故事很长，长得像绵绵不绝的一江春水。百闻不如一见。读者朋友，这座傍桥而居、枕江而眠的古镇，时刻静待那个懂她的你——等你别致的解析，个性的续写，精彩的演绎。

编者

前言

PREFACE

重庆市永川区松溉镇位于重庆市永川区最南部，濒临长江，地处川、黔、渝三省（直辖市）接合处，东接江津区朱杨镇，南与江津区石蟆镇隔江相望，西靠永川区朱沱镇，北邻永川区何埂镇。镇政府所在地距永川城区 30 千米，顺江而下 143 千米可达重庆市区，溯江而上 229 千米抵达四川省宜宾市区。重庆三环高速公路直达镇区，永川长江大桥飞架于此。因镇内有松子山、溉水而得名“松溉”。

松溉镇建镇历史悠久，镇史辉煌。律动的古老建筑遗存、优美的自然景观、丰富的人文遗址以及独特的江河文化给人留下极为深刻的印象。人们习惯称其为“松溉古镇”。古镇曾先后获得“重庆历史文化名镇”“中国历史文化名镇”“重庆市级中心镇”“国家 AAA 级旅游景区”“重庆市文化创意产业基地”“重庆十大最美古镇”“重庆市十大魅力小城镇”“重庆最具人文价值小城镇”“首届重庆最美历史文化古迹”“川渝最佳美食小镇”等称号。

松溉，是一个有“品”的古镇。大号独擅，千古流芳，可谓名称之有品牌。松山溉水，藏风养气，可谓地理之有品物。众多古建，斯人凭栏，可谓观览亮点众多有品级。照古丹心，历史人物，可谓俊才辈出有品行。千年历史，古镇风情，可谓格调之中有品位。面向未来，超越历史，可谓发展之中有品质。

松溉古镇是一个配得上“一品”称号的古镇。

其一，形制规模宏大。松溉古镇核心区总占地面积 137700 平方米，拥有古街巷 26 条，古石板老街 5000 余米。典型遗存有罗家祠堂、陈家大院、玉皇观、魁星阁、紫云宫、古县衙、吊脚楼等古建筑 30 多处，现存历史建筑总面积 86845 平方米，重点建筑总建筑面积 21402.66 平方米，占地面积达 13600 平方米，是西南片区体量最大、人为改造对古镇风貌影响最小、保存最为完整的明清建筑集合体（《松溉历史文化名镇保护规划》）。

其二，历史名人辈出。古镇人杰地灵，名人辈出。古有南宋著名经学大师陈鹏飞定居于此；近代有从陈家大院走出的中国科学院院士、微生物专家陈文贵，曾为周恩来治病的外科手术专家陈文镜也出生于此；更有著名画家张大千曾避难于古镇内，抗战名将冯玉祥也曾到古镇视察。

其三，文化个性独特。松溉古镇几乎集中体现了所有江边小镇的个性，拥有“海纳百川”的胸襟和卓越辉煌的成就。永川县署曾两度迁于松溉，有十余个省的移民会馆遗存，儒道释寺观遗迹多达“九宫十八庙”，昭示着古松溉极强的吸纳和辐射能力；这里的商贸非常繁荣，文化极具个性。古镇文化源远流长，海纳百川，积淀深厚，表现丰富，别有情趣，最终汇成“一品古镇，十里老街，百年风云，千载文脉，万里长江”的特色。

其四，综合开发潜力突出。松溉古镇地处川黔渝要冲，便捷的交通优势，独特的一江三河地理环境，保存良好的古街，丰富的抗战文化、民俗文化、名人文化等资源，在众多同类古镇中别具一格，其古镇、长江、溪河、岛屿等要素，为文旅综合开发提供了强大的支撑，发展潜力巨大。

综上，可以说，松溉古镇为海纳百川典型，滨江古镇代表，其古镇规模、文化个性和开发潜能，堪称万里长江古镇中的“佼佼者”。站在松溉江边，回首北望，展开心灵的翅膀，心中尽是富饶美丽的永川大地；站在箕山之巅，遥望南方，尽头全是波涛滚滚的万里长江水。

永（川）松（溉）公路的那头是永川，这头是松溉。重庆三环高速公路、渝泸北线高速公路，把松溉这一颗江边明珠穿入重庆经济社会发展的大圆环网络中。松溉深深植根于古昌州，融入大重庆，以独特的个性从久远走来，通过长江大桥和长江黄金水道，走向四面八方。

在松溉古镇的江边古码头上，慢慢转动身躯四望，虽有天地悠悠，前不见古人之感慨，也有岁月沧桑、自有来者之欣慰，建设辉煌松溉的梦想已不再远。

我们有幸亲近澄净的江水，触摸远古已有的江岸，接受来自大江南北的清风，从这里开始寻求古镇松溉的秘密。

从汉东古城这个通史式的古代遗迹，到唐宗宋祖时代这个曾经闪烁辉煌之光的地方，会给我们怎样的惊喜，又会让我们发出怎样的感叹？当“湖广填四川”的大潮涌来，滔滔江水又见证了哪些惊心动魄的故事？沿着松子山、龙船坡、上溪沟、后溪河的石板小径，打量着众多的穿斗木屋，有多少人在松涛阵阵中伴着潮起潮落，度过了自己的人生时光？川江号子和打更匠的梆子声又曾怎样融汇在古镇的栅子，等待着日出东皋？江畔欸乃渔火明，山间铃响马帮来，时光湮灭了哪些旧貌，又带来哪些新的永恒，同时又有哪些信念一直让我们坚守？

地灵人杰，松溉的山水养育了松溉人。松溉果真曾经有过玉笋齐抽、俊采星驰的盎然生机吗？他们又留给了我们哪些回忆？

穿行在古老的街巷，用眼默默地观察，用耳悄悄地聆听，用心静静地感悟。我们用能够调动的所有感官，与人和物交流，与过去和现实沟通，在各种信息渠道中探寻，期望找到恰当的理由，合理解读松溉的岁月。

走进松溉，探明了它的前世今身，我们大致知道它一千年前的样子，确定它五百年前的真身。我们探索松溉的山山水水，想告诉所有人，松溉不仅神奇，而且充满动人的故事，有特别醇香的韵味。松溉的故事就是永川的故事，松溉的故事就是重庆的故事，松溉的故事就是中国的故事。

我们触摸古镇的老屋，那些石头，那些木板，那些吊脚楼的柱子，感受它们的温度，思考它们的文化，试图展示松溉曾经在波澜壮阔中有过非同凡响的经历。我们希望这是一道追光，能把它们再次照亮，让人们能够从中获得一些审美体验或者思考，最好能把它们从流逝中挽留。

我们也在如织的人流中，喜看庙会、灯会、龙舟赛，品尝各种美食，听川戏和喊川江号子，在内心深处体验古镇的热闹和繁荣，把它们化作平实的文字，告诉人们这里前世今生的万种风情。

书不尽言，言不尽意。

千年古镇，风情万种。我们的笔墨只能及其万一，而不能完全穿越、突破岁月的障碍而写尽一切。所以，我们也要说，松溉的故事很长很长，需要有更多的人继续来说，继续来讲，继续来写，而且我们坚信，未来的故事，一定会更好、更美、更精彩。

我们的笔墨触及六个部分，成书六章。一是“大号独擅　千载留芳”，介绍松溉的地名由来及其历史渊源；二是“松山藏风 溉水养气”，介绍松溉的地理及山川形胜；三是“无限江山美 斯人曾凭栏”，介绍松溉的古代建筑；四是“千年古镇 万种风情”，介绍松溉的文化脉络和风土人情；五是“神奇传说 关照古今”，介绍松溉的传说、故事和文化遗存；六是“峥嵘岁月 照古丹心”，介绍松溉的历史人物等。其中，前言、跋语和一、二、三章全部及松溉地名的神奇传说前四则由粟瀛龙写作，其余四、五、六章由夏明宇写作，最后由夏明宇统稿。

本书的撰写坚持辩证唯物主义和历史唯物主义的观点、立场和方法。书中涉及部分民风民俗、宗教祭祀等内容，仅用于客观记述松溉古镇传统民间习俗。

文中有关古镇的文字材料和图片，均由重庆市永川区文化和旅游发展委员会、重庆市永川区松溉镇人民政府、重庆茶山竹海旅游开发有限公司、成都博艺公司提供并授权使用。插页图为刘阿本作品。

本书的形成，得到了永川区委、区政府领导的重视，得到了永川区文化和旅游发展委员会，永川区文联领导及文艺界朋友，永川区松溉镇党委、政府，重庆茶山竹海旅游开发有限公司及各界相关人士的大力支持，获得了松溉古镇相关群众的热心帮助，在此一并表示衷心感谢。

欢迎各界朋友提出意见，补充材料，愿我们共同努力，让“松溉古镇”这本大书变得更加丰富、更有内涵。

松溉之品，要您亲自来到松溉，走过古码头，赏过“澄江如练”美景，踩着曲折街巷的青石板，面对九大碗，端起松溉镇的老酒，才会深得其味。

欢迎你来品松溉茶、喝松溉酒、吃九大碗、“品”松溉味。

华山论剑，松溉论“品”。吊脚楼上，江风起处是松溉，我们在这里等你。

作者

目录 CONTENTS

松溉古鎮

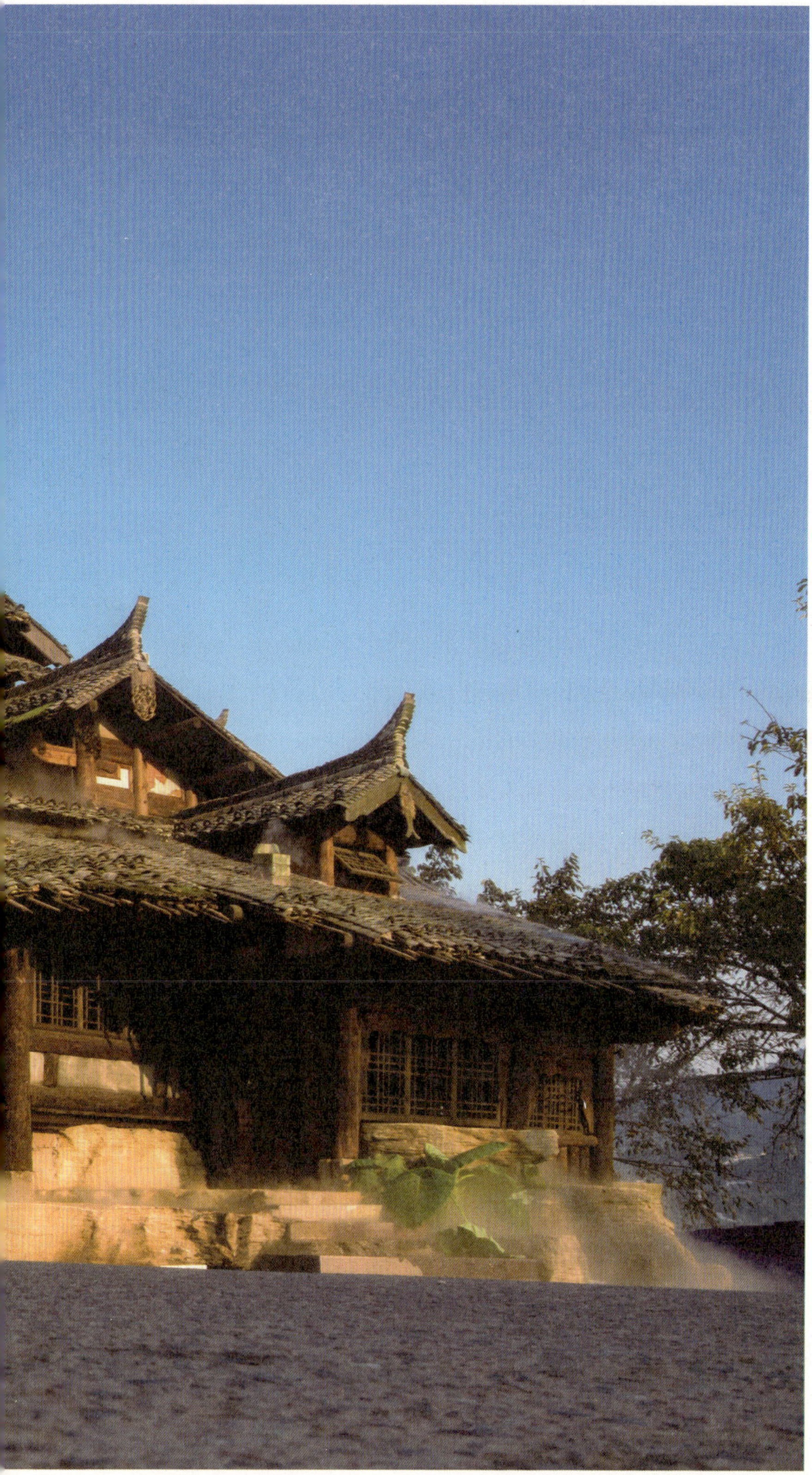

大号独擅 千载留芳

松溉的地名由来及历史渊源

第一节
解密千年古镇的钥匙

寻名问姓，听曲辨音。解读松溉的岁月，我们从“松溉”之名开始。

在久远的古代，古老的青藏高原格拉丹东峰雪山的西南，一片冰川的一个边角，慢慢地渗出了一丝儿水迹，渐渐地那一丝儿水迹变成了一滴清澈的泉水……

一滴，两滴，三滴……无数看得见的水滴，看不见的水迹，从那个圣洁而神秘的地方，渐渐汇成涓涓细流，汇成滔滔河水，变成恣肆汪洋的长江。

长江，带着沱沱河的灵气、通天河的神奇、金沙江的威武，走过三千多千米，来到一处散发着岁月沉香、闪耀着历史光辉的地方——松溉。

长江，从远古走来，无数的春花秋月，创造了无数自然的奇观，见证了世间无数的奇迹。松溉，看似平凡简单的地方，到底有多少岁月值得我们为之探索不止？到底发生过多少故事，值得我们年复一年追述？到底潜藏着多少秘密，需要我们不断地追寻？到底有怎样的传奇被滚滚长江带走，又有多少风情等着我们去撷拾？……

站在松子山上，眺望长江，波涛汹涌的不仅是滚滚江水，还有我们的心潮。江风一阵又一阵地拂过面庞，仿佛要带着我们去探访松溉大地。我们将随着新松溉的勃勃生意，慢慢讲述松溉古镇的故事，揭开她那一层又一层神秘的面纱。

在现代汉语的语音体系中，溉，读音如“概”（gài），即“灌溉”的“溉”，专指用水灌溉土地。

但是，“松溉”中的“溉”字，作为地名专用词，却读作“既”（jì）。所有松溉人、所有永川人都知道这种读法，都习惯这种读法。从古到今，都是如此。哪怕曾经被人为改变，也被颇有文化根底的永川人、较真的永川人和执着的松溉人给要求改了过来。

有资料可查，历史上，“松溉”之名的使用虽有变化，但总体上一直沿用，直到新中国成立后。

新中国推行汉语拼音方案。在普通话中，“溉”字的读音被确定为“gài”，而且被后来出版的《新华字典》注为唯一读音。这就让“松溉”之名在本地的民间读法和普通话读法发生了冲突。为了避免这种情况，“松溉”镇名，曾于 1992 年 9 月被更为“松既”。

既，读音为 jì。其读音与“松溉”本地人对本地地名中“溉”字的读法倒是一样了，但是，完全丢掉了“松溉（jì）”地名的历史渊源和文化韵味。而且取意发生了巨大的转换。

既，《说文解字》解释为“小食也”，取意和今天的“加餐”“随便吃点儿东西”类似。但这个解释不准确，因而受到批评。

如，罗振玉就曾指出：“即，象人就食；既，象人食既。许训既为小食，义与形不协矣。”既，比较公认的解释为“人食尽而后回头欲离开”之义。这和“溉”字之义又差之甚远。

罗振玉（1866—1940），江苏淮安人，祖籍浙江上虞，字叔言、叔蕴，号雪堂，晚年更号“贞松老人”，清末奉召入京，任学部二等咨议官，后补参事官，兼京师大学堂农科监督。

“松溉”被改为“松既”，受到当地群众和以钟代华先生为代表的文化界人士质疑，他们纷纷建议要求改回原用字。钟代华先生尤其热心于此，历经十余年，先后八次向县（市）政协会议提出议案，建议恢复“松溉”实名。经过多方不断的努力，本着尊重历史、回归传统、回应群众关切的宗旨，永川市人民政府于 2004 年以永府发文〔2004〕76 号《关于将现“松既镇”恢复更名为“松溉镇”的请示》，向重庆市人民政府提请更名，请求准予恢复“松既”名称为“松溉”。

2005 年 6 月，重庆市人民政府以《重庆市人民政府关于永川市松既镇更名为松溉镇的批复》（渝府发〔2005〕116 号），同意永川将“松既镇”更名为“松溉镇”。

重庆市人民政府在批复中指出：

“溉”通常读为“gài”。作地名时有时读为“jì”。此读音在《康熙字典》中有专门注解；在1990年1版的《汉语大词典》中也将“溉”专门注释为“溉读为既”。根据松溉镇的历史由来和相关历史记载，为尊重历史，尊重群众的意愿，充分挖掘松溉镇悠久的历史文化资源，促进该镇的发展，市政府同意将永川市松既镇更名为松溉镇，其管辖区域和政府驻地不变。

这个恢复松溉原名的变更从2005年6月8日起实施。

在20世纪后期和21世纪最初一段时间，为了更好地传播信息，城镇、乡村还到处都安装着广播喇叭。每天早上、中午、晚上定时进行广播，宣传党和国家的政策，传递新闻信息，指导工农业生产。“松溉”的名字也就经常能在广播中听到。从说普通话、用规范字的角度出发，那时，仍有一些广播员把“松溉”读为“松溉（gài）”。广播不断使用这个读法，和“松溉（jì）”及永川人民的日常读法区别很大，让人们难以适应和接受，又渐渐被人们重视起来。不久，“民间认为把‘松溉’读为‘松概’不正确”的意见纷纷被反映到有关部门，又引起了重视。当然，结果是令人满意的。那就是“松溉（jì）”的读音彻底回归到千年传承的历史。

到如今，“松溉（jì）”的读音已成为全区人民的共识，无论民间还是电视广播都读“松溉（jì）”。

松溉的历史文化意义，也渐渐得到更多人的重视。

“溉”是解开松溉千年古镇秘密的钥匙。

那么，这个“溉”字，到底潜藏着怎么样的玄妙呢？

第二节

千年文脉　世代相继

“溉”读为 jì，是有深远的历史渊源和文化意义的。但是，一般的解释和解读往往止于《康熙字典》的注释，更多的内涵没能得到发掘。

新中国成立后，国家在 1955 年规定国家通用语言为普通话。

汉语音韵学，是研究古代汉语的音节结构、语音系统及其历史演变的一门科学；是通过分析各个历史时期汉字的读音，归纳出各个历史时期的语音系统，再通过比较，来研究汉语语音演变过程及其规律的一门学问。

汉语音韵学告诉我们，在普通话之前，不同历史时期的人都拥有自己成套的语音系统，而那并不是今天的汉语拼音系统。古代汉语语音的发展，被后人分为三个历史阶段加以研究，分别是上古、中古、近古。

“三古”各自拥有自己的语音系统。从西周初年到汉末，是上古音时期。南北朝至隋唐时期汉语的语音，即中古音。近古音是指宋、元、明、清时期的汉语语音。研究近古音韵以宋代的《广韵》及元朝的《中原音韵》《古今韵会举要》等为依据。《切韵》原书已失传，其所反映的语音系统因《广韵》等增订本而得以完整地流传下来。

从中古音到现代普通话的发展与演变有一个漫长而复杂的过程。由于南北地域的差异，文化开化程度的不同，以及人口流动、民族融合等的影响，古代汉语语音的发展变化十分复杂。虽然有对古代音韵学的整理、研究，并且也对其进行了保护和传承，但由于历史悠久的原因，汉语语音发展到近代，古代语音内容丢失的现象十分严重。由于现代信息社会，信息、文化传播的方式日新月异，古汉语音除了少数学者研究运用外，几乎无人使用。民间仅有少数热爱古代文化的人（如古诗词的爱好者）使用，但古诗词爱好者又多限于对格律诗词写作的学习、研究或运用，因此古代语音的传承面临较多问题。

因此，“松溉”能保留其古音至今，就显得更加可贵。

“松溉”这个“溉”字的读音，闪耀着历史文明的光芒。它继承了其在中古音系中的读音，又走向近古语音并进入中国现代社会，直到今天，它仍充满沧桑的味道，散发着历史的馨香。

《康熙字典》注释“溉”有“既”音，依据是“《广韵》居豙切《集韵》《韵会》居气切丛音既”并说“义同”，还说明“又与既通”。

◆金文和小篆“溉”

《广韵》是宋代的书。

这一信息告诉我们，“松溉”之名中“溉”字的读音保留的是中古语音，保存的是“溉”字一千多年前的宋代读音。仅凭这一条，就可以证明，“松溉”千年古镇之名，真实不虚。

《广韵》的底本是比它更早的隋代的《切韵》和唐代的《唐韵》。虽然《切韵》原书已佚失，但我们没有确切理由否认“溉”字在隋代不读如“jì”。这样看来，“溉”字的文化渊源还应当或者可以上溯到更早。

“溉”字的读音，“松溉（jì）”的读法，在历史的发展中，总是一脉相承的。

据清嘉庆《四川通志》记载，南宋时期，与苏东坡、张子韶在当世并称注经“三杰”的陈鹏飞（字少南），因为受秦桧诬陷而遭贬，回到松溉并设馆教学，传播文化。陈鹏飞，生活于1078年至1153年（北宋神宗元丰元年至南宋高宗绍兴二十三年），其时宋代汉语之音韵已成定论且推行多年。因此，我们完全可以猜想他晚年带回了当时国家政治、经济、文化中心的最新文化成果，并把它们洒播在松溉大地上。

因此，“松溉”的“溉”字读音的历史渊源就显得更加确定。

历史翻过宋代的篇章，进入元朝。元朝有一本著名的韵书——《韵会》（亦称《古今韵会》。再往后，明太祖洪武八年（1375年），乐韶凤、宋濂等人奉诏编成了一部官方韵书，共16卷，叫《洪武正韵》。

《洪武正韵笺》是明代杨时伟编纂的一部韵书。该书以《洪武正韵》为基础，增注补笺。其注“溉”字为：

吉器切 去声三霁寄 小韵对应文韵小韵既

如此看来，从唐宗宋祖到康熙大帝，从《切韵》《广韵》《韵会》《洪武正韵》一直到《康熙字典》，历经唐、宋、元、明、清，“溉”字一直都有一个读音为 jì。它的本来面目，其实一直都得到很好的保存。

如此，我们似乎就可以证明，从宋代“松溉”始称“松子溉”开始，从古到今，“松（子）溉”的“溉”就读 jì。我们可以肯定，今天的“松溉”，带着千年文化历史的陈迹，见证过千年文化历史的变化，包含着千年历史的故事。

松溉，就是一个当之无愧的千年古镇。

如果我们结合距松溉仅几千米之遥、田土和河流毗连的朱沱镇的历史，松溉的历史还将继续上推。

唐高祖武德三年（620 年），朝廷曾在朱沱设立万春县，现朱沱镇为当时县治所在，至今已有 1400 多年历史。我们完全可以据此推断，那时的松溉已经是唐朝的国土。加上对朱沱汉东城遗址的发掘，我们可知，和朱沱一样，松溉的历史甚至可以上溯到远古。2013 年 10 月至 2015 年 1 月，相关部门在对汉东城遗址的考古发掘工作中，发现两座商周时期的墓葬。在此出土的文物，数以千计。汉东城遗址是重庆境内现存遗存最丰富、保存最好、时代延续性最好的古遗址之一，出土器物小件 800 余件，器物标本 4500 余件，涵盖新石器时代、商代、周代、汉代、唐代、宋代、元代、明代和清代时期。专家认定汉东城遗址为“通史式古城遗址”。

我们不能说与朱沱毗邻的松溉，与朱沱古老的岁月无关。相反，我们相信松溉也一样古老。这两个镇相隔太近了，好比一间房子的这边和那边。

人类逐水草而居，而江河流域一直是人类文明的发祥地和发展的重要区域。松溉正处于长江边上，而且有得天独厚的地理条件，人类很早就在此聚居，这完全是可能的。

松溉的文化和它的历史几乎完全是可以互相沟通和印证的。

如此看来，“松溉”的读音，我们没有理由对其有过多的怀疑；松溉的历史，我们没有理由妄自菲薄。我们理所应当承认它的历史，品读它的韵味，让它在新时代的光辉中闪耀个性的光芒。

同时，我们也为拥有并保存和坚守了既属于我们的民族，更属于我们自己的这一文明成果而自豪。为此，我们只能让它的历史醇香散发得更加宽广和久远。

一字证千年。

一个字证明，松溉具有千年历史。

一个字证明，松溉千年文脉，世代相继。

一字厚千尺。

“松溉”之“溉”，一个字象征着深厚的历史底蕴和内涵。

“松溉”，不仅证明其久远的历史源流，同时还将见证它沿着滚滚长江，走向更加久远的未来……

第三节

松山出水 溉为水名

松子山，就是后来的“松山”。松子山、凤凰山耸立江边，经历无数岁月，至今还留下许多仙气。历史上，沿江过往船只，走水浮筏之人，也因为这里仙气隐现，又有“澄江如练”美景相邻，所以要时常在此靠岸歇脚，甚至停留下来。至于世间名流、达官贵人，更是为了要沾一点儿仙气，而在此建官署、修祠堂，乃至普通百姓也要靠山建筑居室。于是，这里便渐渐兴旺起来。

松溉，不负历史的厚积，屹立江畔，挺立到今天，人们依然不忘其中久远的故事。而长江默默地见证着一切，并把它们带向远方……

当“松山”的面目呈现在我们的面前时，我们一定会追问：“溉水”在哪里？

有一个哲学命题，叫“人不可两次踏入同一条河流”，说物皆流变。那么，“溉水”在流变的岁月中消失了吗？我们将从哪些蛛丝马迹中去寻找它的身影，破解它的秘密？

历史资料为我们提供了找到“溉水”的可能。

清光绪《永川县志·舆地·山川》记载：

松子溉，邑之雄镇也。商旅云集，设有水塘汛，查缉奸盗。又下曰东岳沱，深数十丈，石刻‘澄江如练’四字（郡守陈邦器书）。沱上北岸，有后溪水来注之。东岳沱之前，曰哑巴溉，水最险恶，往来舟子不敢作欸乃声，故此以名。其下流有巨石立江边，形如虾蟆。水涨及虾蟆口，船无敢上下者。过此为大矶硇滩，江流至彼，乃入江津界。

什么是“水塘汛”呢?

这涉及清代的军事管理制度。清代，凡是千总、把总、外委所统率的绿营兵都被称为“汛”，其驻防巡逻的地区称汛地，亦作“讯地”。汛地，分为旱汛和塘汛，均有塘房烟墩（又称“塘汛墩铺”），后改为营制。

塘房，犹如军队驻扎的用房或营地。烟墩，为类似风火台似的报警设施。

塘汛驻兵为的是“游巡盘奸，缉匪差防”，即主要从事治安管理。水塘汛主管水上治安。旱塘汛管辖陆地治安。

松溉设有水塘汛，不仅体现其在行政管理方面的重要地位，也从侧面反映了其当时经济活动的兴旺。

现在松溉人称为“老官庙”的地方，就是明、清时代古县衙门所在地。

据《永川县志》（《永川县志》编修委员会，1997 年 8 月第 1 版）记载：

明朝万历二十一年徐先登任永川知县，将县衙迁松溉。

清朝顺治十八年清政府委任的永川知县赵国显到任，因战乱，县城被毁，居民无几，县衙仍驻松溉。

既然如此，松溉设立一个治安管理机构就不奇怪了。不过，从专设水上治安管理机构来看，松溉当时水上航运已经相当发达，需要专门加强治安管理。

明代徐先登任永川知县，将县衙从永昌镇迁往松溉。但其建治所的位置，已经不是松溉原来的位置了。因为随着长江水位上涨，原松溉场镇所在地受长江频繁涨水的影响，经常发生被淹没和冲刷的水土流失之灾。因此，徐先登在松溉旧城往北一里的地方，依山重建新城。如今人们看到的松子山上的老县衙，实为老松溉的“新城”所在。

那么，“哑巴溉”又到底是怎么回事?

根据清光绪《永川县志·舆地·山川》的记载，长江松溉段的下游，有东岳沱。东岳沱的北岸有“后溪水”注入长江。“东岳沱之前”，叫“哑巴溉”。

长江往东，为“下”。松溉之东，有高山，即现在东岳庙所在的山峰，为松溉镇区东部最高处，此即为松溉“东岳”。东岳，是碑槽山延伸至江边的部分。站在江边，北望东岳庙，其后方隐现山峦，已经是延伸到碑槽山的更高山体了。“东岳”山脚西边即后溪水入江口。“东岳”之南江岸，往西至后溪河入江口，依傍山形，为一个弧形的江湾，形成一个洄水沱，即“东岳沱”。东岳沱靠北岸航道，水流湍急。自上而下，水流汇聚成一股巨大的绞绳形状，十分明显地腾跃于沱口水面之上，成一条直线东西横切，直过沱前。

东岳沱中，航道靠岸一侧往内、江湾岸前之间有数道礁石耸立，雄伟冷峻，人不可上。江水清澈，深不可测。因为航道水流湍急，倾泻而下，在此段上行的航船，虽然机器轰鸣、马力实足，但掀起的浪花却不能到达沙岸，因为它们在进入沱内之前就被急流带走了。

沱，就是江河岸边可以停船的水湾。这种情况，一是因为岸边有山，致岸基成弧形，使水流至此因受山体阻挡而往江中间转弯形成的一片相对平稳的水面。而还有一种情形，就是岸边有溪河进入长江。当进入长江的水流较大时，对长江上游来水的汹涌之势也有阻挡和调节作用，使江水变得相对平缓。《永川县志》中说：“沱上北岸，有后溪水来注之。”东岳沱一带的江水水面形成“澄江如练”的状态，多半就是因为这个原因。

此处礁石逼近主航道，丰水期江水暴涨，礁石则潜伏于水中，加上后溪河水在丰水期水量巨大，因此丰水期在此段行船确实凶险，尤其是古代使用人力推动木船，操控就更加困难。

清光绪《永川县志》中记载：“东岳沱之前，曰哑巴溉，水最险恶，往来舟子不敢作欸乃声，故此以名。”“欸乃”，本指渔歌，此也泛指江上行船之人呼喝唱和的民歌或号子的意思。东岳沱“前”，当指上游方向，即后溪河入江口处。江水、后溪水汇合后，一方面受江水倒灌的影响，水流减缓；另一方面受江湾地形的影响，秋冬季节“澄江如练”的美景，在夏季就变成浊浪汹汹之势。但后溪河冲破沱水加入主航道后，主航道流水突然加大而滚滚向东冲向下游，一往下又遇到巨大的岩石形成的暗礁，就显得十分凶险。旋涡、暗流并起，所以“水最险恶”。在如此凶险的水流面前，“往来舟子不敢作欸乃声”，故称这道“溉水”为“哑巴溉”。罗氏第十四代传人罗奇英，曾述说这一段长江中有岩石矗立，航船难以正常行进的情况。罗奇英曾做过甘肃秦州清水县知县。

“溉”在江中，指入于江中的后溪河水，不是指主航道凶险的江水。主要的意思是指后溪河水悄无声息进入长江，得到后溪河水的长江，在离开后溪河入江口处后，又陡然出现凶险的状况，好比一个哑巴悄悄地来，然后猛地做出一个惊人的举动，而使他人突然受到惊吓似的。哑巴溉，更多的是指后溪河进入长江受江水倒灌等影响后，相对平静，少有声息，没有给人预警或让人预备应对的迹象，因而使行船之人不能预见其随后的凶险。好比人们责怪后溪河水，“你像个哑巴一样，吼都不吼一声，悄悄地来，却带起船突然往下冲”。

东岳沱，用现在的地标来讲，就是松滋现在的下码头码头吊车所在一段江面。

综合上述情况，我们可以确定，松子溉其实是现在的“后溪河”。

松溉，就是以境内松子山、溉（jì）水取名松子溉，简称“松溉”而成为镇名的。

伫立江岸，西望长江，苍茫而来。若在天空晴朗、阳光明媚之时远观，江水则如万丈素绫而含青、起伏向前而奔腾，那靠北岸而通过东岳沱前的一道水流，亦如受风鼓舞而起伏不断的“长练”，“澄江如练”的美景灿然地呈现于眼前……

◆东岳沱

第四节

大号独擅　千载留芳

在宋代及以前，“滋”字就是用来表示溪流名称的。

《松滋镇志》（2010年版）记称：

传说在宋朝有一县令夜行经过松滋，夜宿松子山。第二天，县令晨游松滋，站在松子山上发现山上满山遍野的松子树；又看见长江水滋水滔滔，从而吟出“松山滋水”，“松滋”因此而得名。县令所处的地方，被叫作松子山。

由于现在的后溪河环绕松子山，从松子山的东端南下入江。因此，这个宋代知县看到的“滋水”很可能就是现在的后溪河。

这段文字“江水滋水”并称，虽然所指不甚分明，但根据宋代常以“滋”为溪水命名的情况，那么以“滋水”指后溪河是可以肯定的。

古人以“滋”命名长江的支流，或者进入长江的溪河，甚至直接以之为河流名称，是一种比较通行的做法。但并不特指凶险的河流。如：

山东潍坊有“滋水”。《水经注》卷二十六《巨洋水》中说：“《地理志》：桑犊，北海之属县矣，有覆甑山，滋水所出。北径斟亭西北白狼水。”“滋水”，今叫虞河。

《水经注》卷三十三《江水》中说：“江水又东南径南安县西，有熊耳峡，连山竞险，接岭争高，汉河平中，山崩地震，江水逆流，悬滋有滩，名垒坻，亦曰盐滋，李冰所平也。”

“悬溉”，指江边山崖之上有水流出，如瀑布一样悬挂山上。流到河边滩涂上，就是“悬溉有滩”。悬，有高挂之意。“悬溉”的用法，与“悬泉”“悬瀑”是一样的。这个在乐山青衣江边。“悬溉”之水来到江边滩涂之上，因为此处有许多巨大的乱石，所以就叫“垒坻”。因为“悬溉”之水为可制盐的卤水，所以又叫“盐溉”。“盐溉”中的“溉”的读音，当已经读如“既（jì）”了。

《华阳国志》，是一部专门记述古代中国西南地区地方历史、地理、人物等的地方志著作，由东晋常璩撰写，于晋穆帝大约永和四年至永和十年（348年—354年）成书。《华阳国志卷三·蜀志》记载，李冰“又识齐水脉，穿广都盐井”。齐水，指盐卤水。悬溉的“溉”，“盐溉”的“溉”，齐水之“齐”读音是一致的。

“悬溉”的存在还有其他资料可以佐证。

宋《太平广记》中《神二十三》《关承湍妻》章有关于“县民关承湍妻计氏，有孩提子在怀抱，乃上木柜，为骇浪推漾大江”“乃随流泛泛，至悬（县）溉，为舟子迎拯而出，子母无恙”的记载。此处所言“县溉”即“悬溉”。“县”和“悬”是相通的。

“盐溉”之名，既指明了它的成分特性，又指出它类似自然流出的溪涧属性。这样命名是很有智慧的。

盐溉，就是在有盐卤出现的地方，下面滩涂上，将来水口处扩大，使之成为一个大口的水坑甚至水塘，以利于蓄积和取用盐卤。这是大口盐业发展史上大口浅井的雏形。据相关资料，四川确有发现证实“盐溉”的存在。

盐溉，其实就是自流而出的含盐溪涧。

张澍（1776—1847），为清代著名文献学家、学术大师。其在《蜀典》中说：“溉，为水之名。”以“溉”为水名的，《太平广记》有“罗云溉”“浴马溉”等。

由上述材料可知，古人以“溉”为水名，非指大江大河本身之水，而是指山涧溪水入于江河者。具体位置往往指其与江河相交之处。

特别要说明的是，《太平广记》是宋代人编的一部大书。它记录的以“溉”为溪涧小河之“水”命名的历史，是宋代及以前的用法。而前述镇志所记县官见“松山”而命名“松山溉水”也是宋代的。这不是偶然。

李冰，生活在约公元前302年—公元前235年。公元前256年—公元前251年被秦昭王任命为蜀郡（今成都一带）太守。依此看来，“松溉”之号“溉”字的文脉，其保存的历史文化遗迹，甚至可以上溯到两千多年前。

“溉”为水名，为结合“水”的特点，如“悬”“盐”“浴马”，以及出“水”的地名等而名“水”。松子溉，就是松子山边的溪河。因为“松子山”而得名。因此，我们可以认为，松溉所在之处的“哑巴溉”，实指后溪河水入江后的情形。

后溪，出自松子山，因“松山”而有“水”，而此类“水”在古代就称为“溉”。因此，可以判定后溪河就是历史上的“松子溉”。现在的后溪河，就是永川松溉的“溉水”。

松溉，因“松子溉”而得名，其历史渊源和来历是明确的。

松子溉的前世今生，经历无数的沧桑，我们期待着她焕发更美好的青春。

获得了松子山上劲松的芳香，寻求了溉水浪涛的跳动，我们激动的思想中，重现着溉水绕松山的景象。当溉水淌入长江，与江水汇合后，在相互汇合的江面上形成相对平缓的水面，这个水面又得到弧形的江岸的拥抱，再遇到下游巨石阻拦，从而形成“澄江如练”的美景。其万千气象，曾令多少人神往，激动过多少人的心啊。

“松溉”，其名号的根由不仅深远厚重，而且还有其独特的韵味。

长江，不仅用它宽广的胸怀，教诲着两岸四方接纳，也以它长远的通达，影响着天南海北开放。

“高松出众木，伴我向天涯。”辈代相继的松溉人，备受长江的情怀和精神滋养。他们以“松”命名生养之地，像松树一样，缓慢但坚定地成长，让自己变得挺拔和坚韧，渐渐成为可堪任用的栋梁。他们以“溉”水命名家园，有一种执着的对外部世界的向往和向着远方的追求。他们的心思和步伐随着“松子溉”不断地涌入长江，向着大海，不断地追逐着梦想，走向未来，不断书写历史的辉煌。

溉，作为“水之名”的意思，已经随着历史的演进消失在文化传承的环节中。字典已经查找不到，包括《康熙字典》也已将此义忽略。过去以“溉”为名的，绝大多数已难以查找；能查找到的，其原迹也已基本上消失在历史的长河中；还有一部分也已经随着沧桑之变而改变了容颜和名字。

唯独“松溉”，因为这一份得天独厚的地理人文，因为松溉人的执着和坚守，得以保存、延续。

松溉，成为以“溉”为水名的唯一存在的现实依据，担负着作为新松溉大号的任务，特立于世界，散发着松溉古老而深沉的芬芳，承载着松溉历史的内涵和底蕴，承载着新时代松溉的无限期待和希望，依然勇敢地站立于长江潮头，满腔热血把梦想向着长江铺开。

现实和未来都可以证明，松溉将不辜负它的厚重与深远。

◆上码头入口

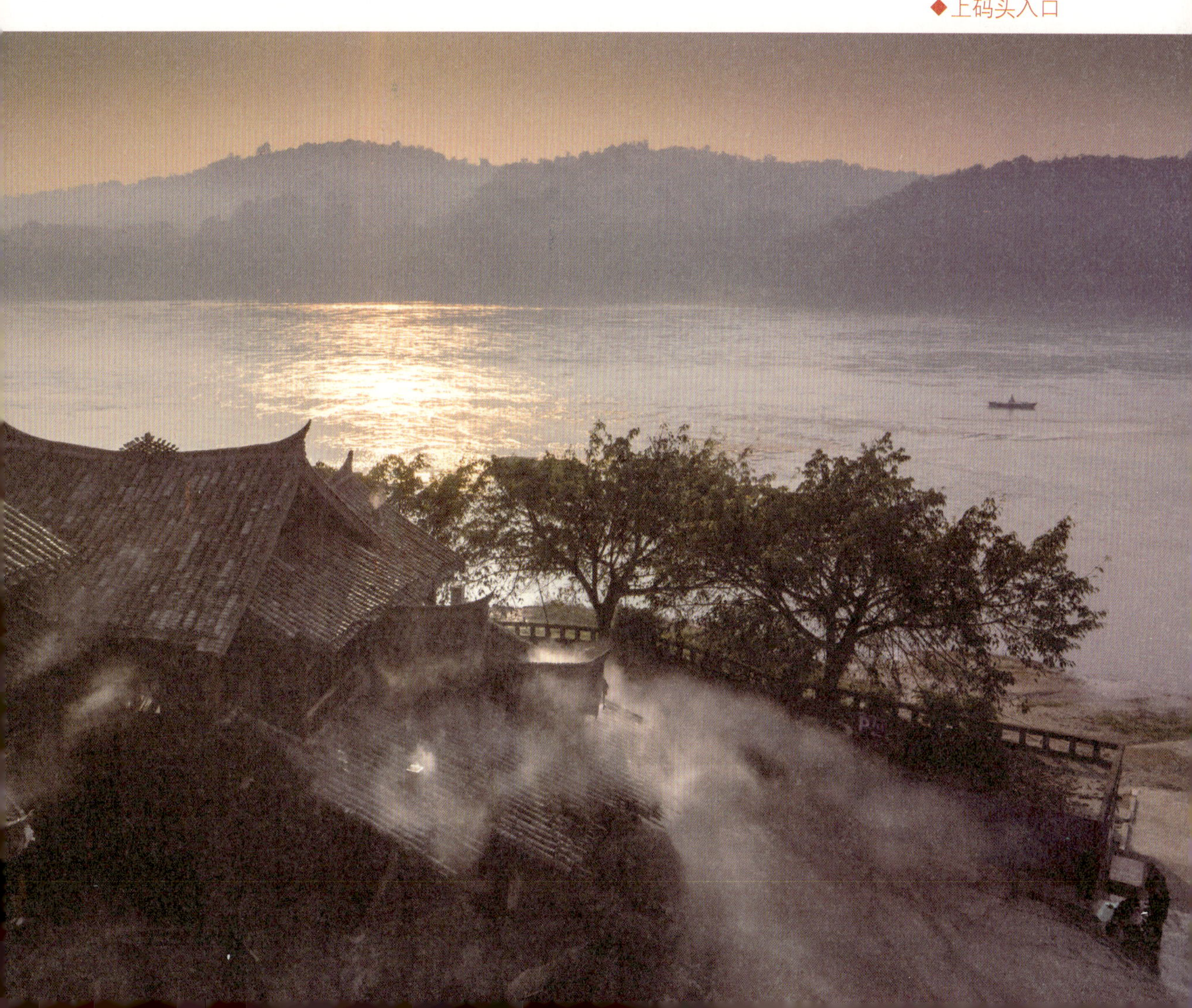

第五节
万里江风　烟波高楼

“松子滋，邑之雄镇也。”此语实证了“松子滋”不仅为水名，也是“松滋”古有之地名。

松子滋，饱含历史的沧桑，从松子山的深处，源源不断地倾泻入浩浩长江。它以热切的动作、激动的身姿扑入长江的怀抱，与长江温存成一江碧水，如洁白的素练铺展在松滋的近岸。

东皋揽结知新岁，西崦攀翻忆去年。肘上柳生浑不管，眼前花发即欣然。

——[宋]王安石《东皋》

浓似春云淡似烟，参差绿到大江边。

——[清]纪昀《富春至严陵山水甚佳》

东皋薄暮望，徙倚欲何依。树树皆秋色，山山唯落晖。

——[唐]王绩《野望》

和多少江岸高岗相似，和多少古代游子同类，和多少春夏秋冬一般，有多少个晨昏，多少心怀忧思与向往的文人和雅士，多少次独立东岳，在欣赏“余霞散成绮，澄江净如练”之时，发出了多少历史的感慨，寄托了多少情思啊！

松子滋，作为松滋历史的地标，不仅以“松滋”作为镇名延续至今，展示它的存在；更以不同的形式，把它承载的无数的历史内涵穿越时空展示给我们，让我们心动。

松子山的风，松子溉的水，曾经和谐地汇成一支支交响曲，顺着长江一波一波东流而去，又被西归的航船一帆一帆地带走。老官庙的灯火，天光云影，渔歌号子，曾经无数次照耀和陪伴川江的航道，温暖无数放舟行船者的心窝。在经过千岭万山、千里雪雨风云之后，曾经有多少人，在松子溉的“澄江”美景面前，获得了多少安慰和美丽的梦想啊！

弄潮儿向涛头立，手把红旗旗不湿。

——[宋]潘阆《酒泉子·长忆观潮》

新时代的长江来到松溉，展开它的胸怀，环绕和接纳着松溉的山山水水。东皋之上，东岳旧庙临江渚，渚清沙白鸟飞回，日出则江面氤氲七彩霓光，落霞犹伴孤鹜齐飞，我们不必东施效颦再作仿古之思，而要指点江山，激扬文字，高唱弄潮之歌，开启新的征程之旅。

规划已经做成，蓝图已经绘就，松子溉入江口，“澄江如练”的美景依然。松子溉，不仅将再现它的桨声，发挥舟楫之利，重新引领松溉人民以崭新的方式继续融入长江，也将产生无数华美的灯影，装点松溉的山水和百姓的生活。上溪沟、松子溉将在梦想中沟通相连，襟带两河而共有一江，成为松溉又一大亮点。它将以辉煌靓丽的身姿惊艳四方。

千帆过处，此景独是，可堪指点。

夹岸的名木雅卉，将把松子溉打扮成清纯的少女。我们尽可猜想，多少痴情公子将为此动心；松子溉馨甜的滋味，我们尽可品味，它将成为多少过客难以忘怀的记忆；“吟草潮掀江水浪，骚风鼓荡翠峰烟”，春江潮水，江上明月，尘外孤云，镜中归鸟，桨声灯影将把所有游子带入梦中的仙景。我们尽可大胆畅想，多少人将带着欣喜前来追寻，又将带着多少赞叹远去传扬；鳞次栉比的吊脚楼上，笙歌嘹亮，禅茶飘香，独坐幽窗望清流，临江学画写轻舟，又将成为多么具有诗情画意的景致，获得多少人的期待和向往……

松子溉入江口，长江右岸，松子山旁，秦砖汉瓦，雕梁画栋，飞檐翘角，铁马声声，云飞霞涌，炊烟袅袅，飞鸟与还，航船来往，游人如织，“烟波楼”上远眺，无限风光尽收眼底。朝霞初上，流彩溢光，往来游子指点江山，激扬文字，将有多少人在此重写新时代的华章啊。

我们尽可期待。

万里江风，吹我上烟波高楼。正槛外，松山云涨，川江涛作。征帆片片来去势急，犹有野鸟沙边闲落栖。浪欢潮喜，霞远天阔，正宜把酒持笔，重写江山生机。

松子溉，将在它的新生中，再次融入松溉的新地标，为松溉增添无尽的韵味，成为新松溉华章中美丽的诗行。

◆松溉古镇未来江景意象图

第二章

松山藏风 溉水养气

松溉的地理及山川形胜

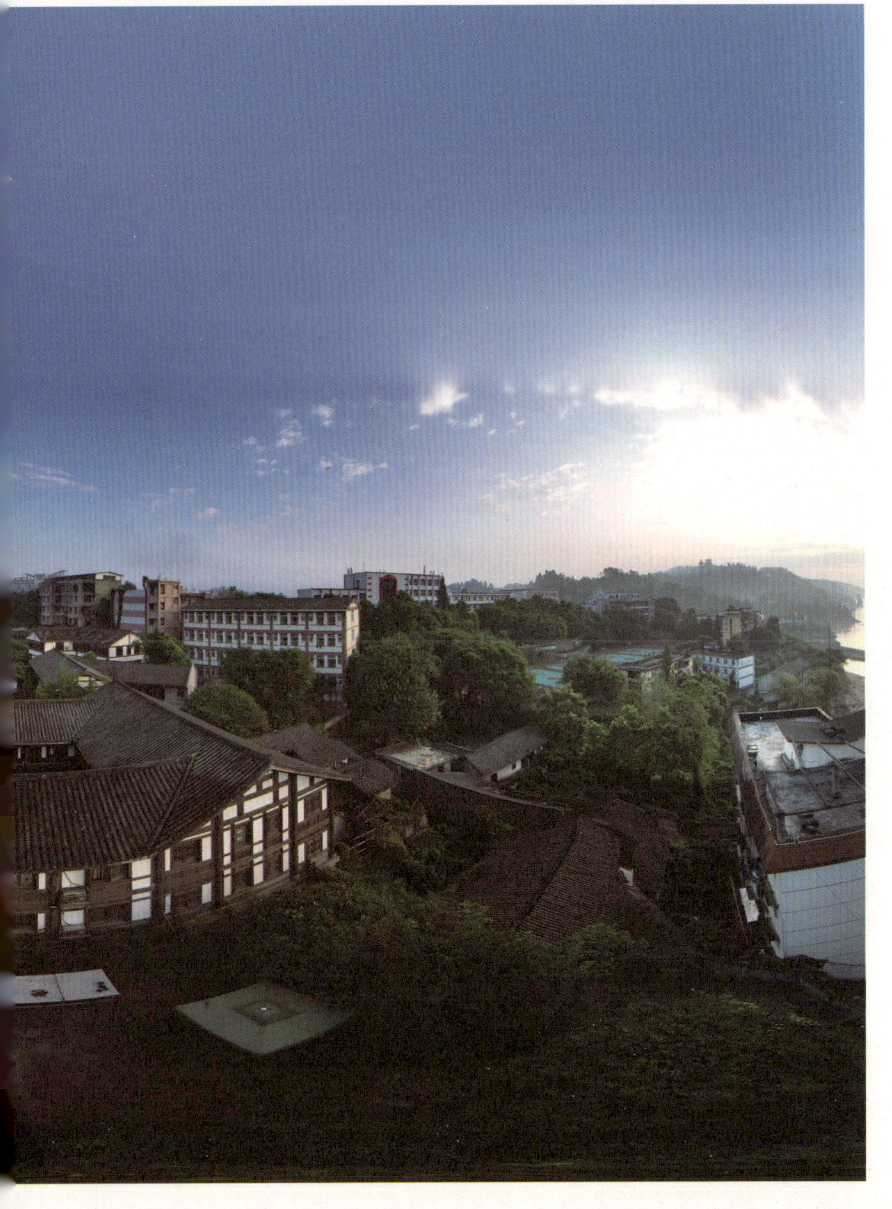

第一节

山水与共　源远流长

松溉与巴山蜀水，总是一脉相承的。

“溉”水悠悠，千年谜团仍需进一步揭开，我们的思绪不禁又要往前延伸。松山溉水，成就了松溉之名。那么，溉水流长，滋润松溉大地，功德无量，缘何而来？松子山千年沧桑，依然巍峨，又有何根由？我们将怎样跳出溉水看溉水，离开松子山看松子山，怎样更深入一步解密松溉呢？

让我们张开探索的翅膀，乘着江面上升起的暖湿气流，升上松溉的天空，向着长江北岸一直往北飞翔，一路鸟瞰，继续寻找关于松山溉水的秘密。

四川盆地，西有青藏高原、横断山脉、昆仑山系，北有大巴山，南有云贵高原。而盆地之东，从北到南，却是著名的川东平行岭谷。

川东平行岭谷，位于四川盆地东部，如今的四川、重庆交界处，为数条呈东北—西南走向山脉的平行组合，是中国类似山脉组合最整齐的地区。其中包括四川盆地内的华蓥山及其以东地区，面积 5.3 万平方千米。

川东平行岭谷，北起于大巴山南麓，南到云贵高原北侧，也是世界特征最显著的褶皱山地带，与美洲的阿巴拉契亚山、安第斯—落基山并称世界三大褶皱山系。

重庆是这个褶皱山系中最大的城市，“山城”其实也系因此而生。

华蓥山，是川中丘陵和川东平行岭谷的天然界山，也是川东平行岭谷的主体山脉。通观华蓥山大势，它就像一个鸡脚爪，从东北—西南贯穿川东，而它进入重庆的地段，相当于鸡脚爪的脚掌处。

华蓥山一进入重庆，就分成四条分支。最东边一支为龙王洞山，在众多分支中它显得最短。依次往西，为中梁山、缙云山、九峰山—云雾山。云雾山是九峰山向南面的延伸。云雾山在永川境内又分成箕山、碑槽山两支。箕山继续向南，又分成英山和黄瓜山两条山脉。

云雾山始终保持着东北—西南走向，几乎贯穿重庆西部。其碑槽山一支，直抵万里长江松溉段。碑槽山，位于永川、江津交界处，其中永川一侧在何埂镇，境内有著名的石笋山风景区。

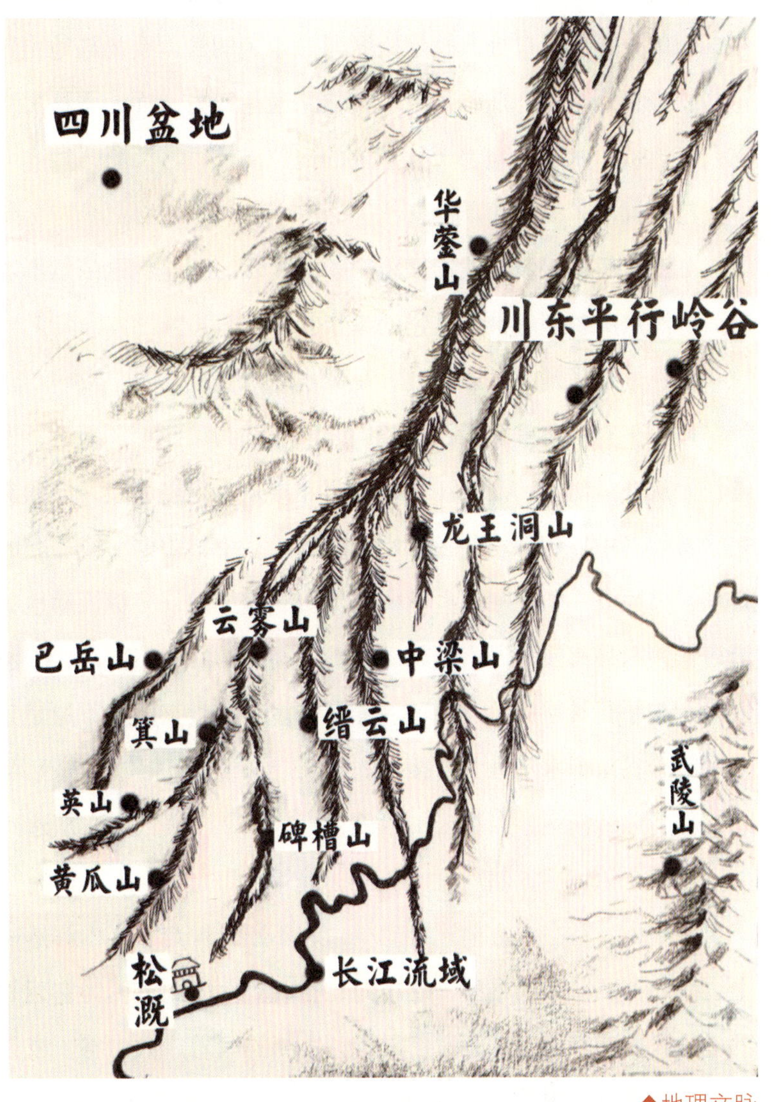

◆地理文脉

在松溉镇东北部，碑槽山的余脉继续由东北往西南方向延伸，地势层层降低，一直抵达松溉镇内，形成松子山及众多丘陵山体，如经过千里跋涉的蛟龙，终于来到了江边，探头伸颈、伸出长长的舌头，亲近奔腾的江水。这就是我们站在松溉能看到的它北部和东部的山体。近水之处的峭壁高岗之上，有东岳庙。

碑槽山西面，黄瓜山，真像一条长长的黄瓜，与其并列在永川大地上。黄瓜山的最南端东侧，有一个巨大的水体，它就是上游水库。上游水库的南面、东南面，是连绵不断的黄瓜山的众多分支。当它们中的一部分进入松溉境内，逼近长江边时，就成为环绕在松溉西部及西北部的丘陵、山冈。

它们共同形成松溉西、北、东三面环山，南临长江的地理格局。其西部山体和北部、东部山体分界的垭口处，就是松溉通往永川的最重要的陆地出口。

松溉背靠群山，前临长江。其陆路通达四方八面，水路贯穿五湖四海，奠定了它在长江流域、永川大地上十分重要的地位。

巴山蜀水，一脉相承。

如此，解谜松溉，我们又跨出了一大步。但是，这依然不够。我们仍然禁不住要问——溉水呢？到底谁才是它的母亲？

同在永川大地上，永川河，是溉水之母。

川东平行岭谷重庆段，华蓥山之西北部为渠江上源地区。渠江在合川境内汇入嘉陵江。从合川出发，嘉陵江继续按西北到东南走向直接冲向云雾山。嘉陵江穿行在川东平行岭谷中，先后切断云雾山、缙云山、中梁山，形成著名的沥鼻峡、温塘峡、观音峡，书写了一条大河惊世骇俗的历史，演绎出许多惊天动地的故事。然后，嘉陵江沿着铜锣山最南段——南山和中梁山之间的沟谷一路向南，到达重庆，汇入滚滚长江。

川东平行岭谷中，孕育和滋养了许多水流，嘉陵江不过是其典型的代表之一。川东平行岭谷南部水系大多直接汇入长江。如与永川相邻的璧南河，始于璧山大路街道，东流然后急转向南，沿缙云山西侧，直入长江；梅江河，从永川箕山经金龙河谷，进入璧山三合镇境内，然后流入长江，等等。

松子山，往东北方向连接碑槽山，不断延伸与云雾山浑然一体，从南往北负势竞上，犹如奔腾跳跃的雄狮，逐级向北，直到大巴山。因为它近邻长江，带着江风送来的生气，由南往北，一路撒播灵气，不断滋润着广大山谷，成为巴蜀大地极具个性又不可或缺的重要组成部分。而华蓥山、九峰山一云雾山逶迤南来，不辞辛苦，跌岩跳坎，跨越无数沟谷，经历无数险峰，带着奇异花草树木的芬芳，将地脉精华逐层推送过来，最终进入松溉境内，也是因为长江的存在。脉脉之中，他们灵犀相通。

在永川，不得不说说永川河。当完成营造“三河汇碧”美景的使命后，永川河走出永川城区，一路向南，穿行于黄瓜山和碑槽山之间的谷地，直到碑槽山的最南端，并汇入圣水河水系的来水，然后向东一个横切，切割、穿过碑槽山的末端，再沿着碑槽山的东侧急转南下，最后从江津的朱杨溪进入长江。

永川河和圣水河经过碑槽山最南端，为碑槽山余脉提供了丰富的水源涵养。碑槽山余脉一直向南到达松溉，并形成松溉境内的丘陵、山冈和众多沟谷。碑槽山余脉一路向松溉延伸，地势层层降低，直到江边平地。众多山陵沟谷之中的分散水源，渐渐汇聚在一起，再加上天然降水、多种地表径流等因素，逐渐形成松子溉水。

永川河水系、圣水河水系，为松子溉经久不息提供了可能。旧时代，山地乃至整个永川人口较少，截流和使用水资源不多，使松子溉能够一直保持它的盛况。随着人口的增加、时代的进步、生产力的发展、生产生活用水的增加、水源减少，加上经年累月的泥沙淤积等因素，松子溉便渐渐变得苗条和袖珍。但是，松子溉，同样属于川东平行岭谷水系，为川东平行岭谷东侧南部自然水流之一。只是与其他大江大河比较起来，水量和规模较小，流经地域面积相对较小而已。受益于得天独厚的地理条件，上溪沟和松子溉，虽然受到永川河、圣水河水系的涵养，但几乎不与外面的水流相关（如今的后溪沟与上游水库右干渠相通），形成了松溉镇独有的完整水流系统，并都同样进入长江。

松子溉属于长江水系。

溉水，它和永川大地一样拥有永川的母亲河——永川河。

现在看来，溉水，虽然只是一个小妹，但她同样出身名门、身世显赫，同样拥有高大尊贵的母亲，拥有众多的兄弟姊妹。她不仅和他们一样古老而年轻，并且和他们一样拥有同样的追求和归宿，和他们一样从远古走来，又汇合在一起走向未来，在中华大地上演绎无数生生不息的传奇。大江南北，万紫千红，莺歌燕舞，牛羊如云漫卷，稻麦波翻浪涌，同样都有她的奉献和功劳。

日出江花红胜火，春来江水绿如蓝。

——[唐]白居易《忆江南》

一道残阳铺水中，半江瑟瑟半江红。

——[唐]白居易《暮江吟》

无尽长江滚滚来，多少个晨昏暮晓，有多少松溉人曾伫立江皋，静观江潮，指点江山，领略两岸无数的风光和佳趣啊。

老子曰："上善若水。水善利万物而不争，处众人之所恶，故几于道。居善地，心善渊，与善仁，言善信，正善治，事善能，动善时。夫唯不争，故无尤。"

松溉"得水"。其地理环境最大的优势就是水陆相亲、山水与共。其三面环山之中，四条自然江河回环穿行其中，给松溉带来许多灵气。

西面，大陆溪带着黄瓜山的秀气，游走在永川来苏镇、吉安镇之中，又到四川省泸州市旅行一圈，再回到永川区朱沱镇，然后踌躇满志、气势跌宕地选择松溉古镇进入长江，向着远方，一路而去。而它的另一条支流——两叉河，又经过仙龙镇进入何埂镇，滋润着松溉古镇的北部，为松子溉的健康成长默默奉献。

大陆溪为松溉提供了又一个河流进入长江的入口，一个可以凭借利用的码头。当它与长江汇合，就在它与长江之间，分划出一大片陆地。这一片陆地，像一个巨大的三角形，从松溉的江边开始，沿着长江北岸，一直向西北方向延伸，形成一片巨大的三角形岛屿。它正处于松溉的上游，靠近松溉的"上码头"，上码头也得此天然优势，与其入江口相得益彰。岁月的沉沙，在大陆溪入江口与江岸之间，形成一片平坦宽阔的台地，那就是松溉"大陆村"的所在。

两面环水，甚得港运便利，又加上西面通达大陆，所以大陆村成为经济发展的宝地。其沿江向西面延伸，聚集

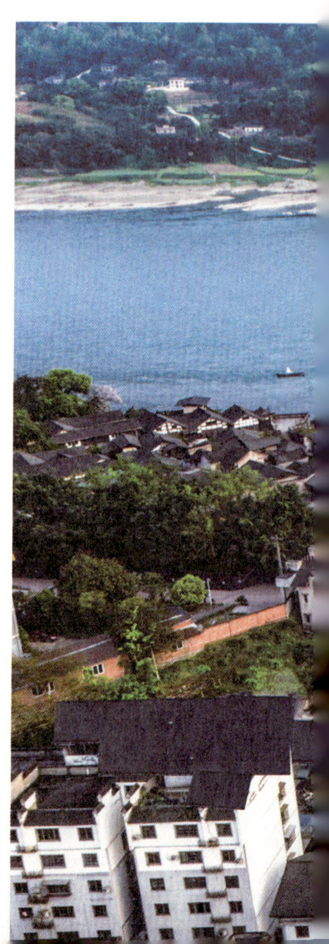

着一个高新产业群，成为永川经济发展的又一引擎。其上空，永川长江大桥凌空飞架，将永川的传奇带向远方。

大陆溪松溉段的正北面——即松溉的西北面，是一片起伏的连山。在久远的过去，这一片山地有一个突出的特征，就是群山环绕，周边高而中部较低，山势聚集成团，人们称之为“团山堡”。就在“团山堡”的西边，重庆三环高速由北向南，通过松溉互通之后，横贯岭上，进入永（川）江（津）高速，走向永川长江大桥，使松溉的陆地出口作用得到前所未有的提升。松溉成为永川重要的水陆码头更加名副其实。

“团山堡”的东侧，松溉的中部地带，一条溪河从北往南，呈多个S形相连的形状，逶迤着几乎贯穿了松溉。它就是上溪沟。从长江出发，到穿越松溉，上溪沟断断续续，或波涛汹涌，或泉水叮咚，或涓涓细流，或表里断续，由南往北，进入黄瓜山东南部分支余脉之中，彻底地将松溉的山水融合在一起，然后又在潜滋暗长中由北往南，将清泉汇成溪河，带给松溉强大的生息能力，最后带着永川、松溉的元素涌入长江。

◆松溉古镇

在上溪沟的东面，碑槽山脚还有着一条比它大的河流。这条河流同样拥有S形的身段，但它的S形方向刚好与上溪沟流经镇区邻边地表的S形状相反。它就是松子溉，现称“后溪河”。松子溉，沿着碑槽山在松溉境内的余脉，一路向北，沿着碑槽山西侧接纳了永川河、圣水河水系的滋养，然后又将其引向松溉这片神奇的土地。

上溪沟和松子溉，这两条河两个刚好相反而且又正好对着的S形，在松溉大地上刻画出一个巨大又十分形象的“脚”形。它像一个巨人，跨出巨大的步伐，急速地奔走，向着东方，向着升起的太阳，追赶着奔腾不息、变化万端的潮流，走向大海，走向世界。它们无声地述说着松溉人既敞开胸怀接纳四方，又勇于面向世界、脚踏实地继往开来的精神品格。

“上溪沟”“后溪河”的名字，有着十分明显的松溉本土意味。上溪沟与松子溉（后溪河）相比，明显处于松溉所在的长江上游，后溪河则处在长江下游。“上溪沟”“后溪河”是松溉本地人以两者的入江口在长江边的相对位置而言命名的。“后溪河”，曾经也叫“下溪沟”。这个特征更为明显。从这一点可以感受到古代松溉人的朴素与思维的简单。两河并行，而相对名之，松溉之外，世间少有。

松溉的南面是滚滚长江。

三面环山，四条江河，东西相连，南北贯通，使松溉大地山环水绕，互为表里，共生共荣，相得益彰，充满生机。松溉，既得滨江“一品古镇”之美名，又有“水镇”之实，实为难得的水上明珠。

绿水青山就是金山银山。松溉，拥有美好的未来，充满无限的可能。

第二节
江岸古码头　摇情满江树

烛照后土三星耀辉万里潮生溉水月，
日出皇天百舸争流千堆雪卷松山风。

夜宿松溉，独登东岳，可见月涌大江，星垂平野，偶见长江大桥灯光晃过。天地一片苍茫，潜滋暗长无限生机。仰天而望，七星明亮，阴阳谐和，联想起晴天登临的景致，禁不住感慨万千，是以有此一联。

《晋书·卷十一·天文志上》写道：

杓南三星及魁第一星西三星皆曰三公，主宣德化，调七政，和阴阳之官也。

魁第一星曰天枢，二曰璇，三曰玑，四曰权，五曰玉衡，六曰开阳，七曰摇光，一至四为魁，五至七为杓。

向西北岸而望，灯火灿烂之处，江流奔流之间，便是松溉的古码头。月朦胧，山朦胧，水朦胧，身前树影婆娑，不知其向何方招手，唯有航船努力向前的轰鸣声格外分明，忙碌的水手身影依稀可见。他们从哪里来，又将到哪里去？

江畔何人初见月？江月何年初照人？
人生代代无穷已，江月年年只相似。
不知江月待何人，但见长江送流水。

江水流春去欲尽，多少游子在思归，可是，玉户帘中，又有多少独处的人在思想“愿逐月华流照君”啊！

到古镇松溉，不可不做亲水游，而游览古码头更是必须选择的项目。

长江松溉段，有一个显著的特点，就是北岸多滩涂，特别是上码头及往温中坝方向，滩涂成片，与大陆相连，每到深冬枯水期，就大多显露出水面。中码头以下，特别是下码头到东岳沱，江底则似乎难见真颜。由此我们或可猜想，松溉古镇的古城或处于靠近上码头的江岸。其时，礁石之上当有厚厚土层，居民房屋临江而建。

松溉江边有三个码头，分处长江松溉段的上、中、下游。

◆上码头

上码头为松溉古镇的起源码头。据说，早在元朝时期便已存在。上码头处江水较深，近岸却多礁石，拴船方便。当初木船相对较小，载重不多，停靠上码头方便。轻质货物在此上下。于是上码头街、临江街由此兴旺。上码头成就了上码头街、临江街的繁华。

中码头江水较浅，船难近岸，需要栈桥才可以上下客货。当初只能在长江的涨水期才可作为码头停靠船只，如今长期设有趸船，也可顺利使用。中码头因为居于上、下码头之中，直通松溉主要街道，方便行人几面分流，所以主要作客运使用，带动了松溉主要街道的兴隆。

下码头位于下游东岳沱上游方向，码头相对小，现今以停靠货运船舶为主。

无论是日出东皋、天清气朗，还是雾失楼台、月迷津渡，走出上码头街、临江街，缓步走下临江门的石梯，你都会得到不一样的感觉。尤其是未曾近距离亲近长江流水的客人，你不可放弃这样到江边戏水的机会。

"到中流击水，浪遏飞舟。"吾心向往之，却不能为之。但到江边戏水，吾可想可为，何不尽兴一乐哉？

从小什字到临江门，走下石梯，近岸靠西边，上溪沟敞开大口，汩汩地送来青龙山的清泉，让它们汇入浩浩长江，让松溉的元素融入大江。走过一段沙地，便可走上直通上江边码头的栈桥。

春夏水涨，栈桥就架在波涛之上，行走其上，脚下是浊浪，眼前是独路，江边只见孤舟，唯有回头是岸，人生的顿悟似乎突然生于胸间，禁不住把桥面看了又看，好生一步一步向前。秋冬水落石出，栈桥两边礁石突出、卵石遍布，庆幸有栈桥平步之时，忍不住要离开栈桥在礁石水坑之间跳跃一番。若伫立礁石，近距离凝视长江，戴上耳机听一曲《长江之歌》，不仅有现实的震撼，还可以放眼寻找和思量千年松溉的古城曾经在江中的位置，沧海桑田之变，会令人有更多的千古之思。

慢慢跨一步吧。若站在近水的礁石，可要站稳了。"港航处"的快艇穿梭往来在江面，穿行的商船会惊起浪花。惊涛拍岸会打湿你的脚。既然来到了水边，就小心蹲下身子，看看松溉段的江水，感受一下它的清冽吧！

赫拉克利特说"人不能两次踏入同一条河流"。世间万物在不断发展、变化和更新着。运动和发展不会脱离事物的本质。

就着松溉的江水，洗一下手吧。这将是你难得的一次与长江亲密接触的机会。如果你下次再来，你接触过的长江已经变成历史，再也不会与你相遇。

珍惜生命，活在当下，把握未来。当你站起来那一瞬间，世界已经改变。

回到岸边，往下游走去，通过中码头，你会来到后溪河的入江口。后溪河就是大名鼎鼎的古“松子溉”。你会看到它绕过的山峦，即松子山的形态。

在松溉街区正对的江面，大江早已拓展了它的水道，以至于逼得古老的松溉古城，不得不在明万历二十一年（1593 年）从它原来的临江位置，往北后撤了近一里路，重新建设。今天的松溉镇街区，其实已经是松溉古镇的“新城”。由此，我们可以想象，长江松溉段曾经的逼仄和江水的湍急。

但是，当我们来到后溪河，即古松子溉的入江口时，感觉到的江面似乎依然如旧时模样。因为我们会看到“澄江如练”的美景依然。

松子溉入江口之下和“东岳”之间有一个江湾，形成一个沱湾，那就是“东岳沱”。这里，江水平静清澈，清波荡漾，波澜不惊。清水轻轻涌到岸边，漾起岸边的白沙发出细细的圈纹，与长江航道的汹涌形成强烈的反差。放眼一望，沱口之外一道急流，从长江上游直往下游横切而过，一泻千里，很是震撼……

这里也是松溉的下码头所在，大宗货物、重载轮船在此靠岸，宁静的江湾中，又时常是一派繁忙景象。

站在江边，回首仰望北岸，碑槽山上云遮雾绕，东岳庙红墙碧瓦隐约其下……

下一站请到东岳庙。那是松溉东部的最高点，站到岩前远观江景，当又是一番景象和感受。

松溉古码头分上、中、下三处，分布在长江松溉段的上、中、下游。从上码头往下，脚踏松软的沙地，穿行在鹅卵石滩涂之上，可以低头巡视，或许可以找到一块独特的卵石。如果你看到有人提着编织袋，低头弯腰在沙滩上、鹅卵石间找寻，请不要奇怪，那是专业的奇石搜索人。

“奇石”，为在整个长江流域包括一些支流的河滩、堤坝、岛屿上的鹅卵石中的奇异者。仁者乐山，智者乐水，雅者乐石。闲适温厚文雅的人，他们会利用不同时间，到河边滩涂之上，不辞辛劳，从众多的鹅卵石中千里挑一、万里挑一地精选出各种奇异的石头。千挑万选始得来的奇石，千姿百态，千奇百怪。造型奇特、花纹美丽或者有独特的文化意义的，人们往往用“天地造化”“鬼斧神工”等词来称赞和形容它们的“奇”和“美”。有的石头，无法用文字表达它的内涵，只给人一种独特的感觉，把玩于手中，让人觉得有无可言说的奇妙和韵味。

奇石是在特定的地理环境、特殊的矿产分布、特别的气候条件下，经百载千年，万世沧桑，经过地壳运动、自然滚动、水流冲刷、互相碰撞等千难万险历练而成，它们是不可仿造、不能复制、不可再生的，具有永久收藏的价值。它们自然朴素，玩之情趣高雅、兴味无穷，可陶冶情操，令人赏心悦目，给人以美的享受。

松溉奇石种类繁多。主要有画面石、形象石、文字石和牡丹石等。

画面石，表面花纹奇特。有人物、动物、山水、花鸟、林木等，精品石面犹如一幅幅美丽的图画。

◆“两岸青山”奇石

文字石，就是鹅卵石表面上的某一部分造型、图案或纹路像某个汉字。其中又以几个鹅卵石上不同的汉字能组合成词语者为贵重。

牡丹石等一类石头，则主要是从它的颜色、纹路、质地上去鉴别它的优劣。

奇石收藏爱好者越来越多，奇石文化蔚然兴起。爱好者，往往根据奇石的造型、图案、纹理，结合人为配制底座、组合盆景造型，甚至人为题刻之类，对单个或组件进行命名。

奇石的“奇特”和“韵味”能否体现出来，命名非常重要。好的命名画龙点睛，韵味十足，可以很好地提升奇石的价值。尤其是对组件的命名，涉及文学、美学等多种艺术门类，考验收藏者的文化素养和艺术功底。也可以说，奇石文化是一种综合艺术。

松溉古镇寻觅、收藏、鉴赏奇石的第一人，为原航运公司职工胡明华。他利用工作之便，或漫步于河滩堤坝，或徜徉于江中小洲，头顶骄阳炙烤、身受凛冽寒风侵袭而不惧。几经寒暑，收获颇丰。他家里收藏的鹅卵石多达数吨，其中也不乏精品。他收藏的“一代天骄”“雪峰映春江”“洞天佛地”“唐僧收徒”等，令人叹为观止，曾先后在重庆、泸州等地的奇石博览会上获得广大石友的好评，其中一枚的价值竟高达数万元。这曾在松溉古镇引起轰动。这也带动了更多的古镇人加入寻找、收藏奇石的行列中。

松溉古镇上目前已有四家奇石字号，有形状奇特、花纹奇异的各种奇石交流活动。民间艺人也以奇石制作山水盆景交换。如果行走在古老街巷，蓦然回首，看到一间老

◆奇石馆

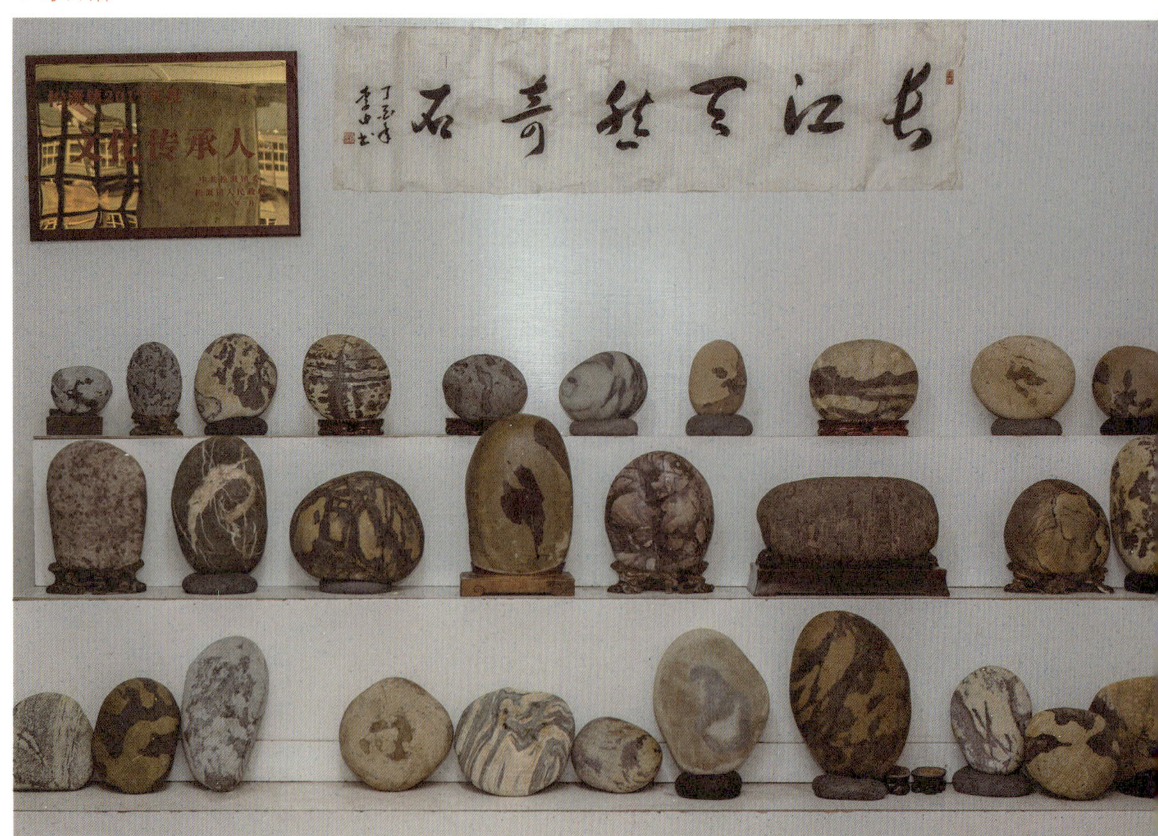

屋中有一个木架子搁满石头，不妨前去一观。

万里长江汹涌而来，在流经朱沱下游进入松溉段时，被江中的一个小岛一分为二。那个小岛就是温中坝。

温中坝上有无数的鹅卵石，而且丰水期江水暴涨，上游还有许多鹅卵石顺流而下不断补充。滔滔江水带走了泥沙，沿水四周，卵石密布，是寻找奇石的好地方。

每到秋冬，水落石出之时节，重庆各区县、成都、泸州等地的奇石爱好者便纷至沓来。每年都会有数百甚至更多的人次来到这里，寻找他们心仪的石头。

松溉奇石是大自然的慷慨馈赠，历经岁月打磨而精美，同处于大众而独存个性，不仅是长江精神的象征，其人文内涵也给我们以启示。

第三节
渔樵江渚　秋月春风

一、温中坝

春江潮水连海平，海上明月共潮生。
滟滟随波千万里，何处春江无月明。

唐代诗人张若虚的《春江花月夜》，描写的春江美景，迷倒了无数的读者，作品被誉为冠压全唐的“孤篇”。作者以饱含感情的笔触，情景交融地把美丽的景色、令人心动的人物和故事，以及对人生的思考和心中的顿悟错落有致地贯穿其中，把读者引入一个目眩五彩、浑然忘我的境界。一边聆听民乐《春江花月夜》，一边回味同名之诗，美好的感受和无尽的遐想，让人充满想要身临其境的欲望。

傍晚，坐在松溉的江岸，借着落日的辉光，在幽雅的民乐声中，放眼望云，从上而下，落日、远山、凌空飞架南北的长江大桥，泛着银辉的江水，会把你的目光引向一个江中小岛，那就是——温中坝。

温中坝，现在是一个江心岛，当初其实也应该是长江北岸的一部分，甚至就是松溉江边平坦大地的一部分。岁月的洪流，数以千百年计地不断

◆温中坝

冲刷长江河道，加上江水不断地上涨，江水漫上松溉临江的沙地，现在的温中坝那一片，就渐渐被水流切割出去。

温中坝居于松溉的上游，大陆村对面。从上码头行船，上行三千米左右，即可到达。明末清初，有温姓人氏登上其地，开垦土地，从事农业生产，并渐渐使之变得兴旺而定居，得称“温中坝”。

温中坝长约 1.2 千米，面积约 0.8 平方千米，为卵石、泥沙之地，起伏并不太大，经过清理可以从事农业生产。但它远离大陆，居于江心，也令常人畏难。温姓人氏在那里不辞辛劳地开垦，并将其拥为己有，甚至得到古松溉人的认可。这一方面反映出其时民风淳朴，另一方面也反映出当时可能人口相对较少、土地资源相对丰富、经济活动不足等情况。同时，在江中小洲上从事农业生产也有遭遇洪涝导致损失的风险。温姓人氏独能克服上述困难而在其上生存，所以能得到原松溉人认可。

温中坝曾遭遇两次大水淹没。1889 年和 1937 年，长江洪水暴涨，温姓人家被迫撤离到长江北岸今大陆村地界。1948 年，温姓人家重新登岛临时居住，并重开土地耕种，到土地改革时有可耕土地 300 余亩。后来实行农业合作化，全岛土地收归集体所有。

现在温中坝已经停止耕种，但其上自然生长植被会应时而生。

温中坝正上游和靠北岸一侧，有滩涂，枯水季节行船较难。靠其南岸一侧为主航道，其中部正对的江湾，对岸名叫“关溪子”。江水至此形成一个洄水沱，航船过时，浪花交织，令人眼花缭乱。

站在温中坝上，可近距离感受江水的湍急。站在它的最西端时，仿佛站在一艘劈波斩浪行进的巨轮的甲板上。温中坝的尖端劈开水流，激起浪花无数，湍流沿两边分开后，又与上游来水互相碰撞，漩涡、洄水不断涌起，真有惊涛拍岸、卷起千堆雪的气概。

在温中坝上，也能更接近江中行进的船只。远远地，只看见船儿从上游开来，好似一张树叶，在岛前轻轻一个转弯就顺水而下，瞬间叫人明白古人为什么会有“朝辞白帝彩云间，千里江陵一日还”的慨叹。而上水船攻滩时机器发出的轰鸣，又仿佛无数纤夫低头弯腰、穷尽一身力量而喊的集中爆发，禁不住慨叹旧时船工的辛劳和人生的负重。

回首瞭望，两岸高山，负势竞立，各展雄姿。或如猛虎下山，或如老鹰觅食，或如羔羊望江，观之才知天地之大，大自然神奇无比。

低头巡视脚下，各种形状的卵石密布地上。近水的被冲刷得干干净净，显露出各色花纹，上岸的则半埋在沙中，犹抱琵琶半遮面。仔细寻来，或可发现一枚精巧别致的奇石，拣上一枚，闲来把玩，也有不少乐趣。

每当春和景明，虽无岸芷汀兰，但温中坝上却不缺郁郁青青。野火烧不尽，春风吹又生。东风解冻，百果草木皆甲坼，天地施生，温中坝也会渐渐生机盎然。

温暖的天气、明媚的阳光、充足的水分使各类植物竞相生长，其中芦苇长势尤其迅猛，很快成为一道绿色的风景。春不尽，夏更长，江水银光闪烁，江面船来船往，一片繁忙，而温中坝借着江风，绿浪翻滚，鸟语花香。青纱帐中，鸟类和各种小型动物，忙着进食、觅伴、建巢，演绎大地上生生不息的故事。一千多亩土地之上，草长莺飞，鸥鹭和鸣，一派兴旺。桃花流水，白鹭翻飞，河蟹出没，江豚欲上，温中坝上的美景尽可想象和观览。

至于芦花盛开，随风招手，仿佛殷勤呼唤过客——青春正旺，一去难返，宜尽性把握，君可明白？

江畔洲前白渺茫，萧萧摵摵斗秋光。
轻风乱播漫天雪，斜月微添隔岸霜。

——［明］徐勃《芦花》

当天气转凉，芦花渐老，温中坝上苍茫一片。秋风起处芦花如雪，漫天飞舞，令人顿生春花秋月沧桑之感。恍惚之中，一行归雁划过长空，绕洲三匝，缓降于温中坝上，继而有雁首引吭高歌，温中坝上遂又开启另一番风光……

“春水碧于天，画船听雨眠。”春风春雨中，乘一艘小舟，听一曲春江曲，靠近温中坝，吹一阵江风，领略一番江心岛独有的生气，是不是也可以驱除几番愁闷，激起更多活力呢？只是请你，轻些轻些，那里有一对对小小鸟儿静静地偎依……

“半夜雁群清避影，数声渔笛淡吹香。”月明星稀，空气清朗，缓行江边，请注意谛听和观看，江上有水声，雁群有疏影，舟子有渔歌，芦苇丛中大雁们正酝酿着爱的和鸣……

烟波渺渺，何处寻蓬岛？

松溉，因为其名，不辞做一回滨江人。

突闻航船长鸣，恍若惊梦，极目远眺，只见长江依然执着地奔来，又执着地远去……

二、梁子

来到松溉上码头江边，抬头往上游望去，你会看到靠北岸的江中有一道东西走向的、由石块堆积成的“梁子”。这样的梁子在松溉长江段还不止一处，从下游往上游方向，人们依次称之为一道梁子、二道梁子……

《焦氏易林》（［汉］焦延寿）“益之晋”中说：

鸿雁俱飞，北就鱼池。鳣鲔鰋鲤，众多饶有。一笱获两，利得过倍。

鳣，鲤鱼的一种。

鲔，鱼的一种。古书上指鲟鱼。

鰋，鲇鱼。

鳣鲔鰋鲤，指各种各样的鱼。

这个卦辞是说，鸿雁一起伴飞，往北来到鱼多的水地。鲤鱼、鲟鱼、鲇鱼等，各种各样的鱼非常多。那用笱“伺鱼”的人，下一个笱，收获的鱼却是别的地方的两倍。

《说文解字》注中说：（笱）曲竹捕鱼笱也。

“笱”是竹制的捕鱼器具。其为安放在堰口的竹制捕鱼器，大腹，大口小颈，颈部装有倒须，鱼入而不能出。

“笱”这种工具在民间叫作“鱼篆子”。只是编制鱼篆子的竹篾很细、较柔软，使得它成型后整体上比较柔软。这样将其安放在流水缺口时，可以根据需要弯曲，特别是敞口处可以很容易挤压成与缺口紧密相贴合的形状，达到有效防止鱼儿从缝隙逃跑的目的。

《周礼》中说，时令到了，渔人就到流水中用泥土沙石筑起围堰，这就是“梁”。梁子，将水围住，预留一个“关空”——就是在梁子上开一个缺口，使之向下排水。渔人在缺口上安放上“笱”并使之填满那个空缺。水从那个缺口流出去，鱼随水流进入“笱”，渔人取“笱”即可得鱼。

松溉长江上的梁子，由整理航道的碎石堆成，形成之后则有指示航道的作用，提示航船不要接近它。梁子同时又把江水的波涛阻拦在“梁”外，使梁子与江岸之间形成一潭平静的江水。曾几何时，这一潭平静的江水，就成为人们捕鱼的好去处。

江河上筑梁捕鱼，其实一直是古人的传统。如，古有“鱼梁洲”，在湖北襄阳。鱼梁洲是汉江中最大的洲岛。其地名，就和此地的一种捕鱼方法有关。《襄阳府志》记载：“鱼梁，亦槎头，在岘津上水落时洲人摄竹木为梁，以捕鱼。”

长江有丰富的渔业资源。梁子之内、滩涂之中，黄辣丁、鲇鱼、鲤鱼等，也为数不少。它们都是长江原生鱼类，味道鲜美，非一般鱼儿可比。

旧时代，江边的人，安鱼篆、下地笼，下钓、撒网、搬罾，打鱼为生，长江曾养育了许多松溉人。今天，保护长江渔业资源，人们只在准予捕鱼时节，以休闲的方式

◆长江松溉段一道梁子

来到江边打发闲暇的时光，收获的不再是鱼儿，而是一种心情。作为游客，于此也算是一种文化的追思吧。

三、打鱼村

长江，不仅有丰富的水源为沿岸的人们带来无数的便利，更有丰富的鱼类，是人们获得生存与发展的资源。

松溉，紧邻长江。松溉的原住民，利用长江获取长江鱼，应当是一件常事。在近代，古镇鱼市口街，就曾是松溉河鲜交易的闹市。此外，松溉的祖先在深山中捕鱼的影响也留存至今，以至留下了“打鱼村”之类遗迹。

为什么松溉的先民会远离长江，在深山中形成“打鱼村”呢？

松溉的北部，黄瓜山和碑槽山之间，是一片相对低矮的谷地。虽然也布满了丘陵，但比较起东西两条山脉来说，它确实要平缓、宜居得多。

遥远的古代，碑槽山的南段西侧，山谷中，到处是丘陵、山冈，隐藏着松子溉的上游。其间沟壑纵横，树木密布，到处是流水和水洼。那真是，泉清，苔鲜，水流石上激，紫气云中悬，津流竹树，脉乱山川。用诗人的话来说，那就是："山中有流水，借问不知名。映地为天色，飞空作雨声。转来深涧满，分出小池平。恬澹无人见，年年长自清。"（［唐］储光羲《咏山泉》）。每到夜晚，更是明月松间照，清泉石上流，鸟鸣深涧中，无处有闲愁。高大的树木之中，各种飞禽走兽在自然规律的调节中，自由地生息繁衍。众多的水体里，许多天然的生物，也在清新的流水、安静的湿地或奔腾的小溪中惬意地生活。在懵懂的时光中，它们度过许许多多不受人间打扰的原始岁月。

历史老人的巨手，轻轻地拨动年代的时钟，将它转到某一天。突然，一阵桨声打破了密林中的寂静。一叶渔舟，载着透过密林的日光星点，划破水中静止的天空，在不停的欸乃声中，进入了这个原始纯粹的世界。

渔船的主人，来自遥远的地方。他经过惊心动魄的长途跋涉，闯过无数的急流险滩，在漫漫路途中四处寻找，渴望找到一片可以供自己和家人安居乐业、自由快乐生活的乐土。

他，只是许许多多有着同样经历和追求的人们中的一个。

长江，为人们提供了一条虽然充满风险，但也有无尽可能的通道。松子溉的入江口，使他们得以在顺流而下之时，安全收流、归港靠岸。"澄江如练"的美景，吸引着他们的目光，郁郁苍苍的松子山不断向北延伸，密林中似乎藏着无数宝藏。这一切为着生计而苦苦寻觅以避开世事艰险的人们，为我们提供了美好的想象。

他们经历了长江的风浪，他们感受过世俗的困扰，他们为漂泊而痛苦，因为居无定所、作无定业而渴求安定的生活。当他们探索过松子溉下游之后，慢慢上溯，进入这一片神秘的世界。当他们的渔舟停靠在松子溉上游的水边，就近抓住几条鱼而升起炊烟之后，碑槽山下的山谷从此迈开了开化的脚步。

人类逐水草而居，文明沿着江河而肇始和发达。松子溉南北纵横，长远的流域，为人类在此生生不息提供了所有可能。

当人类唯一的可用可控资源为自身的体能的时候，触手可及的自然出产，便首先成为人类生存的保证。捕鱼，是人类最早学会的生存技能之一。从伏羲氏教人结网捕鱼，人类的捕鱼历史跨过了数千年时光，技术不断得到发展，能力得以不断提升。当一个渔人闯入松子溉的深山老林中时，从来没有受到过外部世界惊扰的鱼儿，就成为人类最好的攫取物。

“竹外桃花三两枝，春江水暖鸭先知。蒌蒿满地芦芽短，正是河豚欲上时。”（［宋］苏轼《惠崇春江晚景》）松子溉不仅有自身的渔产和其他物产，每到春季，也有长江鱼年复一年地洄游至松子溉上游，以完成生殖繁衍的生命之歌。

当剩余物品可以交换的时候，松子溉的渔产和进入松子溉上游繁衍的长江鱼类，又通过人为的交易，变成人类生存的其他物资。于是，在这一片密林湿地里，人类站稳了脚跟，并以渔业生存和与红尘沟通。丰富的鱼类资源，相对较少的人类，使这里最早的原住民形成了以打鱼为生的生活形态。“打鱼村”，便由此而来。

打鱼村的原住民，以松子溉中的天然特征物体命名自己居住的地方，留下了丰富的生活痕迹。他们将石头巨大平整的地方，叫作“大石坝”；将溪流下泻的出口形成急滩的地方，叫作“滩子口”；将有长长的石头露出地面的地方，叫作“长石”；将

◆打鱼村

曾经抓住过金龟的洞子，叫作“金龟洞”；而鱼儿聚集，最容易捕捉到更多鱼儿的水段，就叫“打鱼河”。

日月不过，四时不忒。岁月在演进，而人们在松子溉中打鱼却成为生活必需手段之一，甚至成为习俗。松子溉中的鱼，便有了一种宿命，那就是生来就是松溉人的口中美味。因此，松溉民间便有了一种说法，叫“下溪河的鱼儿——死的多活的少”。

当人们终于可以获得其他谋生方式的时候，其打鱼的技术和能力、打鱼的风俗，成为历史文化的厚重积淀，也就不可阻挡地、不可停留地、一代一代地向后代传来。所以，我们今天还可以沿着松子溉上溯，直到离开松溉很远的地方寻找到“打鱼村”的痕迹。

受益于丰富的水资源，也得益于从黄瓜山、碑槽山上随水而来的沃土的培养，这一片沟谷，有着丰富的物产。丰富的自然资源、辛勤的劳动，不仅为最早的居民提供了无尽的生活来源，也在人为的作用下，顺着不断向下奔腾的溪水，汇入长江，带去打鱼村充满传奇的故事。

以“松子溉”之名，古老的松溉，包含的地域当比现在所辖的区域要宽广得多。可以推想，它很可能包括松子溉上游到下游长江边的所有地带。

第四节
抢滩插旗 落地生根

站在东岳庙前，眺望江景，回首而望，插旗山借着碑槽山南下之势，作势欲扑，迎面而来，令人震撼。

突然，恍若惊梦，耳边响起无数的船工号子，溯江而来，时光瞬间让我们穿越到数百年前……

只见大江之滨，东岳沱前，突然涌来一支船队——

那船生得奇怪，为川江少见。只见那船，头小船长，中立桅杆，杆上架篷，两边还有桨橹。船近东岳沱，“倒桅”下篷，桨橹飞转，行驶灵活，恰如飞鸟，直抵江湾，借松子溉入江口，迅速靠岸。只见那些船只，桨停摇，橹放平，下锚插杠，跳板搭上沙岸，然后“咣”的一声锣响，陷入一片沉寂。

而此时，松子山上钟声大作，咣咣咣——警钟长鸣，群山回响，安静而古老的松溉古镇重门紧闭，瞬间陷入紧张和不安之中……

突然，砰——一声炮响，随即一片呜嘘呐喊，在不断的鼓号声中从船上爆发出来。刹那间，船上涌出无数威猛矫健的男人，手执不同形状和颜色的旗帜，直奔江岸——

这一群来人，纷纷跨过松子溉水，直往碑槽山而去。

不久，东岳之北，碑槽山腰有人居高耸立，向四方摇动手中大旗。旗下，众人仰面而望，纷纷改道向更高更远的山谷和林中奔去……

明末清初，张献忠在四川建立大西政权。他一方面与明朝残余势力作战，另一方面又以清廷为敌，招致清军入川。其间，重庆百姓也遭到战乱各方的血腥屠杀。

清军追剿张献忠，古昌州陷入战火，百姓损失巨大。松溉虽然没有直接陷入战火，但人口的损失和流失也不少。因此，松溉以北，山林沟谷大片土地，长久无人居住开发，沦为荒野。

随着清朝统治的稳定，长江中下游经济的兴起和繁荣，顺江而上，大片肥沃的土地和丰富的资源引起了长江下游有志之士的重视，于是自发的移民逐渐兴起。

因此，借水道溯流而上，松溉大地上不断涌来了更多的移民。

据《四川通志》记载："蜀自汉唐以来，生齿颇繁，烟火相望。及明末兵燹之后，丁口稀若晨星。"四川号称"天府之国"，美好的期待和自发的移民，引起了官员和官府的注意。移民四川，成为康熙朝廷的重要廷议事项。

康熙三十三年（1694 年），清朝正式颁布《康熙三十三年招民填川诏》，下令从湖南、湖北、广东、广西等地大举向四川移民。

之后，一批由官府组织的移民逆江而上，来到松溉。他们事先划定了移民到达后进入的地盘，约定谁先占领东岳山上的山地就归谁家拥有和经营，各自所得地盘，以插旗为号，插旗之地不得互相争夺……

于是，就有了前面讲述的历史情景。那个最先被插上旗帜的地方，后来就叫"插旗山"。

插旗山，山南山北，上上下下，分布着众多百姓，他们的祖先大多来自长江下游。自来到松溉，借助松溉的山山水水，他们落地生根，

成为松溉大家庭中的一员，共生共荣，共同建设着美好的家园，直到今天。

今天，当我们踏进陈家大院或者罗氏祠堂，你会很快感受到移民文化与松溉元素的交融。历史和现实的交融，依然令我们恍若惊梦。

◆插旗山

第五节
江畔勒痕深　纤夫血泪长

独立江干，巡视大江，仿佛之间，川江号子阵阵传来。

呀吔，呀呃吔——

呃——清风吹来凉悠悠——连手推船下渝(涪)州——有钱人在家中坐——呃——哪知道穷人的忧啊愁啊。推船人本是苦中苦哦！呃——风雨里头走码头！……前面有一道关哟滩，观音菩萨她莫灵验，不使劲儿啊，过哟不了滩，你我联手个个是英雄汉，使个劲儿啊全啰上前，平水号子要换啰一换，耶，捏紧桡子吔冲向哟滩！

哟——

喔——

嗨咗、嗨咗、嗨咗、嗨咗、嗨咗、嗨咗、嗨咗——

咿吔——吔——

嗨咗啊——嗨咗、嗨咗、嗨咗、嗨咗、嗨咗、嗨咗、嗨咗——

一只木船顺江而下，漂过东岳沱前的激流，迅速到达大矶硇的滩口，号子声中，船工们驾着一叶孤舟冲向险滩……

江风吹来，一段历史的烟尘散开，一根独立的桅杆带着一只大船又从下游溯江而上，由远及近……

哟嘿——哟嘿——

嘿——呀——咗！嘿——呀——咗！

嗨，嗋号；嗨，嗋号；嗨嗋号，嗨嗋号，哎呀么，哎，嗨里嗋谑；哎，呀里；嗨嗋号，嗨嗋号，嗨——一根纤绳九丈三，父子代代肩上拴，踏穿岩石无人问，谁知纤夫心里寒——

嗨，嗋号；嗨，嗋号；嗨嗋号，嗨嗋号，呀么哎嗨里嗋谑……

◆纤绳遗痕

船上水手的号子才消散，纤夫的号子又起……一道长长的纤绳，牵引着一只沉重的航船逆水而上……

眼光迷蒙中，那些头缠陈旧的白布帕子，身着褴褛不堪的纤夫，正用低沉的号子鼓起干劲儿，沿着江岸前行。他们背着深深勒入皮肉的纤绳，俯身抓着岩石，双脚蹬直，努力向前挣扎，乌黑赤裸的肩背，在日头下发出黝黑的光——

倒桅——

啰——

船上传来一声大喊，原来，船至东岳沱下缘，就要到达“澄江如练”水面，船上的桨手，将用船桨和篙杆把船撑入平静的水面，然后驶入松子溉入江口，将纤夫们渡过溪口。

阿哩哆，阿哩哆……

趁着这短暂的时间，纤夫们可以休息片刻。他们发出了疲惫而欣喜的欢呼。

纤夫们渡过松子溉入江口，再次背上纤绳，往上游走去。江边再次响起他们的号子——

唉啦唉吧哟哟呵，唉啦唉吧哟哟呵嘿，哟喂——

嗨起，哟，嗨起……为了生计哟，嗨起，我把货下哟，呃，嗨起，为儿为女哟，嗨起，我把船拉噢，吔嗨起，终年四季哟，哟喂，嗨起，我在水下哟，嗨起，到目的地哟，嗨起，拿点钱吔，哟嗨起，好回家噢，嗨起，回家看望吔，嗨起，我的老妈妈噢，嗨起——

…………

我用朦胧的目光注视着他们的背影，静静地看着他们走进历史，重新把他们深深地封存到长江的记忆之中。

然后，我想抽个时间再去松溉古镇上找一个健在的老纤夫，摆上一碗老荫茶，静静地听他讲纤夫的故事。

东岳庙位于碑槽山伸进长江的一个山嘴上。它前面的悬崖边上，有一块青色的石头。石头西侧有一个圆形的洞孔。石面上刻着“长委会，左炬，川 115，川整测，2-421”几行字，在“川整测”与“2-421”之间，还有一个三角形图案，尖角直指南岸。

长委会（又称“长江委”），是中华人民共和国水利部长江水利委员会的简称。它是国家在长江流域和澜沧江以西（含澜沧江）区域内行使水上行政主管职能的派出机构，总部位于湖北省武汉市，成立于 1950 年 2 月，其前身是扬子江水利委员会。

◆东岳庙前水利设施及附属物史迹

这块石头证明，在重庆没有直辖以前，长委

会曾在此设立水文观测站，并在此设立有指示江上行船的灯火。如今东岳庙另外树立了一根高高的不锈钢管子，顶上挂灯，增添了那里的风景，也有为江上行船服务的作用。这是民间行为。

松溉水文站存在的时间，大致在 1950—1969 年。这虽然是一块看似平凡的石头，却属于近代水利设施及附属物的重要史迹，记录着松溉的一段历史，但目前还未加保护，应当引起重视，善加保护。

东岳庙下，是悬崖峭壁，有壁立千仞之势。如今，真正的航行指示灯塔，在此处山脚偏上的部位。它是一个圆柱形建筑，被涂装上斑马纹，远远看去类似一根烟囱。

灯塔靠近陡峭的岩石。那岩石上横向布满了道道光滑而深刻的纹路。其沿江长度 200 米左右，上下高差相距 1.5 米左右，总数有 10 余道。这些纹路，就是当年纤夫拉

◆东岳沱・灯塔

船溯江而上纤绳勒出的痕迹，其中最深的竟然有 15 厘米。

自长江开河运输，松溉建码头以来，无数的纤夫曾行走在松溉的江岸。他们低头弯腰，发出低沉而厚重的呼喊，和命运进行顽强的抗争。无数的汗水洒落在江边，化作礁石上的斑斑点点。他们血泪的结晶，久久不肯消退，一代一代地向世人展示他们无尽的悲哀、无奈和奋起，展示他们无尽的辛酸、悲叹和希望。

长江有多远，纤夫的血泪就有多长。那些由纤绳勒出的沟痕，像岁月的尖刀，深深的刻画，不仅见证着这一切，也牢牢地记录着这一切。它们又像张开的嘴巴，在无尽的岁月中，用无声的语言，向世界讲述着那些久久不愿忘记的故事……

纪伯伦在《泪与笑・引子》中说：

我不想用人们的欢乐将我心中的忧伤换掉；也不愿让我那发自肺腑怆然而下的泪水变成欢笑。我希望我的生活永远是泪与笑；泪会净化我的心灵，让我明白人生的隐秘和它的玄奥；笑使我接近我的人类同胞……泪使我借以表达我的痛心与悔恨；笑则流露出我对自己的存在感到幸福和欢欣。

我愿为追求理想而死，不愿百无聊赖而生。我希望在自己内心深处，有一种对爱与美如饥似渴的追求。因为在我看来，那些饱食终日，无所事事者是最不幸的人，不啻行尸走肉；在我听来，那些胸怀大志，有理想、有抱负者的仰天长叹是那样悦耳，胜过管弦演奏。

——（摘自《泪与笑：纪伯伦散文诗选》，仲跻昆、李唯中、伊宏译，湖南文艺出版社，1991 年版）

生活就像拉纤，看似自由行走的人生，却总有一根纤绳勒在肩上，远远地拖着沉重的负担。而我们却不能懈怠，甚至不能述说。对那些纤夫，他们的高大，我们只能仰望。

面向大江，看见来来往往的大船，在机器的轰鸣声中平稳地上上下下，我禁不住长长舒放一口大气——

但愿青山常在，绿水长流，一路平安。

第六节
古道闻水声　铃响马帮来

在松溉镇东边，碑槽山北来南往，直抵江边，把永川和江津分开。碑槽山的东面，南部就是江津区的朱杨镇。站在松溉镇东岳庙前向下游方向眺望，朱杨镇就在眼前。

自古以来，朱杨镇就和永川有分不开的渊源。它北面和永川何埂镇接壤，西面与松溉镇隔山相望。永川河来到碑槽山西侧南端后，横切过碑槽山，一直向东经过江津茨坝、板桥南下，又通过朱杨溪进入长江。在久远的古代，陆路通行困难的情况下，永川河把永川和朱杨溪连接在一起，使朱杨在一定程度上成为永川的生命共同体。

“我住长江头，君住长江尾”，思君能见君，共饮一江水。朱杨镇和松溉的联系就更加紧密。它们都背靠碑槽山，成为共饮一江水的邻居。

如果乘船从松溉到朱杨镇，可能船工一声号子在松溉段吼起，上半句还在松溉江面回响，船就进了朱杨镇朱杨溪水域了。这是下水。古松溉长江段河道比现在狭窄得多，江水特别湍急，加上松子溉段东岳沱前更是激流，所以便真有“千里江陵一日还”似的飞速。

但是，如果行上水船，问题就没有这样简单了。溯江而上，逆水而行，上险滩，斗激流，虽然船工和纤夫的号子震天响，挥汗如雨流，但船还是如蚂蚁爬行。因此，松溉和朱杨镇的往来，还必须水陆两路双通才行。

松溉与朱杨镇的陆路交通，现在早有公路直达，自然不必多言。但在古代，那还是值得一提的。

因为两镇的地理因素，两镇的人自古往来不断。陆路交通主要靠穿越碑槽山的山间小路。虽然山高路陡，空间逼仄，但世代不断开拓和使用，再加上两镇的人共同努力，使山路通行条件不断改善，成为两镇人民友好往来的交通线。

随着清朝初期“湖广填四川”的移民浪潮，松溉等沿江村落人口增加，经济开始繁荣，朝廷管理面延伸，税收跟进，加强乡里交通势在必行。于是在松溉和朱杨之间，沿山修建驿道。此驿道从松溉古镇出发，经旗山村，穿过碑槽山，通达朱杨，然后一直成为松溉、朱杨之间重要的陆路通道。直到 1976 年，它依然发挥着方便松溉、朱杨两地人民群众互相往来不可或缺的重要作用。

虽在山中，这条驿道其实也是沿着长江岸线而前行，可谓一条沿江古道。行于其上，江风起处，犹如水声在耳。

如今，“松溉—朱杨”沿江古道仍然在使用。平整坚硬的石板，或呈梯级而升，或平铺直行，蜿蜒地在山间绕行，无言而坚定地承载着来来往往的脚步，虽然没有多少人知道它们的岁月和丰功，但它们依然坚挺地履行着自己的职责，把一种静止的生命和流动的精神不断传向远方……

松溉历来是永川南部的商业重镇。成渝公路和铁路未修通前，全区大部分乡镇以

◆松溉古镇马帮议事厅

及泸州、荣昌、铜梁、大足等地的部分农副产品均在松溉港口输出。多地群众需要的盐、糖、棉、纱、布匹、烟叶、油饼、白酒、芽菜等商品，需要从松溉港口和堆栈（货栈）转运到各地。于是，马帮应时而生。

松溉古镇的马帮主要来往路线集中在松溉南北方向。想当年，百姓奔走其间，一条条古驿道上，行人匆忙来往，你来我往之中，转弯抹角之时，突然，叮咚叮咚的铃声阵阵传来，一队队骡马迎面而至，定然会有许多传奇故事……

来往松溉的马帮，曾经每天多达 50 到 100 支。他们穿行在多条古道上，为松溉带来繁荣，为各地百姓带去生活的满足，像一支支无言的歌从松溉唱响，然后飘向四方……

今天，若得一个假日，背上一个旅行包，趁着天朗气清、良辰美景，沿着松溉的古道来个短程的“驴行”，权当一次出汗的锻炼，临山而接地气，如果选择江边路线，濒水而吹江风，极目远眺，指点江山，激扬文字，是不是也会是一件很惬意的事情呢？

◆马帮议事厅内景

第七节
天赐飞龙洞　云水天上来

一、飞龙洞

俯瞰松溉西北方向，可见三环高速穿过何埂互通进入永（川）江（津）高速。何埂互通至松溉互通之间，重庆三环高速西段像一个被强行拉伸的“3”字。这一段高速公路松溉段像一个大括弧，朝向西方。大括弧“包括”一片地形奇特的山地。其大多原属松溉镇青龙村地界。

青龙村为原自然村名称，现为茅园行政村。

鸟瞰青龙村，可见其地名之由来，实在是挺名副其实的。

青龙村得名于青龙山。

青龙山有四条龙脉，各有毛细血管似的分支。其中一条位居北面，山岭为今西三环高速所用。其余三条，依次从北往南呈 45 度角左右散开，直至南面的青紫山北。四条龙脉呈扇形分布在松溉的西北方，又一齐向着松溉镇的西边汇拢。

综观松溉地理大势，东—东北方向，碑槽山之来势为巨龙、猛龙，有一龙独尊之象。而其西北来势，为群龙、幼龙。总体上为众龙、群龙、幼龙来贺之象。

在北方的青龙山、东边的永(川)江(津)高速、南边的大陆溪包围之中的一座高山，那就是青紫山。

形胜之地必有名胜。曾经的青紫山上，楼台、宫观、居舍毗连，人气兴旺。

站在青紫山巅的东面，松溉古镇遥遥可望，大江美景尽收眼底。将眼光穿过西三环高速公路松溉互通偏南，可以看到对面山坡上有一片银灰色墙面的居民住宅。松溉镇著名的一个可观赏景点就深藏在它旁边的深沟中，那就是“飞龙洞”。

从松溉镇上出发，定位一个叫金贝贝的幼儿园，在此幼儿园处下行 20 米左右，悬崖之下，就是飞龙洞景观。

飞龙洞，大致为坐东北朝西南的方位，背靠茅园村及以上大片山地，西边隔青龙山（永川高速）与青紫山相望；西北面为青龙山各条山脉，东邻龙船坡。

飞龙洞的来水有两处：一是发源于青龙山中的西北源流，二是来源于与飞龙洞同方向的青龙水库。

飞龙洞实际上处于上溪沟的下游，接近江边的地方。以此为界，其上实际是上溪沟的上游。由此一直往上，可追溯到上溪沟的两个源头：上溪沟源头之一为青龙山中的沟谷地表径流，为雨水和山体蕴含水流汇聚；另一个为青龙水库。由于上溪沟为以雨水为主的季节性河流，所以水量不大。每年 7 到 9 月为洪水期，11 月至次年 3 月为枯水期。而飞龙洞之下洞子潭的水位则受长江丰水或枯水影响。

当上溪沟的源水来到这里，突然遇到这个落差高达 50 余米的悬崖，于是飞流直下，形成一道银光闪闪的飞瀑。每当雨季来临，降雨兴，流潦至，山洪暴涨，过水量猛增，洞顶出水面数米，悬瀑暴注、水流轰鸣、水花四溅、水汽氤氲、彩虹隐现的景象，十分壮观。

飞龙洞岩体横存于两面山坡之中。其底部有一个巨大的穹隆，形成一个巨大的山洞，隐现于飞瀑之后。其岩体层层叠加，多达四五层。它最高的一层，横陈在两面山体之间，犹如两只手掌掌根合拢、两掌向上摊开的大手，而水流就从两掌掌根相接的地方飞奔而出。其气势磅礴，如飞龙开口吐水，所以称其为“飞龙洞”。

飞龙洞有“龙”，其巨大无可比拟。

站在洞前瀑布之下，可以想象飞龙藏身于幽远的大山和广阔的天空，其嘴张开，上嘴皮高上云天，而凡人无缘可见；抬头仰望，只能看见飞龙的下嘴巴搁在丹霞岩石之上，飞泉瀑布自天而下。其威仪如何？石上有题刻之诗，赞曰：

朗□□□片刻开，九天飞下白龙来。

云翻雨乱惊心目，风卷波鸣起电雷。

◆飞龙洞深潭泛舟

只可惜诗中第一句有三字已无可辨识。但这三字，我们可以根据诗意补充出来。其全句或当为“朗朗乾坤片刻开”吧。以此诗气势，非“朗朗乾坤”不可匹配之。

乾坤，为天地之意。身处飞龙洞深沟之中抬头仰望，确有天地猛然劈开，“飞流直下三千尺，疑是银河落九天”的景象，而急流水花正给人以“云翻雨乱”的感觉，至于挟风带雨，水击石响，如风雨雷电，那也是一样不少的。

飞龙洞石壁，第四层为一块巨大的整体岩石。其上刻有“飞龙洞”三字。“飞龙洞”三字为阴刻楷体，字径约 70 厘米，字高 1 米，字龛高 1.5 米、宽 2.8 米。龛体的右上角刻有“道光十二年陈汝钧刻题”等字样，字径约 3 厘米。

飞龙洞西面岸边近水面处，有一个两层重叠岩体，其下部开有佛龛，内有浮雕造像六臂“日月观音”一尊。松溉先人在此建造日月观音，祈求青山常在、绿水长流，安居乐业、幸福安康。

飞龙洞刻字和日月观音造像等，合称“飞龙洞”摩崖题刻，现为永川区级文物保护单位。

飞瀑底下必有深潭。飞龙洞前也有一泓清潭。因为潭水与山洞相连，所以又叫“洞子潭”。其自然形成天然水塘，也有叫“洞子塘”的。丰水期，水潭向下游延伸、不断扩大，面积可达十余亩。

这里三面环山，四处植被丰富，山林四季常青，空气清新，非常适合短程休闲游玩，已成为永川人度假的一个好去处。

沿东面山坡小径，探索前进，进入岩洞，头顶巨大的岩石，脚踏洞子潭水，感觉十分清幽。其中，还有祈福神像显出岁月沧桑。潭水清澈，大块、大片的乱石横陈。脚下湿滑，应当小心。摸着石头过河，踩稳再行。停下脚步，稍坐小憩，翻翻乱石，说不定还可以找到一只山螃蟹。

潭中巨石各呈姿态，别有趣味，攀附其上，山林水涧，触手可及，回归自然之感油然而生，闲情逸致，好似隐士，其实逍遥。其中一块大石，名叫“响水石”。其石奇异，飞泉瀑布，击之而响。其上有诗，题为《响水石》。诗曰：

不是河源此石生，汤汤那得□中鸣。
俨然巫峡面前倒，恰似蛟龙脚底争。
意冷疑沾衣上湿，神恬直向耳边倾。

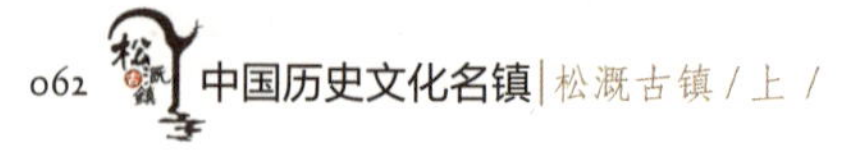

低徊忽悟相泣诀，声到无时亦有声。

还有像饭甑子的石头，其名“甑子石”。诗曰：

地成巨灶天成房，屹立溪中一甑□。
莫厌运粮无入处，何愁满釜自流长。
薪翻日月千年火，气喷烟云百谷香。
盛世游民长鼓腹，只堪悦目不堪尝。

诗文为清代乡官陈汝钧所题。此类文字非止一两处。

山水之中，稍事歇息，清风拂面，探索巨石，忽而得一首朗朗上口的古诗，临风而咏，体会一番雅士的风范，是不是又多一种因追往而来的文人骚客的古意呢？

二、陈公堰

宋代朱熹有诗《观书有感》曰：

半亩方塘一鉴开，天光云影共徘徊。
问渠那得清如许？为有源头活水来。

在飞龙洞摩崖题刻景观之处，还有不少人文景观值得观赏和探究，如“陈公堰”题刻。

飞龙洞景观面（西）南背（东）北而雄立，三面环山而势壮。它最上层靠西面有一面约 8 米高的崖壁，与丹霞同色，刻有“陈公堰”三个阴刻的楷体大字，字体尺寸与“飞龙洞”三字基本相同。“陈公堰”三字，如娇羞的林间女子，藏于竹木枝叶之后；风动处，竹木摇动，时隐时现，魅力半显，游客需要有耐心并变换位置方可全观。

堰，就是拦河坝、拦水坝，或者是引水的沟渠，就是为了把水拦住蓄积起来，需要时再引出的水利工程。那么，“陈公堰”穿过历史的流光，是否依然？人们为之题刻纪念，它到底有没有一点儿奇特呢？

飞龙洞处的水利工程至少有两处遗迹。

一是“洞子潭”潭口围堰。

即在三面山体形成的缺口处筑堰以拦水。正是这个围堰，将飞天而来的瀑布之水拦在洞子潭中，形成一汪波光粼粼、美妙无比的深潭。但此堰似乎已经毁掉，并未发挥作用。

二是飞龙洞顶的“陈公堰”。

亲临飞龙洞顶，可见“陈公堰”的真身遗迹犹存。飞龙洞顶流水沟体为完整的岩石。在洞顶面上出水口往上游方向两米左右，至今依然可见水沟底上有一横排方形石洞。“陈公堰”以多条两侧开有插槽的方形石柱插入成排的洞中，又将多块加工好的石板依次插入石槽中，形成一条拦水坝。将上游来水拦住，提升此处水位。然后又在其西边沿着洞顶齐平稍低的位置，沿西面山体上的悬崖凿石开沟，将水引向西面山后“向家湾”的大片农田。

现在看来，这是一条不起眼的堰沟。但在当时建设的难度还是很大的。特别是沿着西面山壁岩石临空开渠，算得上一项艰难工程。而由此将飞龙洞顶的水流引向西面后山的大片良田，使得数百亩农田得以灌溉，确实算得上一项功德。“陈公堰”是完全靠水体自流灌溉的工程，可以说在水利工程学上也是很有意义的。

这是古松溉人一个了不起的创举，是一个应该予以充分肯定的重要历史事迹。

从历史传说来看，在潭口修建围堰十分不容易，因为这里建起的围堰曾经反复垮塌。据传说，每当潭水淹到现在还可见的“日月观音”那块大石头时，无论围堰多么牢固都会垮塌。也可能正是因为如此，人们才在此建造日月观音像，以求平安。

陈公堰在当地农田灌溉中发挥了重要作用，新中国成立后，当地百姓仍在使用。虽然如今已经被泥土淤塞填埋，其上已长满竹木杂草，但是据陈氏族人介绍，如果需要，依然可以清理干净再投入使用。

“飞龙洞”三字之下，潭中有数块巨大的岩石。其上刻有单字字径约 10 厘米，题为“堰序”的文字。仔细辨认，其依稀可读。题下有“秀士亮述”“汝钧鋆”字样。可知《堰序》为陈氏中名亮者口述，“陈汝均、陈汝鋆”合作而成。

《堰序》尚成句读者，如“我陈氏自洪武二年由楚孝感入蜀”“避难黔省”“名后湾约三四里许河横”“河横其右断岩千尺”“数百亩之广”“小溪之流昼夜灌溉”“噫，是峰……(千)寻壁立上出云霄一碧潭清”“转瞬间手足失措女不……龙宫之卒乎”“良谋建柱于山顶架梁于……岩用绳连丝”“匠氏视险若平不数月而工”“难获之田我祖熟之”“岩田壤用竹引”“日余万夫非生财之大……也……形家惊……贺曰金螺听水”“河水洋洋祖宗功德源远流长”“葬明时祖陈伯台许氏生宗……妣李氏生朝祖葬牛眠口漏风丫”“葬水碾场石河沟”等字样，落款为“大清道光十二年壬辰岁季冬月中浣”，与“飞龙洞”落款年代一致，即为1832年。

《堰序》显然是为记述筑堰工程而作的。这些残留文字告诉我们，陈氏家族如何迁居松溉，如何在此繁衍生息、艰苦创业，甚至如何在此兴建围堰等水利工程。我们可以认定，飞龙洞的陈公堰是在1832年建成的。此工程为陈氏家族自建。陈公堰灌溉的地域当为陈氏祖业。

从《堰序》中不难看出当初修建陈公堰的艰难。

据《松溉镇志》记载，道光十七年（1837年），飞龙洞水利工程再次修建，并完工。推断当主要是修建潭口围堰。因为人们修建此处工程艰难，于是深感陈氏筑堰之功德丰厚，所以人们对“陈公”特别感谢，并题字勒石以作纪念。于是有了题刻“陈公堰”三个大字。

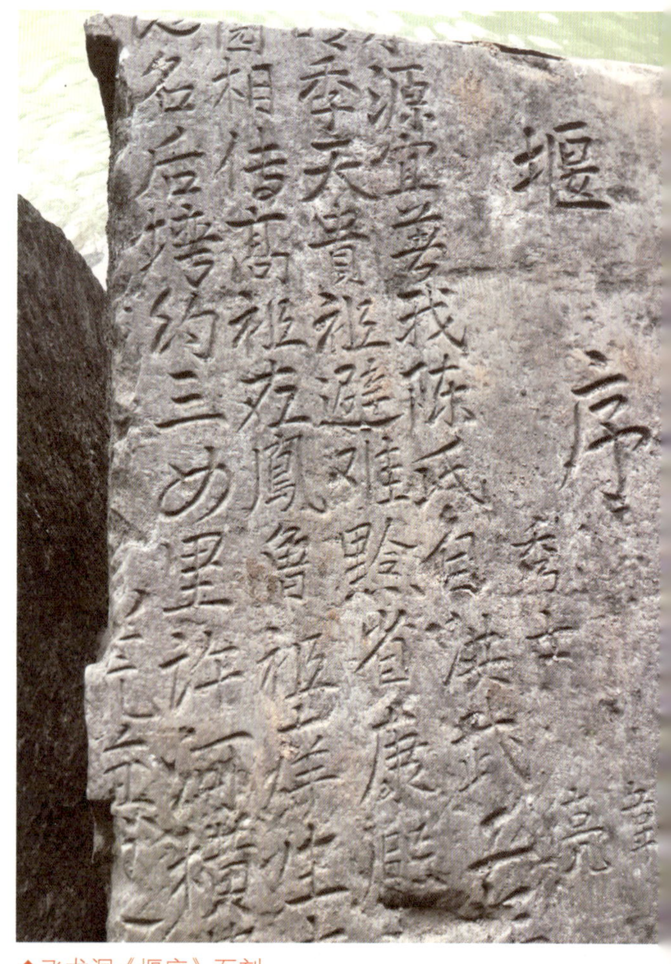

◆飞龙洞《堰序》石刻

“陈公”非止陈汝钧一人，应当包括当时陈氏为此做出贡献的一辈。

前人栽树，后人乘凉；前人引水，后人思源。虽然时代已经进步，但历史的演进仍然无法掩盖前人为我们做出的贡献。当人们看到清澈的山水汩汩流去，荷塘、稻田生机勃发之时，自然会感念“陈公”恩惠的源头活水。

山环水绕，岁月静好，愿我们共同努力，让青山常在，绿水长流，吉祥美丽长留人间。

松溉的先人于此奉献给后人的不仅是汗水、财富和智慧，还有一份济世的情怀。

吃水不忘挖井人。松溉不仅懂得奉献，更懂得感恩。

唐高祖李渊曾下令让欧阳询等人主编了一本书，叫《艺文类聚》。其中记载了一段关于盘古王的故事：

天地混沌如鸡子，盘古生其中。万八千岁，天地开辟，阳清为天，阴浊为地。盘古在其中，一日九变，神于天，圣于地。天日高一丈，地日厚一丈，盘古日长一丈。如此万八千岁，天数极高，地数极深，盘古极长。后乃有三皇。

就这样，天产生了。飞出去那些东西是清澈透明又轻巧的，被称为阳气，或者就是“阳”。

清澈透明而又轻巧的阳气飞出后，那些混浊不透明而又沉重的东西失去了支撑，就只好向下降落，它们落啊落，一直落到今天我们脚能踩到的地方。这就成了地，就是大家脚踏的大地了。这个被称为阴气，或者就是“阴”。

有好多人都觉得“阴阳”是很神秘的东西。其实不然，正如孔子在《易传》中说，那不过是“百姓日用而不知”罢了。

如果化用在山川地理中，山的南面或水的北面为“阳”。这个常用于地名。如：衡阳，在湖南省衡山之南；洛阳，在河南省洛河之北。

扩展开来，如：阳陆，指山之南；阳濒，指水之北岸；阳林，指生在山南的林木；阳木，指山南之木；阳柯，指向阳的或南向的树枝；阳崖，指向南的山崖；阳坡，指向阳的山坡，等等。

与“阳”对应，山的北面或水的南面，就为“阴”，也常用于地名，如：江苏江阴，因地处“大江之阴”而得名，就是处于江南的原因；江苏淮阴，因古代县域在淮河南岸（水之南为阴）而得名。山西省山阴县，因位于恒山余支翠薇山的阴坡而得名等。

山川之名分阴分阳，其实是科学。因为我国处于北半球，常见“日出东南隅”，阳光主要从南方照向北方，所以北坡为阴坡，南坡为阳坡。在北坡多阴，在南坡多阳。以此命名，其实是古人智慧的表现。

那么，“飞龙洞”“陈公堰”题刻包含着怎样的“阴”“阳”文化意义呢？

飞龙洞三面环山，大致呈面南背北之势。以其坐向为准，则其左面为东，靠“龙船坡”；右面为西，靠青龙山、青紫山。在象数易学的易象体系中，东方为震，西方为兑。震为阳卦，兑为阴卦。震，表示东方，为日出之地，为阳。兑，表示西方，为日落之处，为阴。

奥妙来了！奥妙就藏在“陈”字之中。

“陈”字与震卦有很深的象数渊源。《易传・说卦》说震“其于稼也，为反生”。就是指花生、红薯之类，果实长在植株下部土里的作物。农作物是长在“田”里的。那么，在古人的认识中什么是“田”呢？田，就是“陈”。《说文解字》说：“田，陈也。树谷曰田。”在土地上种谷物，就是“田”。谷物纵成列、横成行，所以为“陈”。“陈”就像是十分整齐的队列，所以“陈”通“阵”，就有陈列、战阵的意思了。

在象数易学的易象体系中，“陈”是用震卦来代表的。“陈公堰”这个字居于洞壁西面而面朝震卦太阳升起的方位。《易传・说卦》说“帝出乎震”，讲天帝、太阳从东方而出。太阳出来喜洋洋，大地一片光明，有鲜明、显赫之象征。日出东方，先照“陈公堰”，使其光明显耀，这其实有显扬“陈公”济世之功的意思。

这个处理方式和飞龙洞观音造像选取“日月观音”的文化背景和内涵是相同的。日月观音，左手为“日精摩尼手”，持“日”；右手为“月精摩尼手”，持“月”。日为阳，月为阴。这也反映了与“陈公堰”题刻相同的阴阳观。

不仅如此，飞龙洞顶上与天相接，象征天。然后，从上到下是“陈公堰”“飞龙洞”。陈公堰，其本身是人为的工程，可视为“人文”；而飞龙洞，是天造地设的大自然奇观，可视为“地理”。这样就形成了一个“天”“地”“人”三才的合理顺序，反映了传统文化的“三才”观。即天在上，地在下，人在其中，体现了一种人生天地间、敬天法地、顶天立地的文化内涵。

它暗示我们，人生在世，要搞清天、地、人的关系。绿水青山就是金山银山，要正确处理好人与自然的关系。

因此，我们到此观赏游览，应该从上到下，先观其雄奇壮丽大势，领略无限山水风光；然后从上到下欣赏文字题刻，理解其中的内涵。如此，才能看破其中深藏的阴阳文化玄机。

天道阴阳。阴阳变化，所以有云汽和降水，故飞龙洞飞瀑不断。地道柔刚，山岩高大坚固为刚；水体流动为柔，故飞龙洞得以成就其好景致。飞龙洞山水一体，正是刚柔同道的表现。人道仁义，陈公堰为水利工程，以其引水灌溉禾稼，所得食物有生养百姓之功，陈公堰曾经发挥过长久的作用，为仁为义。

飞龙洞自然景观，与人文题刻内涵相通、相得益彰，表现了"天生一一生二二生三三生万物，人法地地法天天法道道法自然"的天地人大道。

三、六臂观音

松溉"飞龙洞"景点有观音造像。其龛窟居于景点岩体最下部，接近水潭水面的右岸，属于飞龙洞景观的一部分。它与此处"飞龙洞""陈公堰"等摩崖题刻合为一体，为永川区级文物保护单位。

"飞龙洞"的观音造像，被认读为"千手观音"，见于永川文物考古研究、记述书籍。如：《永川文史资料选辑》第三十一辑《永川文物与文化遗产》"飞龙洞摩崖石刻"中说"在崖壁的底部还有一龛千手观音像"；重庆文化遗产书系《见证永川》中"飞龙洞摩崖题刻"，其文与前述文字完全相同；赵万民等著的《松溉古镇》亦有此表述；《松溉镇志》中亦称其为"千手观音"。

将飞龙洞龛窟造像确定为佛教类造像当无争议，将其确定为"观音"造像是因为龛窟顶上正面石壁上"普陀胜境"四字依然可见。旁边还有时间落款"皇明万历十五年八月初七"字样。如此看来，此观音造像从建造完成到现在已经有 400 多年历史。

在旁边的石壁上还有几行字依稀可辨，如"初四之期见岩洞""真舍赀命匠镌妆""功德周完开光表忏""佛作证永不相侵""镌匠李正堂"等，记录了造像工作时的一些情况。

但是，这一龛菩萨像真的是"千手观音"吗？到底塑造的是哪一种观音呢？

考察飞龙洞观音造像，可以看出其毁损较为严重。但基本轮廓仍然清晰可辨。其造型为独头、单面、六臂。

其中，两臂生于肩上，向上对举，左右两手分持圆形法器；虽有损坏，仍可见大概。中间两臂生于腋下，向斜下伸出位于腰部两侧；因破坏、风化或制作粗糙，是否持有法器不明。最下两臂也生于腋下，双手结印向身前合拢，置于盘坐的双腿之间。虽有毁损，但造型大势清楚。其头部损毁过半，胸身衣饰花纹可见。其像坐于须弥座上，观音衣裙下端覆盖于其上并遮住其座上部。两旁有侍者，左二右一。

◆飞龙洞六臂观音造像

当然，庙宇中的千手观音造像，并非个个都有千手千眼，而是常以四十二手象征千手，每一手中各有一眼。

考察飞龙洞观音造像龛窟，其龛内顶、侧、底面，錾、凿纹理整齐清晰，总体平整有序，看不出有“千手”被人为破坏掉的痕迹。说明当初并未造出“千手”，仅有六臂为其原型。很显然，飞龙洞观音像，只有六臂，不宜称为“千手观音”。“飞龙洞”观音造像并非“千手观音”。

那么，飞龙洞观音造像到底是什么观音的化身呢？

观音菩萨有很多化身像。六臂观音是观音大士的法相之一，有六臂，在不同环境中表示不同的含义。要明白其到底有什么含义，就要弄清楚其手里持什么法器。

我们看到飞龙洞观音造像，上举的两手左手持圆形法器，右手所持法器也基本可以认定为圆形——因为观其残体并未见旁出痕迹，其残体正面投影当为圆形。

有一双手相对上举于头部两侧，左右手均执圆形法器，是这一观音的最典型特征。在著名的佛教道场菩萨造像中，有这一典型特征的佛像是有例子可寻的，如“如意轮观音”。

如意轮观音，即如意轮尊者，如意轮菩萨，又称大梵深远观音，为密宗所传六观音之一，以其手分别持如意宝珠和宝轮，故名如意轮，密号为持宝金刚。其形象一般为六臂像，至于手持宝物及印相，则依经轨的不同而有多种差异。据《如意轮瑜伽念诵法》载，尊者具六臂，全身金色；头上结宝顶髻，戴庄严冠，以示庄严，冠有化阿弥陀佛，住天说法相。

如意轮观音所持法器明显与飞龙洞观音所持法器不同，故不加深究。

又如，敦煌壁画中有三面六臂观音菩萨。其右手所执圆形法器为“日”，因其色红、中有鸟——其实为“乌”象；其左手所执为“月”，因其色白，中有“树”象。

但是，我们要探究的是单头、独面、六臂的观音化身，因此对此三面六臂观音不做更多研究。但我们从这里可以得到启示，就是观音上举的双手所持圆形法器为“日”“月”。

那么，在单头、单面的观音造像中，有双手相对上举于头部两侧，左、右手均持圆形法器，而且圆形法器又代表“日”“月”的吗？

答案是“有的”。我们用大足石刻（北山佛湾）中的“日月观音”造像为例，来探求飞龙洞观音造像的秘密。大足石刻北山佛湾摩崖石刻中至少有 115 号、136 号等 8 个龛号的六臂观音。其中具有这一典型特征的、制作水准最高的，为其第 136 窟中的“日月观音”。日月观音，又称“六臂观音”。

大足石刻（北山佛湾）136 号窟中的“日月观音”，其造像结跏趺坐金刚座上。宝冠以花草为纹而无璎珞，镂空别致。胸前璎珞或串珠浑圆，或玉佩绫形，或莲瓣含蕊，或花蕾初绽，繁复对称，雍容华贵。鼻梁高棱，眼帘低垂，神情安详自在，端庄温和。面庞丰满而有弹性；两只向上举的手臂圆润细嫩，胜似玉笋，肌肉质感特别强，实在让人惊叹匠师的雕刻技艺。

其两臂生于肩上，分左右向上相对举起，左右两手分别持有象征“日”“月”（圆形状物）的法器。下面两臂分别从背后伸向身体两侧，两手各执宝剑、钺斧法器。中间两臂置于身前，左手结“期克印”，置于盘腿之上，靠近腹部而托钵；右手似作“金刚杨柳手”，曲肘举拳于右胸前稍外侧。双腿盘曲，直身而坐，“结跏趺坐”。座下石台，即为“金刚座”。金刚座，又称为“须弥座”。两侧侍者位于龛窟之前，造型生动。结跏趺坐，即互交二足，将右脚盘放于左腿上，左脚盘放于右腿上的坐姿。在诸坐法之中，此坐法最安稳，且不易疲倦。

“日精摩尼手”“月精摩尼手”是对日月观音上举的两手最符合标准的称呼。

日月观音，实为降除心魔、消灭烦恼、断灭愚痴、消灾免难、眼复生明、体生清凉之象征。

如此探索过来，再将飞龙洞观音造像与大足石刻日月观音造像对照，可以发现从龛窟布置格局，到观音形体造像，到侍者配置，它们的总体特征基本一致。两者“金刚座”也基本雷同。不难看出飞龙洞观音造像，有明显模仿大足石刻日月观音造像的痕迹。

如此，我们基本可以断定飞龙洞观音造像为“日月观音”造像。

只是有点儿遗憾——制作飞龙洞日月观音造像的工匠手艺太差。造像的艺术水平很低，缺乏美感，欣赏价值不高。此当与投入不足或制作工匠责任心不强、水平有限有关。

其龛窟开凿计划不周，明显太小，宽度、深度均不够，以至于观音造像中间两臂无法藏于背后，而非常敷衍地从体侧伸出。且此两臂、两手造型也十分粗糙，未见明显法器。两侧侍者形象非常矮小，左侧侍者更是因为龛窟开凿得不合理而如藏身地道，严重影响了整体效果。

要与大足石刻媲美，自然极不容易。当然，飞龙洞观音建于明代，寄托了百姓的美好愿望，具有历史价值和人文价值，因此仍应当保护。

松溉人为什么要在飞龙洞接近水潭水面处的岩石上雕刻“日月观音”造像呢？想要表达什么意愿呢？

这两个问题是可以得到合理解释的。

这和宋代一个关于观音的传说有关。据说，南宋或更早时间，战乱不断，百姓苦不堪言。于是，观音菩萨化作一位美丽善良的女子入于凡尘，居住在山上，为当地饱受战乱的百姓祛病消灾。战乱平息，百姓安泰之后，观音离去之前，在山上留下日、月两股山泉，滋润民间，造福百姓。百姓感其恩德，便依山造像，供奉观音，并称其为“日月观音”。

此传说本出于长江下游，是民间臆造还是真有渊源，未能考证。但南京有据此而建的景点，可见此传说也并非凭空捏造。如此，可以基本认定有此一说。经过宋、元两朝，经长江水道，此故事传到商贸活动兴旺、人员往来众多的松溉是很有可能的。明代的松溉人受此故事影响，于飞龙洞雕刻“日月观音”造像便成为自然。

关于飞龙洞，松溉本土的一个传说，可以进一步说明建造此日月观音的缘由和目的。

飞龙洞飞瀑之下有一个深潭，据说潭里的水从来没有干过。如果天旱，抽水灌溉，将要抽干时，天上就会降雨。潭水抽不干，但也不可多留。世人曾有在潭边筑堤围堰的。但围堰修好后，每当潭水涨高，淹到巨石上的“日月观音”造像时，不管堤坝有多牢固，都必定会垮塌。传说至少有两次出现这种情况。于是，我们可以推断，在久远历史当中，这里的围堰垮塌的次数绝不止这两次，而且会是在“日月观音”造像出现之前。人们可能以为这里有妖孽为害，于是请来菩萨（建造“日月观音”）以镇妖孽。如此可以推断，此处水利工程的出现，最早应该在明代及以前。而人们得到历史的经验和教训，即围堰的高度不可以超过那块大石的某个位置（即后来的“日月观音”造像所在位置），重修此堰后，又得“菩萨保佑”，便得以安全了。

如此，我们不难理解，在此建“日月观音”造像与人们治水、用水，祈求平安、健康、生活美满的愿望有关。

以上两个传说都把“水”与“日月观音”联系起来，基本可以说明为什么要在飞龙洞建造“日月观音”。

这两个传说故事，虽然与“日月观音”本身所表达的佛教教义不完全一致，但与民间对日月观音菩萨功德的理解和愿望完全相符，其出现在飞龙洞水边自然是很有合理性的。

传说起自民间，传于民间。从飞龙洞观音造像的水平和其取义的方向，可以断定此观音造像为民间人士自发所为。

大足石刻观音造像，多数出自宋朝的能工巧匠之手。观音入凡救难、留下清泉的传说也起于宋代。宋代民间供奉日月观音出现的时间大致与此相当。这并不是偶然的。

大足石刻（北山佛湾）136窟中的日月观音，还有一些细节：如左手持柳，作“杨柳手”；右手持钵，作“宝钵手”。

我们可以说，在飞龙洞造作“日月观音”像，寄托了当时群众祈求菩萨保佑，希望松溉大地平安祥和的美好愿望。

“上朝峨眉，下朝宝顶”，数百年间，松溉人到大足宝顶、北山佛湾礼佛，供奉其造像精品“日月观音”，然后于明代模仿它而造像于自己的境内，这是完全可能的。或许模仿者只知上述传说，加上人们期待飞龙洞处来水能得到更好治理，祈求观音菩萨保佑松溉大地，于是就将“日月观音”造像放在了“飞龙洞”水边。在飞龙洞建“日月观音”造像的目的就是希望得到菩萨保佑，祈求风调雨顺，山水安泰，百姓能安居乐业，幸福生活。

外来文化的影响，本地实际的需求，民间自发者的积极行动，成就了飞龙洞“日月观音”。

松溉的主动开放和接纳由来已久，由此可见一斑。

这里选择了大足石刻（北山佛湾）造像水准最高的日月观音为例，证明飞龙洞观音为“日月观音”。其实也可以选取其地别的施工水准偏低的“日月观音”造像来证明。如果我们再拿另外类似的日月观音造像来比较分析飞龙洞观音，几乎可以一眼就看出，它们如出一辙，很快就可判定飞龙洞观音为“日月观音”。虽然它们也有不同。

如果世人对大足石刻中的“日月观音”造像的称谓（与佛教典籍原本称谓相比）没有出现误判，那么可以确定，飞龙洞观音应判定为“日月观音”仿品无疑。

至少，确定飞龙洞观音为“日月观音”比确定其为“千手观音”，更合于实物情形、更合乎情理。

第八节

千年老街子　重庆小兄弟

胖娃胖嘟嘟，骑马上成都，

成都嘿[①]好耍，萝卜炖嘎嘎[②]……

这首民谣，川东地区的人都很熟悉。成都在“上”，重庆在“下”，所以“上成都”“下重庆”成为习惯说法。松溉人也曾骑马“上成都”，而松溉人“下重庆”更为频繁，而且曾经更明智地选择走水路。

松溉，沿江而下，距离重庆 143 千米。在万里长江之中，沿岸各通航码头之间，这点儿距离已经算是很近的了。借江水之力，松溉人前往重庆或从重庆返回，就显得十分通畅和相对容易。

重庆对松溉的影响由来已久。虽然因为地理位置等的不同，两者经济、社会的发展差距很大，但它们确实也有许多共同之处。

重庆处于川东平行岭谷的中部，松溉处于川东平行岭谷的最南端。所在地都是山地、沟谷、小型冲沙聚集平地。两者都依山傍水，择地建城。因此，它们都有“山城”“山水之城”的共同点。只是一个规模大，一个规模小而已。在重庆这个老大哥面前，松溉只能算是个小弟。

---

① 重庆方言，即“很”。

② 重庆方言，即“肉”。

说松溉是重庆的小兄弟，真的还有点儿名副其实。因为，它学习老大哥，模仿老大哥，融入老大哥，诚心诚意，积极作为，甚至连不少街道的取名也和重庆一样。

古江州（今重庆渝中区），早在战国时期巴国人就曾在那里建都。松溉，在唐高祖时代成为大唐属地。借长江水道之利，松溉与重庆的交往就十分久远。当航船或筏子顺水而下，送去松溉的土产、人力和百姓的倾慕之后，重庆城的新生事物和文化，又由纤夫和水手带回。来来往往，两地渐渐加深融合。

于是，重庆城的文化渐渐深入古老松溉的大街小巷。从如今的松溉镇看来，最直观的当属松溉镇内的街道地名。

松溉古镇的码头地带，自然也被叫作“朝天门”。其沿江一带，上码头、中码头、下码头一字铺开，距离不远，各司其职。江上船只穿梭，岸边行人往来。抬脚挑夫的号子此起彼伏，和着江水拍打江岸的响声，汇合着逐水而去的船工的川江号子，像宏大的交响乐，在松溉的江边日复一日重演。竹、木、盐、铁、粮、油、药、茶、烟、酒等，进进出出，汇集成流，走向重庆和江东，成就了松溉“朝天门”的大名。

临江门和临江街，也就成了松溉的闹市。

来到松溉，从古码头下船，在江边亲水，感受过七千里之外冰原之水的特别之处后，踩着滚圆的鹅卵石和松软的江岸沙地，如果你不太着急，移步下船，可以先到“菜园坝”看看，上溪沟蜿蜒曲折，农家乐深藏其中，菜园子里时令鲜蔬展现旺盛生机——来一碗松溉菜园坝的沙土萝卜汤解解城市的油腻，如何？

当你拾级而上，然后稍息，仰头而望，突见“临江门欢迎您！”那么，恭喜，你来到了“小山城”！

你是要选择去烟波楼打望，还是要到松子溉打鱼，或者是到老官庙县太爷的大殿去敲一回惊堂木呢？

当然，你可以在吊脚楼上来一碗老荫茶，最好是来一碗加点儿砂糖的炒米糖开水。稍坐片刻，喝上几大口，在微微的细汗中，放眼远眺长江，拍拍栏杆，口中微甜，心头巨爽，想赋新诗，无有闲愁，只有万千感慨在心头涌动……然后，听一会儿老茶客和“棒棒儿”神吹“松溉散打”，还可以请尚在的老船工喊几嗓子川江号子……

大阳沟、两路口、大什字、小什字、水街子，你想去哪里呢？是跟着感觉走或者指路牌走呢？请君随意。

来到松溉，不要忘记“整”一餐“九大碗”，一桌席消化不了？可以来个“精品套装”，再加一碗松溉老酒，如此就“食全十美”了。若已领略过松溉风光，品尝过松溉美味，带上松溉土产登舟而去，请回头一望，江边小山城——松溉，吊脚楼上纱帘招手——客官，松溉欢迎你，愿君早回还。

老重庆的风韵，小山城的味道，就在松溉。

正是因为松溉与重庆山水与共，与长江黄金水道命运相连，不断吸纳和接收优秀的人才、先进的文化和繁荣的经济成果，才使得它曾在历史上一个时段拥有与古老重庆可堪伯仲的地位。加上松溉对全国范围内的辐射和吸纳作用，就奠定了松溉在整个长江流域滨江古镇中的显著地位，使其具有比较突出的综合实力和巨大的发展潜力。

综合起来考察，可以说，松溉古镇堪为“海纳百川典型，滨江古镇代表”，其文化个性和综合开发潜能堪称万里长江古镇中的“佼佼者”。

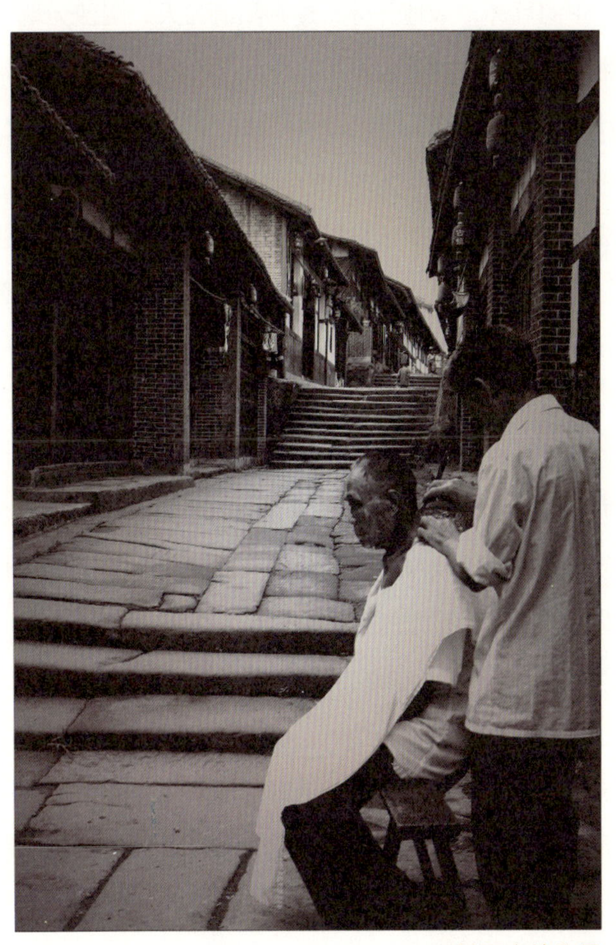

◆松溉古镇街景

第九节
卧听松涛　起看江潮

当盘古挥动手中的巨斧，天地开辟，遂有阳清为天，阴浊为地。

天生一，一生二，二生三，三生万物。

天道阴阳，日月可证。地道柔刚，山川可证。圣人认为，人间之道，“仁”“义”二字最为紧要。

人法地，地法天，天法道，道法自然。地被赋予依据天道而生养万物的人格。

天道“资始”，地道“资生”，人道“法地”。人、地、天之道，形成我国传统文化中独特而十分重要的“三才”观。

“生生之谓易”，“生生”之谓，乃生命繁衍，孳育不绝是也。仁者爱人，仁者“生”人，唯土地与水源不可或缺。

天地有道，使松溉拥有美丽的山水、丰富的物产、安宁和谐的生活。“朝看水东流，暮看日西坠。”名士流芳，世风淳厚，耕读传家，家风清正，世代生息在松溉古镇的千姓万民，向善尚善，演绎着松溉的仁义，延续千年。

“山不在高，有仙则名。水不在深，有龙则灵。”水如阴龙，山如阳龙，东西南北，汇聚松溉。天造地设，青山常在，绿水长流，松溉之佳名与生气，自然非是一般可比。

常年适宜的风不仅送来归帆，也把期望寄托得十分遥远。“水是眼波横，山是眉峰聚”，丰富而不急不躁的雨水，恰如美女脸庞保湿的脂膏、装点青山的油彩，漫山遍野洒落着诗意。而辛勤、朴实的人们，用自己的巧手，把天地的馈赠打理得更加美好宜人。

“水光潋滟晴方好，山色空蒙雨亦奇。”借日月之光，得风雨调息，靠山依水，松溉可以观湖。

百川东到海，波去心难平。江海翻波，心随潮涌，居长江之滨，借舟楫之利，松溉可以听潮看海。

“绿遍山原白满川，子规声里雨如烟。”行走在丘陵山冈，松溉拥有鸟语花香、白云深岫、山林野趣，田园牧歌。

“方宅十余亩，草屋八九间。榆柳荫后檐，桃李罗堂前。暧暧远人村，依依墟里烟。狗吠深巷中，鸡鸣桑树颠。”“燕子飞时，绿水人家绕。”四季春满人间，松溉可以为滚滚红尘提供一方心灵自安的世外桃源。

水来得有多广，松溉的联系就有多宽；水去得有多长，松溉的沟通就有多远。

松溉，可谓“三才”得道之处，天、地、人在此得到了很好的融合。

三山五岳，到达松溉，只是归来。五湖四海，从松溉出发，只在脚下，就在眼前。

《易经》被称为我国的群经之首。它讲阴阳变化，阐释天地规律、人间大道。阴阳交则地天泰，阴阳不交则天地否。其中包含着许多朴素的辩证思想。

晋人郭璞说：“夫阴阳之气，噫而为风，升而为云，降而为雨，行乎地中，谓之生气。”这在一定程度上说明了气流上升与云层和降雨的关系。阴气，其实就是冷气流，阳气就是热气流。冷气流形成高气压，热气流形成低气压。热气流膨胀上升，冷气流聚集下降。当地面的热气流上升到高空，与冷气流相遇形成云气，发生激烈的天气变化现象，于是产生雨雪。雨雪作为降水，落到地中，滋润百果草木。百果草木应时而生，大地由此生气勃发。

气流形成风，风既可带来雨水，也可以带来干旱。而人类生存所需最重要的资源是水。所以一个地方是否宜居，其“生气”的多寡、旺盛与衰弱，与一个地方是否有充足而洁净的水源密切相关。所以古代人讲风水，说“风水之法，得水为上，藏风次之”。

藏风，既有通风之功，也有避风之能，当然也有空间观念。如果是旱天，遇到炎热干燥的季风，旱象就会加重。如果是雨季，暖湿气流不断强化，降雨就会更多，洪涝灾害就会频繁。藏风，是说恶劣的灾害性“风”能避得开，而有益的风能传得进来，滋养生气的湿气能得以保存。

松溉三面环山，一面临江。其坐北朝南，左右山体东西并列。东—东北面背靠碑槽山，远远偎依云雾山，有青龙抬头而远望长江，情寄松溉之势。西边山丘独卧江边，团山堡一带及以远，如众多有灵动物匍匐于地，守卫松溉西大门。其临江一面地势开阔平坦，长江近临而远山罗列，正是一块宝地。江水欢唱岁月之歌，日日更新浩浩源流，不断带来新的生产生活物资和新的信息，不断更新松溉的时光和生活，有无限的生养之功。

松溉自身还有三大天然水体。大陆溪从西北方向奔流而来，最终进入松溉入江。上溪沟、松子溉从北往南，分列松溉镇西面和东面两旁。这使松溉三面环水，得到深厚的滋养，潜藏无尽的生发可能。

当秋冬季节需要更多晴暖天气时，东北风急，但西—西北面山体可阻拦其不入居民户庭。秋冬季节，万民居此可得安居乐业。当春夏季节需要更多雨水，以利万物生发和欣欣向荣生长时，东南风来，带着丰富的水汽，在温和而不暴烈的天气中，“好雨知时节”应时而下，滋润蓄势待发的万千生灵，为人间带来无限的生机。

松山藏风，而长江、大陆溪、上溪沟、松子溉都为松溉颐养着生气。

◆松溉半岛全景

从松溉码头出发，沿着江岸东去，登上松子山，面对长江，禁不住涌起无边的思绪。长江，无论你怎样安置汇入的溉水，我们都相信她能同样承载万吨的大船和人间所有的希望，这些都会同样令松溉人自豪。回首北望，让眼光乘上江风的翅膀，一路向北，我们又不禁会感慨——啊，松山溉水，你原来如此不简单。

无数的岁月中，春夏，东南风从江面吹来，年复一年带来美丽的青春，也带来大江的涛声，还有后浪推前浪的紧迫，催促松溉人趁着东风建设家园。秋冬，风从西面、北面来，带着横断山、昆仑山、大巴山的气息，穿越盆地的浅丘和平行岭的峡谷，风声不断，松子山松涛阵阵，又陪伴松溉人酝酿和造就新的希望。

吊脚楼上，前临熏风暖流，背靠深山古木，卧听松涛阵阵，起看潮起潮落，成为松溉人独特而有韵味的生活方式，也成为松溉特有的风景线。

松溉是一片充满灵气的宝地，它必将在新时代的新征程中成为广受欢迎的热土。

玉皇殿
人法地地法天天法道道法自然

无限江山美 斯人曾凭栏

松溉优美古建览胜

第一节
历史存香　岁月静好

人，总是或激动于展示原始本性的场所，或拼搏于生存手段大竞争的舞台；总是在力量的销蚀或转化中疲惫着。

过去的生活仅供思考和回味，现实的生活则供享用和改造，而未来的生活才是我们的向往和创造的动力。我们一直追求未来生活的目标、未来生活的标准，因此总是被时间推动着向未来流去，难得有片刻的停息，不容易获得一点儿安宁。所以，总是有人在努力寻求一种心灵的自安，总是想要找到一个地方，可以把灵魂安放，哪怕只是暂时的。

如果你也有这样的感受或者需求，那么，不妨来到松溉古镇小憩一下。

走在松溉古镇街上，有一种时光倒流、恍若隔世的感觉。仿佛那些红尘喧嚣，都与此无关；那些世俗烦恼，都不复存在；返璞归真，逍遥物外，与世无争的感觉都会回归心灵。

默默无语的石板老街，古色古香的建筑，清新的空气和静谧的氛围，不时进入眼帘的街角小景，偶尔传来的几句歌诗、几声鸟鸣……然后，在街上方石梯上回首一望，见到那些清一色的小青瓦屋面和交错的街巷，以及“苔痕上阶绿，草色入帘青”的意境，无不体察到一种置身物外的观感。穿街过巷，突见江水、河水、古木和远山，清风拂面之中，又让人突生一种“山不在高，有仙则名；水不在深，有龙则灵”的感觉。

忍不住想要进吊脚楼中去一探究竟。好想去临江、临河坐一坐，喝一口江水、河水泡开的老荫茶，消一消心尖上的浮尘虚火，寻得人生半日闲暇，求一刻解脱的时光啊。

长江依然，人生渐老；后溪河依然，而岁月流逝。流光不待人，逝者如斯。如果有幸得到款待，饮过老荫茶，听过松溉老故事，平复了心绪，还是放下茶杯，叹一口气，收拾行装，继续我们的行走吧。人生路上有不同的风景，我们不仅要在一条条老街上继续前行，还有许多新路需要探索呢。

◆松溉古镇

走着走着，突然看到屋檐下的长木板凳上坐着一位老妈妈，戴着老花眼镜，旁若无人地做着纳鞋垫的手工，时光仿佛一下就回到了童年，迷蒙中仿佛看到自己的奶奶，那平和慈祥的面庞让人感到是那么令人亲近和信赖……

那店面前的石墩子前，似乎有一个人正背靠着它，将背上装得满满的背篼置于其上，轻轻地喘口气。他要休息一下，待体力稍稍恢复，好重新开启又一段行程……那石板路上的脚印窝，仿佛刚刚被骡马踏过，空气似乎依然弥漫着骡马队伍叮咚的铃声……

空气是安静的，时光以非常慢的节拍在古镇上逗留，生命仿佛一下被延长了许多。

路过奇石馆，恍惚间，我们穿越到古代。一间古色古香的老屋，一个陈旧的木架，堆满了岁月打磨出来的奇异石头。而堂中还有一张四方桌，满是时光往来的痕迹。桌前有一个老者，正在专注地端详他用奇石制成的假山、盆景。站一站，你会感觉到木屋、木架、木桌、石头、盆景，还有那个老者，慢慢定格成一件作品，静静地在时光中停留、酝酿。不知不觉中，你会慢慢变成那件作品的配饰或组件，定格在它的氛围里，和它们一起进入历史。

走过抗战时期新运纺织厂纪念馆，静静站立的纺车落寞地排成行列，好似要述说什么却又无言。看着看着，你的眼前就会出现炮火纷飞、救亡图存的峥嵘岁月画面，一瞬间，你会深刻理解一个小镇——松溉，曾经与国家、与民族命运的联系……

走过那些古代建筑——老宅、商铺、作坊、会馆、邮局、宫庙、祠堂、城墙、栅子、碉楼、吊脚楼，总是忍不住要停一停，总是要想一想它当初是如何的辉煌。虽然我们只是穿行在历史的碎片中，但捡拾起来的却是自己完整的心情，所以总是想要将心灵来一次自由的放飞，来一次饱含历史韵味的文化行程。我们总会思索，到底都有哪些人，在这些地方发生了怎样的故事？追寻或者回味他们的过去，到底能得到哪些文化的意义和生活的启示？

历史就是历史，但对历史的认知和解读却总是改变着历史。没有人能逃脱成为历史的宿命，但是成为历史的方式却有很多种，我们如何选择？

在它们的沉默中，我们会发出怎样的叹息，是庆幸历史终于翻篇，还是伤感于世事难料、岁月无情？我们期待什么？我们将怎样珍惜和创造？

第二节
街　道

松溉古镇的平面图上，沿着上溪沟和后溪河河道面对面包围住的地方，就像是一只脚底朝着长江，脚尖指向长江下游的靴子平放在松溉的大地上。其足弓隆起处基本上就是松溉水厂水塔所处的高地、紫云宫等一带。而永松路直通江边，就像那只大靴子跟上的带子，使这个大“足”显得更加形象。

◆古镇街景

松溉古镇的街道，西边抵近上溪沟、永松公路，南临长江，由东往北临后溪河，三面傍水，中间据山，借山水之势而筑造。其从长江边开始，本应在沿江一线形成整个街道的走向大势。但在中码头一带岸上有一个巨大的山包（凤凰山，现水厂水塔一带），使得东西两边的街道走向被迫改变。除中码头东、西两边各有一段沿江大致与江岸平行的街道外，其余基本上都形成这样一种态势：从上码头边起的街道走向为西南—东北，中码头以下起头的街道呈东南—西北方向。这两边的街道，就在那个巨大的山包背后交头相接。这形成了松溉古镇街道特殊的纹理、形状。西南—东北方向平行的街道，东南—西北方向平行的街道，都在这个巨大的山包后接头沟通，形成了独特的三角形街道布局的形态。这种形态构成了古镇特有的街道路网特征。沿东西方向行走时却突然见一个通往南北的街巷，沿东南—西北街巷中行走时，又突然到达一个东北—西南方向的街巷。外地人初来松溉，往往会在交错的街巷中犯迷糊。不过，这倒是增添了古镇空间的层次，使人行其中不断改变着视野和角度，增添了人们的游览乐趣，不断给人以新奇感和美感。

◆古镇老街街景

外围的街道，主要以后溪河岸为走向（后又大致沿永松公路延伸），附着在这个三角形北边。后溪河岸边的街道与这个三角布局之间，主要有解放街和建设路等。其间有多条巷道使其互相沟通，显得繁复而有序，有一种特殊的建筑美。

松溉古镇的老街，通达而不是一线直达，曲折而不损害行动之方便。

踏进松溉古镇的街口，往往只看得见约几米或十几米远的地方，仿佛才进入就没了去处。“山重水复疑无路”，当你探索着向前，一个转身，却发现前面茅塞顿开，瞬间得到一种“柳暗花明又一村”之感。

松溉古镇老街，上下有便捷，往来有融通，曲径能通幽，窄巷能直达。进街则入山有缓坡，出巷则临水有江河；穿过街房，或近江岸，或处悬崖，或近古木；仰观可视一线青天，俯察可观无数青石板路；想晒晒太阳，在街中间走就行了；想避避雨，到屋檐下的长廊漫步即可。它总是能让人产生新的视觉，获得不同的趣味。

松溉古镇的老街，多是挑梁架椽，小青瓦屋面，古木板壁，小格花窗，廊上木柱垂花，墙上窗间各种装饰丰富，有一种很别致的古意。摸一摸能感受到时间的温度，

◆青石板长街

嗅一嗅能闻出岁月的沉香。

你若安好，便是晴天。行走在松溉古镇，这种晴天的感觉随处可以拥有。

松溉古镇老街，都是一色的青石板铺成。从两路口到长江边，原为十里长街，十分罕见。只是后来修建永松公路，从两路口至新街子一段，5000余米长的青石板已经被水泥路面取代。

松溉古镇街道众多。依据街道的位置、形状，所在之处的堂、庙等命名。如：两路口、新街子、观音阁、钟湾头、祠堂坝、黄桷树、糍粑坳、半边街、文昌街、栀子铺、火烧坝、磨子街、塘湾头、宝华街、坳上、正街、水街子、鱼市口、诸家巷、川河湾、松子山、玉皇观、菜园坝、神仙口、挑脚街、大阳沟、大什字、小什字、马路街、核桃街、五福朝门、邵家坝子、魏家巷子、水井湾、聚龙街、孔家院子、西大街等，共计30多条大街小巷。

古镇兴盛时居住人口达1.3万余人。现在还保存完好的地方，如：新街子、观音阁、黄桷树、半边街、文昌宫、火烧坝至塘湾街、坳上、正街上至跃进门，绵延5000余米。还有大阳沟、核桃街、上码头、菜园坝、临江街、松子山街、水井湾、诸家巷、水街子、马路街等古镇老街交织其间，值得探访。

一、两路口　新街子

两路口，是松溉沿镇区由南往北而行十里长街的起始段，镇区段全长约300米。全街分上、下两街。上街较宽，下街接新街子。上街有两处进出口，左边去张家、大河、粉店、仙龙等地；右边去往何埂、聚美、五间、双凤等地，沿此路北上，可直达永川。由于此处路分“两路”，所以人们借用重庆“两路口”的名称称呼它。

因为两路口为交通要道，此处自然形成街道。街道本为青石板路面，两侧有多家商家店铺。这里曾开设有油槽房、饭馆、酒店，客商南来北往，因而生意兴隆。

1976年，因修建永松公路拓展路面，旧街已经拆除，老街房屋多半损毁或另行选址修建。

两路口老街虽然不复存在，但名声依然。

旧时的新街子，商铺和居民有五六十户之多。其中有油槽房两家，旅店两家，饭馆若干家，常年营业的茶馆一家（是后山各地物资转运到此、往来人员歇脚的据点之一）。

新街子上街中心地段，古镇川主庙曾坐落其中。后来此处办过小学。当初，川主庙存在时，其庙会十分热闹。庙会期间，常常请来戏班唱戏。有时演唱甚至历时一个月之久。街前街后人流如织，行商吆喝不绝，热闹情景仅次于东皇庙会。

如今的新街子，餐馆、茶馆、商店众多，每月逢农历二、五、八赶集，群众往来不断，依然热闹。

新街子之南，为其下街。从街区出发，下完坡，到如今松溉古镇场镇入口牌坊处，左边可望见游家祠堂的龙脊；前行数十米，左边就是钟湾陈家祠堂。沿永松公路前行，有修复完好的清洁寺。庙会期间，清洁寺香火旺盛，十分热闹，成为古镇一道人文景观。

沿永松公路往江边方向直行，可到菜园坝，在江边的石梯上走一走，右边即上溪沟入江口，踏上栈道，即可直达上码头，亲近长江水。

二、大什字　小什字

大什字，即现在的上码头冰糕厂、搬运站处。因镇内两条路在此处交叉成一个大“十”字，所以叫“大什字”。两条大路，其一为临江街由东往西至火柴厂梗片车间，其二是马路街由北往南至大梁子。两条路在此交叉，成为整个松溉最大的物资进出通道。

大什字曾经是船夫、马帮、酒行、行商、帮会等人员聚集之所在。茶坊、酒肆数不胜数，热闹非凡。如今到大梁子的道路已被房屋占用，“十”字之形状已经不复存在。

小什字，即现在的松溉海事处等地。镇内大什字至火柴厂梗片车间，菜园坝至上溪沟渡口的道路在此交叉而形成“十”字，也是松溉货物进出的重要通道。同时，又是由朱沱方向而来的人流进入松溉街口的地方。小什字和大什字遥相呼应，共同见证松溉码头的繁华。

当初为改建街道，众多青石板路面都被打碎用作铺垫公路底层的片石。因公路路面下沉了几米，如今此段道路通往松溉老街之处形成了一个斜坡。

松溉古镇竟然沿用了重庆的地名，这说明它曾经与重庆有十分紧密的联系，受重庆的影响非常大。可以说，重庆文化自古即深入到松溉的骨髓。

如今西三环高速公路、渝泸北线高速、长江大桥的建成和使用，更把松溉和重庆融为一体。在重庆这个大家庭中，在新时代、新使命、新征程中，松溉一定会发展得更好。

三、临江街 上码头 下码头

临江街，因为临近长江而得名。其基本走向为沿江一线。松溉古镇的临江街，传统上是指靠近上码头一段沿江一线街道。其中从上码头上岸的石梯处往东面进入一段，现在也称为“上码头”，里面一段称为“临江街”，再往东至街口与其垂直的从江边一直到玉皇观的南北走向的街道，也称为“临江街”。

松溉古镇拥有三大码头，即上码头、中码头和下码头。中码头是起源最早，促进松溉古镇的兴起和兴旺发达的最古老的码头。早在元代、明代之前，长江松溉段河道还没有现在这样宽广。那时的松溉古镇街区及其建筑更加临近长江，甚至可以说是处在现在涨水即会被淹没的江滩上。当然，那时的江滩上也肯定有厚厚的泥土形成的江岸。后来因为长江水量增大，河道逐渐扩宽，加上上溪沟泛滥，人们才逐渐向江北的山地中后退，把原居住的江岸地带让给江水。松溉古镇的街道也渐渐移到现在的位置。

上码头的兴起，吸引了无数百姓前来从事装船、卸载等搬运工作。旧时代的肩挑背扛，在此形成一道道弯腰驼背、汗水长流的人流。货物的上下进出，使相应的建筑逐渐出现，人流居所渐渐形成，而那些力工也渐渐有了自己的落脚之处。因为进出临

◆临江街

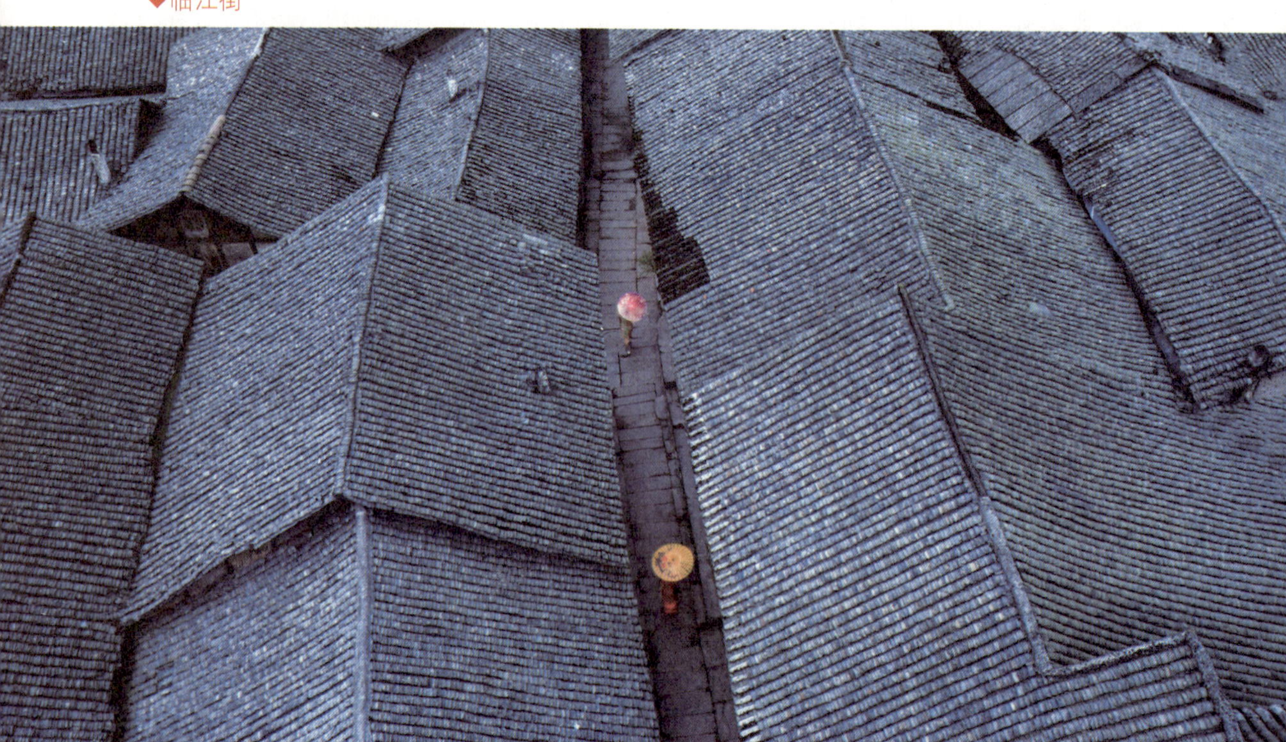

江，上下工快捷，来往方便，临江街最早的居民，就是挑夫力工。因此，临江街也曾叫作“挑脚街”。

为什么会出现一段南北纵列的“临江街”呢？这是松溉的地形造成的。临江街以东就是凤凰山，所以这条街只能沿凤凰山西侧而建。而凤凰山的东侧也只能按这种走向建街，那就是松子山街。

松子山街东面就是“松子山”山岭了。罗家祠堂、玉皇观等就分布在它的东面。“松子山”再往东，就是松溉正街。正街的下段临江部分，即为原“鱼市口”，直通长江边。

在南北走向的临江街和松子山街之间就是凤凰山，今松山宾馆所在地。它东面的临江处，有“紫云宫”。

上码头处在长江松溉段的上游，江水较深，至今仍在使用。春夏，临近上码头，则江水滔滔，有横无际涯之势，尤其是洪峰过境之时，景象十分壮观，临近而观，令人深受震撼。而秋冬，上码头则显出它的小家碧玉似的温柔。洪水退去，江水清澈而江风清爽，江滩露出大片礁石，波浪轻拍，在各种孔洞中发出奇特的声音。

临江街房屋面临长江，在当初沿江没有边坡堡坎的时代，房屋均北临松子山、南向长江岸边的边坡；临江一边为斜坡或高坎，必须用竹木凌空加以支撑才能取平建房。所以，临江街多为吊脚楼。

如今的临江街依旧保持着它的古风古韵，街巷的格局也没有太大的改变。长长的青石板路依然承载着岁月不断往前流淌，把松溉古镇的历史不断延长。

中码头以下，沿松子山往长江下游，有后溪河绕过松子山东端进入长江。

后溪河即古时松子溉，人称“溉水”。松子溉进入长江处，下游东边、东岳庙下以西有一个江湾，湾中多大礁石。湾中水面平静，湾前主航道中水流湍急，去势凶猛，形成“澄江如练”的美景。

随着经济的繁荣、建设和发展的加快，松溉码头需要上下许多重型货物。于是，人们借后溪河入江口处这个江湾一旁，建起了松溉的第三个码头——下码头。松溉古镇下码头主要从事货运。如今，下码头处港机耸立，随时待命，只等重载航船靠岸一显身手。一般地，采砂石之类的船只会在此靠岸，转至汽车运往四面八方。如今的下码头，建有水泥道路、卸货用的吊车，以方便装卸。它仍然发挥着大件、大宗货物进出的作用。

这一段江岸边上为原松溉职中校区。

由于货运业的发展需要，松溉出现了货栈。

货栈，其实就是相当于现代物流园中的货运公司。货栈有库房，有转运能力，还提供生活服务，有相对固定的服务对象和信誉保证。

于是，松溉渐渐兴起了服务货运的街道。其中一条因为临近江边，车拉马驮，各种货物往来不断，所以被人们称为“马路街”。

马路街边，货栈经营曾经兴旺一时。

马路街上，以经营货栈著名的是赖氏家族。赖氏曾以股份公司的形式建立起一家货运公司。

如今，马路街上仍有“张吉栈”建筑保存。张吉栈旁边是一个古老的榨油房。它们连在一起，默默地等待着游客，为他们演绎新的故事。

四、大阳沟　菜园坝

松溉依托长江黄金水道，创造了许多奇迹。比如，它拥有与古重庆城多个地名一样的地名。

大阳沟，是临江街的一条支路，呈东北—西南方向，北面连接松子山街。实际上相对位置相当于是马路街货栈等建筑的背后。虽然不是主街，但街的两侧却有众多明清时代的院落，住着不同姓氏的大家庭。至今仍保留有刁家院子、李家院子、团结院、白果树院等民居院落。附近还保留有古时的货物中转站——济泰货栈。

大阳沟 45 号，为原商会会址，现为陈鹏飞书院。

陈鹏飞书院为四合院，古朴端正，人文氛围浓厚，值得一访。

菜园坝，为现松溉汽车站一带，过去为镇乡接合部，处于上码头江边、上溪沟东岸。此处，邻近上码头部分行业大多为油槽房、木匠铺、马号等。而其靠近上溪沟岸边部分则为较大的菜园地。菜地之间设有篮球场等公共活动场所，供人休闲使用。因此地势平坦，面积较大，又常年为菜园，所以称其为“菜园坝”。

若从永川方向乘车到松溉古镇，在菜园坝客运站下车，出站往东行数十米，就可到“临江门”了。沿临江门处古老的石梯子往江边走，就可以到达同样古老的上码头。

五、中码头　鱼市口　正街

松溉中码头，是继上码头繁荣后兴起的。明末清初开始，上码头曾是永川及周边县市货物输出的黄金码头，盐、煤、棉纱、布匹、烟叶、白酒等不断在此往来进出，大量的马帮、力工往来其间，呈现出繁忙景象。为缓解上码头压力，渐渐出现了中码头。但中码头处水位较浅，只能在涨水期靠船。所以，在此处渐渐设立起趸船，以方便货物转运和人员上下。

从中码头岸边上完古老石梯，就可以走进紫云宫。

从中码头上岸，沿古老的石梯上行，就进入松溉正街。走过基本垂直于江岸的一段路之后，正街的走向开始变得不“正”，而是转向东南—西北走向。它是沿着凤凰山东面、东北面而建的一条街道。

古镇正街是连接中码头的主要街道。它有将中码头以东呈东南—西北走向的街道，与中码头以西呈东北—西南走向的街道沟通和连接起来的作用。它就像一根弯曲

◆中码头

◆古镇正街

的支柱，将两边绕过凤凰山往中间合拢的街道支撑起来。与松子山街、临江街（东西走向及南北走向）形成松溉古镇街道的整体骨架，使古镇老街东西相交、南北相通，其他街巷得以以此为架构逐层铺开。

由于长江河道的改变，丰水期间洪水泛上江滩，上码头近岸大片水域都变成浅水区，船只无法靠拢；而枯水期江边又露出大片江滩，船只靠近又离岸边街道较远，所以上码头的作用逐渐减退。中码头临近江岸，又长期设有趸船，所以中码头逐渐成为松溉最大的码头。陆路交通发达之后，这里渐渐转换成以客运为主的码头。

古镇中码头渐渐成为松溉商贸、货运的中心，正街也由此成为松溉最为繁荣的街道，所以称为“正街”。旧时，绸缎铺、京果铺、印刷铺等都集中在此。街铺整齐，街面虽然呈缓坡状，甚至设置有阶梯，但道路畅通。

明清两代松溉的县衙均设于正街。县衙（老官庙）位于正街与中码头之间，正好位于松溉古镇东西方向的中点，凸显出正街作为松溉行政中心的地位。

玉皇观、樊家祠堂、禹王庙、天后宫等一批祠堂、庙宇罗列正街两侧，显示着松溉民俗文化的丰富性和特色。现有奇石馆、茶馆、新运纺织厂陈列馆、民居等位于此街。

行走其间，我们不难想象当初的繁盛和热闹。

正街折向江岸的开始处，诸家巷口处为原潘家大院所在。诸家巷有一家民宿。再往上的小楼里住着一位高寿老太太，已经 100 多岁。

潘家大院，曾是有名的书香门第，已被改建。其下，老官庙坎下，正街到江边一段，曾称为“鱼市口”。

松溉古码头的鱼鲜交易，曾经十分兴旺。

鱼市口为中码头要冲，人流量很大，为松溉买卖鱼虾贝类的集市，两侧商铺每天不到晚上十二时不打烊，供销两旺的热闹景象不同一般。

六、水街子巷

水街子巷，为松溉正街西、诸家巷口子斜对面，与鱼市口街平行而由正街通向江边的老街。其走向基本与正街垂直于江岸段平行。

街道两边原多为铁匠铺。

先前，松溉古镇没有自来水，有条件的地方凿井取水以供生活之需。

松溉古镇街道间、院落间，散布着多处水井。一种是路边井，属于开放型公共设施，供相邻的多处居民取水使用。这样的水井，现在在镇街区内仍有 4 口存在。另一种是院落内的水井。一般都是大户人家在自己族人居住的院落内自建的，仅供族人使用。现在还有两口这样的水井存在：一口在大阳沟的白果树院内，其水仍有人取用；另一口在解放街的陈家大院内。

更多的无条件自备水井或就近无水井可用的镇内居民，多到江边挑水供生活所需。水街子巷临近长江，从正街沿坡而下，近江边易于取水，所以古镇居民挑水大多经过这条街。

午后，像有一个不成文的约定似的，人们都开始来到江边往家里挑水。其间人来人往，络绎不绝。旧时的木桶用扁担挑起，行走起来一路闪悠，难免有水从桶中洒出，使整个街道都洒满江水。由于街道狭窄，又有两处上坡，溢出的水常常顺坡下流，打湿的街面就更宽。天天如此，这条街便常年不干，所以称其为“水街子”。

如今，居民们不再用人力到江边挑水了。可是此街依然像当年一样湿漉漉的，似乎舍不得忘怀过去的时光，始终要泛起岁月的痕迹让人们追忆。

七、核桃街

核桃街是连接临江街、松子山街、正街、坳上街的一条小巷。其实，在松溉古镇中，这儿曾是一条十分重要而且拥挤的街道。

从江边往上的临江街中途折往东北与松子山街相通，而大阳沟也由同一个方向通往松子山街。而从中码头上来的人，沿正街也通往核桃街。这样，核桃街几乎成了一个不可或缺的节点，成为将临江街、大阳沟、松子山街、正街的人流分流、导向，往坳上和几条街道疏散的必经之路。

所以核桃街曾经非常热闹，有许多的酒馆、小吃店，商铺也很多。商铺经营的多为果类及其加工品。这里几乎成为干果经销的专门市场。而其中核桃品种最多，最为有名。所以，人们称之为“核桃街”。

如今的核桃街，虽然酒馆、水果摊（店）不见了，但依然是一条重要的通道。这里仍有居民居住。院落里，蜡梅飘香。出挑于土墙上的栅栏式的阳台上，依然悬动着红红的灯笼。街道上的青石板依然油光水滑，发挥着它应有的作用。

◆核桃街

八、文昌街 半边街

从老官庙前门进入，“见过”县太爷问案的情景，越过“雷池”进入后堂，“偷窥”过县太爷家眷起居室之后，进入老县衙后院，经过古树在阳光下的投影，上完一段斜坡，就到了现松溉职中的校园内。沿通道往大门走去，又回到松溉街上。

往学校大门朝西北方向走，过十字路口，往最靠近后溪河的一条街道走去，就进入了文昌街。

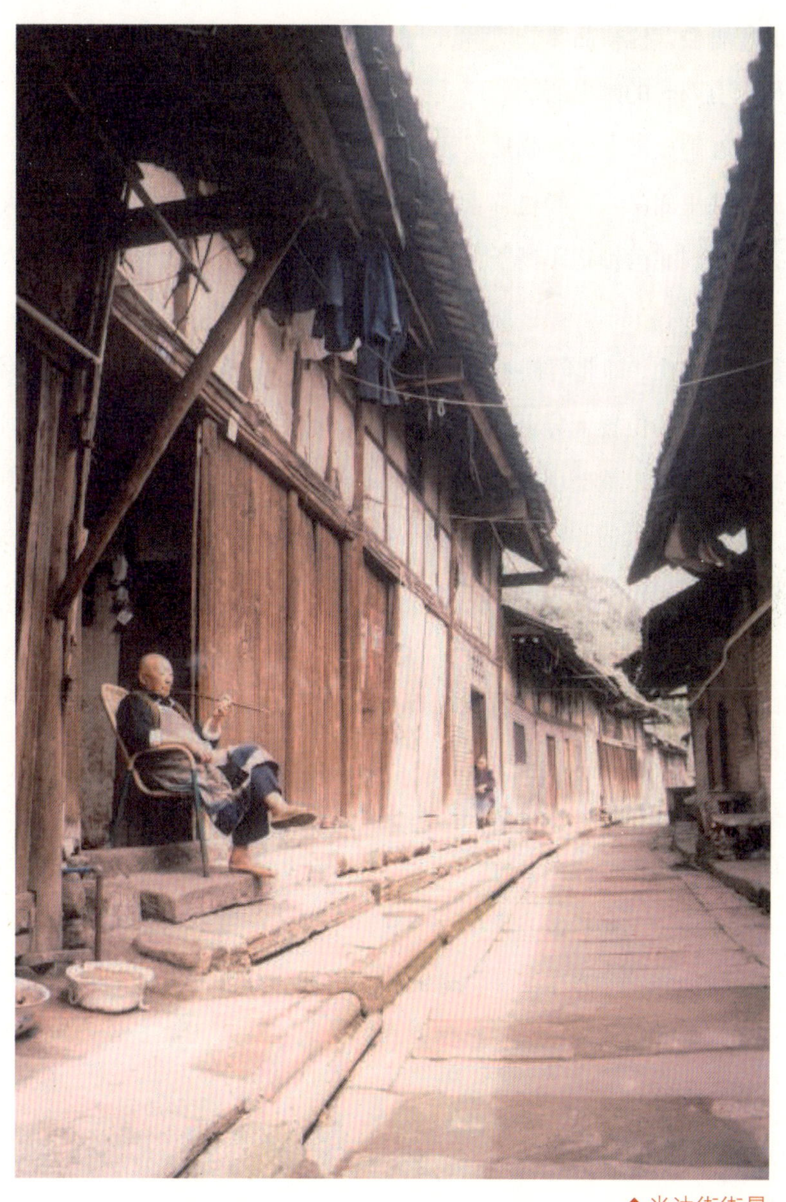

◆半边街街景

沿正街上街出口北上，经坳上、塘湾街，也可以进入文昌街。

文昌街走向西北方，其终点是大致为西南—东北走向的山坡，即“龙船坡”。当初古镇文昌宫就在其上，所以这一段街道得以称为“文昌街”。文昌街现名“解放街”。

解放街口向里延伸时，有一个折弯，让人觉得才进街就没了去处。可是一折过去，却又豁然开朗，给人一种很奇特的体验。松溉古镇的街道大都有这样的特点。

长长的青石板路，幽深的街道，两边是清一色的明清建筑。靠后溪河河边的民居，虽然在街面上看与其他房屋没多大不同，但若在后溪河对岸一望，就会发现或想象它们是一式的吊脚楼，值得品味。

解放街上有旧时的邮电所。

陈家大院在解放街北侧，临后溪河边。

沿解放街往里面深入，经过陈家大院入口再往前，就会到达北门栅子大门口。

上坡，经过“北门锁钥”栅子大门沿后溪河边上的街道前行，继续深入，就进入半边街。

半边街一面临山，即北门栅子所依托的龙船坡东面山崖；一面临近后溪河。当初，因为用于建筑街道的位置十分逼仄——前临峭壁，后临河道，只能沿后溪河岸边坡立柱架梁，修建吊脚楼，就出现只有临河一边有街房的景象，所以叫“半边街”。

人的力量总是强大的。如今的半边街两边早已建满了房屋。其边坡经过地质灾害整治，更加具有利用价值。只是其间老房，多已毁损或改建，但韵味依然令人久久难以忘怀。

半边街是连接解放街并衔接黄桷树街、观音阁古街的纽带。松溉古镇六里石板街得以继续延长到这里。

站在半边街的陡坡边，可以看见沿街古建筑错落有致的山墙。后溪沟一路向下，穿过被硬化的水泥地面，流向长江。

半边街记录的依然是松溉古镇的完整时光。半边街完整地融入古镇，演绎的依然是百姓的完整生活和整个人生。半边街流淌的依然是完整的岁月之歌。酒香不怕巷子深，半边街的故事和意味深藏其中，探索其间，依然令人回味无穷。

◆古镇之景

九、脱节街 观音阁街

松溉古镇有一个别称，又叫“脱节街”。这可能与松溉古镇街道布局——既有沿江分布、沿河（后溪河）分布，又有沿山分布的情况密切相关。

沿山分布，主要是指沿松子山分布。但这个情况并不简单。因为松子山在中码头地带，其腰身上还“鼓”了一包，那就是凤凰山。这使得松溉古镇的街道走向绝大多数并不与江岸平行。而且，松子山西段（经坳上）到北面还有大致走向为南北的丘陵山体（龙船坡）。龙船坡矗立在古镇之西，后溪河从北而来转向西面受其阻挡，又从西面折而向南再转向东，顺后溪河北岸流往长江。

松溉古镇是个山水小镇，有江有河。但城镇走向反而并不主要以沿江岸为主，而是以沿山——松子山、凤凰山为主，后溪河西岸龙船坡山体沿线为辅。

沿河一线主要是沿后溪河北岸、西岸一带。其余的则分布在临近江边的上溪沟东岸边上。

纵观松溉古镇街道，大致呈现为一个以江岸为底边（中间受凤凰山影响而断开），以中码头以西呈西南—东北走向的街道和以中码头以东呈东南—西北走向的街道为两个邻边组成的三角形。

如此，在松溉古镇上，就较难找到一条贯穿全镇的直线街道。就算一线相连，也因山河因素呈藕断丝连的状态。各条街道既互相沟通，又时不时出现“脱节”的现象。

据老街上老人说，观音阁街为古镇脱节街第二。那么，哪个是脱节街第一呢？老人没讲，我们在这里也不再说，就请朋友们在松溉古镇边玩儿边探访吧。

从黄桷树街继续前行，走过一片田地，就进入观音阁街。需要经过一小段没有住房的田地，或许这就是观音阁街“脱节”的原因吧。

观音阁街，是因为街中曾有观音菩萨大庙而得名。中国百姓信奉观音菩萨的较多，松溉古镇也不例外。加上此处通往北面山中，人们路过此处险要地段，禁不住要进香祈求一番，所以此处观音庙香火旺盛。

旧时的观音阁街，手工业、小商业繁荣。其中约有三分之二的居民以土布编织为业，另约三分之一居民为小商小贩。

如今，观音阁街青石板道路依然，民居尚有原来风貌，至今仍有人居住。每到夏天，便有居民在街前街尾设茶水摊，供往来群众饮用。街上居民尚有开设商店、茶馆的，以方便群众生活、休息、娱乐。

观音阁街上，有钟湾陈家祠堂。这是一个值得探访的地方。

陈家祠堂对面的公路就是松溉有名的“两路口”。

十、黄桷树街

走出半边街，顺着龙船坡沿着古老的石板路一路往上，一边是残存的建筑，一边是农田。那里曾是连片的民居、商号。这条路因为曾是通往北面永川、荣昌等地的大路，马帮、客商络绎不绝，人气十分旺盛。远远地看见一棵巨大的黄葛树，枝叶茂盛地挺立在路边。其树干需要数人才能合抱。沧桑的岁月似乎对它的生机并没有多大的影响。

黄桷树街分为上、下两街，全长约 350 米。旧时有水烟铺、京果铺、中药铺、棺材铺、饭铺及茶馆 20 多家。上街房屋整齐，下街有缓坡。是后山客商及百姓往返松溉正街歇脚街道之一。每逢赶场天，这里又成为松溉第一粮食市场。这里集散最多的是本地出产或外地运来的高粱。

松溉古镇酿酒业十分发达，对高粱的需求量很大。除了本地所产高粱尽数收购之外，不断往来的船只将外地的高粱源源不断运来。松溉长江码头上经常可看见高粱运进、酒水运出的景象。

黄桷树街，原有名门望族、商号多家，如游氏、陈氏宗族及商号。为繁荣经济，他们常常合力在街中搭台，请来戏班唱戏，吸引客商，推动市场发展，也给四周群众带来文化娱乐。

黄桷树街的最高处有游家祠堂，只是原建筑已经毁掉。新的游家祠堂正在建设。其建筑山门高耸、形制大气。

黄桷树下街街尾过去为贫民区。他们也从事小本经营，以维持生计。他们的经营，多以传统手工风味小吃之类为主，如糍粑、烤红苕、炒米糖开水等，受到来往马帮、小商贩、士子的喜欢。

黄桷树下街背后靠山，山上有灶王庙。灶王庙所处地势较高，显得十分险要。这里是外地人员来松溉去正街的必经之地。旧时，这里成为松溉古镇防御匪患的重要据点。战乱时期，人们为保证安全，依山就势设立“栅子”，而“北门锁钥”处，就成为进入古镇的重要关口。

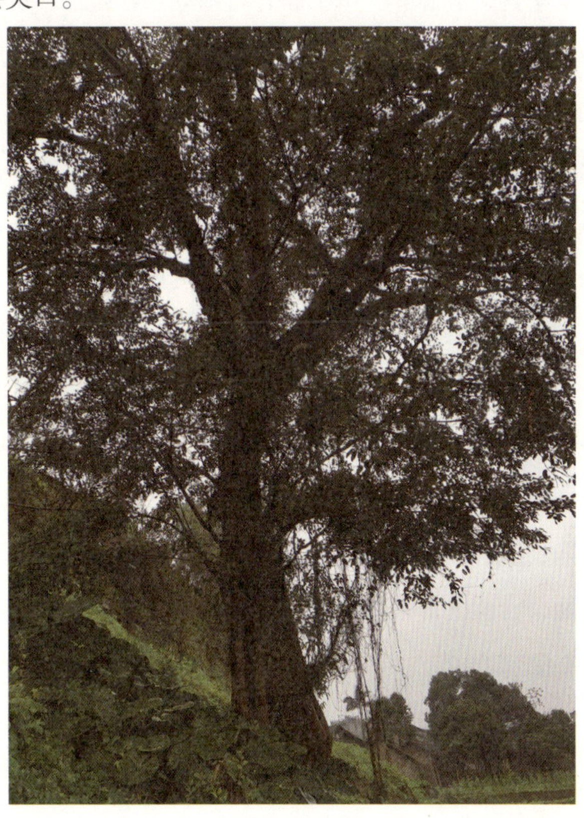

◆古黄葛树

第三节
庙 宇

松溉古镇人家说起古镇曾经的庙宇，如数家珍。据松溉年长老人讲述，古松溉号称有“九宫十八庙”，曾经有庙宇，如老官庙、东岳庙、文昌宫、寿尊寺、禹王宫、关圣殿、万寿宫、南华宫、清源寺、川主庙、石佛寺、红庙子、水神庙、城隍庙、观音庙、玉皇观、妙元寺、观音阁、灶王庙、八景宫、王爷庙、土地庙、杜康庙、清洁寺等20余个，几乎遍布古镇的大街小巷。

曾经，每到逢年过节，松溉古镇上几乎到处是香火。炉香乍爇，法界蒙熏，诸佛海会悉遥闻。古镇到处都是祥光瑞气，人们在不同的场合祈求着各自美好的愿景，然后怀着安宁和美好的心态，面向未来，努力去创造更加幸福的生活。

由于各种庙宇的主神诞辰不一，分布在不同季节，各种庙会依次举行，增加了古镇人员流动，提振了场镇的消费，间接地推动了古镇的商贸活动，促进了古镇的繁荣。更重要的是，这些活动加快了移民和本地民众之间、移民和移民之间的融合，使松溉百姓群体迅速融为一个整体，推动着松溉形成自己的文化特色。

松溉九宫十八庙，融合的是中国不同地域、不同宗教、不同民族的文化元素，呈现的是各地民众的融合，由此带来的经济、文化的融会与兴盛。它展示给我们的主要是松溉古镇曾经拥有的辉煌成就。

那么，探究历史，追寻松溉过去的岁月，尽量还原它们的真实，解答因被历史烟尘遮蔽而形成的疑问，将它们的往昔娓娓道来，我们将会得到怎样的故事和认知呢？

一、老官庙

什么是“庙”？有三层意思要分清。

其一，庙，《说文解字》中说“尊先祖貌也”，就是将先祖的面貌重现出来，进行祭祀的地方。《尔雅·释名》中说“先祖形貌所在也”。

庙，指宗庙。在古代，庙本来是用来祭祀先祖的地方。那时，凡是被归为“神”的，人们都不为之立庙。为神立庙这种事情是在夏、商、周三代之后才开始出现的。

其二，庙，指正室两侧的房屋。《尔雅·释宫》中说，“室有东西厢曰庙”，“注：夹室前堂。疏：凡大室有东西厢夹室及前堂有序墙者曰庙”。

其三，庙，指宫中的建筑。《六书故》中说“宫前曰庙，后曰寝”。王宫的前殿，士大夫们视事问案、办公的地方。所以，朝廷又称“庙朝”“庙堂”。《六书故》是一部用六书理论来分析汉字的字书，为南宋文字学家戴侗作。范仲淹说：“居庙堂之高则忧其民，处江湖之远则忧其君。”在朝廷做官就要心怀百姓，为百姓分忧；在地方做官，就要忠于朝廷，为江山社稷分忧。

“三代”以后出现了为“神”立庙的现象，后来更出现了为“人”立庙的行为。当宗教兴起，比如佛教传入中国、渐成气候并得到官方认可和推崇后，建庙的行为就有了官方和民间之分。

官方出资兴建，由官方派人管理、出资维持运转的庙，就叫“官庙”。为了维持官庙的正常运转，官府甚至给予田产、实业，准其经营。其间也有官方出资为“人”立庙，旌表其功德、教化世人的现象。当然，这种“人”已经带有被神化的特征。

孔子解释《周易·观卦》说，“观天之神道，而四时不忒，圣人以神道设教，而天下服矣”“风行地上，观；先王以省方，观民设教”。

神道，本指天教，即神明之理。后来其内涵被扩大了，甚至鬼神祸福、宗教迷信都在其中了。

老官庙位于松子山中段一个叫“凤凰山”（据《松溉罗氏族谱》记载原来叫“飞凤山”）的地方，处于中码头一带江岸。

“老官庙”，在松溉古镇现指 “古县衙”。称古县衙为“老官庙”，是因为其前身为“李公将军庙”，据说供奉的是后唐大将军李克用父子，其中包括据称为唐末第一猛将的李克用义子李存孝。老官庙的称呼从古至今代代相传，说明其前身很可能

◆老官庙

为“官庙”。其庙最初兴建时间，或当与朱沱李公将军庙相当。

唐高祖武德三年（620 年），分江津县而设万春县，县治设在今重庆市永川区朱沱镇汉东城遗址处。武德五年（622 年），改万春县名为万寿县，其管辖半径达到今璧山区境。可见作为当时政治、经济中心的朱沱之兴盛。汉东城遗址被称为“通史式遗址”，可见其历经岁月之久远。朱沱为“李公将军”立庙，具有可能的条件。松溉与朱沱近在咫尺，响应官方行为，仿效朱沱在松溉建立李公将军庙就顺理成章了。

据《永川县志》记载，明清时，永川县衙曾两度迁于松溉。

李公将军庙，历经唐、宋、元、明、清走向今天，自然为“老”。虽然曾毁于宋元，但复建于明清，最后演变成官衙，使“官”“庙”等称谓始终在历史的长河中交织，以至如今称其为“老官庙”，其实有合理的一面。

相传，这个地方曾经有过“出蛟”的经历。

据传说，明清时期，某年夏天，傍晚，一个捕快下班回到后衙，吃过晚饭，提起一桶热水到后衙背后靠山的坎脚下沟边洗澡。天色已晚，朦胧中，只看见那水沟中有一根很大的木棒顺放着，黑黢黢的。捕快心想：哪个家伙找不到地方，把这么大根树子放在这里。他一边脱衣服，一边想到打牌的三缺一正等得急呢，也不在意。只是把衣物脱下来就顺手搭在木棒上。然后撩起热水洗澡。夜越来越黑，阴暗的坎脚黑得更快。那捕快几把水洗完澡，提起桶，把剩下的半桶水从头淋下，长长地出一口气，喊声“爽”，三下五除二就用“抹汗帕子”把身上的水擦干，哼起小曲儿伸手去抓衣服。

捕快伸手一摸，没摸到衣服，却感觉那根树子变得凉幽幽、光溜溜的。捕快很觉奇怪，低下头仔细去看，却看到那根树子起了一个拱子。奇怪之时，他用手顺着摸过去，那个拱子却往前一“伸”。那个捕快心头一下子就“毛”了，突然大叫一声，衣服都没穿就往衙门里跑……

这一下惊动大了，衙门中的人都赶了出来。

灯光火把之下，只见那水沟中有一条巨蟒，托着几样衣物，正在微微冒着热气儿的水中一拱一伸往前爬行。映着灯火，巨蟒的眼睛发出绿幽幽的光，一两尺长的信子分成两股左右扫来扫去。众衙役不敢造次，只得眼睁睁地看着它爬走。接着，县衙立即广传安民告示——凤凰山“出蛟”，众百姓不可靠近，以防被伤害。众街坊尽都赶紧关门闭户，足不离家。于是，土反其宅，水归其壑，昆虫毋作，各得相安。至于那条巨蟒到哪里去了，也没人知道。

民间传说，老官庙的神奇，还与松溉的地理有关。

相传，当初被仙女王平赶走的那四条小青龙从北而来，在松溉镇境内一头扎进江边的土地之后化成青龙山，又被王母娘娘派来的青鸟化成青鸷山给镇着，所以，它们便一直没有出头之日（此故事详见第五章第一部分）。这样，经历了无数岁月，相安无事。青鸷因而有了些许松懈。可就是那一点儿松懈，却让一条小龙逮住了机会。那条小龙就窜了出来，沿着青龙山，经过茅园村来到松子山中。老官庙出蛟引起轰动，青鸷立即感应到了。于是它化作巨大的苍鹰盘旋于青龙山里外，来往于青龙山和碑槽山间寻找。那条巨蟒心知不妙，赶紧往长江边去。它来到江边，头一昂就要下水。可是，它一抬起头来，就看到东岳庙里金光一闪，东岳大帝手执一柄宝剑霎时站了起来。见势不对，那条巨蟒回头就跑，瞬间又潜回了青龙山。从此再不敢出来。

2014 年 9 月 15 日，松溉长江提水工程青紫山调节水池完工验收。经松溉长江提水工程征（占）地完工验收委员会评审，同意松溉长江提水工程征（占）地及移民安置工作通过验收。青紫山顶上巨大的水池，好比让青鸷头上顶着一个巨大水盆。滚滚长江，化作清泉，从这里出发奔向永川主城，滋养着永川数十万百姓。

如今屹立在永川南部的青紫山，为永川源源不断地提供清洁而丰富的饮用水。

2014年12月25日12时18分，锣鼓喧天之中，永川长江大桥正式通车。逢山开路、遇水搭桥，重庆三环高速公路西段飞奔而来，并穿越青紫山山脊，跨上永川长江大桥，飞渡长江，沿着无限美好的前程飞驰而去，为永川及松溉增添无限的生机。

老官庙位于长江边中码头岸边，凤凰山上。现存建筑属于明清时代风格，木石穿斗结构房屋保存较多。整体布局，从入口到后院分别为：山门、观音殿、老官庙、杜康庙。前殿、正殿、后殿和庭院地基石板如旧。前厅街门口还存留着一个石质木柱础，为油光石圆墩，虽历经数百年历史，依然隐现光辉。穿过大厅，有一处天井，过天井再往里便是衙门的正堂。正堂梁上的刻字依然依稀可辨。其大意是说此建筑为康熙年间建造。后厅背后靠山坡，有较宽的空地。现存有两株古老的黄葛树。岁月悠悠，江流千古，大树依然坚强地活着，见证着这一切。

老县衙正厅中央有三块石头。石头上面的雕花还清晰可见。当年犯人们就是跪在这三块石头上受审的。石头前方的小池便是“雷池”。民间有句俗语“不得越雷池半步”，就是指不管是申冤还是受罚都不能越过前方这个小池半步。石级上方是县官坐堂问案的地方。两边是厢房，衙役们在这里居住和担负守卫工作。再往后是后厅，有县太爷及其家眷的居室。

老县衙的建筑与地形相结合，依山就势形成了“入口山门—前殿—天井—正厅—后殿”的空间序列。在空间转换上形成了“开敞—封闭—半开敞—封闭—开敞”的变化。在光线的控制上，形成了“明—暗—明—暗”的对比变化。丰富的空间元素，严谨中又富于变化，形成了古朴、简洁的整体气质，体现了古县衙的庄严特色。

老县衙整个平面格局沿中轴线形成多个空间层次，其入口空间、过渡空间、前殿空间、正殿、天井形成强烈的秩序感。这样的秩序象征着老县衙作为古代的权力机构的建筑风格。

站在老县衙前，凭栏遥望，江山如画，美不胜收，江风送来无数清新的空气，让人在凭吊古迹之后又获得无数新的感受。

◆古县衙内景

二、玉皇观

玉皇观，是道教供奉玉皇大帝的宫殿或庙宇。玉皇大帝又称为“昊天金阙无上至尊自然妙有弥罗至真玉皇上帝”，不过这或许也只能算是简称。在民间，玉皇观就是玉皇大帝的神邸。

在松潘古镇，玉皇观又被人们称为“五省公所”。

此处所说“五省”，当为“北五省”，即指山西、陕西、河南、河北、山东。

公所，其实就是会馆，就是同业或同乡组织办公的地方。

自唐宋以来，尤其是明清“湖广填四川”之后，古松潘接纳了来自四面八方的客商、移民，其中也包括“北五省”的商旅和移民。“北五省”游子前来归附，他们为了互相照应，就在古松潘选择以玉皇观为会所，建立起“五省公所”，以适应环境，求得更好发展。

较之于“会馆”，“公所”的称呼或许显得低调一些。这也许和“北五省”客商及移民的数量较其他地方来的相对较少有关。

“五省公所”的存在，充分说明古松溉当初是何等的繁荣，具有多么强的吸纳和辐射能力。我们可以充分调动想象，去理解古松溉曾经在全国范围内拥有怎样的影响力。

新中国成立后，玉皇观场地曾为粮食交易市场，后来被改为松溉剧场。那时，其中设有镇内最大的戏台。其场地可容纳观众上千人。每当逢年过节，松溉人民都会聚集于此唱曲演戏，开展文化活动。只是戏台已非原建。

经上码头街、临江街往神仙口向上到松子山街路口，仰头而望，玉皇观的身姿即映入眼帘。如今，经过规范整修和建设的玉皇观已经更加具有规模和气势，更加具有中国本土宗教道教的神韵，更有参观游览价值以及传统建筑和文化的审美价值。

◆玉皇观

如今的松溉玉皇观总占地面积达 1490 平方米，不是一个单体建筑的特称，而是一个包括玉皇殿、灵官殿、戏台、左右长廊及中间广场在内的小建筑群。其整体布局具有中国传统建筑空间沿轴线布局的显著特征，以主殿玉皇观和辅殿灵官殿中线为中轴，配以左右长廊，在古镇分散的街区中形成一个相对独立的四合院式结构。玉皇殿坐北朝南，高居北方山顶，灵官殿处于南面地势较低的一面，加上左右较低的连廊，整个建筑显得错落有致，既相对封闭又有良好的视野，其间石础木柱、雕梁画栋、秦砖汉瓦、飞檐翘角，不仅使玉皇观显得独领风骚、颇有气势，而且到处体现着中国传统建筑特有的文化特色。

《易传 · 文言传 · 坤文言》讲“君子敬以直内，义以方外，敬义立而德不孤”。直，正也；方，义也。端方正义，正是中国传统文化中的重要的君子之道。松溉玉皇观的整体布局不仅包含中国传统建筑的理念，也包含丰富的中国儒家文化精髓，当然它也从一个侧面展现出松溉的人文品格。

1. 灵官殿

松溉玉皇观灵官殿面阔 12.8 米，宽 5.5 米，高 8.5 米，正面三门，中为主门，左设“玄门”，右设“妙境”。

晋代葛洪在《抱朴子 · 畅玄》中说：“玄者，自然之始祖，而万殊之大宗也。眇昧乎其深也，故称微焉。绵邈乎其远也，故称妙焉。”此根源于老子《道德经》“玄之又玄，众妙之门”。

灵官殿门阙头上雕塑福、禄、财、寿、喜、刘海六位神仙，营造出浓重的吉祥文化氛围，向每一位来客表达由衷的祝福。

福星崇拜最初发源于先民对木星的星辰自然崇拜。福者，人生得养，功德完善，生死吉祥，诸般俱备是也。即如《易传》所言“自天佑之，吉无不利”。道观所供福星为道教神系中的天官，是人们所公认的赐福天官——福星。

五福，是指“长寿”“富贵”“康宁”“好德”“善终”。

那么，松溉灵官殿门阙之上到底哪一尊造像为福星呢？我们记住李商隐《无愁果有愁曲北齐歌》中的两句诗后就自然认得。诗曰：“东有青龙西白虎，中含福星包世度。”东方甲乙木，青龙在位，所以有的福星造像中带有龙的形象。不过，这用的是后天八卦卦象的演化，后文将讲到太极八卦二十八宿周天图，与此有异，故在此略加说明。

禄星是中国民间信仰中主管功名利禄的星官。松溉灵官殿禄星为取用“奎星”或“文曲星”寓意造像。奎星为西方七宿第一星，主宰天下文运兴衰，重点主管科甲及第事项。文曲星，为北斗四星，其为天神，主管科甲功名、文墨官场、文雅风骚。

松溉玉皇观灵官殿“禄星”头戴官帽，手托官印，身着华服，象征科场及第、加官晋爵、升官发财，也象征权力和正义。

财神爷在中国道教中是主管世间财源的神明。

寿星又称“南极老人星”，是古代神话中的长寿之神，也是道教中的神仙。寿星造像最为人们熟知，多为白须老翁，额部隆起，手持寿杖。寿星不仅象征安康长寿，也寓意多子多福。

喜神主管人间吉祥喜庆之事，民间认为凡洞房花烛、金榜题名、喜得贵子、乔迁新禧等皆为喜神所赐。

松溉玉皇观灵官殿的“福禄财寿喜”造像别具一格，除了神圣的仙风道骨外，还颇多人间烟火气和人情味儿，而且有很强烈的民间风情。比如“福”“禄”“喜”都用到儿童造像，象征多子多福、“有子考无咎”。禄星更是别具一格，右手前伸，突兀地呈现一方官印，带着一方神圣奖励天下学子的气势，有一种喜剧色彩。其配以仙鹤造像，用意非常明显。仙鹤是文官官服补子图案上必有的动物形象。喜神更是用两个儿童形象营造出子孙绕膝、长幼有序、家庭和乐的氛围。“财星”形象也很别致，一老一少，一个奉送金砖（银锭）大财，一个发送铜钱小钱。

“福禄财寿喜”分别代表了老百姓对幸福、事业、财富、健康、喜庆等方面的人生希望，它以朴素而直白的艺术语言，表达百姓对生命的关注、对美满生活的向往、对自身社会价值的追求。

书不尽言，言不尽意。松溉玉皇观灵官殿门阙上的一排星神，各自到底是谁？其造像各部分都有什么吉祥寓意？这需要你亲临现场欣赏一番才能得到答案，说不定会有更多有趣的发现。

松溉玉皇观灵官殿门阙上还有一组造像，表现的是“刘海戏金蟾，步步钓金钱”的民间传说。

传说刘海修道，用计收服金蟾而得以成仙。刘海，是八仙之一吕洞宾的弟子。他功力高深，喜欢周游四海，善于降魔伏妖，常布施造福人世。他降服长年危害百姓的金蟾妖精。金蟾臣服于刘海门下，使出绝活咬进金银财宝，帮助刘海造福世人，以求将功赎罪。刘海则四处散发钱财，帮助穷人。道教中的三足金蟾，是一只三条腿的蛤蟆形象。那是因为刘海大战癞蛤蟆时弄断了蛤蟆的一条腿。民间以为“得金蟾者必大富”，所以常见商铺之中多有存放。

一切万法，尽在心中。参观灵官殿，实际上也是参悟自身。人生有无限可能，厚德载物、自强不息、尽力而为，自然各有归分。知足者常乐。读喜欢的书，做细小的事，过简单的生活，何尝不是人生之大幸？

灵官殿门面墙面嵌石雕制四大元帅神像。人们最容易认出来的是关元帅关羽。其形象如何，有诗为证：

凤翅绿巾星火裂，三绺髭须脑后散。
卧蚕一皱肝胆寒，凤眼圆睁神鬼怯。
青龙刀摆半天昏，跨赤兔坛前谩谒。

◆灵官殿

关羽因忠义、神勇而位列四大护法元帅之中，被封为道教护法尊神之一。

其次容易被游客认出来的是“黑虎玄坛赵元帅”，即明代后被尊为财神的赵公明。赵公明多受上天加封，称号有“高上神霄玉府大都督”“五方之巡察使”“直殿大将军”等；主领职务如雷霆副帅、北极侍御史、三界大都督、应元昭烈侯、掌定命设帐使，为二十八星宿总管、上清正一玄坛飞虎金轮执法元帅等。欣赏造像，只见他“竹节钢鞭手内擎，坐下斑斓一猛虎”，这和平时人们心目中的财神形象基本是一致的。但此处突出的是他的威武雄壮形象，以显示其威震道门的声势。其头戴铁冠，黑面虬髯，手执铁鞭，胯骑黑虎，动则雷霆万钧，声势威猛。其神通广大，能驱雷役电，呼风唤雨，除瘟祛疟，祛病禳灾。

另两位知晓的人可能不多。

其一是道教常称为“华光大帝”的马元帅，又称“灵官马元帅”“三眼灵官”“华光天王”“马天君”等，人间俗称“马王爷”。道教尊称“正一灵官马元帅”“太乙雷声不动天尊”，为道教护法四帅之一。相传他姓马名灵耀，因生有三只眼，所以民间说“马王爷三只眼”。还有一种说法称他由南斗六星的斗口星化生，所以又称“斗口魁神”，名叫马胜。

其二是温元帅，原型本姓温名琼，字永清，浙东温州人，得道被封为道教护法四元帅之一。《三宝太监西洋记》描绘温元帅形象说：“蓝靛包巾光满目，翡翠长袍花一簇。朱砂发梁遍通红，青面獠牙形太毒。祥云霭霭离天宫，狼狼牙妖精尽伏。”《三教搜身大全》卷五说温元帅原本是一个读书人，但屡试不第。一天，失意中他伏几长叹，说：“吾生不能致君泽民，死当为泰山神，以除天下恶厉耳。”自言自语之后，郁闷之时，忽然上天飞来一条青龙，并对他口吐龙珠。温书生惊起，并捡拾龙珠放入口中。龙珠下肚，他猛然间由一介书生变成一个青面赤发的神人，头顶盔，身披甲，左手执玉环，右手握铁锏。后来，东岳大帝听说他十分神勇，召他为“佑岳神”，将其列为东岳十太保之一，被称为“温太保”。成神后，他被封为“东岳统兵”“天下都巡检”“五岳上殿奏事”“急取罪人案玉皇殿前左元帅金翊灵照武盏王、佑侯温元帅”。宋代，温琼又被封为“翊灵昭武将军正佑侯”“正福临应威烈忠靖王”。

道教四大元帅是护法尊神，在天界护法执法，对人间则为百姓辟邪禳灾，所以民间也多用他们的形象作为门神。

灵官是道教最崇奉的护法尊神。一般玉皇观都会在“山门”或主殿前方适当位置制作灵官造像，稍成规模或规范的玉皇观则专门开辟位置建设灵官殿，以显示玉皇地位的高贵和神圣尊严不可侵犯。松溉玉皇观独处飞凤山高岗，地势较低的灵官殿对玉皇殿起衬托和拱卫作用，好比众灵官为玉皇大帝把门站岗。这不仅有利于营造道教的威严和庄重气氛，同时，在功能上也有引导游客有序进入的作用。

“灵官”作为护法神，是一个群体，道教有“五百灵官”的说法。其中最有名的是“王灵官”。松溉玉皇观灵官殿中门之内正堂为灵官神位，供奉王灵官造像。

王灵官手举竹节鞭，足踏风火轮，须眉倒竖，怒目圆睁，好似巡视在南天门前，出没于天光云影中，有一种强大的神威。

2. 戏楼

松溉玉皇观灵官殿背靠戏楼。庙宇戏楼除了用作祭祀活动外，也用于民间艺术表演及其他娱乐活动，增加庙会的吸引力。

松溉玉皇观灵官殿背靠的戏楼戏台朝向玉皇殿。其面阔 15 米，宽 11 米，高 16 米。正面抬枋上雕有群仙祝寿图案。两边厢房外墙雕塑八仙过海场景，枋上都雕有传统戏曲人物故事，其下柱脚塑有道家“赤、青、玄、白”四大力士。红砂石须弥座雕刻有送子娘娘、魁星、东华帝君等形象。

戏台为重檐歇山顶，正脊塑双龙戏珠脊，即两条龙争夺、戏耍一颗宝珠的样子，象征人们对吉祥、美好生活的追求。

“二龙戏珠”源自一种传说。传说天池山中有一个深潭，有两条青龙在这里修炼。它们虽然法力还不很高，但也能尽自己所能行云布雨，让周边风调雨顺、百姓年谷丰收。一天，一群仙女来到水潭里洗澡，水中突然窜出一个浑身长毛的怪物扑向仙女，调戏众仙女。两条青龙奋勇跃出水面赶跑怪物。王母娘娘感激青龙救女，就送了一颗金珠给青龙，帮助他们修炼。两条青龙面对一颗金珠，它们互相推让，使金珠在二龙之间来回动，金光闪闪。那时，玉皇大帝在天宫看见凡间金光闪闪，就派太白金星下凡查看原因。玉皇大帝在得知缘由后又赐了一颗金珠给两条青龙。这样，两条金龙就各有一颗金珠，很快就修炼成功，成了守护一方的水神。

戏楼戗脊脊头雕有螭吻的图案。传说龙生九子，其中就有“螭吻”。其口阔嗓粗而好吞，腹中水多。其作为水神，有灭火消灾的职守。古代建筑多用木材，着火即毁。脊头采用螭吻，有避火之义，也表示建设者希望此楼平安长存。

戏楼南面飞檐之下正中位置高悬着“玉皇观”匾额。

松溉玉皇观灵官殿戏楼非常气派，其以高大的空间、精彩的石雕、精美的彩绘装饰及丰富的文化内涵等吸引眼球，粗观有震撼感，细看有赏心乐事。

3. 玉皇殿

松溉玉皇观玉皇殿，面阔 17.8 米，宽 13.5 米，高 16 米。其正面六柱，正堂四柱三开间，正堂外两侧为走廊。

站在戏台前仰观，玉皇殿庄严肃穆，气势非凡。正门前两旁立柱上蟠龙张牙舞爪，既有作势欲飞之势，也有起身欲扑之感，十分生动地衬托出玉皇大帝的神威和高贵。其顶为重檐歇山顶，正脊塑双龙、螭吻、宝塔脊刹。脊刹位于正脊的正中位置，装饰

◆戏楼

◆玉皇观戏楼夜景

的样式多种多样，有宝瓶、宝塔、阁楼、仙人骑象、三股戟等，包含吉星高照、事事平安、福禄、智慧等喻义。

玉皇殿的大气，还体现在大门、大窗、大屋檐和堂内极大的空间和华丽的装饰上。站在屋檐下回望，透过戏楼的戗脊，清气和风迎面扑来，蓝天白云尽收眼底，还可以看见玉皇大帝坐像在冉冉的香熏中，神目微开。向上而观，梁枋、撑拱、挂落、垂柱及各样纹饰，都非常精致，值得欣赏。进到殿堂内，则非仰视不得领略其风采。殿堂极大的空间，引领目光向上向上再向上，仿佛要直达天庭，不断进行视野拓展，有一种直通“自然”的力量引领着你，体现出“天人合一”的思想。繁复华丽的装饰，令人目不暇接，如仙鹤起舞、仙官上朝图、太极八卦图等各种彩绘，以及“三生万物”长幡和对联，都非常精彩。

殿内供奉玉皇大帝、四大天师。神位三开间无间隔分设，玉皇大帝居中，四天师两面分侍左右。

◆玉皇殿夜景

玉皇大帝是三清所化身的太极界第一位尊神，民间信仰中认为他上掌三十六天、三千世界，管理各部道、神、佛、仙，下辖七十二地、四大部洲，掌管天上诸神仙，以及凡间亿万生灵。玉皇大帝全号称为“太上开天执符御历含真体道金阙云宫九穹御历万道无为大道明殿昊天金阙至尊玉皇赦罪大天尊玄穹高上帝”，居于太微玉清宫。电视剧《西游记》开篇音乐，名叫《云宫迅音》，了解了玉皇大帝的名号，该知道那首曲子为什么得名了。据《宋史》记载，宋真宗大中祥符八年（1015 年），玉皇大帝号为“上玉皇大帝圣号太上开天执符御历含真体道玉皇大天帝”，宋徽宗政和六年（1116 年），玉皇大帝号又为“上玉帝尊号曰太上开天执符御历含真体道昊天玉皇上帝”。因此，所谓玉皇大帝的全称包含了帝王封赐的名号。

玉皇大帝的塑像或画像，至宋以后才逐渐定型，一般是身穿九章法服，头戴十二行珠冠冕旒，呈现为秦汉帝王的打扮。

道教四大天师，都是凡人修道成仙者，指张天师张道陵、许天师许逊、萨天师萨

◆玉皇殿塑像

守坚、葛天师葛玄。

张天师为道教的创始人，又称“降魔护道无量天尊”“高明大帝”“正一真人”“祖天师”。

许天师，为晋代道士许逊。按《十二真君传》：“许真君名逊，字敬之，本汝南人也。祖琰，父肃，世幕至道。”

萨天师，又称萨真人，崇恩真君。相传为宋朝著名道士萨守坚，号全阳子。一说为蜀西河（今四川省成都市郫都区、都江堰市、彭州市一带）人，一说为“南华”人。元赵道一《历世真仙体道通鉴》云：“自称汾阳萨客。”

葛天师，名玄，字孝先，丹阳句容（今江苏省句容市）人，三国时的术士。据《抱朴子》记载，曾经从左慈学道，修炼道术。相传他曾在江西阁皂山修道，常辟谷服饵，擅符咒诸法，能用符箓为人驱病辟邪。

4. 连廊

松溉玉皇观戏楼、灵官殿和玉皇殿之间由连廊连接。左右连廊为两层对称建筑，面阔 30 米，宽 8 米，高 10 米。一层为通廊，供游客进出玉皇观；二层供游客观看戏台上的表演或休息。

连廊柱础颇有特色，值得欣赏。主要造型象征天圆地方，顶天立地。其中桩墩狮造型尤其独特，又寓意事事平安。永川境内现存古建有桩墩狮遗存，如三教三清洞遗存桩墩狮、临江东林寺遗存桩墩狮，它们都是背驮式，即在背上起圆鼓承柱。松溉玉皇观的桩墩狮，则为前脚撑地、腰身弯曲、屁股朝天以承重的造型。其形状特别生动有趣，且另一侧立面可以作镌刻之用。其余柱础则多雕刻“暗八仙”作装饰。

◆连廊

暗八仙，就是传说“八仙过海”的八仙所使用的法器：汉钟离的团扇、张果老的鱼鼓、吕洞宾的宝剑、曹国舅的阴阳板（檀板、玉板）、铁拐李的葫芦（另有拐杖）、韩湘子的箫（或笛子）、蓝采和的花篮、何仙姑的荷花。暗八仙纹样不同版本大同小异，其开始盛行于清康熙朝，流行于整个清代。

◆暗八仙图

5. 太极八卦图

松溉玉皇观内有多处装饰图案用到太极八卦图，如戏楼戏台内穹顶、玉皇殿内装饰等。最为显著的是玉皇殿北墙外立面上的太极八卦四象星相图，从内往外，其图分三层。

第一层（中心）为太极图，其又称阴阳鱼、天地自然之图，表示阴阳合一，又相互独立，独立中又以对方为内核，是为阴中含阳，阳中有阴，阴阳分立又相互作用并互相转化。它表示的是道家哲学思想中抽象度最高的核心理念——“道”。所以《易传·系辞传》中说“一阴一阳之谓道”。

第二层为先天八卦方位图。

八卦分先天、后天之说，其实是因为对其赋意运用的区别的说法。先天八卦被认为是按伏羲所画并定义的八卦进行运用的八卦，是“先天的”，未经人为改造的。

先天八卦的排列顺序为：乾 ☰（天）、兑 ☱（泽）、离 ☲（火）、震 ☳（雷）、巽 ☴（风）、坎 ☵（水）、艮 ☶（山）、坤 ☷（地）。

按数的顺序为：乾一，兑二，离三，震四，巽五，坎六，艮七，坤八。

《易传·说卦传》云：“天地定位，山泽通气，雷风相薄，水火不相射，八卦相错，数往者顺，知来者逆，是故《易》逆数也。”

天地定位，乾为天，在上，为“南”；坤为地，在下，为“北”。

◆玉皇观太极八卦四象图

天南地北定位之后，面南背北，则有“左东右西”。在先天八卦中，离为东，坎为西。另外，兑为泽，为东南；震为雷，为东北；巽为风，为西南；艮为山，为西北。

第三层为二十八宿周天分布图。

话说远古“中国”，天空澄净空明，先人们用肉眼也是可以发现天空上的许多秘密的。我们的先人——那些古代天文学家，经年累月地仰观俯察，发现了许多关于太阳、月亮和星星运行，以及由此带来的地上的物候变化的规律。一代一代的天文观测者，一代一代的星相学家，仰头一看——啊，天上好多星星，而且东南西北四面八方分布着，它们都分布在咱们中国大地之上，沿太阳在天球体上运行的轨道围成一圈，这正好把圆圆的天空的四面八方指示出来。于是，先人们就把天空中四方可见的、具有标识性的星宿命名分工，分成二十八组，以表示四面八方、一个周天。这就是二十八宿，即东、西、南、北四方各七宿。

东方青龙七宿：角、亢、氐、房、心、尾、箕。

北方玄武七宿：斗、牛、女、虚、危、室、壁。

西方白虎七宿：奎、娄、胃、昴、毕、觜、参。

南方朱雀七宿：井、鬼、柳、星、张、翼、轸。

关于宿，《康熙字典》注说："星宿各止其所，故名宿。二十八宿，亦名二十八次。次，舍也。释名：宿，宿也，言星各止住其所也。"

二十八宿，并不是二十八颗星，而是二十八个星座，或者是叫星群。比如心宿常见的有三颗，后来观测增加的就更多。多颗的"星"组成"宿"，人们在想象中将七宿各自的多颗星连成一片，以其形象并赋予形状为具有特定意义的"神物"，于是就有了"青龙、朱雀、白虎、玄武"的说法。

东方七宿，星与星连起来像一条龙，与色彩联系为苍。西方的则像一只虎，与色彩联系为白。南方的则像一只神奇的大鸟，与色彩联系为朱。北方的则像龟和蛇，与色彩联系为玄（黑）。由于地球围绕太阳公转，天空的星相也随着季节变化。每到冬春之交的傍晚，苍龙显现；二月二，龙抬头。春夏之交，玄武升起；夏秋之交，白虎露头；秋冬之交，朱雀上升。"四象"又有人总称为四大神兽。把这"四大神兽"和前述先天八卦"四正卦"对应起来：乾为南，为朱雀；坤为北，为玄武；离为东，为青龙；坎为西，为白虎。

明代张介宾《类经图翼》在"奎壁角轸天地之门户说"一章中讲：

> 五营运大论曰：所谓戊己分者，奎壁角轸，则天地之门户也。夫奎壁临乾，当戊土之位；角轸临巽，当己土之位。遁甲经亦曰：六戊为天门，六己为地户。然而曰门曰户，必有所谓，先贤俱未详及。予尝考周天七政躔度，则春分二月中，日躔壁初，以次而南，三月入奎娄，四月入胃昴毕，五月入觜参，六月入井鬼，七月入柳星张；秋分八月中，日躔翼末，以交于轸，循次而北，九月入角亢，十月入氐房心，十一月入尾箕，十二月入斗牛，正月入女虚危，至二月复交于春分而入奎壁矣。是日之长也，时之暖也，万物之发生也，皆从奎壁始；日之短也，时之寒也，万物之收藏也，皆从角轸始。故曰春分司启，秋分司闭。夫既司启闭，要非门户而何？然自奎壁而南，日就阳道，故曰天门；角轸而北，日就阴道，故曰地户。

二十八宿在天空的出现与隐没，为天下的人们指明了季节变换，不断提示人们按不同季节开展生产和生活活动。张介宾的介绍很明白地说明，二十八宿其实是给人们提供的一本日历。用现代科学手段，可以将二十八宿中重要的星星出现的时间和位置测量得非常准确。这是科学。一听说周易八卦和星相就以为是迷信，那其实是无知和颟顸的。

那么，二十四节气和八卦、二十八宿有关系吗？要想明白更多，请到松溉玉皇观一游。

玉皇观地处松溉古镇核心区内，紧邻罗家祠堂，背靠松溉正街，可直达老县衙、中码头、“澄江如练”等景点，是到松溉古镇旅游必去之处。

三、城隍庙

古人造城是为了保护城内衙门和居住的官民人等的安全，所以修了高大的城墙、城楼、城门、城壕及护城河。

城，是指城墙，即围绕都市的高墙。古代的“城”有内城、外墙之分。“城”指内城墙，“郭”指外城墙。城外有壕沟。所以，有“三里之城，七里之郭”的说法。城、郭被攻破，则城不复存在。

隍，指城外没有水的沟或河道。如果有水，就叫“池”，为护城河。

《周易·泰卦》“上六”说：“城复于隍，勿用师。自邑告命，贞吝。”

城墙已经被推倒或攻破，倒进了壕沟，已经失去了护卫的力量。自身难保了，就不要再兴师动众、行军打仗扩大地盘。还是老老实实地从本地出发，到更大的都市去汇报工作、叙述职责，这样才会有吉祥。这是姬昌在用卦辞教他的后人怎样做诸侯。

城、隍、池，主要功能是保护城墙。战争时代，城墙牢固不破，城市就得到保全。城墙坚固如有神助，引发了人们对“城隍”的精神信仰。因此，祭祀城隍的活动起源于古代战乱不息的历史。由于“城隍”对地方的安全意义重大，所以“城隍”逐渐被神化，成为城池守护神、护城之神。于是人们立庙对其进行供奉祭祀。

被神化的城隍的职责，在兵荒马乱之时就是保护城池和居民。在和平年代，人们在遇到天灾之时，也祈求城隍保佑，化解危难，如：祈雨、求晴、招福、消除无妄之灾，等等。城隍一旦被人们认为可以消灾免难，如此这般，它被赋予的管理职能就越来越多，后来就发展到兼管冥界、阴曹地府诸般事项，赏善罚恶，成为阴曹地府派驻阳间的代表。

据说专门祭祀城隍爷的活动，最早出现在北齐。当时战乱频繁，城池极易失守，人们更渴望城隍护城的神力，因而大大提高了城隍的地位。唐朝时，全国各城市普遍有了城隍庙。

明太祖朱元璋执政后，依人间之行政区域划分而分等级敕封“城隍”。其规矩如：掌管全国者封为“天下都城隍”，其职爵级为王。掌管一省的，封为“都城隍”，爵级也为王，而京师城隍称为明灵王。掌管一府的，封为“府城隍”，爵级为公。掌管一州的，封为“州城隍”，爵级为侯，称“灵应侯”或“绥靖公”。掌管一县的，封为“县城隍”，爵级为伯，称“显佑伯”。礼制既建，各地不得僭越，否则问罪。从此，官府依属地级别建设城隍庙，依礼而祭。由此，也带来民间对城隍

◆城隍庙

爷的普遍崇拜。

原则上，每个县城的中心地带，靠近县治居所，都建有城隍庙。

官府修建城隍庙，举行城隍祭祀、巡游活动，有教化百姓的作用。

在古代百姓心目中，城隍是公正无私的。甚至也有地方官利用城隍办案。对那些不肯认罪的犯人，官员就把他带到城隍庙去，叫犯罪嫌疑人当着城隍赌咒发誓。以此警诫嫌犯，如有虚假陈词，躲得过人间法律惩处，也难逃城隍的责罚。若在人间为恶逍遥法外，入于阴曹地府也难逃被打入地狱受罪的命运。这种观念其实也有一定的劝恶从善、教化世人作用。

明朝万历二十一年（1593 年），徐先登任永川知县，将县衙迁松溉。清顺治十八年（1661 年），清政府委任的永川知县赵国显到任，因战乱，县城被毁，居民无几，县衙仍驻松溉。因此，松溉建有城隍庙，是其身份、地位的象征。

松溉城隍庙位于老官庙旁，古迹还有一段残墙。今城隍庙为后人所建。

四、东岳庙

来到松溉，登临东岳，进得东岳庙，一一瞻仰众神，你禁不住会产生许多疑问：东岳大帝是谁？人们为何要在此建立东岳庙？连廊两边为何又供奉许多与人生死有关的神灵？东岳庙到底属于儒道释哪一个系统？

很多人进到庙里，因为不明就里，心中惶惶，甚至大气不敢出一口，拜与不拜难以取舍，只得莫名其妙赶快走出。

东岳庙，肯定与“东岳”有关。

“东岳”为东西南北中“五岳”之一。

在中国汉文化中，有五座名山深入人心，那就是五岳。

五岳，分别是指东岳泰山（位于山东省泰安市泰山区）、西岳华山（位于陕西省渭南市华阴市）、南岳衡山（位于湖南省衡阳市南岳区）、北岳恒山（位于山西省大同市浑源县）、中岳嵩山（位于河南省郑州市登封市）。

因为古老的原始山神崇拜，在中国文化的意象中崇山峻岭总是与神仙联系起来。因此，有很多神话传说都与山有关。比如，周穆王与西王母的故事、楚襄王与巫山神女的故事、西王母与昆仑山的故事、蓬莱仙山的故事、普陀山与观音的故事等。

李白《梦游天姥吟留别》把山与神仙融合在一起，写得相当传神：

千岩万转路不定，迷花倚石忽已暝。
熊咆龙吟殷岩泉，栗深林兮惊层巅。
云青青兮欲雨，水澹澹兮生烟。
列缺霹雳，丘峦崩摧。
洞天石扉，訇然中开。
青冥浩荡不见底，日月照耀金银台。
霓为衣兮风为马，云之君兮纷纷而来下。
虎鼓瑟兮鸾回车，仙之人兮列如麻。

周代的祭祀系统，基本上可以分为三类，即祭天、祭地、祭人鬼。祭天，包括祭天、祭日月、祭星辰。祭地，包括祭社稷、祭山川、祭五祀（户、灶、中溜、门、行）、腊祭。祭人鬼，包括祭宗庙、祭厉鬼。

《周礼·春官·大宗伯》中说："以血祭祭社稷、五祀、五岳。"在周代，祭山川就包括祭五岳了。源于原始的自然崇拜，不断发展之后，五岳形成了自己的神明系统，并具有各自的职责。

东岳：

秦汉以前，古人认为泰山为"峻极之地"，是人与天相通的神山。因此，东岳大帝被赋予管理群山的神权。汉代以后，人们认为，人死后灵魂回归泰山，于是泰山神又有了管理鬼魂的职权。

《说文解字》解释"鬼"字，说：人所归为鬼。《说文解字注》曰：鬼之为言归也。

生无所畏，死无所惧。死，不过是回到来的地方去而已。

西岳：

《古今图书集成·神异典》卷二三引《云笈七签》中说：少昊为白帝，治西岳。上应井鬼之精，下镇秦之分野。

又，《历代神仙通鉴》卷四说："（元始日）皋陶是西岳所化，敕为素元耀魄大明真君，主管世界珍宝五金之属，陶铸坑冶，兼羽毛飞禽之类。"

◆东岳庙

南岳：

南岳大帝，主宰南方之地，身兼总督鳞甲水族变化等事务。

古代有南岳主兵的说法，据说观其北门即知兵戈之事，所以每当国家遇有征战之事，就会派官员前往祭拜。

北岳：

北岳大帝，主管长江、黄河、淮河、济水“四渎”等水域，兼管虎豹走兽和蛇蚁昆虫等类。

中岳：

《五岳名号》载：“主世界土地山川陵谷，兼牛羊食稻。”《神异经》云：“中岳者主于世界地泽川谷沟渠山林树木之属。”

五岳崇拜是古代民间山神崇拜、五行观念和帝王巡狩封禅相结合的产物，五岳更是封建帝王仰天功之巍巍、封禅祭祀的地方，甚至成为封建帝王受命于天、定鼎中原的象征。显然，五岳的神明系统后来被道教收编了。五岳也被视为道教名山。泰山为五岳之首，因而，泰山神也就成为五岳神之尊。

由于历代帝王推崇泰山，加上东岳大帝主管人鬼，没有人开罪得起，所以曾经在全国各地对东岳大帝的信仰十分盛行。也因而到处都有东岳庙。“东岳”位居东方，几乎所有的地方建东岳庙都会选择其东方的高地而建。

每年农历三月二十八日为东岳大帝的诞生之日，古时各地信众虔诚朝圣，于是东岳庙兴旺一时。曾几何时，松溉古镇百姓感戴东岳大帝护佑，每年农历三月二十七日为东岳大帝诞辰举行庆典。

松溉东岳庙的东岳大帝座像的石台边缘有如许几个字：东岳天齐仁圣大帝。

东岳天齐仁圣大帝，简称“东岳天齐大帝”或“东岳大帝”。那么，它有什么来由呢？

比较流行的说法，来自《封神榜》姜子牙封神。

《封神榜》中有一个人物，本是纣王座前“镇国武成王”，大号“黄飞虎”。黄飞虎，本来忠心不二，无奈纣王十分昏聩，而且荒淫残暴无比，以至于连“镇国武成王”黄飞虎的夫人也不放过。

殷商纣王二十一年正月元旦，黄飞虎原配贾夫人进宫朝贺，被妲己算计，遭纣王调戏，并被摔下摘星楼，惨死。此事激怒黄飞虎。为洗雪商纣王调戏并逼死其夫人之耻辱，黄飞虎反出五关，亲率一干家将，偕同二弟、三子、四友投奔姜尚，加入伐纣大军队列。

后来，在兴周灭商的战争中，黄飞虎战死于渑池（今河南省渑池县）。周武王赞美黄飞虎“威行天下，义重四方，施恩积德，人人敬仰，真忠良君子”。在《封神榜》中，姜子牙特封黄飞虎为五岳之首：东岳泰山天齐仁圣大帝，总管人间吉凶祸福。

东岳大帝主管人鬼，所以松溉东岳庙东岳大帝像上，下体裙衣中部有四个阳刻大字“录生注死”。

松溉东岳庙始建于清乾隆初年，历经多次修建。其中东岳大帝造像，为依山就势，利用一块巨大的岩石人工加工而成。造像高达一丈（1 丈约为 3.33 米）多。东岳大帝背靠插旗山，面向长江。虽为坐像，但不失其高大威严。

庙堂现有五进。第一进为鸡脚神无常二爷、送子娘娘等造像。第二进为阎罗十殿，有奈何桥、望乡台、刀山、油锅、铁围城、转轮车等泥塑品；其造像狰狞肃杀、阴森恐怖。造像虽多出自民间艺术家之手，但也具有相当高的塑造技巧，极具艺术感染力。第三进为东岳大帝的行身。东岳大帝行身，供每年农历三月二十七日举办庙会时抬着游镇使用。东岳大帝行身后面即为岩石塑成的东岳大帝坐像。东岳庙整个殿堂里金碧辉煌。东南西北中各有老龙护顶，两侧有掌薄判官、四大天王等或站或坐配位。第四进为地藏王和观音大士。第五进为宿舍和厨房。

庙前有古香樟树两棵，树围大到需要二人牵手方可合抱，树龄均达200多年。其分列左右，护卫古庙，与红墙灰瓦、飞檐翘角相映成趣。周围还有松柏环绕、桃李错杂其间，环境清幽静雅，而四时各有不同。

东岳庙大门两旁立柱上有一副对联，说：

五岳镇东方秉鉴阴阳昭报应

百神尊震位掌司祸福布施张

说明了东岳大帝在五岳中独镇东方，主管阴阳两界吉凶祸福、因果报应，以及五方众神尊奉东岳大帝的情况。

在周易象数体系中，八卦与方位有密切的关系。震卦居东，兑卦居西，离卦居南，坎卦居北。震为东。所以对联中的震位，指东方。泰山为五岳之尊，所以说：百神尊震位。

因为东岳大帝的神职所在，因此松溉东岳庙内的诸神造像与人的生死祸福密切相关，其造像情景如“奈何桥”“望乡台”“刀山”“油锅”“阎罗殿”等。

在过去，每年农历三月二十七日，松溉古镇都要举行东岳庙会。庙会由松溉古镇绅商士人中的代表人物作会首，镇保安负责治安，资金则由各商会、各行业捐献（新中国成立前十几年甚至有庙产300多挑土地出租），以供东岳庙日常开支和庙会支出。

庙会期间，各主要街道张灯结彩，走马灯、戏剧人物灯、花鸟灯、龙鱼虾等各种水族动物造型灯悬挂街檐。入夜，华灯齐上，灯火通明时，流光溢彩，美丽而壮观。

东岳大帝出游，是庙会的重头戏。庙会当日，无数香客来到东岳庙，进香上果，虔诚祭拜，鞭炮轰鸣不断。出游前，必经街道中街心用竹木支撑立架，用白布蔽盖，游行队伍穿行其中，显得十分神秘，此举被称为“瞒天过海”。当主持人宣布东岳大帝起驾，礼炮轰鸣，开道铜锣敲响领头，仪仗队随后起行，日月龙凤二十八宿大旗随后，无数的香案供桌，以及行会制作的狮子、龙灯、花灯、花船、花鼓、莲枪依次排列，

◆松溉东岳庙东岳大帝造像

走向松溉正街。然后，在鞭炮的轰鸣中，东岳大帝和东岳娘娘的行身才被抬出庙堂，各色人等逶迤而行，所到之处，两边群众敲锣打鼓、燃放鞭炮迎接，场面十分壮观。

东岳庙会期间还有很多看点和要事，如百船归港、川戏连台、民间文艺荟萃、入夜烟花等。或持续数日，吸引了大批客商云集松溉古镇。尤其是夜间在东岳庙及江边燃放烟火，无数烟花绚丽绽放，各色动物、人物造型的烟花展现在空中，引得数万人喝彩，盛极一时，蔚为壮观。

松溉东岳庙前临长江，是看江景的最佳地点。临江一望，眼界顿开。对岸连山起伏，江中波涛汹涌，脚下“澄江如练”。长风过处，有如川江号子时远时近，航船上下穿梭来往，永川长江大桥隐隐约约，使人在历史和现实之中交织，感慨万千。

楼傍三山看圣容久矣扩开眼界

地邻三江观胜景诚哉荡涤胸襟

松溉东岳庙正堂对面墙上还有这样一副对联。当你品读过它，走出东岳庙的大门，不妨往前接近岩边，临江而望，或许你的感受比对联所描述的还要丰富和美好得多……

走路不看景，看景不走路，请注意脚下安全。注意，你踩到的，可能又是松溉的一段历史，甚或一个秘密。

绝壁之下，石梯百步，仍有松溉的岁月秘密可以探索，沿此可往东岳沱亲近江水，只是身后有余、眼前无路，世事难料……

五、南华宫

庄子，姓庄，名周，战国时期宋国蒙人。他是战国中期著名的思想家、哲学家和文学家，是继老子之后战国时期道家学派的主要代表人物之一。他的代表作品为《庄子》，其中的名篇有《逍遥游》《齐物论》等。老子、庄子齐名，所以后人合称他们为“老庄”。

传说庄子曾经隐居南华山，所以唐玄宗天宝初年，下诏敕封庄周为“南华真人”，称其著书《庄子》为《南华真经》。《庄子》亦被道家奉为《南华经》。庄子被称为“南华老祖”。

“湖广填四川”，为四川带来大量的移民，也为四川带来了他们的文化。岭南一带移民则带来他们的道教信仰。川渝大地上的南华宫，多为广东移民入居后所建。

庄子为南华老祖，但“南华宫”祭祀的却是“六祖惠能”。所以，南华宫在有的地方又叫“六祖庙”“六祖会”。一个道家味儿十足的庙宇，供奉的却是佛教禅宗的祖宗，为什么会出现这种情况呢?

原来，这涉及佛教禅宗的一桩公案。

惠能，生于638年，卒于713年。本姓卢，出生于岭南新州（今广东省新兴县）。据说他出生的时刻，有一道亮光腾空而起，同时更有奇异香气，布满房间。惠能幼时家境贫寒，没读过书，长大后，只好趁年轻力壮砍柴谋生，奉养老母。一天，惠能砍柴之余，忽然听到有人诵读《金刚经》，心中大有感悟。于是，找到诵经人并请教，问明何人在弘法传授《金刚经》之后，就回家安排好老母，投奔五祖弘忍学法。

五祖安排惠能到碓房舂米。

日月如梭，光阴似箭，非止一日。

一天，五祖召唤他的学生信徒，对他们说："你们用自己的智慧，取自本心般若佛性，各作一偈来，我看看。如果谁已顿悟佛法佛性，我就把衣钵传给他，为第六代祖。"

偈，类似于"四言八句"的唱词。

五祖有个大弟子，叫"神秀"，本是五祖座前"教授师"。他作了一偈，说：身是菩提树，心如明镜台，时时勤拂拭，勿使惹尘埃。

五祖见此一偈，心想，神秀虽然身为大弟子，也为学弟们讲经说法，但尚未入佛门，不见自性，就不想传衣钵于神秀。

两天后，一个小沙弥路过舂米房，边走边念神秀的偈语，被惠能听见。惠能打听清楚缘由，并请引到书写神秀偈语的墙前。惠能不识字，便请人读给他听。

惠能听完，心说此人未入法门，沉吟一会儿，他便口说一偈"菩提本无树，明镜亦非台，本来无一物，何处惹尘埃？"，并请人代写在墙上。众人十分惊异，喧哗之声引起五祖来看。五祖心中惊奇，便有了衣钵传人的主意。五祖害怕有人见此偈语，暗害惠能，就用脚擦掉这四句偈语，并说"亦未见性"之语以防人猜疑。

第二天，五祖悄悄来到舂米房，问惠能米舂好了没有，惠能说舂好了，只差用筛子筛了。闲话一番，五祖便走。临走时，五祖用拐杖敲了三下石碓。

当天夜晚三更，惠能秘密进入五祖方丈室。于是五祖向惠能说法，讲授《金刚经》，然后即刻将衣钵传于惠能，迅即命令惠能火速逃走。此后五祖数天不上堂讲经，不露面。

数日之后，五祖现身，言明衣钵已有传人。众人见惠能不在，已明白情由。于是引发一场衣钵追逐和争夺。

惠能一路南行，到了岭南，其间躲避过追杀和衣钵抢夺，然后隐居起来。

这以前，惠能都是俗家身份，并不是正式的佛家弟子。

676年，惠能在广州法性寺（今光孝寺）落发剃度。

惠能择机弘法，最终确立禅宗六祖地位，并得到拥戴。

惠能在弘法期间，有弟子数千人，证法得道者不计其数，兴起了佛教禅宗南分支——南禅宗。惠能出生于广东，出家修行在广东，弘法扬名在广东，广东人尊奉他，那是很自然的事情。

那么，问题就来了。庄子是道家，惠能是释家禅宗，两者如何扯在一起，供奉释家禅宗六祖的庙宇却用了一个道家味儿十足的名称呢？

简而言之，就是《六祖坛经》的观念与道家有理不清、分不开的渊源。如：《坛经》的心性论既源于印度佛教的“如来藏自性清净心”观念，又源于中国道家的“自然本性”观念，以至后世出现“道”“禅”双修的现象。日本学者铃木大拙说，禅是中国佛家把道家思想嫁接在印度思想上所产生的一个流派。看来，广东人当是深得此味的，所以有以“南华宫”为名建庙供奉佛教禅宗六祖的现象。

松溉南华宫已毁，原址现为镇政府所在地。

历史如过眼烟云，肉身、泥胎木偶、宫殿、画栋雕梁、珠帘绮户，瞬间都化作灰飞烟灭。历史保留的，只有思想和精神。

六、川主庙　禹王宫　清源宫

巴山蜀水一家亲。古松溉也和四川其他地方一样，拥有最具本乡本土特色的庙宇，那就是川主庙。

川主庙，有很多个不同的名称，如川主祠、川主寺、川主宫、川王宫、二郎庙、清源宫、惠民宫、万天宫，而且分布很广。几乎四川所有城乡，甚至甘孜、阿坝、凉山等偏远地区都有。当然，在巴渝地区，以称“川主庙”的居多，以致至今还有好多名叫“川主庙”的地方。

川主庙，供奉的肯定是“川主”。但是，历史长河中，做过“川主”的人很多很多，那么，到底是哪些人被川人信仰和供奉呢？

一是大禹。

大禹治水的故事广为流传，似乎不必多说。不过，传说大禹是重庆人的女婿，这个要特别讲一下。

据《华阳国志·巴志》记载，大禹在川渝治水期间，曾在涂山娶妻涂山氏并且生育有子女。大禹曾经因为忙于治水，三过家门而不入，甚至听到新生的儿子呱呱坠地，也毅然奔赴治水前线。传说中的涂山就是今天重庆南山。山上建有涂山寺。

传说，在大禹离家治水后，怀有身孕的涂山氏每天都要到“呼（夫）归石”上，盼望其夫归来。可是大禹忙于治水，哪里有心思来照顾涂山氏呢。所以，涂山氏的望眼里，除了滔滔江水、茫茫大山、无尽山风带起的滚滚松涛，便总是充满失望。十月怀胎之后，一天，涂山氏照常去等待丈夫，结果在路上动了胎气，突然临盆生子——其子就是后来继承夏朝大位的启。

据说，涂山氏生孩子的地方就是如今的弹子石，“弹子石”本来该写成“诞子石”。这是后人为纪念大禹儿子的诞生给这个地方的称呼。“呼归石”就在弹子石的上游。

也许正是因为如此，人们不忘大禹治水之功，不忘涂山氏为百姓做出的无私奉献，才为他们筑庙纪念。大禹不但在当时成为人王，也被后来的四川人奉为川主，还被奉为道教神仙、为“三官”中的水官大帝，成为道家宫观中供奉的主要祭祀对象之一。

四川是道教重要的发源地之一，对大禹的崇拜自然更为普遍。

主祭大禹的庙宇，就是禹王宫。

松溉禹王宫，旧为湖广籍人的会馆。1938 年，内迁的中山中学曾一度在此办学。1941 年，中山中学更名为松溉精诚初级中学。“文化大革命”期间，禹王宫为松溉镇革命委员会所在地，也曾为永川二中的教工宿舍。内里曾设有戏台，后来由于政府的迁入而将戏台拆掉。现仍保留有戏台的座席以及楼台。

松溉禹王宫的建筑格局，如今仍然依稀可辨。禹王宫的空间格局为典型的中轴对称模式。人流组织主要通过门廊和院落来进行，空间的交通组织则是通过与地形相结合的台阶来解决。因为其曾经在后庭院设有戏台，因此在第二进的两侧设有台阶，形成了“凹式入口—台阶—门廊—正厅—后院”的空间格局。其平面格局利用沿中轴对称的形式，将正厅、侧厅、门廊、后院、台阶等要素有效地组织起来，并借助地形的高差变化使空间错落有致、变化丰富。后院设置的垂直交通使各空间内外交流、虚实相生、彼此渗透，增强了空间的层次性和感染力。

行走其间，当初松溉人的实力和匠心，仍然令人不断感叹。

二是杜宇和开明。

传说中，杜宇为古代蜀国国王。周代末年，七国称王，杜宇称帝于蜀，号曰“望帝”。望帝晚年时期，洪水泛滥为患，蜀国百姓无法安居乐业。于是望帝派他的丞相鳖灵治水。鳖灵考察地形，测量水势，采取疏导宣泄的方法治水。水患消除，蜀国百姓生活重新回归安宁。据说，杜宇因为鳖灵治水功劳显著，把王位传给鳖灵。鳖灵立号“开明”，建立开明王朝。

杜宇退位后隐居西山。传说他死后化作杜鹃鸟，每年春耕时节，杜鹃啼鸣，古蜀国百姓听到，就会说“这是我们望帝的灵魂化作的神鸟啊”。据说，杜鹃鸟的名字就是这样来的。

所以，李商隐在他的诗作《锦瑟》中说：“庄生晓梦迷蝴蝶，望帝春心托杜鹃。”

三是李冰。

巴山蜀水，巴国山多，蜀国水多。古蜀国内，水患突出，非涝即旱，有“泽国”之称，百姓长期深受其害。秦灭蜀后，李冰被委派担任蜀郡郡守，赴蜀郡治理水患。李冰主持了灌县（今都江堰市）岷江出山口处的都江堰灌溉工程，“凿离堆，辟沫水”；“壅江作堋”；“离堆分岷江水，一派溉彭蜀，而支流到郫县以入于府江”。此外，李冰还主持修建了岷江流域的其他多项水利工程，如四川宜宾、乐山、什邡等地的水利工程。从此，蜀地“水旱从人，不知饥馑，时无荒年，天下谓之天府也”，“蜀地于是盛有养生之饶”。

李冰父子治水之丰功，受到历代帝王的推崇。李冰父子由此得到很多封号。元至顺元年（1330 年），李冰被封为“圣德广裕英惠王”，其子二郎被封为“英烈昭惠灵通显仁佑王”。清雍正五年（1727 年），李冰被加封为“敷泽兴济通佑王”。李二郎历代封号有“赞智昭贶勇应侯”“英烈昭惠显灵仁佑王”“承绩广惠显应王”等。

李冰父子为川民谋利造福之宏恩大德，受到川民永恒的怀念与崇敬，因此不仅“川主庙”中有其尊位，而且有众多直接供奉李冰父子的“川主庙”。

四是刘备，三国时蜀主。

关于二郎，有多种说法，比较得到公认的：一是李冰之子李二郎，二是传说中的神仙杨戬，三是隋朝嘉州（今四川省乐山市）刺史赵昱赵二郎。在民间，这三者也被称为“川主”。

《西游记》中说二郎神是玉皇大帝的亲外甥，曾经劈山救母、弹打凤凰、力诛八怪、梅山结义。二郎神皈依道教，道号“清源妙道真君”，居住在灌口二郎神庙。

赵昱是隋朝嘉州刺史。唐代有一本书叫《龙城录》，又名《河东先生龙城录》，为唐代传奇小说。关于二郎赵昱，《龙城录》记载：

赵昱，字仲明。和他的兄长赵冕，一起隐居在青城山，跟随道士李珏修道学仙。

隋炀帝知道他贤能，就征召他入宫做官。可赵昱却不加理睬，于是隋炀帝命令当时益州太守强行将他带到京城。赵昱到了京城，隋炀帝设宴招待他，并许诺让他做高官，但赵昱坚辞不受，反而向隋炀帝请求放他回故里任嘉州太守。

相传当时犍为县蜀江中有一个深潭，其中有一条很老的蛟龙，危害百姓时间已经很久了。如有船行至，蛟龙即截住弄沉，在江上行船走水的人都以为大患。赵昱任嘉州太守五个月左右时间，有一个手下人报告，说：政府派人到青城山采买药品，可是船行到江中，老蛟出水捣乱，共有700余艘船翻沉江中，死人无数。赵昱大怒，立即率领披坚执锐军士1000余人赶到江边。同时，带去本州男子上万人，并命令所有男子站立两边江岸大声呐喊，声震天地。而赵昱在这样的呐喊声中，手持钢刀，跳入江水之中。不久，只见江面上流水全部变红，江边岩石崩塌，水中发出像雷声一样响亮的吼叫。

突然，赵昱左手提着蛟龙的脑袋，右手拿着钢刀，从水下冲出，蜀江两岸欢声雷动。于是，本州百姓将赵昱奉若神明。

到隋朝末年，赵昱重新隐遁不出，不知所终。

后来又遇到嘉陵江洪水暴涨，水势十分凶猛，当地老百姓心中思念赵昱。却不想，在思念之中，突然看见赵昱在青雾之中骑着白马，有许多人跟随着，从水面上扬鞭而过。

后来，“太祖文皇帝赐封（赵昱）神勇大将军，庙食灌江口。岁时民疾病，祷之无不应。上皇幸蜀，加封赤城王，又封显应侯”。

《三教源流搜神大全》卷三称，在唐太宗封神以前，当地民众已为赵昱立庙于灌江口，俗曰“灌口二郎”。

传说中的“二郎神”已成为多个形象的混合体。

治浊流、理清源，因此“二郎”有“清源妙道真君”的称号。后来，祭祀二郎神的庙宇，就叫“二郎庙”“清源宫”。

松溉古镇禹王宫、清源宫，都位于松溉正街。禹王宫，现存为清代建筑；清源宫已毁。川主庙位于新街子，已毁。

永川境内尚有清源宫存在，现位于永川区仙龙镇张家村，建于清光绪年间。该清源宫建筑为小青瓦屋面，歇山式屋顶，穿斗结构，四柱三穿。房屋正中的梁架上还有刻花，虽大多数的木梁架已被虫蛀蚀，但形制依然可见。房屋两侧的墙体为砖墙，砖断面阴刻有“清源宫”字样。房屋后山墙为泥土夯筑。正殿大厅存四根直径 0.3 米的梁柱，左右各两根，柱础为石质八棱形，直径 0.4 米，风化较为严重。从该建筑我们可以想象当初松溉清源宫的形态。

七、文昌宫

天上文曲星，地上状元郎。

传说，古代科场得意能高中状元的人，都是天上文曲星下凡。

中国的科举制度，始于隋朝炀帝开创科举。从此，古代的读书人，尤其是平民百姓有了通过读书、参加科举考试而进入仕途，改变命运的机会。“十年寒窗无人问，一举成名天下知”“书中自有黄金屋，书中自有颜如玉”，科考得意、进士及第，成为许多读书人的梦想，甚至成为他们的终身追求。像《儒林外史》这样的书，就有了许多有关读书人的成败悲欢、人情冷暖、世态炎凉的故事。

士子参加科场考试，胸有成竹，洋洋洒洒，泼墨挥毫，乃至文惊四座，令评卷官拍案叫绝，因而获得功名。这在那些久考不中、屡试不第的人，或者难得出个读书人的家庭看来，那简直不是有祖宗阴德庇佑，就是下笔有神助。

读书人求取功名之心迫切，还与其身处时代的地位和生活境遇有关。

南宋末年，坚持抗元，最后宁死未降的六部侍郎、爱国诗人谢枋得在其《叠山集》中说：“滑稽之雄，以儒者为戏曰：我大元典制，人有十等：一官、二吏；先之者，贵之也，谓其有益于国也；七匠、八娼、九儒、十丐，后之者，贱之也，谓其无益于国也。”

同处宋末的郑思肖在其《心史》中也说：“一官、二吏、三僧、四道、五医、六工、七猎、八娼、九儒、十丐。”

前朝之说为“滑稽之雄，以儒者为戏”之言，而到了元代，“一官、二吏、三僧、四道、五医、六工、七猎、八民、九儒、十丐”就成官制了。

为改变地位和形象，读书人总是想要上升到人上之人的“官”位中去，对于普通百姓来说，科举就成了唯一而且相对容易成功的途径。除了自身“凿壁偷光”“囊萤夜读”“头悬梁锥刺股”勤奋刻苦努力外，祈求神助也是一个慰藉心灵的重要方法。

因此，祈求神灵保佑以求科场得意，成功晋身为仕，就成为读书人的需求，甚至渐渐成为一种风俗。后来“文昌宫”就成了满足这种需求的场所。

唐代文学家、诗人张说有一首诗，叫《恩制赐食于丽正殿书院宴赋得林字》，其中说：

东壁图书府，西园翰墨林。
诵诗闻国政，讲易见天心。
位窃和羹重，恩叨醉酒深。
缓歌春兴曲，情竭为知音。

东壁图书府，这是讲天文星象。

壁，是一个星宿的名称。斗、牛、女、虚、危、室、壁，为北方七宿。因为壁宿在室宿的东边，很像室宿的墙壁，所以又称“东壁”。

◆魁星楼

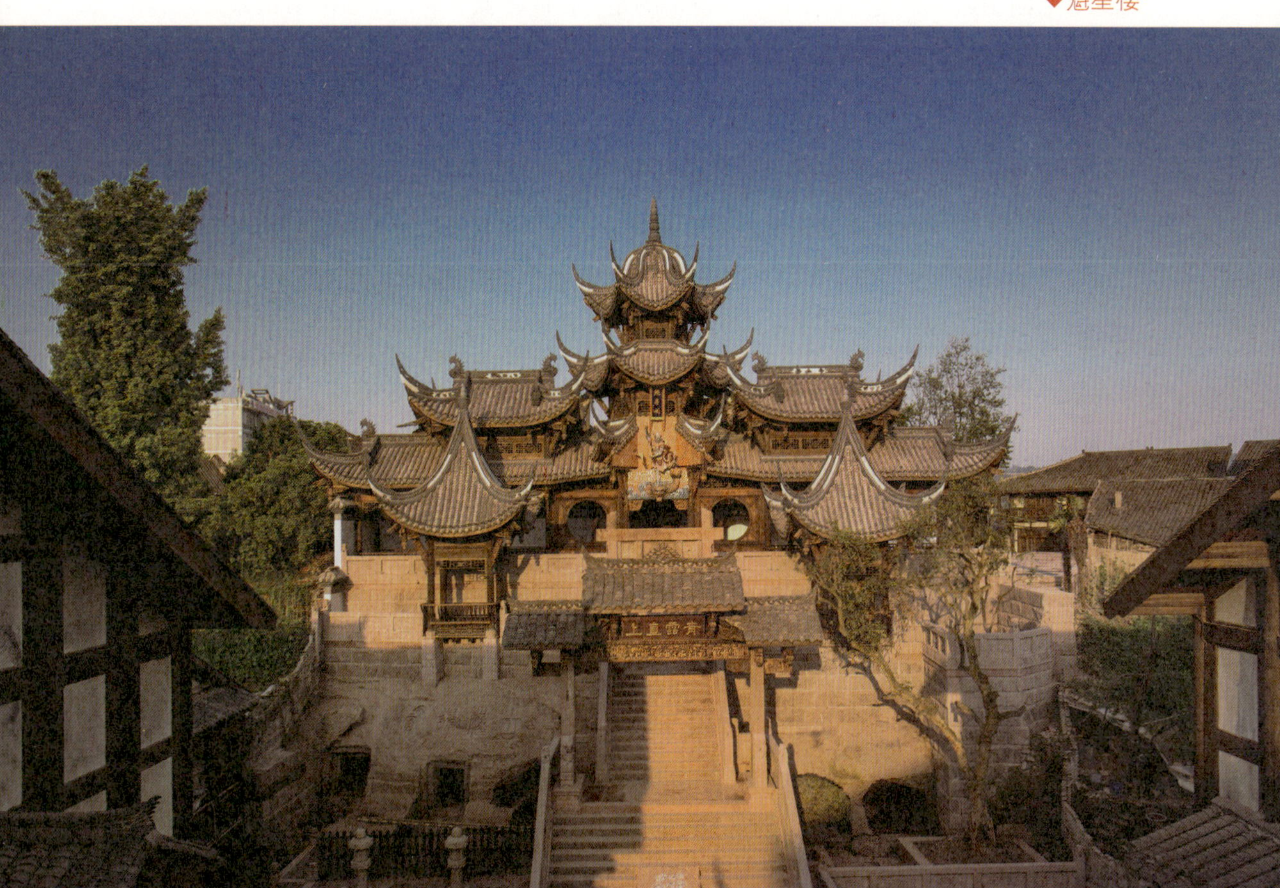

文王八卦以震为东方,《易传·说卦传》说“帝出乎震”,就是指太阳从东方升起。“震”定位为东,是指天上之东,如此分天庭之方位,则“文昌位”在东北,正是壁宿所在方位。因此,古人认为壁宿主管天下文章,为天庭贮藏图书的秘密府库。

《晋书·天文志上》说:“东壁二星,主文章,天下图书之秘府也。”因此,后世多用“东壁”指图书之类。

张说在其诗中表达他因为在图书府、翰墨林里为君王做事,得到赏赐宴饮的心情。

由此,我们可见古人在很早以前就有关于“文章”的星辰崇拜。

文曲星,为北斗“魁”前六星的总称,也称“文昌六星”,也有特指“天权”的。古代占星术认为,文昌六星主文运。因此,在民间,凡是文才了得的人,特别是状元郎,都被视为文曲星下凡。

但是,一般地,文昌宫供奉的却不是星辰之神,它供奉的是“文昌帝君”。

文昌帝君的原型其实是个凡人。

东晋宁康二年(374年),蜀地有一个人叫张育,他自称蜀王,起义抗击前秦苻坚,英勇战死。为纪念张育,人们在梓潼郡七曲山建立张育祠,并尊奉他为“雷泽龙神”。当时,七曲山还有一座“亚子祠”,供奉的是“梓潼神亚子”,因为两祠相邻太近了,为祭祀方便,人们就渐渐将两祠之神合于一庙,合称为“张亚子”。后来,民间对“张亚子”的祭祀渐渐得到官方认可。

“张亚子”不仅忠主护国救民,还有孝行和感应篇等传世。他的事迹和文章都有助于宣行教化,所以得到文人推崇和尊重。

元代仁宗延祐三年(1316年),敕封张亚子为“辅元开化文昌司禄宏仁帝君”。于是,梓潼神“张亚子”被称为“文昌帝君”,司掌文事,主管科举考试。

文昌帝君身边有二位童子,一个叫天聋,一个叫地哑。耳聋嘴哑,表示虽在文昌帝君身边做事,但不知考试秘密,没有徇私舞弊之嫌。

官方如此封神,有化干戈为玉帛的意味儿,与“铸剑为犁”有相同的象征意义。

传说文昌帝君有七十三次化身,如在周(宣王时代)为张仲,在汉为张良,在晋为凉王吕光,在五代为蜀王孟昶,在姚秦之世为张亚子。

“文昌帝君”也被道教收编,成为道教中掌管功名利禄的神灵之一。

由于既有民间需求背景又得官方敕封,供奉文昌帝君的“文昌宫”便在各地兴起。

文昌宫,兼祭孔子。它具有庙宇和学校两者的属性。

松溉文昌宫，此前有资料称其为孔家祠堂。这是错误的。古松溉文昌宫与孔氏祠堂是同时存在的。两处建筑均处于“北门锁钥”附近，文昌宫更高，孔氏祠堂在下。两者挨得很近，且先后被毁。或文昌宫先毁，孔氏祠堂后毁。后人不明就里，就以为孔氏祠堂就是文昌宫。今据《松溉罗氏族谱》所载地形图修正此说。

据《松溉罗氏族谱》，此图形当绘于清嘉庆二年（1797 年）。

松溉古镇建有文昌宫，标志古松溉的文化教育兴盛，民心上进。也说明自唐宋以来，古松溉一直与时俱进，紧跟历史潮流，不断丰富和发展着自己的历史和文化。

永川，夏商属梁州，周属巴国，秦属巴郡。

唐朝时，大历十一年（776 年）置县。

北宋时，永川县属昌州；宋真宗咸平四年（1001 年），永川县隶梓州路；宋徽宗重和元年（1118 年）改梓州路为潼川府路，昌州永川县隶属之。

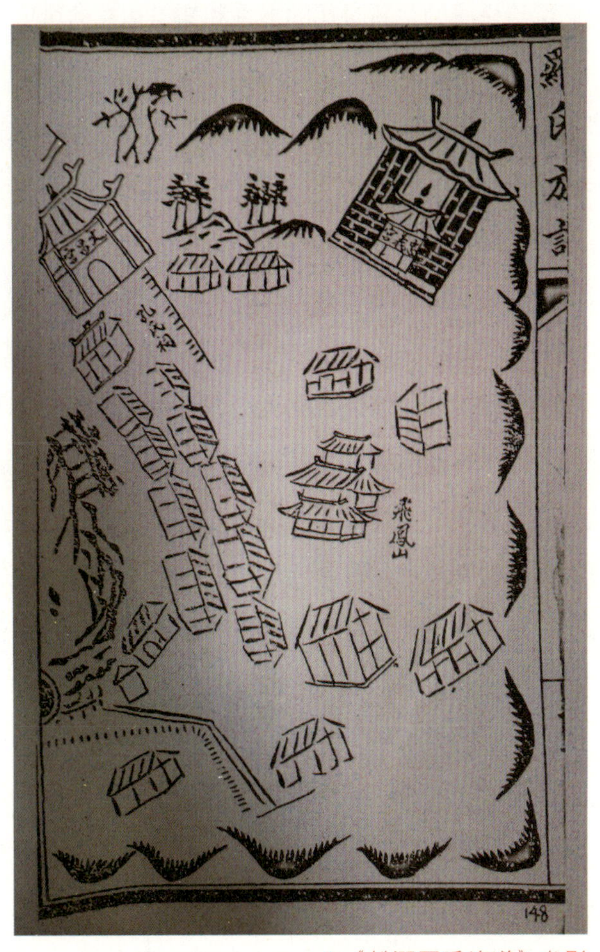

◆《松溉罗氏族谱》书影

元朝时，至元二十年（1283年），昌州废，永川县辖地并入合州；至元二十二年（1285年），改隶重庆路合州；至正二十三年（1363年），大足县辖永川县地。

明朝时，洪武六年（1373年），复置永川县，属重庆路。

清朝时，康熙元年（1662年），省璧山县入永川县；雍正六年（1728年），复置璧山县，永川仍专治；嘉庆时，永川县属四川省川东道重庆府。

在整个明朝，永川考取进士功名者共11名，松溉独得1名，即钟湾陈氏陈猷。在清朝亦曾出进士1名，即邵家大院邵涵。在明朝近三百年、清朝两百多年历史的多次科考中，永川中进士者仅19人，而松溉独得2名，其实也非常难得。由此可见松溉古镇曾经的文化和教育的兴盛、成就和影响。松溉古镇文昌宫就是其中的见证者。

古松溉文昌宫已毁。

走过文昌宫遗迹，我们不难想象当初士子们焚香顶礼求功名的情景。穿越历史的云烟回到今天，他们留给松溉的是新时代的书香和知书达礼的风气。

八、关帝庙

关帝庙，又称“关圣殿”。

松溉古镇关帝庙，坐落在松溉的东面，由诸家巷可到达遗址处。庙门正对松溉的宝华街，由宝华街延伸则是松溉中心地带，有广纳四方豪杰之势。其左侧是滚滚长江，乃庙之天然屏障；右侧是后溪河，河边系虎头崖，险峻奇特，有猛虎雄威，庙的后门因处于两水汇合处，非蹚水不能上庙，使庙子有“无后顾之忧”之形。

据传，松溉关帝庙为清咸丰年间哥老会一个分堂的张姓堂主主持修建的。原庙雄伟壮观，令人瞩目。其大门有两个大石狮分列守卫。进入大门，乃是前厅。前厅陈列有洪钟、巨鼓，以壮其声威。在前厅至大殿之间有长方形天井，具有通风、透气、采光的功能。天井的左右是长长的廊道。廊道尽头，上三级石阶就是庙宇的核心部分——大殿。

大殿正中央塑有关羽的坐身像。其头部饰以彩绣绿巾，身穿绣龙绿袍，两膝部分露出铠甲，浓眉、红脸，长须大髯，左手托髯、右手握兵书，仪态大方而威严，两眼炯炯有神，正义之光令人生敬。

关帝造像之左，塑周仓的站立像。其头戴大檐帽，帽中缀一大簇红缨，身着铠甲，黑脸，眉宇间透露着对主人的耿耿忠心。周仓右手紧握关羽著名的兵器——青龙偃月刀。刀上一条青龙活灵活现，作腾飞状。其第二个刀叉尖端悬挂一朵红缨，状如随风摇曳，使敌人为之胆寒。

关帝造像之右，塑关平站立之像。关平为武将打扮，白盔、白甲、白战袍；手持宝剑，脸面白净，给人以不怒而威之感。

三尊塑像前面设一长条形香案，为紫檀木精雕细作而成，经土漆反复漆刷，油光可鉴。上面常年摆设供品。其红烛闪闪、清香阵阵，给大殿增添了许多神秘色彩。香案前的地面上，平放着两排大红蒲团，供人朝拜时使用。

大殿后上方悬挂一面红色旗帜，旗面上一个斗大的金黄色“义”字，极其鲜明醒目。红旗四周装饰着黄色的流苏，与大殿四周悬挂的彩色帐帷互相辉映，给人以美的感受。

大殿前的左右廊道，选取关羽生平的桃园三结义、斩颜良、诛文丑、挂印封金、过五关斩六将、把守华容道、水淹七军、败走麦城、东吴就义等九个典型故事，以坐像的形式，配以文字说明，把关羽的高贵品质、高强武艺等几个方面展示给世人，对大殿的主题起诠释、烘托作用，也丰富了庙宇的具体内容。

大殿的后面，与前殿的情形迥然不同。这里不闻钟磬声，不见青烟缭绕，而是宁静、整洁、朴素、自然。其中央为天井。天井左右对称各建三间厢房，都是镂空雕花的门窗。室内安有木架床。床上有麻布蚊帐、一应被盖等，供庙宇内人员及往来香客使用。

每到春夏，关帝庙四周繁花似锦、绿柳成荫，莺歌燕舞、彩蝶纷飞，令人流连忘返。它与坐落在镇北的文昌宫遥相对望，形成“文庙”“武庙”相互照应、相辅相成的格局。显示松溉古镇亦文亦武和历史文化积淀的厚重。

后来，关帝庙或为陕西客商用作会馆。

现在，关帝庙已毁，当年盛况，不复存在。

九、紫云宫

紫云宫位于松溉水街子临江口右侧，是古镇目前保留得最为完整的宫观之一。

松溉古镇紫云宫建于清代。紫云宫正梁上仍有记录其修建时间的文字。从其梁上文字可知，其始建于清光绪十四年（1888 年）。最近的重新修缮年代，为清光绪戊申年（1908 年）。

◆紫云宫

紫云宫面朝长江，临近中码头，背靠松溉古镇，毗邻凤凰山。紫云宫依山而建，日迎灿烂朝晖，暮望如血残阳，后闻松子滴翠，前瞰千古江流，雄奇壮美，被松溉古镇人称为“九宫十八庙之第一宫”。

从中码头江边，沿古码头上街石梯拾级而上，左转即可进入紫云宫殿前大坝。坝子内仍有两株大黄葛树，遮天蔽日，浓荫掩地，使庙宇显得幽深宁静，加之可前观江景，故此地为游人和松溉人民乘凉、休闲、观景的好去处。

站在黄葛树下，举目近观紫云宫，“紫云宫”三个大字便映入眼帘。其工笔楷书，浑厚有力，深沉的色泽表明它存续的古老和文物价值。

紫云宫为道观，为道教全真龙门派道场，供奉太上三清，即元始天尊、灵宝天尊和道德天尊。其大门两侧立柱上贴有一副对联“抱朴守真可获心灵祥宁，贵生乐生方得幸福人生”，表达了道家“内静人心，反观自我，外顺自然，善应万物，损有余而补不足，行谦让而止纷争，力促天人之和谐，共致世界之和平”的共识。

民国初期，松溉商会成立，商会下属之“糖业公会”借此地办公。从此以后，松溉群众便称它为“糖帮公所”。

松溉水陆码头的鼎盛时期，古镇繁荣，来往于紫云宫的香客信众络绎不绝。其后，紫云宫的香火开始淡了下来，道观也逐渐衰落。

1997年，重庆被中央划为第四个直辖市。2006年，永川由县级市升格为区。如今，为传承古镇文化，永川重建松溉古镇，紫云宫作为文化遗址也得到了妥善保护。

十、清洁寺

清洁寺位于新街子，为松溉古镇九宫十八庙中唯一幸存的佛庙，至今还保留着古式建筑和部分明清雕刻。

清洁寺位于松溉通往永川的县级公路边。其地上通何埂，下临长江，前望松子山，后靠毗卢寺坡，宁静清幽，风光宜人，是佛教信众修行祈福的风水宝地。

清洁寺建于明清时代，现存殿宇齐全，肃穆庄严。每当举行法会之时，寺中便梵音清越，法雾缭绕。晨钟暮鼓之中，鱼磬生辉，佛光普照，使周边具有一种安静祥和的美感。

每年庙会举办时，清洁寺香火十分旺盛，人流如织，十分热闹。

据说，当初在此处修行的只是一些居家修行居士，或带发修行的清修女，因长期相聚，便议而建寺。其中有一人名叫“高清洁”的，积极设法修建，又得周边部分居民响应，所以建成经堂一座，取名为“清洁堂”。

2000年，经松溉镇申报，清洁堂被永川区宗教管理部门批准为正式开放的佛教宗教活动场所，从此更名为“清洁寺”。清洁寺遂由专业僧人主持，寺务由永川松溉清洁寺管理小组负责，管理走向正规化。

“立定山门欲探真，入得堂来便了知。”清洁寺自建寺以来，代代相传，灯灯相续，一直香火不断。其中缘由，多因寺中有一古佛，多得信众膜拜。此佛像造于明朝，为释迦牟尼造像，以整块岩石雕刻而成，被人们称为“松山大佛”。

松山大佛，造像身高一米有余，重一吨多，形象逼真，灵光毓秀。

1998年，永川文管所考察论证此造像，认为此佛像为古代文物，要求予以保护。因此，后来就其原址原身，新造一高大佛像，将古佛笼罩其中。

清洁寺佛中藏佛，常常成为游人探寻的神秘景观和话题。

清洁寺院内布局结构为四合院形式，总共占地 2000 多平方米。其布局严谨，结构自然，院落宽敞明亮，娴静雅适。2002 年及以后，不断扩建，修建了仿明风格的大雄宝殿、天王殿等。同时，寝寮和客堂设施配置也得到提升，使之既具有古典风韵，不失殿堂的庄严和肃穆，又在清幽静寂之中有与时俱进的特色。

清洁寺还有一大特色，就是禅宗、净土宗合璧同修。这正是松溉古镇多元文化融合共生的表现之一。清洁寺不仅弘扬佛法，也安慰着古镇居民的心。

清洁寺得以保存并发展，不仅缘于松溉人于文化传承的重视和贡献，而且反映了松溉人对美好未来的寄托。历史上，依托长江水道，松溉古镇作为水陆码头、商贸物流集散之地，曾经有过盛大和辉煌。在新的物流方式渐渐分担长江水运的职能之后，松溉作为商贸物流不可缺少的地位便渐渐失落，停船减少，马帮消失，“白日千人拱手，入夜万盏明灯”的繁荣景象渐失风光，九宫十八庙不再热闹，车水马龙的古街渐渐沉寂。松溉古镇百姓的内心也渐渐有些失落和寂寞。他们总是在寻求机遇，要重振松溉雄风。

“明朝石刻大佛再显威灵，千年古镇松溉重振雄风。”清洁寺原庙堂大门两边的这一副对联，正是松溉古镇人的心理和愿望的最好体现。

◆清洁寺

“溉水长流凡圣同游，松山大佛人天共仰。”如今的清洁寺不仅是佛教信众的活动场所，也是远近游客寻古探幽的好去处。

青山常在，绿水长流。若于一个闲暇之时，带三两个同伴，漫步松溉古镇，来到清洁寺，暂时将滚滚红尘、喧嚣世事抛于脑后，听一段梵音，拥有一刻“五蕴皆空，六根清净”的时光，享受一下静心禅意，让心灵得到一番小憩，其实也不失为一种让人积极面对未来的有益尝试。

如今，长江沟通东西，连接远洋；大桥飞渡南北，交通八方。蓝图已经绘就，新时代新使命，松溉人已经踏上新的征程。

十一、水神庙

广义的水神，当指统管天上地下一切水体及水体的各种变化形式的神，侧重于与人的祸福相关性而言，就是统管天上地下一切水体与人的祸福相关事项的神。

不过，在中国的神话传说中似乎找不到一个在职能上能匹配这一强大功能的神。神话传说中的“龙王”兴云雨，管理河海；“共工”兴水害；“夔”于水中出入，则天会下雨；“河伯”为河神；“玄武”为北方之称，指五行之水；“应龙”主和风化雨；“无支祁”则是兴风作浪为害人间的水怪；毕宿、赤松子在传说中也主要是管降雨；它们都不过是水神的一种。至于妈祖、关公等，当也不过如此。

狭义的水神，则或当指大小水域、水体之神。除上述所言之外，还有如海神、河神、道教“水官”，以及如山溪、小河、水井、山泉等其他形式水体的水神等。

“南海之神曰祝融，东海之神曰句芒，北海之神曰玄冥，西海之神曰蓐收”（《太公金匮》）；“河伯名冯夷，雨师名咏，风伯名姨”（《左传·昭公十八年》）。“玄冥”，晋杜预注：“玄冥，水神。”《史记·秦始皇本纪》：“始皇梦与海神战，如人状。问占梦，博士曰：‘水神不可见，以大鱼蛟龙为候。’”

中国的河神，最典型的就是“四渎”神化并人格化为神。

四渎，指长江、黄河、淮河、济水。四渎为神，是中国河神信仰最典型的代表。

《广雅·释天》中的长江神为奇相。奇相是四川一带民间崇奉的长江之神。民间相传，其为黄帝时震蒙氏之女，因偷窃黄帝的玄珠而自沉于长江之中，于是成为长江之神。

中国古代神话中的黄河水神为冰夷，即冯夷。《太公金匮》中说“河伯名冯夷，雨师名咏，风伯名姨”。

《尔雅·释水》：“江、河、淮、济为四渎。四渎者，发源注海者也。”以江、河、淮、济为四渎，就是因为它们都引水流入大海。东汉《风俗通义·山泽》引《尚书大传》《礼三正记》继续解释说：“渎者，通也，所以通中国垢浊，民陵居，殖五谷也。江者，贡也，所出珍物可贡献也。河者，播也，播为九流，出龙图也。淮者，均也，均其务也。济者，齐，齐其度量也。”

四渎，唐代始称大淮为东渎，大江为南渎，大河为西渎，大济为北渎。金、明等沿袭而称之。

既有水神，则有水神祭祀。如泉水神、山水神祭祀，海神、湖泊神、河神祭祀。

《山海经》中，中国有四大海神：东海海神禺虢，南海海神不廷胡余，西海海神弇兹，北海海神禺强。中国虽然有四位海神，独立的海神庙却只有东海神庙和南海神庙两座。西海和北海渺茫荒僻，难以到达，只得从权变通，分别在河渎庙和济渎庙举行望祭之礼。

河神祭祀，在中国最典型的就是四渎神之祭。

河流在人类文明的起源中发挥了重要作用，但是河流所引发的水患也给人类带来了无尽的灾难。因此，人类对河流总是充满敬畏。在古代中国，人们也渐渐地将河流，特别是四渎，敬为神明。

从周朝开始，四渎神就作为河川神的代表，由君王来祭祀。《礼记·五制》曰：“天子祭天下名山大川，五岳视三公，四渎视诸侯。”

根据《汉书·武帝纪》，建元元年（公元前 140 年）诏曰：“河海润千里，其令祠官修山川之祠。”从汉宣帝开始，正式将四渎神之祭祀列入国家祀典。《汉书·郊祀志下》说宣帝神爵元年（公元前 61 年）制诏太常曰：“夫江海，百川之大者也，今阙焉无祠。”其令祠官以礼为岁事，以四时祠江海洛水，为天下祈求丰收。由此，五岳四渎就都有官方规定的祭祀礼仪。《旧唐书·礼仪志四》称唐天宝六载（747 年）封江渎为“广源公”，河渎为“灵源公”，淮渎为“长源公”，济渎为“清源公”。《宋史·礼志八》称宋仁宗康定元年（1040 年）诏封江渎为“广源王”，河渎为“显圣灵源王”，淮渎为“长源王”，济渎为“清源王”。《元史·祭祀志五》则称至元二十八年（1291 年）加封江渎为“广源顺济王”，河渎为“灵源弘济王”，淮渎为“长源博济王”，济渎为“清源善济王”。明代则去前代所封号，称东渎为“大淮之神”，南渎为“大江之神”，西渎为“大河之神”，北渎为“大济之神”。

先人们在四渎之畔或源头，建立水神庙予以祭祀，各自相应地称为“某渎庙”。

河渎庙，在今河南巩义，初建于唐，毁于宋。明朝初年，祭祀洛水视同河渎。

济渎庙，全称济渎北海庙，位于今河南省济源市西北 2 千米济水东源处庙街村，是古四渎唯一一处保存完整、规模宏大的历史文化遗产，是国家重点文物保护单位。隋开皇二年（582 年），朝廷建庙。济水原称北渎大济之神。因唐玄宗天宝三载（744 年）的封晋，又名“清源祠”。唐贞元十二年（796 年），鉴于北海（现贝加尔湖）远在大漠之北，难于祭祀，又在济渎庙后增建北海祠。宋徽宗宣和七年（1125 年），济渎神被封为“清源忠护王”，北海神被封为“北广泽王”。现在的济渎庙，相当于祭祀着济水神和北海神两位神仙。

淮渎庙，位于河南省南阳市桐柏县城东关。桐柏县是淮河发源地。

江渎庙，原址位于湖北省宜昌市秭归县新滩南岸，因三峡工程建设迁建至凤凰山。

江渎，还有江渎祠。江渎祠，在成都。《汉书·郊祀志》载：“秦并天下，令祠官所常奉天地名山大川鬼神可得而序也……江水，祠蜀。”《史记》说：“江渎祠在益州成都县南八里。秦并天下，江水祠蜀。”每年的立夏日，益州长史或剑南西川节度使需依照朝廷规定在成都祭祀长江水神，祭祀地点就在江渎祠。

道教“水官”是“三官”之一。道教三官，指天官、地官、水官，合称“三官大帝”。又称为“三元”，即上元、中元、下元，为道教较早期供祀的神灵。

天官大帝，为尧的化身，生日为上元节，即正月十五日。

地官大帝，为舜的化身，生日为中元节，即七月十五日。

水官大帝，为禹的化身，生日为下元节，即十月十五日。

道教经典说，天官赐福，地官赦罪，水官解厄。传说水官是由风泽之气和晨浩之精结成。他的职责是统领水中诸位神仙，像江渎神、河渎神、淮渎神、济渎神都要归其管辖。每逢生日，水官大帝都会下界检视人间的罪恶祸福，道教会举行隆重法会纪念水官大帝，普通百姓则上庙烧香，以求消灾减厄、解冤释结。

道教三官庙是奉祀天官、地官、水官的庙宇。

既如此，那么我们如何认识松溉水神庙呢？

松溉水神庙位于临江街边，靠近上码头附近，原松溉航运公司所在下河街，松溉老航标站旁。

松溉水神庙显然与江水有密切关系。因为长江水道凶险，每当洪水泛滥，往往有行船翻沉毁损、人员伤亡的事故发生，给往来客商或松溉古镇百姓带来无尽伤痛。尤其是"湖广填四川"之后，松溉古镇得到迅速发展。随着商贸活动的兴旺，往来船只日益增多，事故也相应增加，人们就于此修建水神庙，祈求水神护佑。这就是松溉水神庙产生最主要的社会心理需求背景。但它是属于江渎庙性质的吗？也不是。

综合出自松溉民间的相关资料，松溉水神主要功能被定位为镇水禳灾。即人们希望通过祭祀水神而消除水灾，尤其是江上的灾祸。功能包括所有水上活动前的祭祀之用，如行船走水、放筏、划龙舟、打鱼，甚至寻找失水之人、捞"水打棒"之前的祭祀等。

松溉水神庙的功能说明，它虽然处于江边，但不应该是专门祭祀江水神，即类似江渎庙的所在。

江渎庙是官方背景的祭祀帝王封赐的江水正神的庙。松溉水神庙的资格和地位显然不能和江渎庙相比。松溉水神庙为民间小庙。其修建最多为行会或地方绅粮之类主导的民间行为。其存在是为升斗小民、从事水运工作的劳苦百姓寄托美好愿望服务的。因此其规模不大，修建简朴，陈设更趋近于普通百姓生活。其祭祀仪式也应当为平民化的风俗行为。因此，祭祀场所多半呈开放状态，具有便民属性。

松溉相关资料有说，水神庙原有三尊神像。为什么有三尊神像，到底是哪三位尊神却无从得知。但可以肯定的是，松溉水神庙的"水神"不特指"江渎"，当然更不是其他"水神"，如共工、屈原、湘妃之类。

有民俗活动可以证明，松溉的祈雨活动与水神庙无关。天旱之年，松溉百姓祈雨以其东岳庙中供奉的"黄齐老爷"为主祀对象，开展"黄齐老爷游街"等祈雨活动。因此，松溉水神庙所供神圣可排除雷公、雨师、龙王之类。

走访松溉人，没人能说清水神庙中的"水神"到底是什么神圣。不过，我们可以推定，松溉水神庙所供奉的是道教三官大帝，以水神为主神。

《元始天尊说三官宝号经》中说水官大帝的职掌为："下元三品解厄水官，洞阴大帝。"《三元品戒经》更详细地指出："下元三品水官隶太清境，结风泽之气，凝晨浩之精而成……总主水帝汤谷神王、九江水府河伯神仙，水中诸大神及仙箓簿籍。"《三官经》说水官大帝"居青华宫中，部四十二曹，主管江河淮海水域万灵，掌死魂鬼神之籍”。

松溉水神庙的功能定位和所祭祀神像的数量，正好可以与此相印证。

松溉水神庙，似乎并没有多少大型活动，因此松溉人口传历史和由口传历史整理的文字资料中极少有此类记载。这或许与其不受一般人重视有关。“水官大帝”为“大禹”化身，在一般人看来，它的神职仅限于与水上活动相关，何况松溉古镇还另有“禹王庙”（禹王宫）呢。

如此的话，松溉水神庙所供为水官大帝就反而具有可信度了。而天官、地官在此庙中，就只是配祀。这也能解答松溉水神庙中为什么有三尊神像的问题。旧时从事行船走水的船工之类水上工作人员，平均文化程度可能较一般人更低一些。它们虽然对水神庙里的神灵不明就里，但有水神信仰，并不影响虔诚，也就诚心烧香行礼，然后转身踏上水上行程，这也是可以理解的。

由此，我们可以判断出松溉水神庙，是以水官为主神，天官、地官配祀的民间小庙。它与“三官庙”唯一不同之处，就是人们在此表达的主要是对水官（水神）的信仰。所以，称“水神庙”而不叫“三官庙”。

和其他民间小庙一样，松溉水神庙也可能供奉其他神灵，如释道的其他佛或神。

古松溉祈雨的民俗活动很奇特，即以“黄齐老爷出游”祈雨。黄齐老爷，是东岳大帝的“行身”。如今，它是一个坐在椅子上的神像，用实木整体雕成。旧时，东岳大帝的“行身”，就是一块木头上刻的神像。原来的年代太久，陈旧破烂，被处理掉了。如今这个“行身”是数年前才新制作的。

古松溉人祈雨，用的神灵是东岳大帝。东岳大帝是本不管刮风下雨的，何况还有水神庙呢？为什么松溉要用东岳大帝祈雨？

松溉人向东岳大帝祈雨，而不向水神祈雨，原因很可能是松溉东岳庙建设时间较水神庙早。在人们对东岳大帝的崇拜已形成定例后，才有水神庙，人们要求雨时，自然首先想到他们熟悉的东岳大帝，因而就不会向新来的“水神”祈雨了。

明崇祯二年（1629年），松溉百姓就在松溉的“东岳”（插旗山最南边尾端）建起“东岳庙”。东岳庙在清乾隆初年进行了扩建。松溉水神庙的建设年代，当较东岳庙晚。

尽管如此，松溉水神庙仍然是很有气势和影响的。松溉古镇水神庙，临江而建，一应建筑，面向长江，重檐殿顶，往来行船常能突见其飞檐翘角猛然出于江北，显得颇有气势。

在古松溉，水神庙建起后，也逐渐成为往来船员的临时聚集地。这里，不仅可以寄托他们的精神和愿望，也是他们艰辛生活中临时的寄身之处。他们在此祭祀、祈求、休憩，他们在此遥望家乡、规划行程，喝茶饮酒之后的梦中呓语，汇入长江，成为一段无法述说的历史，如今行走其间仍然令人唏嘘。水神庙两旁也就渐渐兴起街道。其两边吊脚楼毗连不断，码头繁忙，人流如织，因此香火兴旺。

水神庙所在位置优越，站在庙前，近观远眺，长江西来东去，壮阔美景尽入眼帘。想当初，江流滚滚，人流物流不断，晨钟暮鼓之中，有多少人带着欣喜归航，在满满的收获之后，前来感谢水神的保佑呢？伴着漫漫岁月，又有多少人曾在此祈求平安，许下诺言，怀揣梦想，然后毅然踏上航程，走向世界啊！

松溉古镇水神庙，现为民居。其格局、架构仍然得到基本保持。

十二、灶王庙

灶王庙，位于松溉古镇中一个叫黄桷树的地方，是祭祀灶王的小庙。

远古的原始人类，得益于对火的认识和使用，因而不断进化，也因此而产生对火的原始崇拜。当人类懂得在火堆旁开始新的生活的时候，火就成了人类生存最重要的组成部分。火塘、“锅庄”成为人类生存的必备物品，人类与火就有了更加紧密的联系。当“灶”被发明并成为人类生活的必需品时，人们对火的崇拜就渐渐转移为对掌管火与食的灶王的崇拜。民以食为天。这种崇拜其实也是对自然火的崇拜的延续和发展。

我国古代奉祀的灶神，为火神祝融。唐孔颖达疏《礼记·礼器》记载：“颛顼氏有子曰黎，为祝融，祀以为灶神。”

腊月二十三日或二十四日又称为小年，民间祭灶。所以民谚说：“二十三，祭灶官。”

灶王爷有“受一家香火，保一家康泰，察一家善恶，奏一家功过”的属性和职责。“灶王爷”又有“下界保平安，上天言好事”的口碑，因此民间信奉、祭祀灶王爷成为习俗。

早在周代，我国就有祭祀灶神的习俗。明清以来，灶君更成为人们喜爱和崇拜的家神。人们不仅在重要节日祭灶，还要到庙上为灶王爷进香。

古代民间百姓认为，灶里烧什么，锅里煮什么，碗里盛什么，嘴里吃什么，灶王爷是最清楚不过的了。因为生活艰难，百姓们期待灶王爷上天去好好与玉皇大帝理论理论，研究一下改善凡人生活的大事，那就很自然了。

松溉灶王庙，因为一段历史而被人们铭记。

1950 年松溉刚解放时，匪患尚未完全清除。当年 1 月 25 日，有土匪组织成所谓的“救国军”、大刀队，和受蒙蔽的群众三四百人一起进攻位于松溉文昌宫的区公所。当时的副区长赵明利指挥解放军战士沉着应战，打死大刀队成员 3 人。大刀队最终覆灭。当年 3 月 6 日，何埂、张家、聚美、朱杨、石门等方向十余股土匪约一万人包围攻打松溉，区公所干部、战士和朱沱、临江赶来增援的解放军里应外合，经过两天一夜激战，击毙击伤土匪 70 余人，将大批土匪击溃。松溉古镇灶王庙曾作为解放军守卫的据点。现存灶王庙的墙上还有当时被机枪扫射后留下的弹孔。

十三、杜康庙

关于杜康，一说是夏朝国君，后来被道家收编为神的历史名人。

《说文解字》说，“古者少康初作箕、帚、秫酒。少康，杜康也”。杜康是中国古代传说中的“酿酒始祖”。也因此被后世尊为酒神，制酒业的祖师爷。

另一说杜康是汉代平民。清乾隆十七年（1752 年）修撰的《白水县志》记载:“汉，杜康，字仲宁，相传县康家卫人，善造酒。”陕西省渭南市白水县城西北 15 千米处的杜康河沟底、杜康泉东畔，建有杜康庙。

酒和酒器出现的历史应该很早。从考古和历史文献的记录来看，夏代洛阳已经出现酒器，商代朝歌（今河南淇县）就有“酒池肉林”的传说。到了周朝，统治者认为殷商灭亡的原因有很多，而酗酒乱德是重要的一条。周公甚至还颁布了《酒诰》，以树立和弘扬优良的酒风。由此可以推断，“酒祖”杜康其生活的年代应该不晚于夏商时期。

后来人们以“杜康”借指酒、美酒。为了纪念杜康，人们修建了杜康庙。

酿酒是松溉传统手工业的代表之一。其余如榨油、纺纱织布、豆油麸醋等行业也曾经兴旺发达。松溉的酿酒业历史悠久。由于原料丰富、技术力量强、销情畅旺，酿酒成为松溉手工业的拳头产品。从古到今，至 20 世纪 20 年代前后，酿酒槽房曾拓展到 30 余家，上起两路口、下沿河新街、观音阁街、黄桷树街，直至镇东的川河湾，复沿川河湾而上至上码头街，绵延十余华里之间，槽房遍布，酒香四溢。年产酒水可达到240余万斤。大量的白酒除了供本地百姓消费外，又通过水路东西流动，远销外地。

松溉古镇建有杜康庙，供奉和祈求酒神保佑，表明松溉古镇酒文化的兴盛。可以想象当时大街小巷中酿酒、饮酒、酒水交易等的兴旺。杜康庙的存在，是松溉古镇酿造和营销酒类历史悠久和繁荣，以至成为古松溉经久不衰之产业的一个见证。只可惜杜康庙已毁，无迹可寻。

十四、红庙子

松溉古镇曾经还有红庙子、石佛寺、土地庙、观音庙、妙元寺、观音阁、寿尊寺、八景宫等寺庙。

“红庙子”，是乌鲁木齐的别称。

据《乌鲁木齐县志》（2000年6月第一版）记述：“清乾隆二十年（1755年）三月，为征讨准噶尔部首领达瓦齐，清廷派定西将军永常率兵5000名，进驻乌鲁木齐，并在驻地西九家湾地带修筑土垒，安营扎寨。此后，又在北面山头修筑庙宇，因其墙壁为红色，故有红庙子之称。”今人又称它为“老红庙子”。

红庙子为道家庙宇。庙内正殿是关王殿，供奉关帝塑像。

红庙子的庙会远近闻名。每年农历四月初八、七月初七、七月十五、十月初一，是红庙子的庙会，要唱庙戏3天。后来改为每年一次，即每年农历四月初八起的三天。

远在清朝乾隆年间，内地人就称新疆为“伊犁—红庙子”。松溉“红庙子”的得名或因客商流动至松溉，特别是乌鲁木齐人流动到松溉而来。当时或有乌鲁木齐客商来到松溉，聚集而居，并建“红庙子”寄托信仰，相约议事，休息娱乐。

红庙子，具有西北各地客商在松溉的会所的功用。

红庙子的存在，显示松溉古镇在全国范围内的影响力。

红庙子，位于镇区之中，已毁。

十五、观音庙

观音庙，按现有地图所示，其位于东岳庙北面，现东江村北。

有资料说，1938 年，战时儿童保育院迁到松溉，一部分孩子住进东岳庙，另一部分住进观音庙，在这里开展学习活动长达两年。因历史久远，观音庙内结构毁坏较重，新中国成立后被拆除。

十六、观音阁

松溉古镇民风淳朴，新中国成立前，几乎家家户户都设有神龛，供奉着大慈大悲观世音菩萨和家神。每天都会由家中长者主持仪式跪拜上香。上香前，主持者必先洗漱干净，端庄仪表。然后，摆上鲜果、米饭、菜蔬。再庄重虔诚地敬上三炷香，端正地插在香炉里，施行三拜之礼。接着，全家老小都一一上香施礼。每逢农历月头（初一）和月半（十五），上香仪式会更加隆重。

◆观音阁

观音菩萨，是救苦救难者的化身，被演化为千手观音、送子观音、杨柳观音、白衣观音等。民间传说，“观音菩萨一年生三回”，每年除农历二月十九、六月十九、九月十九之外，除夕和大年初一，人们都要叩拜观音。此遂成为过年时年俗活动的一大特色。因此，松溉古镇建有观音庙和观音阁供人们参拜。

观音阁，位于现观音阁街，曾有铜佛一尊，已毁。

十七、其他

石佛寺，位于半边街。

土地庙，位于临江街，为供奉土地菩萨的一间小庙。

妙元寺，位于横街子，已毁。

寿尊寺，根据《松溉罗氏族谱》记载，其位于正街玉皇观旁边，已毁。

八景宫，其位于青紫山，来源于四川省内江市威远县的静宁寺，所供主神为当地女巫朱二婆，为封建迷信演化而成，并被用以欺骗百姓钱财，流毒甚广，已毁。

第四节
会 馆

一、湖广会馆 南华宫

湖广填四川，使四川成为移民大省。各省籍移民到四川后，为了自保联保，纷纷建立同乡会馆，而各自的同乡会馆多以庙宇为依托。各地移民，根据自身精神寄托，选择不同的神灵作为其主要祭祀对象祈求庇佑。如前面已经介绍过的，湖广会馆主要祭祀大禹，会所常用禹王宫。广东会馆主要祭祀佛教禅宗六世大师六祖惠能，会所常用南华宫。

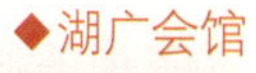
◆湖广会馆

二、四川会馆——川主庙

四川土著和川籍移民，也整合力量共同修建会馆。“川主”自然成为四川会馆的主要祭祀对象。“川主庙”自然也就成了四川会馆的会所。当然，经过岁月变迁和民间百姓的创造，川主庙里供奉的往往并非单一对象。“入此门不分三教，到这里都是一家”，众神和谐共处，相安无事，百姓供奉也心安理得，使川主庙独具特色。

三、江西会馆——万寿宫

许逊，又称许真君，是三国时道士，字敬之，南昌（今属江西）人。许逊生于东吴赤乌二年（239年）正月二十八日。据说其母梦见有金凤从空中坠落进怀中，因而受孕妊娠。

传说，许逊年少时曾去田猎。他张弓搭箭，射中了一只母鹿。母鹿中箭，腹中的胎儿掉落地上。母鹿不顾自己的箭伤和生命危险，反而折回头来伤心地去舔幼鹿身上的胎衣，直到死去。许逊见了，心中异常难过，怅然之后心中得到感悟，就折断弓箭抛弃箭矢，锐意从事学问。以至于后来博通经史，明天文、地理、历律、五行谶纬之书，其中又特别喜好神仙修炼。他跟随著名道士、号称“大洞真君”的吴猛学习。

西晋太康元年（280年），许逊42岁，被举为孝廉。曾任蜀郡旌阳（四川德阳）县令，治政廉俭，吏民悦服，当时百姓被他的仁德感化，在他还活着的时候，就为其立生祠供奉其像。后来晋室将乱，许逊就弃官遨游江湖，寻求至道。曾自称遇上圣传授“太上灵宝净明法”，有斩蛟擒妖道法。传说他曾镇蛟斩蛇，为民除害。当时许多人争着要成为他的弟子。

传说许逊于东晋宁康二年（374年）带领家人从豫章西山飞升成仙。北宋徽宗政和二年（1112年），许逊被追封为“神功妙济真君”，其在今江西南昌西山上的“观”也被升格为“宫”，并获赐额为“玉隆万寿宫”。

江西会馆，主要祭祀道教净明派祖师。传说中的斩妖除魔治水能人许逊，会所常用万寿宫，它又称江西会馆、江西庙、江西同乡会馆、豫章会馆等。

松溉古镇万寿宫位于松溉正街，已毁。

四、陕西会馆——关圣殿

清朝初期，陕西客商和大量陕西百姓，或因避战乱，或因经商，或因有意移民，进入四川。一部分来到松溉。经过艰苦创业和长期的积累，松溉本地和周边的陕西人员汇集，渐渐在松溉形成陕西人圈子“陕西帮”。后来，他们有了财力，便集资建馆，兴起“陕西会馆”，用以娱乐、议事。

陕西会馆供奉忠义仁勇的关羽，会所常用关圣殿、关圣宫、武圣宫等名。

松溉古镇关圣殿，已湮没于历史之中。

陕西会馆的存在，表明松溉古镇不仅得长江水道之利，便于东西往来，也因背靠川东平行岭谷，连接大巴山，沟通秦岭和陕西，有南北往来之利。由此可见古松溉曾经在川东，甚至更大范围内的人员往来、物流集散、商贸服务方面的重要作用。

五、福建会馆——天后宫

天后宫，是供奉妈祖的庙宇。妈祖，又称天上圣母、天后、天后娘娘、天妃、天妃娘娘等，是我国东南沿海人民心中的海神。相传妈祖能言人间祸福，保佑人们海事活动平安顺利，并且治病消灾、济困扶危，所以人们供奉祭祀她。

明末清初发生的“湖广填四川”，进入四川的移民并非只有湖广籍人。移民四川的，还有来自河南、山东、陕西、云南、贵州、江西、安徽、江苏、浙江、广西、福建、山西、甘肃等地的百姓。

松溉古镇濒临长江，得水利舟楫的便利，吸引了大量的移民前来。他们一些人从此走向更远的地方，一些人在此定居下来。加上松溉古镇航运十分发达，南北东西客商云集，其中就有福建等地商旅来往，并且有一部分长驻或定居松溉。自然，他们也带来东南沿海地区（如福建）的文化。经过不断努力，福建籍人在松溉定居下来，建起了天后宫，并将其作“福建会馆”，用于聚会、议事、娱乐等。

松溉天后宫位于正街，属明清时代建筑，虽然已毁，但仍有耄耋之人时时忆起。

六、大阳沟 45 号商会旧址

大阳沟 45 号商会旧址，是一座修建于中华民国时期的建筑物。该建筑夯土筑造，一楼一底共两层，四合院式布局，占地面积约 750 平方米。主体建筑为小青瓦屋面，歇山式屋顶，面阔三间 9 米，进深两间 6 米，檐高 10 米，通高 15 米。屋檐做过吊顶处理，二楼窗户饰有三角折腰装饰，底楼为木质门窗，窗楣饰有拱形石灰材质的装饰

◆大阳沟 45 号天井景观

物。进大门右侧面第二道八字形石门的门楣上方雕有凤鸟、菊花、牡丹等纹饰。这个商会旧址对于研究永川地区民国时期的商业发展及石雕技艺具有一定的价值。

现此旧址已改建成“鹏飞书院”。

松溉古镇“九宫十八庙”并存，其中多家兼具会馆功能，展示着古松溉曾吸纳十余省移民的历史，表现出其人流众多，商贸繁荣，有很强的吸纳和辐射能力。汇聚了多地文化元素，显示了古松溉文化的多样性。松溉古镇文化之源远流长、接纳众多，积淀深厚、表现丰富，并融合创新、不断变化，使松溉文化独具个性、别有情趣。它们慢慢融合，渐渐汇成“一品古镇，十里老街，百年风云，千载文脉，万里长江”的特色。

松溉的历史文化，集中体现了永川“海纳百川”的胸襟和个性。可以说，松溉古镇堪为“海纳百川典型，滨江古镇代表”，其因曾经的辉煌历史、独特的文化个性、良好的综合开发潜能堪称“万里长江闻名遐迩的历史文化古镇”。

第五节 民 居

长江，在松溉古镇面前，夜以继日，川流不息。往来不断的货物在此交易，源源不断的金钱以各种形式在此流动，络绎不绝的人流在此为各种生计而穿梭，不断移民过来的外地人在此定居，各种文化元素在此交汇碰撞。不管是货物、金钱，还是人流、文化，都有一部分在松溉停留、汇集、积淀下来，渐渐转化为松溉的本土特征。

有了金钱、货物和人员，还有文化的滋养，松溉的陆上建设迅速提升层次。

当初的沿江靠船、浮水而居，渐渐变成江边陆地上的生活。陆地上的露天埋锅造饭，渐渐变成在窝棚、寮子中居住、生活。然后，棚户又渐渐变成正式的房屋，并纵横分布，渐渐形成街道。

物资的丰富、人员的增多，使各种房屋逐渐向离江岸更远、更高的地方延伸，而房屋的新建和改建就有更丰富的材料和形式的选择余地。街道、交通、手工业、商业、文化生活等，就与时俱进地发生着变化。

于是，成片的民居、商号、作坊、配套服务业以及社会机构等就应运而生，成为街道生机与活力的重要组成部分。

劳动群众、游商走贩、富商巨贾、乡绅名流、军政要人等各色人等占据松溉社会生活的各个层面，各自在不同的生活层面如鱼得水，不断推动松溉的历史前进。

渐渐地，松溉古镇又多了一个不为更多人知道的特征。那就是许多人虽然居住在同一条街道上，但都各自拥有与众不同的姓氏。据说，曾经随便找一条街道，沿着住户数过去，都可以找出几十个姓氏。这和中国人聚族而居，一个地方往往姓氏较为单一大不相同，充分反映了松溉古镇作为移民城镇的特点。

货物的集散和金钱的积累，直接改善了松溉人的生活，使松溉生活中的各个要素发生了巨大的变化。移民的进入、人员的往来，增添了松溉的人口，增强了松溉自身人力资源生产的能力，从而带来更多的经济社会繁荣。文化的积淀，让松溉在长江流域众多的码头及商贸、物流等经济活动兴旺之地中独具个性。

松溉民居的特征其实是与松溉经济、文化的发展或特征有密切关系的。比如大院肯定为富商大户拥有，而吊脚楼、普通民居的主人则多为挑脚、小贩、个体手工业者之类普通百姓。大院的规模和形制，不仅展示建设者和拥有者的经济实力、社会地位，也展示其文化品位和精神追求。而普通民居投入经济、朴素简单，更多体现生活的实用性、便利性和安全性。时代的变化，或加深大院与普通民居的融合度，如混乱时期，它们在栅子中形成紧密协作、互相保护的机制；或产生大院与普通民居的文化撕裂，比如邵家大院，它本来不过是其所在众多院落中的一个，只因其家族出现了一位进士，就以其族望独得“邵家坝子”之名。当大院迅速分崩离析之时，普通民居依然是安全的普通民居。又一个时代到来，许多人又悄悄走过普通民居而涌向大院。

◆松溉古镇民居

时光总是把世界分成条条块块，然后又不时把它们融为一体。然后，又尊重它们，解析它们不同的功能。

就这样，古镇不断地发展变化。

无论是大院还是普通民居，都兼具生活与生产等功能。

松溉古街蜿蜒5000余米，坐落着众多的青瓦木墙、串架夹壁的独具明清风格的古建筑。其大多为穿斗结构，“前店后院”为其普遍的建筑模式。而一个典型的居家院落则有前院、过厅、正厅、后院，中间是天井，两边是厢房，体现着“清式建筑”的特征。

曾经的松溉街道，当街走过，随时有作坊的各种声响、店家的吆喝声与车水马龙的响声汇合；入夜则有梆子阵阵敲响、更夫声声令人警醒的叫喊声，混合着风声与潮起潮落的交响；至于岁月的风雨声声敲击屋面的青瓦，沿着屋檐的瓦当滴答掉落，更是时光之去与来的常态。当太阳从青紫山的顶上将最后一束光射向松子山的时候，古镇的一天就进入万家灯火的时光，另一种诗意美就在松溉的山水之中延展，勾起顺江而下的游子许多的向往。

可是，有谁知道，吊脚楼上，也有人正在凭栏张望，想要追问：疾走的航船，你到底要开往何方?

当我们注视屋檐滴水下、青石板上的小水坑的时候，眼前会飘过曾经的繁荣与喧嚣，重新得到一种宁静的回归。

抬头是路，青石板不断向前延伸，我们终究要重新走出一段岁月。

下一段，可能是深宅大院，温暖的闺房、浓郁的书香、充满诗意的天井；也可能是小小的陋室，豆油灯火、白发翁媪和一壶老酒，或许间或有些纺车的咿呀……

只不知是它们来选择我们，还是我们去选择它们。

愿我们都能遵从自己。

一、陈家大院

沧桑是一壶老酒，揭开就淡了味道。行走在大院之中，就不说沧桑。

陈家大院是游览松溉古镇必往的一处人文景点。其始建于清朝同治年间，坐落在古镇解放街旁。原院落占地四亩，有房屋百余间，细分为四个独立院落。各院落之间有通道互相连通，浑然一体。房屋多为青瓦，穿斗木质结构，板壁为墙。间杂以楼榭亭阁、绿树香草，既具有川东民居的典型特征，又显示出大户人家的气派。

陈家大院南依松子山，北临后溪河。虽然紧邻后溪河南岸边上，但其进户大门（现存）前却有独立空间，独得进出平台，有往来通行之便，而不是因紧邻后溪河高坎，被迫建成吊脚楼。

后溪河顺碑槽山而来，在松子山北突然折向西流，受龙船坡阻挡继而呈弧形转向南下，在南下至陈家大院北面与其门户相望处又折而向东，经松子山东端沟谷进入长江。后溪河这一绕行，在松子山北、沿碑槽山末端围成一个巨大的口袋形状。碑槽山按东北—西南走向南来，其末端龙脉正好进入这个口袋，滋养无数生机。

这个“口袋”就置于陈家大院门前。

陈家大院之左为半边街，原本无路。但人们为了建房居住行商，竟然在龙船坡东侧山脚硬生生开出通道，并在后溪河边建起了街房。这就形成了路。陈家大院大门左

◆现存陈家大院大门

边便有了路。而后溪河从其门前流过，往其右流去，然后绕过松子山东端进入长江，使陈家大院形成左路右水的格局。

左路右水，越住越美。

陈家大院西面，龙船坡上，曾有文昌宫，香火旺盛。读圣贤书，立君子品。立德立言立功，谓之不朽。内外文昌同位。陈氏族人当多得圣贤文化熏陶和圣人思想教诲，是以文脉昌盛。

陈家大院尚存其家族自备自用水井一口，虽然已经停用多年，但打开依然可得清冽甘甜之泉。陈家大院居于后溪河南岸、松子山北侧的高地，与后溪河水平之间高差很大，但竟然在其院内凿井获得如此好水，实在难得。此水或来自龙船坡地脉。龙船坡北、西北连接青龙山山脉，地脉潜水就低而往，来到松溉古镇，为人们所用，那很自然。

陈家大院曾拥有两大商号："源顺庆号"经营棉纱、烟叶，"怡庆长号"则生产经营酒、油。

陈家大院临街为松溉主街文昌街起始处，为交通要道。每当清晨，松溉古镇北大门的栅子门开启后，陈家大院临街铺面的生意便热闹起来，招徕来客声、叫卖吆喝声、算盘滴答声不绝于耳。其中部作坊也是生意繁忙：号子声、榨油声回荡绕梁，酿酒工、榨油工、搬运工穿梭其间，处处洋溢着生机，时时散发出香油、白酒的芳香。

后院则是另一番景象。建筑，镂空雕刻的廊柱上演绎着古训典故，平雕、半浮雕的门窗上舒展着花鸟鱼虫图案。风光，在不同的季节里，小院呈现出不同的景致：或林木葱郁，硕果累累；或春兰淡雅馨香，香椿吐艳；或金桂、银桂暗自飘香；或黄桷兰自恃清高，香飘林里；或山茶花如火如荼，增色满园；或秋菊色彩纷呈；或红梅、白梅争相斗艳；或摇钱树（榆钱）微红带黄。而人物，则是儒、商聚集，雅俗同乐，其情景甚是和谐美好。

陈家大院紧邻后溪河，靠溪边岸上坡下一带，树林葱茏。林间雀鸟欢歌，花丛蜜蜂低鸣，天空鸽子飞翔，庭前猫狗嬉戏，别有情致。

现存陈家大院中有一小型天井。尚存的清代绿釉大鱼缸，尤其引人注目。其缸周围彩绘八个画面，分别描绘的是八仙过海的人物肖像。无论是张果老倒骑毛驴、吕洞宾背剑，还是韩湘子吹箫、何仙姑倒挂荷花，都描绘得惟妙惟肖、栩栩如生，给人以动态美感。缸内假山石上，榕树造型俊秀；水中红色金鱼悠闲游弋，怡然自得。

◆陈家大院天井

天井中秀丽的山水、别致的盆景造型，为陈家大院增色不少，使其充满生机。

如今这个盆景周围已长满绿苔，展现于人眼的满是岁月的沧桑。但我们不难从其上看出它淡雅的风韵和厚重的历史。

陈家大院正房有门扇四幅，保存完整。每扇门分为五段：由上到下第一、三、五段是扁长形的雕花。第二段为透空木质栏杆，第四段为长形大幅雕花。雕花多为花鸟龙凤图案。雕工精美，寓意吉祥富贵，表明房主人对美好生活的向往与热爱。

陈家大院的窗雕工艺极为精细。窗上一共镶有 80 朵木质雕花，朵朵形态各异、栩栩如生，排列有一定的规律，但又不完全按照规律，看上去整齐而又富于变化，颇有灵气。

陈氏一族为松溉的大户人家，世代为书香门第。最初以陈氏三兄弟为兴盛的起点，老二陈秉刚继承祖业在家教书育人。老大陈海门、老三陈昂高则经营副业，使陈氏成为大族。之后其孙辈出现了陈文贵、陈文镜两兄弟。陈文贵的孙女陈冲是著名的影星。

陈家大院内有一个古井，现在已经不为人所使用。

陈家大院里，最引人注目的是其人文文化的积淀。其通道、门楣楹联高挂，堂屋、客厅字画生辉，处处彰显着绵绵不绝而厚重的诗书之气。

陈氏家族尊崇人文理念，传承礼仪之道，和睦邻里，育人成才，陈氏子弟人才荟萃，遍布海内外。陈氏因而成为古镇松溉的名门望族，受到广泛尊重。

因多种原因陈家大院遭到损毁。其西南大院毁于 1962 年，西北大院因系木质结构又未能及时维护，于 1989 年被拆除。现存一进为门房，二进为天井。天井两旁有厢房。三进为正堂，正堂两边为侧厢房。二进与三进之间有通道隔开。三进房现均辟为纪念馆，陈列展示陈氏家族文化。

据早年的相关统计，陈氏家族这个由商转儒的大家庭，自其“文”字辈以来，已有成年族裔 300 多人，其中成为博士、硕士成材者 50 多人，本科毕业近 100 人，半数以上接受过高等教育，其中长者担任过教授、副教授、研究员、高级工程师、医院院长、大中学校长等的就有 73 人。现存陈家大院中，所列示陈氏子弟成材者名单，洋洋洒洒，成篇成章，人才济济一堂，蔚为壮观，令人赞叹。

二、秦家大院

秦家大院位于松溉正街北侧，原樊家祠堂对面，靠上坳方向处，毗邻天后宫。

松溉秦氏，曾在 1949 年 10 月遭遇匪祸，家园被毁，家业受到重创，其家人去向不明，所以关于秦氏的信息可以考察的不多。但是，从民间口口相传的故事，也可见秦氏在松溉的地位非同一般。

相传秦氏为松溉镇的首富，拥有“长永”商号，在松溉经营绸缎铺，并跨行业开设有印刷铺，至于在外地还有多少产业，不为别人所知。

能在松溉正街占据最当道的位置置产兴业、建立大院并安居乐业者，其祖先当属于较早移民到松溉并定居的人之一。秦氏先人也当是这样的早期入驻松溉抢占有利地势得到发展先机的移民。关于松溉秦氏的宗族人口，人们只记得秦玉权，逝于 1946 年；其子秦鼎盛，逝于 1948 年；其孙辈有秦贵益。他们生平行状如何，十分隐秘，少为人知。

秦氏入驻松溉，辛苦创业，努力经营，渐渐拥有不菲的产业，以至家底殷实，遂建起院落。据说秦家大院是古松溉镇上最大的院落，以至秦氏成为松溉首屈一指的大户。

1949 年农历十月十三日夜（阳历 12 月 2 日），松溉古镇，星垂平野阔，月涌大江流。虽然星未阑珊夜未央，江岸微风轻吹，细草却也不敢轻颤发声，江边也没有了往日的桅杆高耸、桨声灯影，却是黑灯瞎火，除了江涛拍岸，便如死寂一般。因为水码头的繁华而惯于夜生活的松溉人，虽然正值小阳春时节里的美好夜晚，却早早各归各家潜藏起来。上码头、临江街、鱼市口、跃进门、正街、上坳……酒楼茶肆、烟馆赌场等等早已没有了人影，进入一片反常的可怕沉寂。

原来，是年 10 月，中华人民共和国成立之后，中共中央和中央军委命令人民解放军继续向尚未解放的地区进军。解放大西南，中国人民解放军剑指重庆。蒋介石为了保住西南一隅，再次从台湾飞到重庆进行部署。蒋介石决定以第七编练司令部为主组成第十五兵团，任命罗广文担任兵团司令兼一〇八军军长，并下令“确保重庆、保卫四川”。蒋介石命令罗广文率部向贵州桐梓进发，布防娄山关一线，妄图阻截解放军由黔入川。

◆秦家大院

因此，那时，数日以来，松溉长江一线，受罗广文驱使，川军罗广文部的兵马纷纷经由松溉往泸州、贵州方向移动。于是，安静繁华的松溉瞬间进入兵荒马乱的岁月。大街小巷，抓丁拉夫的事时而发生。安于平静生活的松溉人刹那间进入惶惶不可终日的状态，入夜便似惊弓之鸟，缩头藏尾潜藏起来。

这样的夜晚，趁此混乱时机，一股险恶的势力就在蠢蠢欲动。在随时可能发生的凶险中，对于平凡小户人家来说，只能大大小小蜷缩被窝，听天由命。然而，在秦家大院，却是重门击柝，以备暴客。其家早已将贵重物品、金银细软深藏碉楼，家眷老幼早已登楼防身。碉楼上也早已尽量备齐滚木礌石、石灰枪弹。楼上人员，全衣而卧，楼下家丁，也是满怀戒心。

夜漏未尽，时正二更，然而，人们却未听到习以为常的打更匠的梆子声。突然，满大街躁动起来，奔跑声、呼叫声、打砸声，一片混乱。“北门打破了！”“棒老二进场了！”一人呼叫，十人呼叫，几十人呼叫，枪声响起，此起彼伏，满大街一片惊慌……

松溉古镇，“北门锁钥”一旦被打破，来犯之敌便可长驱直入，四处横行。土匪进攻的对象，首当其冲者，便是正街大户人家。是夜，人称松溉首富的秦家大院便成为最大目标。

没有人敢去围观秦家大院遭遇怎样的劫难。因为进入古镇的土匪对敢于冒头现身的居民，一律开枪打死。当时住在核桃街的居民赖守信、罗氏宗族族长罗光远，在土匪进场开始抢劫时，开门探视，刚一露头就被四周“堵水”（站岗放哨，防止抵抗）的土匪开枪打死。

但是人们可以想象和推断，秦家绸缎铺和印刷铺的门店板门，在如狼似虎的土匪面前不堪一击，秦家大院的大门也容易被蜂拥而上的匪徒攻破。

秦氏一族，齐心协力依据碉楼苦苦防守。滚木礌石、石灰枪弹纷纷从土匪头上倾泻而下。土匪不敢靠近，久攻不下，眼看就要到手的肥肉将要失去，土匪大怒，迅速从秦氏的印刷铺子里找来煤油，放起火来，秦家大院瞬间火光冲天。

古镇松溉里巷相连，屋舍相通，秦家起火，便火烧连营。刹那间，从正街开始，毕毕剥剥、呼呼啦啦，上往坳上、宝华街，下往正街迅速纵横蔓延，松镇古镇陷入一片火海……

躲在暗处的人们，只见松溉上空一片通红，高高耸起的秦家大院碉楼像一根烟囱，冒烟、起火、轰然垮塌……

混乱中土匪押送抢劫获得来的财物，出诸家巷，走关帝庙，从后溪沟消失在密林深山之中。

匪祸之后，古松溉镇惨不忍睹。绸缎、花纱、银楼等 40 多家商号或先被抢劫或后被火烧，被毁商铺 57 家，损失惨重，众多平民更是失去基本生存保障。至于秦家大院，则全部化为灰烬，变成瓦砾。

为了保证家人及财产安全，秦氏精心构筑了家院。除建有碉楼外，据说还有三个防空洞。但没想到在一场匪患中全部毁于一旦。据秦氏邻里回忆，幸运的是，在秦家大院被放火烧起之后，土匪逃出，秦氏家人得以在碉楼全面起火前撤下，没有人身伤亡。此事之后，秦氏家人或撤出松溉，去向不明。

当时，松溉本来驻扎有一个排的保安兵，但土匪行凶时，保安队只放枪不出人，任由土匪横行。人们纷纷怀疑此事为官、匪、兵勾结所为。事后查明，果然如此。1950 年 3 月，新生的人民政权开展清匪反霸，活捉此次匪祸匪首黄海清，并依法处决，给了松溉人民一个公道。古老的松溉重新进入商贸兴旺、市面繁荣的祥和岁月。

秦家大院虽然毁于匪乱，但从松溉古镇的老街坊口中，我们还是可以获得关于它的依稀印象。

秦家大院位于坳上东侧斜坡，为前店后宅式建筑。前有绸缎铺、印刷铺，虽然深宅大院不止一处通道，但铺面除用于商业经营外，也当有家宅通道的作用，所以土匪抢掠铺面后可以突入秦氏家宅。其后宅当是合院式建筑，四面环合，中间或有非止一处天井。整个院落当具有大进深结构，多层递进，私密性逐渐增强。堂室之外，厢房环围，其外当还有佣工用房，甚至库房、车马工具用房等建筑。其碉楼当建筑在后院最为关键或险要位置，可以扼守大院免受外敌侵入。院中隐藏的防空洞当在靠近坡脚的屋基近处。

庭院深深深几许，云窗雾阁春迟。长江的朝雾、后溪河的烟云曾经无数次熏染并打湿秦家大院的屋檐和窗棂，插旗山的飞絮也曾经多次扑上秦氏居室的绣帘。秦家大院的厅堂上曾经见证无数的觥筹交错和运筹帷幄，闺阁里曾经隐藏着无数的秦氏家眷的私语，厢房里曾经发生过许多次的三更睡五更起的操劳，回廊过道曾经有过许多奔波的脚步，那碉楼上也曾经发生过无数次关于兴旺长久、平安吉祥的守望。然而，由于匪乱，一夜之间一切都灰飞烟灭。这除了给后人留下兴衰无常的感觉外，也给人们留下深深的遗憾。

人们希望过去的秦家大院似的建筑能够重现于松溉，成为普通百姓游览、休闲娱乐的去处，这样也能再现古镇昔日的风采。

三、邵家大院

邵家大院坐落在邵家坝子。邵氏家族以酿酒为业，因为造酒而发家兴盛。邵家坝子，曾是古松溉邵氏家族的聚居地，建有邵家大院。当初邵家大院所在地，并非只有邵氏一族居住，比如还有黎家建有大院在此。但因为邵家出了一个进士，名望较大，所以人们将此地称为“邵家坝子”。

现邵家大院尚存一棵香樟树，依然茂盛。

邵氏在松溉发展的历史中，曾经培养出一位进士，名叫邵涵。

对清人李周望［康熙丁丑（1697 年）进士，国子监祭酒］于康熙五十九年（1720 年）所编《国朝历科题名碑录初集·明洪武至崇祯各科附》，今人朱保炯、谢沛霖合编的《明

◆邵家大院

清进士题名碑录索引》（上海古籍出版社，1980 年版）和今人江庆柏编的《清朝进士题名录》（中华书局，2007 年版）进行查证，得知永川县在明朝共有文科进士 11 名，在清朝有文科进士 8 名。

邵涵，为清咸丰六年（1856 年）丙辰科，第三甲，第一百一十二名。第三甲为“赐同进士出身”共一百一十三名。此被《明清进士题名碑录索引》及《清朝进士题名录》记录。

四、刁家大院

刁家大院，坐落在大阳沟街旁，为合院式住宅型院落。

合院式住宅，即房屋四面围合，中间留空成天井或中庭，形成活动空间的格局型院落。

合院式民居有一个很大特点，就是它具有很好的封闭性。四面高墙之内，关起大门成一统，自成天地。其所有房舍的正面都朝向中庭，对外不开窗，或者只开很小的高窗。

合院式院落，冬暖夏凉，相对宜居。冬天，天气寒冷，院落整体封闭，可以提高房屋的抗寒保暖性能。冬天太阳高度角小，宽敞的中庭又可以被利用起来争取更多的日照。夏天，日照强烈，太阳高度角大，遮阳成为居民首要考虑因素。合院式院落中庭相当于缩小的天井，减少了宅院进深，既可以满足采光要求，又有利于通风纳凉和屏蔽强烈的阳光辐射。

刁家大院，有很好的与外部隔断的自我保护作用。但同时也具备满足通风采光和家人休憩娱乐需要的功能。中庭为各方房屋的公共空间，而连接四周的围廊又把所有房屋连起来。总之，具有很强的实用性。

刁家大院的格局间接表明，刁氏家庭曾经实力雄厚。其大院建筑显示其人处世有藏有露。选用合院式建筑为居所，有隔断外人窥探的作用，从而安全“藏富”“藏私”，规模并不算太大，则有自律收敛之意。但刁家大院院内窗户装饰等却很考究，显示其家庭财富和追求的品位。此外，刁家大院的屋脊装饰十分特别。其造型非龙似龙、似龙非龙。在封建时代的民居上做如此造型，可以说是“霸气侧漏”。但屋主又将龙形做了明显变化。

五、五福朝门

五福朝门，位于核桃街的一个叉巷子处。是一个大院子的“朝门”，即大门。其门框上刻有五个“福”字。相传是因为院子内的家族曾经出现了五世同堂的福相。为了追求吉利福祥，后人在门上雕刻了五个“福”字，以福佑荫庇子孙。

“五福”这个名词，出于《尚书》中的《洪范》篇。虽然知道这个词的人很多，但知道其义的恐怕不多。“五福”到底指什么呢？

《尚书·洪范》说：“一曰寿，二曰富，三日康宁，四曰修好德，五曰考终命。”

也就是说，第一福是“长寿”，第二福是“富贵”，第三福是“康宁”，第四福是“好德”，第五福是“善终”。

长寿，就是命不夭折，福寿绵长。

富贵，就是钱财富足，地位尊贵。

康宁，就是身体健康，心灵安宁。

好德，就是生性仁善，宽厚宁静。

善终，就是能预先知道自己的死期。临命终时，没有遭到横祸，身体没有病痛，心里没有挂碍和烦恼，安详而且自在地离开人间。

世间难得有十全十美的幸福。但“五福朝门”尚在，松溉百姓追求幸福的脚步并没有止息。

六、王氏大院

王氏大院，位于观音阁街，是伪乡长王文贵、伪镇长王懋忠、伪军官王文仲三兄弟所建。

王氏大院四周建有高大的封火墙，内有天井、厢房、客房等共 20 多间。其墙体为木质夹壁。封火墙用作防火，夹壁既有防盗作用，也有隐藏秘密的作用。

新中国成立初期，王懋忠曾经组织土匪暴乱，遭到解放军痛击。那一年，土匪溃败，匪首王懋忠却突然销声匿迹，虽然四处缉拿却怎么也找不到其踪迹。

两年后，王氏大院被改作当时的松江乡人民政府驻地。

当政府工作人员搬迁到王氏大院时，发现其中存在异样。有人发现王氏大院建有暗墙夹壁。其夹壁中还时不时发出神秘的声音。深宅大院，陈旧夹壁中发出奇怪的声响，到底是老鼠、黄鼠狼、蟒蛇，还是其他情况，工作人员决心弄个明白。

但情况还没弄明白，大院内却闹起“鬼”来。深更半夜中竟然有“活鬼”出现。一时竟然引起震动。于是，不信神、不信鬼的安全人员立即采取措施，秘密探查和守候。最后终于发现，暗中出现在王氏大院的“活鬼”，不是鬼，而是活生生的人。只是这个人已经不成人样了。于是，保卫人员果断将其抓获。

经过审讯和群众指认，保卫人员抓住的这个人，竟然是消失两年多的匪首王懋忠。

原来，当初王懋忠在他组织的乌合之众被击溃之后，悄悄潜回自家大院，藏身在大院的秘密夹壁暗道之中。其家人隐藏不报，并暗中提供生活物资，使其得以苟延残喘，时间长达两年多。

无奈后来王氏大院被改作人民政府办公地，王懋忠突然断了生活物资，饿得要死，怕得要死，煎熬几天之后，变得人不人鬼不鬼的，还不甘心就这样死于夹壁之中，于是想要悄悄潜出。可是，试了多次没能得逞，反而弄出动静来。最后，被保卫人员发现并被逮捕归案。

天网恢恢，疏而不漏，王懋忠最终受到了应有的惩罚。

七、白果树院　潘家院子

松溉古镇中，规模较小、类似的院子还有多处，如：

白果树院，位于大阳沟。因院内种植有一棵白果树得名。其树为现松溉尚存的古树之一。白果树院子原为尧氏一族的居处，修建于清代。尧氏是古镇经营酒行的大户，他们并不经营酿造业，他们经营的酒行专销酒水。

潘家院子，即今诸家巷子 16 号。据《松溉镇志》记载，此院建于清代嘉庆年间。潘氏宗族也曾是古镇书香门第之一；其子弟中，尤其以名潘蕤者善于绘画国画而闻名。但潘蕤者，尚无相关资料可查。

八、正街民居

正街民居位于正街上 50—56 号，为小青瓦屋面，悬山式山墙，面阔 6 间长 33 米，进深 2 间长 14 米，房屋通高 11 米，檐高 7 米。临街面墙体下半部为木板墙，上半部为竹骨泥墙，装饰有田字格木窗，涂刷白灰。梁架结构未做大的改变，房屋保存基本完好，至今仍在使用。其对于研究清代时期的民居建筑具有一定的历史价值。

九、临江街民居群

临江街民居群，位于临江街，共有 4 处民居，分别为 02 号、30 号、49 号、75—77 号，均为清代所建，为小青瓦屋面，悬山式房顶，一楼一底，木结构房屋。

其中：02 号民居面阔五间长 23 米，进深两间长 78 米，通高 8 米，檐高 5 米。墙面由木板构成，白灰刷面。

30 号民居面阔两间长 8.8 米，进深三间，通高 8 米，檐高 4.2 米，屋檐上线刻有荷花和兽面纹饰，墙体为木板墙，侧面墙体为木骨泥墙。该房屋整体结构保存完好，门幅与地幅也保存较好。

◆临江街民居

49 号民居面阔 11.5 米，进深 6 米，通高 8 米，檐高 4.2 米，屋檐上线刻有荷花和兽面纹饰。其临街面墙体为木板墙，侧面墙体为木骨泥墙。

75—77 号民居前檐高 4 米，后檐高 9 米，通高 14 米，面阔五间，进深四间。房屋底部墙基由条石垒砌，平均高度约 1.7 米。吊脚楼外挑出 1 米，距地面约 5 米，其下部房屋为地下室，墙体已部分改建为砖墙。该民居所有建筑主体结构保存都基本完好，只有局部残损。这对于研究永川地区清代时期的民居建筑具有较为重要的历史价值。

十、大阳沟民居

大阳沟民居位于大阳沟 1—3 号，始建于民国，为小青瓦屋面，悬山式山墙，穿斗式梁架结构。面阔两间宽 8.3 米，进深 5.5 米，通高 7.8 米，檐高 5 米。墙体为竹骨泥墙，墙基为条石砌筑。该建筑保存情况较好，至今仍有人居住。此民居的存在对于研究永川地区清末民初时期的建筑形制具有一定的价值。

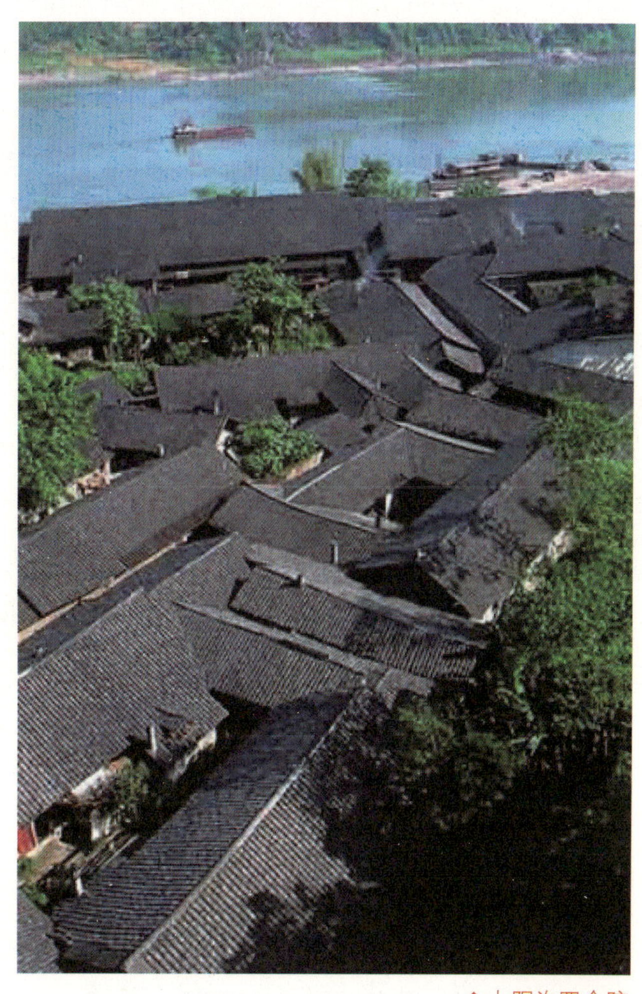

◆大阳沟四合院

李家院子，坐落在大阳沟 29 号、31 号、33 号。现存李家院子，经过多次改造，其西南面由原来的木结构改造成砖混结构，被改造房间成为现主人的杂物间。现在还呈四合院的形式，但其对称形式已经被破坏。李家院子现在已无人居住和管理。唯一保存较完整的是院子的中庭，从中才得以看出其当初四合院的形式。

十一、上码头民居群

上码头民居群位于文昌宫社区上码头，包括10—16号民居和30号民居。其中：

10—16号民居修建于民国，共两层，为小青瓦屋面，悬山式房顶，穿斗式梁架结构，木质阁楼楼板。其面阔四间，进深两间，临街面墙体下半部分为木板墙，上半部分为竹夹泥墙，檐高6米，通高8米。

30号民居为小青瓦屋面，悬山式屋顶，穿斗式梁架结构，檐高5米，通高8米。面阔一间，进深两间，一楼一底，带有一间条石垒砌的地下室。临街面墙体下半部分为木板墙，上半部分是竹夹泥墙。房屋的阁楼由木板拼接，墙体右侧面的楼板出挑成吊脚楼形式。

此民居群整体保存较好，目前仍有人居住。该建筑为研究永川地区清末民初的建筑形制及民风民俗提供了丰富的实物资料，具有一定的历史价值。

十二、解放街民居

解放街民居位于解放街18号，始建于民国时期。该处民居为小青瓦屋面，悬山式山墙，通高8.5米，檐高5.5米，穿斗式梁架结构，有11柱3穿，面阔9间长35米，进深3间长12.1米。临街面墙体为木板墙，上半部分为竹骨泥墙。此房屋保存基本完好，目前仍有人在居住。该建筑为研究永川地区民国时期的建筑风格提供了宝贵的实物资料，具有较高的研究价值。

十三、核桃街民居群

核桃街民居群位于核桃街，包括39号民居和6号赖家院子。

39号民居为小青瓦屋面，歇山式屋顶，穿斗式梁架结构。一楼一底，且带有地下室。墙基为条石垒砌，面阔两间，进深两间，通高6.5米，檐高5米。外墙为木板墙与竹夹泥墙。房屋保存尚可，整体梁架结构未做大的改变，目前仍有人在居住。

赖家院子为小青瓦屋面，悬山式屋顶，穿斗式梁架结构。墙基为条石垒砌，院墙为带瓦片、瓷片的夯土墙体，保存较好。房前有一小院坝，边上有多级垂带踏道。其正房左右两侧为厢房，现仍有人居住。

核桃街民居群对于研究清代时期永川的民居建筑风格具有较高的价值。

◆核桃街民居群

第六节
祠 堂

《礼记·曲礼》云：“君子将营宫室，宗庙为先，厩库次之，居室为后。”

《礼记·王制》曰：“天子七庙，三昭三穆，与太祖之庙而七。诸侯五庙，二昭二穆，与太祖之庙而五。大夫三庙，一昭一穆，与太祖之庙而三。士一庙。庶人祭于寝。”

夏商周之时，庶人是不得建庙来祭祖的，只能祭于“寝”。宗庙制度是很严格的，若僭越后果会很严重。

《通典》云：“三代以前，无墓祭。至秦，始起寝殿于墓侧。汉因秦，上陵皆有园寝，故称寝殿。”“寝”就是在坟墓旁搭建的小小的祭祀场所。《通典》中说，“寝”祭最初在秦代出现，汉代沿袭而用。当然，依据《礼记·王制》来讲，它可能还出现得更早一些。

《大明集礼》卷六《吉礼六·宗庙》有“品官家庙”“家庙图”“祠堂制度”“神主式”“椟韬藉式”“椟式”“品官享家庙仪”诸条，这是明朝最早的祠庙祭祖规定。洪武时期“庶人无祠”，只是可以将二代神主于居室中祭祀。禁止庶人立庙，这有政治伦理的需要，也和生产力水平有关。毕竟建庙祭祀是一件非常耗费财力的事情，庶人也承担不起。

“祠堂”这个名称最早出现于汉代，当时祠堂均建于墓所，叫“墓祠”，即前述“寝”祭的场所。至南宋，理学家朱熹开始明确提出建立祠堂制度，从此称家庙为“祠堂”。当时修建祠堂有等级之限，民间不得立祠。到明代嘉靖年间才“许民间皆联宗立庙”，后来，做过皇帝或封过侯的姓氏所建才可称“家庙”，其余称“宗祠”。

朱熹《朱子家礼》卷一《通礼·祠堂》开宗明义，说：“此章本合在祭礼篇，今以报本反始之心，尊祖敬宗之意，实有家名分之首，所以开业传世之本也。”对立祠的意义进行了界定。

祠堂除了用来供奉和祭祀祖先，还具有多种用处。比如：

祠堂也是族长行使族权的地方，凡族人违反族规，都在这里被教育和受到处理，甚至被驱逐出宗祠，所以它也可以说是封建家族的法庭。祠堂也可以作为家族的社交场所，族人家庭重大活动可以在此举行。有的宗祠附设学校，族人子弟就在这里上学。正因为这样，祠堂建筑一般都比民宅规模大、质量好。越有权势和财势的家族，他们的祠堂往往就越讲究，高大的厅堂、精致的雕饰、上等的材料，成为其家族光宗耀祖的象征。

祠堂多数都有堂号，堂号由族人或外姓书法高手书写，制成金字匾高挂于正厅。旁边另挂有姓氏渊源、族人荣耀、妇女贞节等匾额，讲究的还配有对联。如果是皇帝御封，可制“直笃牌匾”。祠堂内的匾额规格和数量都是族人显耀的资本。

有的祠堂前面还设置有旗杆石。旗杆石高高直立，像船的桅杆一样，又叫桅杆石。只有族人考取过功名才可以竖立，而且有级别、规格限制，不得乱立。

一般来说，祠堂一姓一祠。旧时族规很严，祠堂不可擅自进入。别说是外姓，就是族内妇女或未成年人，平时也不许擅自进入祠堂，否则要受到重罚。

民间对祠堂的建设，有较高的“风水”要求。

封建时代的家族祠堂，曾经演绎出无数的悲欢离合故事。它的存在有历史的合理性，但也需要辩证地认识它。

松溉现有的宗祠遗存，见证了以“湖广填四川”为代表的波澜壮阔的移民历史。它们既是移民对故乡文化传统的留存与延续，也是外来移民在松溉的精神寄托。它们曾经发挥或继续发挥着维系各家族在松溉落脚生根后的团结和睦，维护家族的生息繁衍的作用。其中，多数损毁严重或已经消失，亟待保护。

松溉宗祠建筑作为移民生活的载体，反映出外来移民的聪明才智、建筑营造的技术水平和艺术水平。现今留存下来的宗祠建筑亦不乏建筑精品或亮点，如罗家祠堂、陈家祠堂（钟湾），它们是研究松溉移民文化、宗法文化以及古代建筑特征的重要实物载体，具有一定的历史和文化价值。

一、罗家祠堂

罗家祠堂位于松子山街边。据传罗家祠堂始建于明朝洪武年间。洪武，为明朝开国皇帝明太祖朱元璋的年号，时间段为 1368 年—1398 年。如果罗氏祠堂始建于明洪武年间可信，那么罗氏祠堂已存在 600 多年了。

《罗氏重续谱图序》说：

吾家派衍豫章，系传吉水，元明以前念庵公纪之详矣。自元末时始祖祥胜公避红巾之乱始焉迁楚继而入蜀，遂于永邑之松溉家焉。

此序为十六世孙罗好义所撰，撰于世德堂，时间为嘉庆二年（1797 年）丁巳九月九日。此内容与此前修谱所记相关内容基本一致。

《松溉罗氏族谱》介绍，松溉罗氏始祖“胜二，因元季兵乱，三徙居蜀之重庆路永川之松溉，遂为永川人”。即“胜二”在元末进入永川。其“由江西吉安府吉水县东淘银塘煁下”而来，后因民末大乱又带领家人逃入滇黔，“子孙皆产自异乡别郡，我（清）朝荡平复归井里”。

《松溉罗氏族谱》中的《略传》介绍：“祥胜，字胜二，其先吉水人也。世业儒，元致和末徙湖广麻城，儒人李氏，麻城仙居乡人，生一子友文。元至正间兵乱絜家属至松溉。”（“絜”应为“携”；胜二，即前面引文所述祥胜公。）

罗祥胜，只育一子，即罗友文，因此罗友文为松溉罗氏二世祖。

上述《略传》同文也介绍了罗友文：罗友文，“字翰成，不仕，居松溉”，“公元至顺二年辛未生麻城阧阜之阳，至明天顺丁丑年卒蜀永川松溉，葬江津五都四望山”。此成文时间为“嘉庆二年丁巳六月上浣吉旦”。（原文“阜”字左边还有一个双包耳，下不另注。）

“阧阜”当为今天麻城“斗湖”。“生麻城阧阜之阳”，即出生于麻城斗湖的北面的一个地方。

元至顺二年为 1331 年，辛未年。

“至正”是元惠宗（顺皇帝）的年号，共使用了 28 年。至正十一年（1351 年），红巾军起义爆发。至正二十八年（1368 年），朱元璋部将徐达兵逼大都，顺帝北走。

徐达克大都，元亡。1370 年，顺帝病死于应昌。

罗氏始祖祥胜公进入松溉的大致时间，可以界定在 1351 年前后。当时罗友文已经 20 岁左右。

天顺，是明英宗（法天立道仁明诚敬昭文宪武至德广孝睿皇帝）的年号。明天顺年间为 1457—1464 年。1457 年是丁丑年。

按《略传》所述算来，罗友文竟然活了 126 年。故其文所记有存疑之处。在这 126 年中，有两个丁丑年，另一个为 1397 年，为明洪武三十年。因此，可以推断，罗友文或于明洪武三十年而卒，享年六十有六。

《松溉罗氏族谱》第 79 页中说："祠堂基址暨始祖二世祖茔葬之地绘其图形记其山向载在谱中。"虽然其始祖罗祥胜卒年不详，但其二世祖罗友文卒于洪武年间或当可信。故罗氏宗祠始建于明洪武年间之说，也并非完全空穴来风。

罗氏最早的"祠堂基址"在其"始祖二世祖茔葬之地"。其始祖胜二葬于"先村"一个叫"金龟洞"的地方附近，未知详址，当在松溉境内。其二世祖罗友文茔葬之地，在"四望山"；其墓背靠"金子山"（今称"青紫山"）。由此可知，最初罗氏祠堂并不在松子山。

◆罗家祠堂

参考宗祠制度起源发展的历史，真正意义的罗氏宗祠，不会出现在明代洪武年间。罗氏祠堂的最早形式，也可能只是其“始祖”或“二世祖”的坟地，最多是其墓祠，就在其始祖或二世祖葬地。但是罗氏族谱中的“始祖茔图”“二世祖茔地图”均未有墓祠标记。因此，墓祠存在的可能性也有存疑。如果真有，则当为二世祖罗友文的墓祠。

松溉罗氏二世祖即便有墓祠，始建时也并非供奉全族神主的宗祠，当然后来也可能有此之用。

《松溉罗氏族谱》《附祠堂茔地图说》第 148 页载有“忠义宫”位置及地形图。其图所示当为松溉古镇松子山飞凤山旁不远处。图上标有“孔氏祠”“文昌宫”的位置，还有“飞凤山”之注。

飞凤山，当为今称的“凤凰山”。

据《松溉罗氏族谱》，此图形当绘于清嘉庆二年（1797 年）。

罗氏在古镇镇区松子山的祠堂最初形式或为清初官方孔庙，即忠义宫。就其家谱所载图形，比较其与如今文昌宫所在街道的“孔家祠堂（孔氏祠）”“文昌宫”位置，可以基本认定，现存罗氏宗祠原形部分当是在“忠义宫”的基础上改扩建而成的。

清乾隆年间，四川解元，时任黔南太守、贵西巡道的罗文思，倡议扩建罗家祠堂。他写信给时任甘肃秦州清水知县的罗奇英，得到大力支持。

罗奇英为罗氏第十四代传人。在罗奇英的主持下，罗氏族人于乾隆四十年(1775 年）开始在松溉松子山扩建祠堂，历时三年。于乾隆四十三年（1778 年）扩建完成，取名“世德堂”。

雍正十三年（1735 年）八月二十三日，雍正帝驾崩，内侍取出谕旨，宣布其第四子弘历即位。九月初三，弘历即皇帝位于太和殿，以明年为乾隆元年。

乾隆元年为 1736 年，那么乾隆四十三年当为 1778 年。

那么，为什么罗氏将松子山处“忠义宫”认为自家宗祠，并以之为其家族宗祠而改扩建呢?

其事或因罗氏曾有一位“忠臣参议公”罗国贤。其事见《松溉罗氏族谱》以及《行实录》之《忠臣参议公讳国贤先生传》。

其传中记载：“罗国贤，成都崇庆州人，康熙壬子拔贡，比年赴部考同知职候选史曹七载。十八年除授荆藩顺承王殿下参议。旋奉王命入蜀招抚伪逆之佐领杨来嘉等。”

罗国贤“单骑赴贼”，前往“巫山”，与杨来嘉等谈判，无赖“言辞激烈，触贼之怒”。

杨来嘉等手刃罗国贤于“巫城”外小河口。罗国贤被遗尸江中。

杨来嘉，为明末清初福建福州人。当初是明将郑经部下，任都督。康熙元年（1662年）降清，授湖广襄阳镇总兵官。康熙十二年（1673年），吴三桂反清，杨来嘉起兵响应，并被吴三桂任命为将军。杨来嘉率军与清军作战，转战于均州、南漳等处。后来在重庆战败投降，死于解送京师途中。

罗国贤，受命在清军与杨来嘉叛军战斗之前，前往劝降，被叛军杀害于“巫城”外，尸体沉没江中。

至1681年，三藩既定，大清一统江山之后，康熙命令兵部清查平叛有功官吏，罗国贤在应当褒恤者之列。但因罗国贤“并非实授地方守土之官，系奉差招降死难之士，不辱王命，克全臣节，亦世人之所推称，史册之所录”，所以特命将其作为“乡贤”，“崇祀乡贤以慰忠贞”。于是，“公（罗国贤）是以得从祀孔庙也”。

罗国贤，本是成都崇庆州人。松溉罗氏或为光宗耀祖并据当朝政命而为罗国贤建“忠义宫”以祭。遂有松溉“忠义宫”。当时的“忠义宫”当为乡贤祠性质。

祭祀乡贤的孔庙，亦称“乡贤祠”。乡贤祠是当时官府所建，是官办性质的官庙。

据说罗家祠堂封火墙两面，正中各有一大的白色圆形图，是当年皇帝特批建祠的标志。

罗国贤进入乡贤祠（即“忠义宫”）享受香火，时间当在1681年之后，很可能此乡贤祠中所祭祀者就唯其一人。因此，此祠自然被罗氏看重，甚至独家进行管理。而这一点，当然也容易得到过去的松溉人认可。所以，渐渐地“忠义宫”就成为罗氏专有的祠堂，并逐渐演变成罗家祠堂。到乾隆四十一年（1776年），这一点或几乎成为罗氏和松溉人的共识。因此，罗氏以“忠义宫”为基础扩建祠堂，既顺理成章又进展顺利。然后，改称其祠堂为“世德堂”。

1673年11月，吴三桂叛乱。1681年，三藩平定。然后罗国贤之魂进乡贤祠受祭。若以罗国贤受祭之祠堂为罗家祠堂之始，罗家祠堂至今已有330余年历史。若从乾隆四十三年（1778年）算起，也有240年左右。

罗家祠堂扩建完成后，罗氏重修族谱，曾任黔南太守的罗文思，致信并送以族谱，请求时任“兵部尚书兼都察院右都御史总督四川等处地方军务兼理粮饷管巡抚府事”的好友年家弟作序。年家弟不仅为罗氏族谱作序，还题额赠匾。年家弟赠匾题词，当为“罗府祠堂”。据说，其匾长2.8尺，宽1.2尺。“罗府祠堂”字两边是金龙。这

◆罗家祠堂大门

块匾宇至今尚存。年家弟作序赠匾之时，为“乾隆四十三年戊戌桂月”，即当年农历八月。

松溉罗氏族谱中专门有一页地图，载明“忠义宫”之所在。为什么松溉罗氏族谱要专门用一页标明松溉“忠义宫”所在？如果与其族没有重要关系或意义，有必要这样做吗？标明而不加一点儿说明，必有玄机。为了保存家族忠臣名望，记下那一段光荣历史，暗示祠堂与忠义宫的关系，就且存一图供后人意会了。当然，这也不失为一种坦荡。

松溉罗氏族谱中又另用一页标明“罗氏祠”位置，其示意图所示罗氏祠所在与今天所见位置一致。

关于罗氏祠堂可能是由“忠义宫”改扩建的，还有一个间接证据。即松溉“忠义宫”及受祭者，在现存资料中，除《松溉罗氏族谱》外，其他资料竟无一点儿痕迹，这或许并非偶然。其余无关人士记之干啥？当然，此说仍需要更多的实证才能确定。

现存罗家祠堂，除后殿以外，大部分都是在房屋旧址上新建的。

祠堂总体呈四合院布局，后殿房屋的梁架结构为抬梁式。房内有六根木质圆柱，柱础为八棱石柱础，上雕花草、动物纹。门坊石梁雕有花草、人物，十分别致。后殿房屋通高 12 米，檐高 8 米，面阔 5 间，长 13.1 米，进深一间长 9 米。

全屋为小青瓦屋面，歇山式墙体，青石板地板，观音兜式封火山墙。殿顶四角飞翘，每个翘角塑有一条金龙。

正殿前面是一块长方形石坝子。前面原有一座木质戏台。现今一进入大门看到的戏楼为 2003 年在原址重建的。

正殿后边的殿堂供奉着罗氏历代祖宗的牌位。

后殿前有四级踏道，左右厢房为青砖砌筑。主体建筑占地面积约 200 平方米，建筑总面积约 600 平方米。整个建筑中有部分花纹、动物装饰及其他房屋装饰构件在“文化大革命”时期被涂抹破坏。

新中国成立后，罗家祠堂曾被征用，作为粮仓。为恢复罗家祠堂原貌，在当代企业家罗树林的倡导下，成立罗氏会馆修缮班子，募集资金，得到松溉镇党委和政府的大力支持，并于 2007 年清明节前修复了祠堂正殿。

此后罗氏川、黔、渝等地族人聚集于松溉，举行祭祀典礼，有时参加者多达两千余人。其时邀请剧团、秧歌队、腰鼓队开展群众文化活动，丰富了古镇旅游文化。

罗家祠堂对于研究永川地区清代建筑形制及宗祠文化具有一定的历史价值。

《罗氏族谱重修题序》中涉及祠堂地址皆称“松溉”，可见“松溉”之名在清朝一直沿用。

二、陈家祠堂（钟湾）

松溉共保留有两座陈家祠堂。其中之一，坐落在观音阁 6 号，即今两路口路边。人们称其为“钟湾”“陈家祠堂”。此陈氏“先出自有虞”，至明弘治年间又“第自继达祖由楚回归庄入蜀近百年来也”。而其族谱从唐、宋、元、明、清一直编修不断，连续而传承不绝。

此为陈氏一族留给松溉最大的文化遗产之一，证明了“松溉”坐不改姓、行不改名已经 500 多年。结合《松溉罗氏族谱》考察，“松溉”作为“松溉”地名在清朝一直沿用。

所以，我们可判定，今天的松溉，其至少在 500 多年前就叫“松溉”，而且一直沿用。

钟湾陈家祠堂族谱中《明宏治甲子续修谱序》有这样的记载：“（余）而言曰：

修祠以妥先灵，刊谱所以明世系，我等建祠于松溉镇檀木林，祠宇已辉煌也，而谱未订，可乎哉？于是饬材鸠工，复编成册。”文末署名为“嗣孙壬戌进士猷谨识。”“壬戍”为“壬戌”之误。“猷”既自称陈氏嗣孙，当然姓陈。因此署名“猷”者，姓名为：陈猷。

上文中“宏治”当为“弘治”。明朝皇帝以“弘治”为号的，只有明孝宗朱祐樘。明孝宗 1488 年至 1505 年在位，年号弘治，为明朝第九位皇帝。

陈猷，为明弘治十五年（壬戌年，1502 年）进士 。所以，其在续修家谱序中自称“壬戌进士”。

由以上内容推断陈猷当生活在松溉。如此，陈猷乃是松溉又一名进士，比清代出自邵家坝子的邵涵更早。

明弘治甲子年，为 1504 年。仅以此算来，松溉古镇之“松溉”之名，已有 500 多年。

陈猷高中进士，这对陈氏来说，是一件了不起的光宗耀祖的大事。陈猷自然也是无上荣光。因而在两年后即 1504 年主持续修家谱，并亲自作序。

需要进一步说明的是，钟湾陈氏祠堂现址并不是“檀木林”，而是叫“钟湾”。据陈氏现族长介绍，檀木林陈家祠堂早在战火中毁灭。现存祠堂为檀木林祠堂被毁后

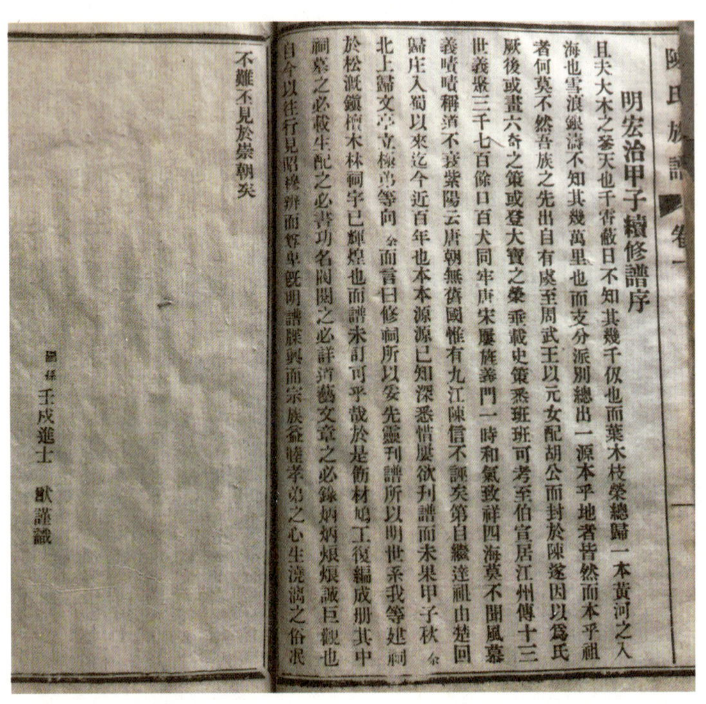

陳氏族譜 卷一

明宏治甲子續修譜序

且夫大木之參天也千霄蔽日不知其幾千仞也而葉木枝榮總歸一本黃河之入海也雪浪銀濤不知其幾萬里也而支分派別總出一源本乎地者皆然而本乎祖者何莫不然吾族之先出自有虞至周武王以元女配胡公而封於陳遂因以爲氏厥後或畫六奇之策或登大寶之榮垂載史策悉班班可考至伯宣居江州傳十三世義聚三千七百餘口百犬同牢唐宋屢旌義門一時和氣致祥四海莫不聞風慕義嘖嘖稱道不衰紫陽云唐朝無舊國惟有九江陳信不誣矣第自纖達祖由楚回歸庄入蜀以來迄今近百年也本本源源已知深悉惜屢欲刊譜而未果甲子秋余北上歸文亭立極弟等向余而言曰修祠所以妥先靈刊譜所以明世系我等建祠於松溉鎮檀木林祠宇已輝煌也而譜未訂可乎哉於是飭材鳩工復編成册其中祠墓之必載生配之必書功名閥閲之必詳濟藝文章之必錄炳炳烺烺誠巨觀也自今以往行見昭穆辨而尊卑明譜牒興而宗族敦睦孝弟之心生澆漓之俗泯不難不見於崇朝矣

嗣孫 壬戌進士 猷謹識

◆钟湾陈家祠堂族谱影印件

重建于此的。

按《明宏治甲子续修谱序》中“我等建祠于松溉镇檀木林”的说法，檀木林陈家祠堂应建于明弘治甲子年（1504 年）前。其时“松溉”即已存在。由此可以推定陈氏祠堂前后相继已经 500 多年，而“松溉”之名也已经存在 500 余年。

上述材料虽有存疑之处，但总体可信。从“弘”误为“宏”、“壬戌”误为“壬成”来看，刊刻此族谱的刻工文化水平不高，文史知识尤其欠缺，甚至有画蛇添足之举，以致可能引起严重误会。此等错误或与多地多次翻刻有关。只可惜陈氏相关后人竟未能发现订正。

访问现任陈氏族长得知，陈氏提供的陈氏族谱为民国七年（1918 年）永川陈氏族人自印。查阅陈氏族谱得知，其族谱自唐、宋、元、明、清一直续修不断，文脉清晰，体系完整，不似伪造。因此《明宏治甲子续修谱序》中的说法可以采信。

钟湾陈家祠堂现存一排五间，居中三间为宗祠，两侧各一间为配套用房，均为小青瓦屋面。其中，中间三间为石柱木串架、抬梁式建筑，侧两间为土墙。正立面中间为四柱三开间，中为正厅，开大门。现厅内三室相通成一室，原本有门通往两侧配套用房，后被封堵。

其房檐口滴水以下高 4.9 米，屋脊以下通高 8 米。两侧封火墙高出屋脊，总高达 9.7 米，既有装饰作用也有防火作用。山墙为观音兜式，有翘角。脊上塑造有二龙抢宝装饰。室内进深 9.68 米。祠堂地基高于前面地坝约 50 厘米，上石梯一级即踏上走廊。

此建筑显然经过人为改修，屋面较新，当面墙体现为砂砖墙。其东西侧房均被改作民居，尚未与其正堂屋打通。

钟湾陈家祠堂留给松溉最大的文化遗产之二，就是陈氏祠堂的建筑技术和文化意义。钟湾陈氏祠堂值得研究。如：

（1）竖柱架梁成榀技术

其重要承重构件，为 18 根巨大的圆（方）形石柱，间以穿方和抬梁构成。山墙上最后一根为方柱。石柱高度随山墙高度增加而增加，直至直接支撑主梁。圆柱浑圆笔直，方柱四棱上线，显示了古代工匠高超的加工技术。各柱上端根据纵横穿枋、串架的需要开孔、插入木枋木梁，形成逐层抬升、互相稳定的结构，分次承重，构成祠堂的整体结构。

站在室内的石柱面前，仰首而望，其顶天立地、岿然不动之态令人震撼。

（2）楹联文化

石柱上均阴刻有不同文字，两柱间东西两面相对或相邻成对，成为对联；柱上有浮雕方框，联字阴刻其上。前墙、侧墙及大厅中的石柱上均有两两相对的楹联式文字。

西侧山墙柱联，如：

庄分大宋瓜绵螽蛰庆衍昌州，系出有虞三恪二宾礼隆上宾。

堂中柱联，如：

溉水西来归大海源远流长，笋山东峙插苍天根深叶茂。

□□□□聚三千尚义昭于家国，□□□□延百二采蘋报以春秋。

◆钟湾陈家祠堂柱联

对联取词用义十分大气。

现存墙壁上尚有“文化大革命”时期遗留标语若干。为防损害，陈氏族人曾将石柱的字迹用石灰浆抹平，至今仍有部分未能恢复。

（3）明清建筑形式

堂中石柱柱础为双层上圆饼、下八面体形，为明清时代典型的柱础形式。后墙中石柱柱础为单层八面体形。其上纵向细密的錾刻纹路依然清晰可见。

柱础的形制也是有讲究的。比如大家族有弟子在科场得意，考取功名后，有的就会在庭院前建立桅杆石。用石头建成高大细长的旗杆样建筑，在石旗杆上雕凿上取得功名的人的姓名、生平和主要事迹，并雕上龙凤呈祥或狮虎相争等象征吉祥的装饰品。据说这个础座不能乱用。因等级不同础座不同，如秀才底座为四角，举人为六角，进士和四品官以上为八角。

（4）建材及建筑整体的象征意义

陈氏祠堂用巨大的石柱，除了显示家族财力、人力的雄厚外，柱础用八角形状、上圆下方，是不是也有显扬其家进士及第荣誉的作用呢?

为什么正面三间的侧墙最后一根柱子，要用方柱呢？这和柱础为上圆下方之形各有什么文化意义呢?

祠堂后墙为厚实的土墙，墙上无柱，房盖后下坡面屋架直接落于墙上。两侧墙用木方与后墙相连，其下开门，拓展厅内空间，解决了从祠堂进入侧房的通道问题。

后墙为神主位靠山，此用土墙，或有“入土为安”之意。

《葬书》说：“葬者乘生气也。生气即一元运行之气，在天则周流六虚，在地则发生万物。天无此则气无以资，地无此则形无以载。故磅礴乎大化，贯通乎品汇，无处无之，而无时不运也。”

“生气”来源于天地交泰，建筑之形式应合于天地之道。古人认为天圆地方，圆以象天，方以象地，圆柱方柱同存，柱础上圆下方，均有天地共处、交相感应而聚生气之象征。

此祠堂室内地面已被改建过，现为三合土式建筑。

通观整个祠堂，到处都是饱经沧桑的痕迹。

陈氏族人正在谋划修复祠堂。室内堆放着一些祠堂建筑构件，如柱础、方木等。室外院坝上还有被用作洗衣台脚的柱础、打断的石柱及饮马槽等。

陈氏祠堂中的石柱，直径 55 厘米左右，最高达 8 米，最低的也接近 5 米，每根均重达数吨。

站在陈氏祠堂中，观瞻许久，禁不住要提出疑问：在没有起重设备的时代，如此高大的石柱，是怎样竖立起来的呢?

九层之台，起于累土。有人猜想，那样的大柱的竖立，很可能用了累土之法。即是说，先将地基做好，预先安放了柱础，预设施工用的木架。接着在基础包括础座上一点儿一点儿堆起土来，包括施工木架柱子周边一起填实固定，形成足够高的小山似的土堆。小山堆根据需要分次做出不同斜坡，沿斜坡搭架铺板，用人力、畜力将石柱拉上斜坡相应位置，然后将其一端被压住的泥土慢慢掏走，使其端头逐渐下沉，慢慢靠其自身重力竖立起来，再加上人工在施工架上助力将其扶正。

这种说法很受人质疑。

其一，这样做相当费时费力，需要相当雄厚的经济实力。其二，土山堆的稳定性很差，掏洞时，上面的土受到石柱压力极易垮塌。考虑到天气因素，此法可操作性很差。其三，这种办法极易导致柱头端面因碰撞缺损，柱面极易被污染。

咨询以前在农村长期从事土法建造的老师傅得知，如此大柱的竖立可能另有良法。

其中一种方法如下。

第一，将加工好的石柱用粗细相同的麻绳或牛皮绳一圈一圈捆扎好并打绳头结，使其不会松动和散落。

第二，用方木为石柱上好夹子。方木必须长于石柱，而且有足够的强度能承受石柱的重量。为石柱上夹子的方法很有讲究。一是方木必须有一组对称地夹于石柱两边，使竖立石柱时着地的一边留出适当的空位。这个空位要刚好与八面形柱础的宽度一致。二是方木下端要长于石柱，伸出一节。伸出的长度为柱础的高度，或者比柱础的高度略高一二厘米。如果石柱较短，上端也应伸出适当长度。三是用“箍”将方木牢牢地固定在石柱上。比如以竹片用特殊方法绕成的“箍”。“箍”要有足够的数量和强度。可以在“箍”与方木之间用加楔子等方法使其与方木、石柱紧紧合为一体。

第三，要准备一系列其他工具。比如：

各种“牛儿”、抬杆。这样能够组成呈纵横分布的多层抬工队伍，使他们能同时用力向上抬起石柱一端。

不同长度的支撑架。一般是用两根坚韧的竹木棒，前端（留头）牢固绑上有足够承重能力的大绳。绳的长度以石柱加木方后的半个周长为宜。要多制作一些这样一个比一个长（高）一点儿的支撑架。

架子。石柱将要升起的位置两边或许要搭一定高度的梯级架子，供人工使用。

同时，要处理地基和安放柱础。用柱础和被夹上方木的石柱比照的话，柱础的周边与安装于石柱上的方木相应的位置要用泥土填实，不可硬化。

第四，择定吉日，举行竖柱仪式。这种事情“掌脉师”很清楚。这个程序不可缺少。

第五，竖柱。调整石柱的位置，将夹上方木的石柱上预留的空缺，与柱础的一面对齐，相当于“骑”在柱础之上。抬起另一端。抬起一点儿就迅速用事前准备好的支撑架撑起。然后逐渐抬升高度，逐渐用更高的支撑架将石柱撑住。接着，在已抬起一端的石柱上端绑上结实、够长的绳索。在抬工抬、支架支撑的力工同时用力时，在另一个方向上用人力同时拉起大绳。一边抬一边拉，一边用更长一点儿的支撑架支撑——当然旁边也有人做保护，防止斜倒，这样石柱的一端就慢慢升高。

当抬工无法再抬的时候，就一边拉绳，一边用更长的支撑架往上顶，从而使大柱慢慢立起。

扶正，是一个关键环节。或多方使用支撑架保护，或四方拉绳，其中定有众多细节成为最重要的技术活儿。

这样立起来的大柱，与地面接触的，是夹在石柱上的方木。方木受力“骑”在柱础上。采取保护措施后，将立起来的石柱上接触地面的方木下端的几方泥土均匀地渐渐掏空，石柱就慢慢落到柱础上去了。然后，拆去方木就完成了。如此这般，石柱的端头面就可以完好无损，柱体也不会受到污染。

如此，虽然也费力，但比堆土成山的方式操作性要强得多。

这种方法，与我们小时候看到的安装高压电线水泥电杆的方法基本一致，应当是可信的。但竖立高压电线杆要简单得多，因为事先在地上挖有深洞，将电杆撑起、顶住，一定角度后，它自己就落入深洞了。

三、陈家祠堂（镇区）

镇区内的陈家祠堂坐落在马路街，建于清代。此陈家祠堂占地宽广，最具特色之处在于大门两侧的石墙上刻有大量石刻。这些石雕形态优美，栩栩如生。

镇区陈家祠堂已无形迹可见。

四、游家祠堂

游家祠堂，位于黄桷树街（观音阁老街边上）的最高处北面，修建于清代乾隆年间，其整体建筑呈“U”形。原遗址门前曾耸立着牌坊残迹。

原祠堂前的空地处保留有祠堂的山门。山门中间部分为正门，两侧分别是两个对称的侧门。

离游家祠堂不远处，观音阁陈家祠堂附近，曾有古牌坊一座，为纪念明代孝子游珣而建。据说游珣以孝闻名于世，其事迹记录于游氏族谱内。

牌坊是中国古代一种门架式的建筑小品，可在其额枋上刻题书字，俗称“字牌”。

◆重新修建中的游家祠堂

字牌上的内容多与忠孝节义相关。牌坊中有的也称“牌楼”，它是中国特有的一种建筑形式，因其特殊的社会功能、独特的外形和审美价值，被认为是中华文明的标志之一，是代表中华文明的重要人文景观，对研究中国传统建筑及装饰文化有着极高的艺术价值。

牌坊源于古代大都市的里坊制度。那时里坊的周围设有围墙，墙中央筑以坊门，由两旁的华表和中间的横梁或板门组成，称“乌头门”。后来又在横梁上筑起斗拱和屋檐，飞檐起脊，如同楼顶的牌坊，称为“牌楼”。牌坊的间数少则二间，多则四五间，常见的是三间。一般当中的一间宽大，以利车马通行；左右间窄小，供行人出入。

牌坊按建筑材料、风格不同分为木牌坊、石牌坊、琉璃牌坊，各具特色。木牌坊雕刻精细，玲珑剔透，彩绘鲜艳。石牌坊坚实纯美，庄重威严，保存长久。琉璃牌坊造型深厚，流光溢彩，富丽堂皇。

从功能来分，牌坊大致有四种。一是功德牌坊，即为记述表彰某人功德而建。二是彰显贞节孝义等的道德牌坊，多为表彰节妇烈女、孝子贤孙。三是标志科举成就的，多为家族牌坊，为光宗耀祖之用。四是标志坊，多立于村镇入口与街上，作为空间段落的分隔之用。

一般说来，牌坊都为家庭旌表本族先贤而建。有的牌坊则是朝廷或当地官府为旌表贤臣，在忠、孝、节、义上有成绩的人而立。如旌表忠臣牌坊的忠贞牌坊，旌表节孝的贞节牌坊。牌坊，流行于宋代而盛于清朝。

记载中的游家祠堂不远处的牌坊为节孝牌坊。已被拆毁。游珣其人无从查考。游家祠堂后来也被改建为小学。

现游氏已在原址重建新的游家祠堂，初具规模，尚未装修完善。

五、樊家祠堂

樊家祠堂位于松溉正街，现为松江社区居委会驻地。

樊家祠堂位置高于正街地面 15 级石梯左右。至今祠堂前门面依然，门头上“永怀式训”的横匾依然醒目。匾框雕花依然清晰可见。

进门之后，内部呈三合院格局。正面再高一层，居高临下，现为松江书画院。两侧为厢房。房舍似已经改建，均已用作办公用房。

◆樊家祠堂

其东端现为小片菜地，然后是损毁的街房。其正面东端墙上，“樊家祠堂”字样依稀可辨。侧面封火墙半存。

今樊氏后人，已另择适合地点重建祠堂。

第七节 特色建筑

一、“汇林昌”号榨油房 “一华里”石刻

松溉古镇有很多家老字号，榨油房也残存多处。为什么这里要单写“汇林昌”号呢？因为它带有今天能见到的松溉古镇的特别的“出生证”。“汇林昌”号榨油房建筑残存上，至今还保存着一处讲述松溉古镇不可忽略的重要历史的印迹，到松溉古镇游玩不可不看，不可不了解。

从上码头舍舟徒行，登上临江门石梯右转，便到了古镇上码头街入口。沿上码头街前行数十米，往第一个出现的侧巷入口走去，就进入马路街。继续前行几十米就可以到达“汇林昌”号榨油房临街铺面。

“汇林昌”号，是一处规模较大的生产和销售菜籽油等食用油的商号，呈前店后坊布局。其前堂开铺销售，后面的加工作坊进行生产。因此，它铺面后的作坊有较大的建筑面积，几乎一直延伸到其后的大阳沟。房屋都是架椽起檩穿斗木结构、小清瓦屋面的明清风格建筑。其临街面为石质柜台，历经风雨，早已经被岁月侵蚀、剥离了棱角，裸露出饱经风霜的粗疏纹理和其中的细密本质。我们无法准确判断它到底浸入了多少油香，经历了多少沧桑，见过多少人间为柴米油盐而奔波操劳的艰辛，但可以肯定它拥有某种不屈的精神，所以至今还能挺立。

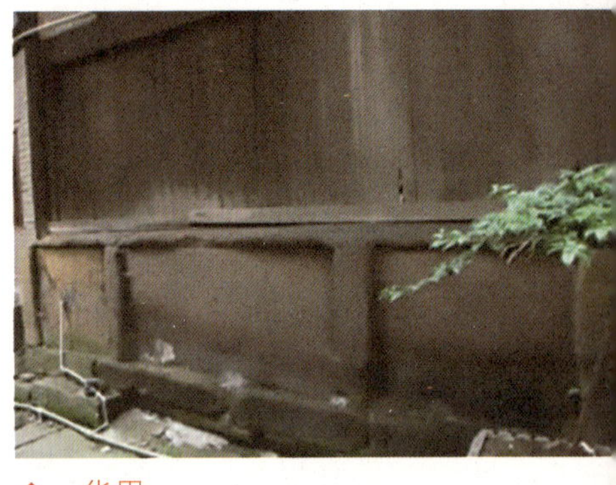
◆一华里

介绍“汇林昌”号榨油房，真正要说的，其实是那石质柜台台面下的立柱。那几根立柱似乎并不起眼，但它却是如今的松溉古镇的出生纪念碑。或许那些不愿意轻易朽烂垮塌的房屋和柜台，就是因为要继续见证和守护它吧。

石柱同样被时光风化剥蚀，但它还依然坚定地把它上面的一道道历史的刻痕坚强地保存着。

那石柱上纵向刻有三个大字：一华里。

了解松溉历史的人，眼见“一华里”三字，思绪就会在一瞬间穿越到400多年前，进入古松溉建筑“新城”的热火朝天的劳动场面中。

明朝万历二十一年（1593年），永川知县徐先登，将县治迁到松溉。那么，徐县令为什么不驻永川县城，偏要把永川县衙迁到松溉呢?

原来，这涉及一段复杂的历史风云。

明代版图，长江以南，紧邻重庆地域的，是播州，即如今贵州遵义市一带。归属播州土司府杨氏统领。播州杨氏，自唐代以来，在播州已统治经营700多年，在当地拥有极为深厚的经济、军事实力。其在播州境内构筑军事城堡和防御工事，扼守险要关隘，几乎自成一国。

万历十四年至十八年（1586—1590），播州杨氏曾三次率兵配合明朝军队征剿松潘和建昌等地，屡建战功，并受封骠骑将军。由此，杨氏的军事实力得到极大的提升，杨氏也从中发现明朝军力其实有很脆弱的一面，并且以为当时的明朝皇帝年幼无知可欺，因而有了建立自己的独立王国的想法。于是，万历十七年（1589年），当时的播州首领杨应龙起兵造反。然而，面对此情形，是征讨剿杀还是招抚利用，朝廷却十分纠结。

经过朝廷主张招抚的人员的斡旋，明万历二十年

（1592年），杨应龙到重庆受审，按律当斩。当时正值有倭人进犯朝鲜的军情，杨应龙便请求献金赎罪并带兵征倭，朝廷正是用人用兵之际，便予允准并放掉杨应龙。杨应龙猛虎归山，却拒绝出兵，于是朝廷下令进剿。万历二十一年（1593年），四川巡抚王继光会兵进剿，抵达娄山关。杨应龙诈降，暗地却派兵据关冲杀，官军大败且死伤过半，王继光被革职。

杨应龙造反，其兵曾一度攻占四川、贵州、湖广等地的数十个屯堡与城镇，合江、江津也曾被攻陷，一度逼近松溉。据《徐公先登德政碑》记载，此次战祸后果严重，以至重庆、播州交界地带“邑之人，死于兵者半，死于饥者半，死于虎者又半，孑遗无几，皆舍庐而他徙。十余年来，千里无烟，长江绝渡”。

为了借用长江水道，更便于沟通重庆和贵州等地，招抚流离失所的百姓，以逐渐恢复社会秩序和经济，徐先登将永川县衙迁移到松溉。徐先登远到赤水等之地招抚，曾一次历时五个月，寻访召集30余家流落在外的永川人归乡。如是，松溉人口渐渐增多。当时松溉原街道紧邻长江。长江河道狭窄，江流湍急，江水呈现扩张之势，水患威胁越来越严重，所以徐先登决定放弃原松溉老街，将街道往北迁移一华里重建。现在人们看到的“汇林昌”号所在地就是离原街道大致一华里的位置，古松溉的“新城”就以此为界线往北发展而逐渐成就为现在的松溉古镇。

明崇祯十六年（1643年），永川临江出了一个进士，名叫凌夫惇，获授思南推官，南明年间历任都清副使、临沅参议等职，并曾以太仆少卿监督云南和贵州学政。他听闻徐先登事迹，特别为他写了一篇文章，即为《徐公先登德政碑》文。此碑原存于松溉玉皇观。徐先登的事迹遂得以流传。

“汇林昌”号榨油房处“一华里”石刻，所言“一华里”当指从原来濒临长江的前松溉古街处算起至此的距离。这正好印证了史志所载。

如今马路街以南到江边的街道（上码头街），很可能兴起于松溉水神庙建起之后，是在湖广填四川，社会秩序得到恢复，松溉商贸活动兴旺后建起来的。

松溉水神庙的建设年代，当晚于清乾隆年间。水神庙的建立，为行船走水的劳工提供了临时的栖身之所。但水神庙容量有限，于是在靠近水神庙的旁边就渐渐搭起了窝棚——不过是一个三脚支架围一张破席，由此逐渐演变成吊脚楼，进而发展成街道，成就了上码头街的热闹和马路街的车水马龙。

如今，行走在“汇林昌”号铺面前，鼻腔仿佛依然能闻到菜籽油的清香，耳朵仿

◆老油坊

佛仍然能听到柜台小二的吆喝，铺子深处似乎依然有榨油匠撞击油籀的声响和号子传来，那些一色的明清民居风格的建筑，似乎仍然因为其主梁承受着撞棰的重负而微微颤动……

岁月无声，历史却留下丰富的痕迹。可有谁知道，我们在其中访古寻幽，侧身之时擦肩而过的有多少风云，迈开双脚轻松踩下之时踩到了多少前人沉积的秘密？又有谁知道，耳旁的一缕过风，是想要告诉我们什么？……不管“汇林昌”号是否存在了400多年，“一华里”的历史肯定走过了400多年才来到今天。“一华里”走了400多年，走到我们当中，为我们所有。它饱经沧桑，它顽强坚守，让我们有种无言的感动。感动之中，我们应该想到或许它是有某种期许的吧。我们如何接纳和珍惜？我们是沉浸在对历史的感怀中，还是挺起胸膛去创造新的历史，让“汇林昌”号的兴旺以另外一种方式呈现？我们的心动和行动应该给予最新、最好的回答。

二、吊脚楼

吊脚楼，是比较常见的巴渝民居建筑，可以说是重庆先民巴人的伟大创造。它通常建在较陡的坡地或临水、临沟的地方。其房舍的部分悬空扩展，下面随地势高低安置不同的支柱，好像悬吊的木制腿脚，又称“吊楼”“吊楼子”或“半边楼”“半危楼”。这种形式的民居建筑也分布于黔东、鄂西、湘西及桂北等少数民族聚居区。

吊脚楼，在重庆已经存在几千年。虽然它们遭遇过洪水，被大水淹漫；遭遇过滑坡，被泥土冲埋；遭遇过雷电，被风吹雨打；它们却屹立不倒。简陋的吊脚楼是千百年来重庆人在落后的经济条件下，充分利用自然条件修建的栖身之处，最能体现重庆人的顽强精神和不屈不挠的意志。就在这样的和大自然的拉锯战中，年复一年，人们把吊脚楼修得更加牢固、更加安全。所以，有很多看似简陋的吊脚楼，却依然能留存到现在。

◆古镇入口吊脚楼

松溉吊脚楼分布在临江街、后溪河岸等处，为依山就势、因地制宜而建，主要利用木条、竹方，悬虚构屋。取“天平地不平”之势，陡壁悬挑；“借天不借地”，加设坡顶，增建梭屋，依山建造出一栋栋楼房。这些吊脚楼多是穿斗结构，最初还有捆绑结构，相对简陋。远远望去，如果是独自一间，歪歪斜斜，晃晃荡荡，似乎风一吹就要倒塌下来；如果是一排排的，则你挤着我，我靠着你，手握着手，肩并着肩，体现一种整齐的团队精神。虽然后面凌空，但邻里相望，其实也有很好的互相沟通照应的作用。而它们的临街面，也是整齐划一的，看不出有什么与众不同，同样具有开门即融入社会的功能。甚至前店铺后作坊，前面经商后面住家，照样满足生存和发展的需要。

到松溉古镇探访吊脚楼，可以从解放街前往半边街，其中有陈家吊脚楼、张家吊脚楼、宋家吊脚楼保存较好。

吊脚楼中演绎的是普通百姓的生活，世代相继的是不断延续的传统。

三、栅子

在古镇的岁月中，曾经，每当入夜，就会有人敲着梆子，高喊“天干物燥，小心火烛”之类言语，警醒人们不忘安全。

这样的情景在不同的街区，不同的“栅子”间反复出现。正是古人所说的“重门击柝，以备暴忧”的景象。柝，就是竹梆子。重门，就是街道之内、深宅大院之中，设立着一道道的大门小门。暴忧，指突发的灾祸忧患。

深夜之中，古镇里巷，庭院深深，道道大门紧紧闭锁，一两个人行走在街巷之中，敲响梆子，不断关照居民，提醒采取相应的行动，确保生活秩序和平安。于是，“梆梆梆”的响声回荡在夜空，而“寒潮来临，关灯关门！”“早睡早起，不误工时！”等语却深入人心。如果盗贼、土匪入侵，梆子声就特别急促，呼喊的声音会及时向人们传递信息，提示人们如何防范。

栅子，就是护栏或门似的建筑。通常用竹子或木条、铁条、钢条做成，起到阻断通行、保护内部的作用。

民国初期，军阀混战，匪患突出。古镇百姓为了防匪自保而自发组织起来，在场头场尾、街口巷尾，拦街筑墙，设置大门，门口设置栅栏。于是，形成民间风格突出的自卫建筑——“栅子”。这不是环绕古镇的围墙，而是不同的街道根据其相连相通的关系分片、分段，分割封闭的建筑。因此，松溉古镇的栅子曾多达12处。用栅子隔离起来的区域，有类似于今天的商住小区的功能，而栅子就相当于小区的大门。

栅子门口有人守卫，类似于今天的保安。只是这样的人，那时叫“更夫”“打更匠”。

重要地段的栅子还建有门楼，类似于今天的门卫室。如前门文昌街栅子和场尾正街衔接鱼市口街处的栅子，就各修建有一座小楼，供“更夫”“打更匠”使用。

打更匠的主要职责就是巡夜和警示居民提高警惕。他们手提灯笼，带着铜锣或竹梆子，边走边敲，定时到达巡逻地点，称为“打更”。打更的锣声和梆子声，回荡在古镇夜空，向居民提示时间，警示隐患，传达平安。

打更是有讲究的。

打落更(即晚上七时)时，一慢一快，连打三次，声音如“咚！——咚！”“咚！——咚！”“咚！——咚！”，以营造一种安静祥和的氛围。

打二更（晚上九时）时，打一下又一下，连打多次，声音如“咚！咚！”“咚！咚！”，好似不断的钟点，催促人们赶紧处理好各种事务。

打三更(晚上十一时)时，要一慢两快，声音如“咚！——咚！咚！”，提示人们，天时已晚，早睡早起。

打四更(子夜一时)时，要一慢三快，声音如“咚——咚！咚！咚”，让人们知道，巡夜人依然在坚守岗位；“天下”平安无事，各自可以安心睡觉。

打五更（凌晨三时）时，一慢四快，声音如“咚——咚！咚！咚！咚！”，好似敲门的声音，提示早起的人们赶紧准备各色物事，迎接忙碌的又一天。

古代没有“打六更”之说。古代人们日出而作，日落而息。早上五时已经起床，准备迎着朝阳开工了。

“更夫”一边敲打竹梆子，一边喊叫，特别是路过大商号门前时，喊声更大，以增强人们的防范意识。五更是鸡叫三次时间，更夫巡逻，催人早起，按时开门，不误工时。

各处打更匠分段进行，紧密配合，走遍全镇街巷，完成全镇的守护任务。更夫的工资由商会筹集，按月支付。商会未成立时由居民自觉负担，大家都乐意支持。

松溉古镇栅子分为有楼与无楼两种。分布在镇区内，共有多处。其中，新街子村4处，无楼。镇区内6处，均为有楼的栅子。其规模较大的，从炮楼后面上楼，前方

◆北门锁钥

设有机枪射击口。其中三座之上，题写“自治基础”“长治久安”“北门锁钥”等字，间接表明设置栅子的目的和决心。对内有凝聚人心、同仇敌忾，对外有震撼外来不法分子的作用。

松溉古镇规模最大的栅子位于文昌街，即北门栅子。所谓“北门锁钥”，即指此处。

镇区内的栅子原物均已毁坏，当然，到今天它们已没有存在的必要。塘湾及新街子村还有栅子存在，其规模均较小。

文昌街栅子仍留有大门，上面仍书写有“北门锁钥”四字，只是物事皆非，权作纪念以供游客参观罢了。

四、碉楼

碉楼这种建筑，始建于清初，大量兴建是在20世纪20至30年代。有因防御自然灾害而建，如沿海防台风暴雨，防洪涝淹没。内地碉楼，往往因抵御战乱，防备外患侵袭而建。

松溉古镇上的碉楼，大都是大户人家为保护深宅大院而建造，基本上属于民国战乱时期的产物。碉楼占地面积都不大，只是层数高低有差异，由此显示规模的大小。

初步统计，松溉整个镇域范围曾有碉楼七座。镇区范围原曾有四座，均为规模较大的三楼一底的建筑，都已毁坏无存。当初新街子村的观音阁也曾有两座碉楼，也为三楼一底的大碉楼，也已毁坏。现存的唯一一座碉楼坐落于新街子村的黄桷树街。其规模较小，为二楼一底建筑。

松溉开发较早，水码头兴起带来了经济繁荣，出现了较多家资丰厚的绅商，百姓相对富裕。这自然会引起军阀和土匪的注意。松溉人建立栅子、碉楼等以求自卫，其实是很自然的事情。

五、邓迪人故居

邓迪人故居位于黄桷树街6号。

邓迪人，原名邓启贤，1909年3月31日出生在永川县松溉镇。

1929年8月，进入上海大学文学系学习，在自己住所建起党的地下联络站，多次参与组织学生反帝爱国示威游行，负责散发传单、秘密联络等地下革命工作。1937年11月，到延安边区医院任医助。1938年2月，加入八路军，调至军委卫生所工作，10月调至抗大一分校任军医。1939年1月，任抗大二分校医务股长；同年5月，加入中国共产党。1941年1月，任抗大二分校医务主任。新中国成立后，任华北军区107疗养院院长（该院后改名为“小汤山医院”）、北京市东城区卫生局副局长。1986年10月18日，邓迪人因病在北京逝世，享年77岁。

邓迪人故居，房屋面阔三间，进深两间，明间为单层，次间为一楼一底双层建筑。该建筑有两重房屋，第一重与第二重之间有一个天井，由板石铺砌。

第一重房屋建筑为穿斗式梁架，其临街面的墙体下半部为木板墙，上半部为竹夹泥墙，后壁的墙体为夯土墙，另有一道八字形石门。

第二重房屋为整体夯土筑成，小青瓦屋面，悬山式屋顶，房屋正中间的横梁上墨书有“民国五年岁次壬辰福原历十二月吉旦立”，另外一根横梁上墨书有“物宝天华寿人杰地灵”字样。该建筑后室仍为邓氏族人居住，其前厅在新中国成立初期被用作供销社工作场所，现已无人居住。

六、老邮电所

解放街上有旧时邮电所。松溉镇在清宣统元年（1909 年），即设置了邮政代办所。邮政代办所最初位于樊氏宗祠内，后迁至文昌街，在抗日战争期间又迁回樊氏宗祠。民国十年（1921 年）改升为三等邮局，与永川县邮电局同属川东邮电管理局领导。民国二十八年（1939 年）3 月，设电报营业办事处，是年改升为二等甲级邮局。1949 年，又由二等甲级降为三等甲级局。

陈家大院在解放街北侧，临后溪河边。

沿解放街往里面深入，经过陈家大院入口再往前，就会到达北门栅子大门口。

经过“北门锁钥”沿后溪河边上的街道前行，继续深入，就进入半边街。

七、松溉印刷厂旧址

松溉印刷厂旧址位于永川区松溉镇解放街 19 号。该建筑为小青瓦屋面，悬山式屋顶，穿斗式结构，十九柱五穿，一楼一底共两层，并有一地下室。临街面墙体下半部现已改为青砖砌筑，上半部仍为竹夹泥墙。房屋面阔三间长 13 米，进深三间长 26 米，中间房屋柱础为圆形雕花样式，其余柱础为方形。该建筑保存情况较好。松溉印刷厂旧址为了解永川地区的印刷事业提供了重要的实物资料，具有一定的历史价值。

八、鹏飞书院　夫子坟

鹏飞书院，位于松溉古镇大阳沟 45 号，即原商会会址，为在原商会建筑基础上修建而成。

鹏飞书院为一个四合院。进门为门厅过道，两侧各有一室。进门右边为讲堂，为陈鹏飞讲学之处。

大门正对的一排房间为陈鹏飞夫妇居室和厨房等。进门左侧厢房为文物陈列室及酿酒作坊模拟现场，右侧为陈鹏飞书房等。

中庭为一个四方天井。一棵巨大的黄葛树居中，昂首朝天，虬根盘曲于树圈之中，显示出岁月的痕迹。其中花草幽香，环境清幽。

大树前面有一块石碑，为陈鹏飞夫妇的墓碑，后迁出。

2001 年 9 月，松溉镇旗山村村民熊志清在翻修住房时，拆出了一通清光绪八年由当地文人贤士为陈鹏飞夫妇重立的碑碣，即为此碑。

陈鹏飞，字少南，为南宋经学家，当年曾与苏东坡、张子韶同时被誉为注经“三杰”。因避祸秦桧构陷，偕妻隐居于松溉，隐姓埋名，自号“潜溪散人”，设馆讲学，直到去世。逝世后，与其妻合葬于松溉镇东面的旗山村。

陈鹏飞的坟茔早已灰飞烟灭，其建墓石料也早已变成了当时生产队的猪圈石、牛圈栏，墓穴也被挖空了。

◆鹏飞书院

文物工作者曾在熊志清的指引下，查看了陈少南的墓穴。发现其上圹后壁的上半部尚存。其墓为单室，板石结构。从墓的后壁形制看，雕刻有栏额、斗拱、半开门等。这些仿木建造构件的存在，表明墓葬属宋代风格。

现存墓碑为长方体，已被人为纵向中分为二，一半断失上半部 0.2 米。碑正面阴刻楷书铭文，居中竖行镌刻“宋先儒陈公少南夫子、晋国先夫人之墓”字样。两侧有简述其生平的文字。

陈少南墓碑，对研究中国北宋末期南宋初期的那段历史有着重要的价值。

清光绪版《永川县志·茔墓篇》记载：“先儒陈少南夫妇墓在县南松子里旗山，镇东三里大江之西岸。少南墓在左，晋国夫人墓在右。”

明清时代，士子祭拜陈少南后，有题诗传世。

清光绪綦江文人陈为言，谒墓后满怀深情，倾诉衷肠，为一代贤士忠良呐喊，并痛斥奸臣得道必家破国亡，洋洋洒洒写下诗篇，尤其值得一读。

◆陈少南墓碑

据说，松溉九大碗，是松溉的读书人为祭祀陈鹏飞而创制的。九，为天数，为天数中的极数。菜定九品，象征敬重陈夫子与天齐高的人品、学问。

当初的读书人，为祭祀陈公，就地取材，自创菜肴，一祭先儒，二饱口腹，酒后吟诗作对，以表心迹。可见当初松溉的人文风气。而其菜品，久而久之，竟成一特色。这也算是陈夫子对松溉的一个贡献吧。

第八节
古镇审美

游览松溉古镇可以有多种选择。

一是长江沿岸三个古码头，甚至再加温中坝，权且称为“长江亲水游”吧。要知道，在此游玩时，你会变成岸上人们眼中的一个黑点，像江滩上的一只鸥鸟，只是你还不会飞。而你会看到江岸上许多看客，因为害怕行走滩涂的艰险，而失去与江水握手的

◆古镇全景

机会。而许多人或许一生中就只有一次这样的机会。他们不会知道，七千里之外的雪山之水到了松溉会是怎么样的性状。

天地悠悠，前不见古人，后不见来者，唯江涛拍岸，滩涂上的孔穴发出空洞的声响。

二是沿靠江岸一带的古街抵达东岳庙。走走松溉古镇的直街、斜街，在交错的街巷中看看那些古代建筑，踩踩青石板。然后，在东岳庙前眺望东南西北，欣赏风景。

三是沿解放街，走半边街，到观音阁街，延展至黄桷树街，欣赏大院、普通民居、祠堂、栅子、碉楼，了解其中的故事。记得探访一下吊脚楼，凭栏打望后溪河哟。

四是，如果顺路，从清洁寺到长江边，连及新街子、大什字、小什字、大阳沟一线，也是可以走一走的。

松溉古镇的游览点，有很多种选择组合的可能，尽兴就好。

在网络段子、小视频、手游、麻将充斥人们的生活的时候，世风就可能渐渐显得更加庸俗。当人们习惯于上车、下车、照相、晒图式旅游时，旅游审美的疲劳就会渐渐产生。缺乏对自然、人文深刻的理解的旅行，其实都是走马观花，虽然可以增加许多谈资，但于如何引领我们的心灵迈上更高的台阶，或者让我们的眼界更加高远、思想更加睿智，却不一定有多大的帮助。

一些人喜欢说走就走的旅行，开车就上路。不要说对目的地的看的、玩的、吃的、历史文化等的“备课”，甚至就连线路也懒得细致地思考。一路的“潇洒”，回家之后，却只留下许多“没得耍事”“没得啥子意思”的心灵遗憾。

如果不了解名胜古迹的历史和内涵，所有景点都可能只是些雷同的山山水水、花草树木、“秦砖汉瓦”，不过都是些砖石木瓦的堆砌，所谓旅行不过就是路过或走过，过后甚至不想回味或者根本无从回味。

只有触及灵魂的东西，才能影响甚至改变灵魂。

所以，旅行，也是需要一点儿审美“备课”的。

一、古镇背景美

站在北面遥望，松溉古镇以长江及对岸山脉为背景；在南面遥望，松溉古镇以北面大片山陵沟谷为背景；而东面则以碑槽山为背景，西面以青紫山、青龙山为背景。松溉古镇被山峦、江河、谷地和林木等自然元素烘托，显得别有韵味。

如今重庆三环高速西段、永江高速、长江大桥又成为松溉古镇的背景，为松溉古镇增添许多现代化的气势，使古镇形象更加丰满和美丽。

古镇周边的沟谷田地，分布的各色果园、农作物，为古镇增添许多盎然的生机。

二、古镇格局美

用今天的眼光来看，从新街子沿建设路到原松溉职中一线，都应该视为松子山。松子山中部、中码头近岸为凤凰山，松子山西端北面为龙船坡，整个古镇从上溪沟到后溪河与龙船坡形成一个稳定的三角形，两河一江、两山一坡，共同形成古镇固定又富于变化的形态。古镇建筑分布其间，高低错落，横斜不齐，但沿三角形分布而又秩序井然。东至朱杨，西至朱沱、仙龙，北达永川，南临长江黄金水道，又使松溉在稳定的镇区架构中具有发达的开放功能，使古镇焕发更多更新的生机。

◆古镇建筑格局

三、古镇建筑美

古镇建筑的构筑形态，包括建筑的技术构成和构造形式，涵盖了整个建筑的实体部分，包括地面、墙体、构架和门窗等构件。

传统建筑构件，从功能上分，有三大类：一是承重结构构件，如墙、梁、柱等；二是主体围护构件，如外墙、屋面等；三是辅助构件，如门、窗、隔断等。

◆古镇建筑

松溉古镇传统建筑多以木构架为主要承重方式，即使用木柱和木梁构成的梁架系统。一方面，木料的取材、运输、加工比较容易；另一方面，木构架具有灵活可变性。古镇建筑主要采用巴渝地区的传统建筑形式，如抬梁式、穿斗式、混合式，并根据地基特点的不同而灵活变化。其建筑的主体、围护结构，则较为丰富，多使用砖、石、木、竹等易就地而得的材料。这样既节约了成本，又形成了古镇建筑独特的风格与特点。

◆古镇建筑

古镇地处江畔，建筑结构适应气候环境。如，为应对降雨对古镇传统建筑构筑形态的影响，就依山就势选择适应的屋顶和屋脚。因为地处西南地区，春夏多暴雨，湿度较大，古镇建筑屋顶多采用深出檐的坡屋顶，而且坡度较大，建筑出檐在沿街处可达 1.2 米之多。同时，屋顶多采用出挑阳台、附棚、重檐等形式，既增加了屋顶的面积和数量，又巧妙地与走廊、阳台等使用功能相结合，在充分利用挑檐下部空间的同时，有效地防止雨水对主体、围护结构和墙柱的冲刷。

古镇夏季炎热，日照时间长，气温较高，带挑檐的屋顶对夏日防晒有较好的作用。为了适应湿热的气候，古镇传统建筑采用架空、阁楼、天井等方式，改善建筑内通风。同时，建筑内部隔断之间并未完全封闭，以门窗透空来满足夏季通风的需要。

古镇根据坎坡、崖壁、沟谷、山脊等因地制宜，依地势而建，产生了许多与复杂地形相适应的构筑形态，以筑台和架空为主，而又有多种手法，并用附岩、支撑等方法将建筑主要构件与山体相连，增强建筑的稳定性和防洪抗涝功能。

古镇建筑多采用传统的穿斗结构。穿斗结构是在长期的建筑实践中逐渐形成的一种结构形制，经受了长期的实践考验。它是典型的构架体系，布局灵活，可随意开设门窗，能较好地适应地形变化，虽然稳定性相对较弱，易于变形，但有较大的“弹性”，对变形的容纳度较大，抗震性强，民间认为其有“墙塌屋不倒”之功。这一点特别适合于山区建筑。

穿斗结构常见的做法是将木柱制作成构架。构架之间填以竹编的夹壁墙，双面或单面抹灰。房顶为小青瓦屋面，有楼层时使用木楼板。其最大特点是能够适应各种地形的变化，通过采用吊层、错层、吊脚等处理手法，结合横枋和立柱，可以随高就高，随低就低，随弯就弯，使整个建筑形态具有很强的质感和丰富的层次美。

四、古镇装饰美

总的来说，深宅大院中的园林小景，庙宇的彩绘造像，祠堂宫观的楹联，街边小景，店家的门头、招牌、幌子，以及港口耸立的港机、水厂的水塔、耸立的东岳庙等，都是古镇的装饰，都有审美的情趣。但这里要想强调，行走在松溉古镇，欣赏古镇的美，需要关注建筑的细节美。

松溉古镇紧邻长江，拥有极具地方特色的建筑装饰，如古镇祠堂建筑的装饰和其他地方此类建筑装饰以表现神话传说、历史典故为主不同，具有较强的生活气息，特别有与江河、渔业有关的生活场景。例如，陈家祠堂的墙饰就是以表现渔业生活为主的图案。

参观古建筑，要注意其上的木雕之类装饰。松溉古镇建筑的木雕装饰，主要分布于民居和祠堂的梁、柱、门窗上，而梁撑、窗衣、门框上的木雕最为精致。流云百蝠、岁寒三友、山水、人物、翎毛花卉、集锦、博古、万福万寿等各种花样，都是雕镂题材。狮子是经常出现的形象。木狮雕刻以线为主，身上卷毛作图案化处理。落地窗门体现了木雕的另一种情趣。整扇窗门用几何图案分割或连接，比如陈家大院的大门。

◆古镇小巷

松溉古镇内的民居建筑以青、白、褐三种色调为主，在建筑褐黄色穿斗式梁柱之间，嵌以粉白壁墙，上配青灰色的青瓦屋面，局部呈暗赭色。这几种主要的色彩元素，构成民居建筑的基调，体现松溉古镇百姓的老实、本分和淳朴。官式建筑的基调与民居建筑较为相近，但主要构件（如柱梁）为朱红色，墙面多有色彩艳丽的彩画装饰。

松溉古镇民居的彩画以墨为主。彩画装饰有门楣彩画、窗楣彩画、屋角墙头彩画。门楣彩画采用“挂落三坊”格局，有手卷式、字牌式；窗楣彩画式样千姿百态；墙头

◆玉皇殿装饰

◆建筑大门装饰之美

◆建筑大门装饰之美

彩画有马头、马铃、金花板、垛头屋角，轮廓黑线由垛板、老墨、子墨组成。沿砖底下的蓝灰色边线，用浓墨斗弹出一粗一细的两条线，即老墨、子墨，在拐角处合拢成一条，直画到墙底，将房子轮廓打成一个整齐的房格。

民居的隔扇、梁架木雕不施漆、不上色，保留砖木石的材质之美。全部装饰与结构浑然一体。

松溉古镇建筑上的撑拱、驼峰、柱础、脊饰，都很有观赏价值。如陈家大院二楼的撑拱、罗家祠堂的雕花驼峰。古镇的脊饰用得较多的是灰塑。用石灰为原料做成灰糕，在屋脊上造型，多取意为富贵吉祥，然后彩绘或漆色，反映古镇人的追求和朴实。

檐枋，是建筑檐柱头之间横向联系的构件，可分为大额枋和小额枋。雀替，是位于柱与额枋相交处，插入柱内的楔子。它们有多种形式，玲珑而精美。行走在古镇街头，瓦当、滴水也值得关注。松溉古镇的瓦当形式较为简洁，主要两种：一种雕有向日葵图案，寓意富贵吉祥；另一种为由三瓣花瓣组成的简易图案。梁，是木构架建筑中与

◆屋顶雕塑

立柱垂直相连的横跨构件，它承担着梁上木结构和屋面的全部重量，是建筑构架中最重要的构件。因其位功置、功能、性质的不同，可分为三梁架、骑门梁、抱头梁等。与梁有关的附属构件，如梁托、柁墩、瓜柱等经常以雕刻彩绘装饰。

松溉祠堂、庙宇等建筑装饰上的艺术成就是比较高的。有雕刻精美的梁架、花色繁复的斗拱。就连承重的垂瓜柱也做工精美。从柱础到额枋、撑拱，再到驼峰上的花卉、人物雕刻，均显得华美精致。现在一些额枋、驼峰上残存的金黄、靛青，让我们可以想象当时松溉的风采。

清洁寺垂花雕刻精致，其上部有波浪状也有突浮状，中部非常饱满，下部的吊坠有四个和八个之分，造型优美雕工精致。

“你站在桥上看风景， 看风景的人在楼上看你。明月装饰了你的窗子， 你装饰了别人的梦。”（卞之琳《断章》）

在松溉古镇之中，你我都是风景的装饰。

◆牌坊

五、古镇人文美

古镇的人文美，就在古镇的山水和大街小巷中。

江流的奔腾，上溪沟、后溪河的变化，早已打上松溉人的印记；青紫山的变迁，展示的是新松溉人的贡献；松子山、凤凰山、龙船坡的旧貌新颜，焕发出的是古松溉的新生机。

大院的沧桑，普通民居的素朴，会馆的沉默，祠堂、庙宇的香雾：经过时光的静静洗礼，留下的都是人文的结晶。

吊脚楼上飘出的酒味、茶香，“九大碗”高高蒸笼的蒸汽，玉皇观大戏台的川剧变脸，深巷之中大妈的飞针走线，尚健在的老船工夫妇的号子对唱，都不是简单的昨日重现，让我们品味出年代酝酿的陈香。

东南形胜，三吴都会，钱塘自古繁华。烟柳画桥，风帘翠幕，参差十万人家。云树绕堤沙，怒涛卷霜雪，天堑无涯。市列珠玑，户盈罗绮，竞豪奢。

重湖叠巘清嘉。有三秋桂子，十里荷花。羌管弄晴，菱歌泛夜，嬉嬉钓叟莲娃。千骑拥高牙。乘醉听箫鼓，吟赏烟霞。异日图将好景，归去凤池夸。

——［宋］柳永《仙吕调・望海潮》

◆古镇街景

◆古镇石狮

松溉古镇，似乎称不上都会，曾经的兴盛，也不可与杭州同日而语。但柳永这首词中描绘的景象，像黑白的老电影，确有相当一部分曾在松溉古镇上演，或者今天在我们的心中上演，或者它描绘的就是我们关于松溉未来的朦胧梦境。

我们要捡起失落的月亮，更要捧起东升的朝阳。收藏花瓣儿，去除枯枝，做一个园丁，我们需要培育春天。

异日图将好景。书不尽言，言不尽意。就让我们在无话可说，又言犹未尽之时，一起来期待吧。

◆松溉之夜（古镇未来意象图）

松潘古镇

中国历史文化名镇

松潘古镇

下册

夏明宇 粟瀛龙◎编著

西南大學出版社
SWUP
国家一级出版社 全国百佳图书出版单位

目录

CONTENTS

第四章 千年古镇　万种风情——松溉的文化脉络和风土人情

第五章 神奇传说　观照古今——松溉的传说、故事和文化遗存

第六章
峥嵘岁月　照古丹心——松溉的名人传说和碑刻题咏

松溉古鎮

第四章

千年古镇 万种风情

松溉的文化脉络和风土人情

- 松溉古镇的文化溯源
- 松溉古镇与永川、重庆的历史渊源
- 松溉原住民与外来人口的融合
- 松溉水陆码头的兴衰及文化变迁
- 松溉的风土人情及民俗文化
- 松溉的美食、特产及四时节令

跟着本书一路走来，我们饱览松溉古镇的旖旎风光，知悉“松溉”地名的由来及这座古镇的历史渊源，观赏她的山川形胜、古色古香的石板长街和别有韵致的古建筑群，现在不妨再来梳理一下这座千年古镇的文化脉络，领略一下她的风土人情、土特产品和轶闻掌故……

第一节 松溉古镇的文化溯源

都说松溉是千年古镇，但若问古镇究竟始建于何时——迄今到底有无一千年历史？尚无一个肯定的回答——如果一定要问个所以然，便又都说“据清朝嘉庆年间的《四川通志》记载：南宋经学家陈鹏飞因被秦桧诬陷遭贬，偕妻在此设馆教学。可知当时已有场镇……”陈鹏飞生于北宋神宗赵顼元丰元年（1078 年），卒于南宋高宗赵构绍兴二十三年（1153 年），而他被诬遭贬回到故乡松溉设馆讲学，当是其晚年（1140 年以后至 1153 年那十余年时间），距今近900年——倒似可概说为一千年了！况且，话说其时“已有场镇”，而不是说其时“始建场镇”，便可把始建时间再往前推，几十年、上百年、数百年——只要能说出一些道理，应该说都是可以成立的。

即借松溉及与之毗邻的朱沱都建有的“李公将军庙”来说事。过去人们修建庙宇，在地址上不外乎有两选，一选风景名胜之地，便于游客参观；二选人烟聚集之地，便于香客朝拜。故而朱沱的李公将军庙（又名“四望山寺”）建在镇外一里许的四望山上，松溉的李公将军庙（又称“老官庙”），则是设在镇上的古县衙。李公将军庙供奉的是唐末五代时人李克用、李存勖父子（当然也包括李克用义子——传说中的唐末

◆古县衙

第一勇将李存孝）。李克用生于856年，卒于908年，是唐末节度使，在镇压黄巢起义和军阀混战中积军功封晋王。其子李存勖于908年袭晋王位后，先灭燕，后灭梁，竟杀伐一路所向披靡，攻无不克战无不胜，于923年建后唐称帝，追尊其父为后唐太祖，但因缺乏政治远见并骄奢淫逸，终致三年后身死国灭。其部众或有人逃散后辗转进入巴蜀，直至远离都市但临江的朱沱、松溉一带避难，因感念旧主恩情而建庙纪念之——时间恐怕就在五代后面的那二三十年间——如果此说成立，则松溉在当时应已有场镇，比陈鹏飞设馆教学的年代又可以往前推一两百年了。

再大胆往前推，即如本书前面所云，既然早在唐武德三年（620年）朱沱因置县建汉东古城，与之近在咫尺并且同为长江水运码头的松溉也不大可能还是荒芜一片——当已有场镇和汉东古城遥相呼应了——只是不知道这个场镇已经叫作松溉还是叫个什么别的名字而已。只不过因场镇太小还不大出名，没有像作为万春县治所的汉东古城那样被文献记录下来罢了。

这样，古镇的历史又往前推移了三四百年。

当然，场镇乃至城镇的设立，往往都不是一蹴而就的，而有一个逐步形成的渐进过程。松溉古镇的前身，极有可能只是一个小小的港湾，开始只有两三点渔火，后来又有了过往船只靠岸歇脚，并且渐渐地多了起来。于是，江滩上渐渐有了生意买卖，人们从八方聚合拢来，搭起成排成排的棚屋或者干脆就盖起吊脚楼，卖吃的喝的，也卖点儿别的，渐渐地形成街市，又慢慢地从街市变成了码头和场镇……

松溉虽地处水陆要冲，却因居于巴蜀腹地，自古以来便少有战火侵扰，于是得以持续发展。于是，厌恶官场且不堪世事纷扰的陈鹏飞先生，把故里永川松溉当成一处理想的世外桃源，并且果真在这儿得到了一个完好的归宿。

然而到了南宋末年，蒙古铁骑大举南下进军巴蜀，长江上游的泸州、合江和下游的江津、重庆都成为宋、蒙双方反复争夺的重要战场，松溉一带虽无大战，遭受一些战火的侵袭、骚扰却恐怕是在所难免，只不过与泸州、重庆相比之下太微不足道，史书尚不屑予以记载而已。

实事求是地讲，“太微不足道”几个字摆在这里，虽然既不入眼也不顺耳，但就当时的实际情况而言，这几个字的定论却是恰如其分的。因为，即便当时松溉已有场镇，也难以入得大人物的法眼，地图上恐怕还连个标注也没有。就其与永川的关系而言，永川置县之前，其主要辖地还是“本渝州璧山县地”，而松溉则恐怕还是归其附近的“万春县”管辖；永川建县后，其实际管辖境域至明代以前均无史料可考，直到明代成化年间印行的《重庆郡志·永川县·疆界》，才划出了一个大致的轮廓：

东至巴县界五十里，西至荣昌县界七十里，南至江津县界三十里，北至铜梁县界四十里……西北到大足县治一百里，东北到巴县治五十里，西南到泸州县治二百里。

再到清朝乾隆年间，已经两度充作永川县治的松溉，才终于在当时印行的《永川县志》上有了明确的标注。

清乾隆《永川县志·疆域》云：“……南至……十三里松子溉，抵江津界。”

清乾隆《永川县志·场镇》则说：“……红炉场、罗汉场、来苏镇、松溉镇、牛尾镇……等二十二个场镇。”

上面一条里的“十三”，是松溉在当时县以下行政区划中的序号，接着“十三”的那个“里”字，是“乡里”的“里”，表明了松溉当时的行政级别。然而，很有意思的是，就在清朝乾隆十二年（1747 年），却在只能算“里”的松子溉设立了级别不低于县级的“总爷衙门”，处理多县交界“三不管”地区的日常事务，并建有县级及其以上衙门驻地才有资格修建的城隍庙。

明、清两朝，松溉的经济、社会发展开始进入鼎盛时期——长江中下游经济、社会的快速发展带动了长江航运的快速发展，长江水运的快速发展又推动了长江上游码头城镇的快速发展。明朝万历二十一年（1593 年），徐先登任永川知县，在离松溉旧城一里许的地方建造新城镇，并把永川县衙迁置于此。清朝顺治十八年（1661 年），知县赵国显又再次把县治迁置于古镇松溉，以招抚明末清初战乱导致的四方流亡之人。清朝乾隆十二年（1747 年），朝廷在松溉设置处理多县接壤地区日常事务及治安问题的“总爷衙门”。清朝光绪十八年（1892 年），又在这里设置了正七品的军官“把总”。在清朝，松溉新城已经与旧城连成了一体，大发展后的松溉古镇以其独特的山水和城镇构成，形成了“一品古镇，十里老街，百年风云，千载文脉，万里长江”的鼎盛格局，街巷最多时达到 26 条，城镇建筑面积达到 26.5 平方千米，常住人口达 1.6 万人，是川东、川南和黔北重要的物资集散地。由于交通便利，内江、荣隆二昌（荣昌、隆昌）和永川等地的商贾，多半都是取道松溉往来于重庆。曾经沉寂千年的古镇松溉，出现了“白日千人拱手，入夜万盏明灯”的繁荣景象。

中华民国时期——具体说是处在抗日战争时期的 1938 年，新生活运动总会妇女指导委员会在松溉设立纺织实验区，松溉联保更名为松溉实验乡，实行厂乡合一，由厂长兼任乡长。第二年，宋美龄乘坐水上飞机抵达松溉，视察纺织实验区新运纺织厂，参加庆祝该厂建厂一周年活动。

1940 年，松溉实验乡更名为松溉镇。

新中国成立之后，松溉仍然设镇，同时还是永川县第四区区公所所在地，县里于 1950 年 1 月 1 日在松溉中学大操场召开群众大会，任命了区长、区指导员及镇长、镇指导员；区公所设在原镇公所所在地文昌宫，镇人民政府设在原西大街商会办公场所内。

1951 年 12 月，松溉镇周边农村与镇街分离，成立松江乡，仍由永川县第四区领导，由松溉镇街的地域、人口新组建的松溉镇则由县政府直接领导。

1958 年，全国农村实行人民公社化，永川县 52 个乡镇改建为 38 个人民公社，松溉镇与松江乡合并组建为镇江人民公社，归永川县何埂区领导。之后遵照上级指示实行大社划小，1963 年 2 月又将松江镇人民公社划分为镇江人民公社和松溉镇，均

◆松溉古镇全貌

属永川县何埂区领导。

1983年，撤销人民公社体制。1986年，撤乡建镇，已经改名为松溉乡的原镇江人民公社并入松溉镇，开始实行镇管村体制，但松溉镇仍属何埂区管辖。

1992年9月至1993年12月，撤县建市后的永川市全面调整区、乡、镇建制，即实行撤区、并乡、建镇，将原永川县11个区全部撤销，原63个乡、5个办事处调整为14个乡、17个镇、3个街道办事处——松溉镇自此又重归永川市（区）直接管辖，这种体制至今未变……

总之，新中国成立特别是改革开放以来，古镇松溉再次焕发出蓬勃向上的青春活力，经济、社会持续进步，工农业生产不断发展，人民生活大幅提高，旅游发展、文化建设也初见成效，2002年，松溉镇被重庆市人民政府命名为重庆市首批“历史文化名镇”；2008年，松溉镇被住房城乡建设部、国家文物局评为“中国历史文化名镇”。目前，松溉全镇面积为34.5平方千米，人口接近2.2万人。

第二节

松溉古镇与永川、重庆的历史渊源

松溉自古以来就与重庆、永川血肉相连。早在西周以前的上古时期，全国政区分冀、兖、青、徐、扬、荆、豫、梁、雍九州，松溉和重庆及永川这一大片土地都同属梁州；西周建立后分封诸侯，重庆其时始名江州，是巴子国的都城，松溉当时恐怕还没有名字，但这块地面仍然与重庆同属巴子国无疑；唐朝武德三年（620年），在现朱沱地面建立的万春县（三年后更名为“万寿县”），隶属渝州，与朱沱近在咫尺的松溉如同属万春，即已进入渝州版图。唐朝大历十一年（776年）设置永川县，仍旧不知名姓但极有可能已建场镇的松溉极有可能还

◆古镇小巷

是“万寿县”的组成部分，却紧靠永川。明初洪武六年（1373年），永川县继隶属昌州、合州之后改隶重庆路，已经归属永川的松溉亦成为重庆路治下的一个场镇。明朝万历二十一年（1593年），永川知县徐先登曾将县治移至松溉。清朝顺治十八年（1661年），清朝任命的首任永川知县赵国显，又将县衙门搬到了松溉——虽然两次均事出有因，都是为避战祸和招抚流亡，但是像这样曾两度作为县衙驻地的乡镇，据说在全国都是极为罕见的。清朝康熙四十年（1701年），重庆知府陈邦器巡视松溉，在深达数十丈的东岳沱边沿巨石上面手书了“澄江如练”四个大字，这是已知的他那个级别的官员在重庆府治下这块小小的属地上划下的第一个记号。再后来于光绪年间编印的《永川县志》，因见松溉这个场镇确实繁荣，则干脆将其称为“邑之雄镇”了。

需要说明的是，这里的“邑”，就是指代当时的永川县。当时的永川松溉古镇，因为水运的发展带动了镇域经济、社会的全面发展，是永川经济最发达的地区，是完全称得上“邑之雄镇”的名号的。

◆古镇印象

到了20世纪三四十年代，抗日战争时期，重庆成了中国的“战时首都”，设在重庆的新生活运动总会妇女指导委员会在松溉设立纺织实验区和新运纺织厂，将松溉联保更名为松溉实验乡并实行厂乡一体的管理体制，由纺织厂的厂长兼任乡长，由于松溉当时的行政隶属关系已剥离永川县，而直属四川省第三行政督查区专员公署领导，而实验区和纺织厂均是由设在重庆的相关机构直接管理，管理人员和技术人员也基本上是由重庆委派过来，松溉倒像是成了“直辖镇”似的。当时的松溉，不但迎来了新的发展机遇，知名度和美誉度也直线上升，“小山城”“小重庆”等称谓于是出来了。

实事求是地讲，对于“小重庆”一类称谓，笔者开始也是颇有看法的，这松溉无非就是个江边小镇，与同样被称为“小重庆”的万州等城市相比，这称谓未免太夸张了点儿。但是由永川区文管所新近编印的《永川历史文化遗存》一书却郑重地指出，松溉镇当得起“小重庆”的美誉。何以见得呢？该书认为，起码有这样四个方面的原因。

第一，松溉的地形地貌与重庆母城（即现在的渝中区）有些类似。松溉镇北面背靠陆地山坡，南面是滚滚长江，东面有后溪河，西面还有小溪虾筏口——一面靠山三面环水，当真像极了重庆渝中区。

第二，松溉一些街道的命名虽系模仿重庆，但名实较相符。松溉古镇一些主要街道的名称，诸如“两路口”“菜园坝”“临江门”“大阳沟”等，竟然与渝中区的街道同名。究其原因，虽然都是因为抗日战争时期松溉建厂并建立实验乡，管理干部和技术人员多系由重庆派遣过来，大家仿照着重庆街道的名称给松溉的街道命了名，但由于模仿得恰到好处，说道起来也有据可考，居然也为当地人所接受，并且一直沿用了下来。这样说的理由是：

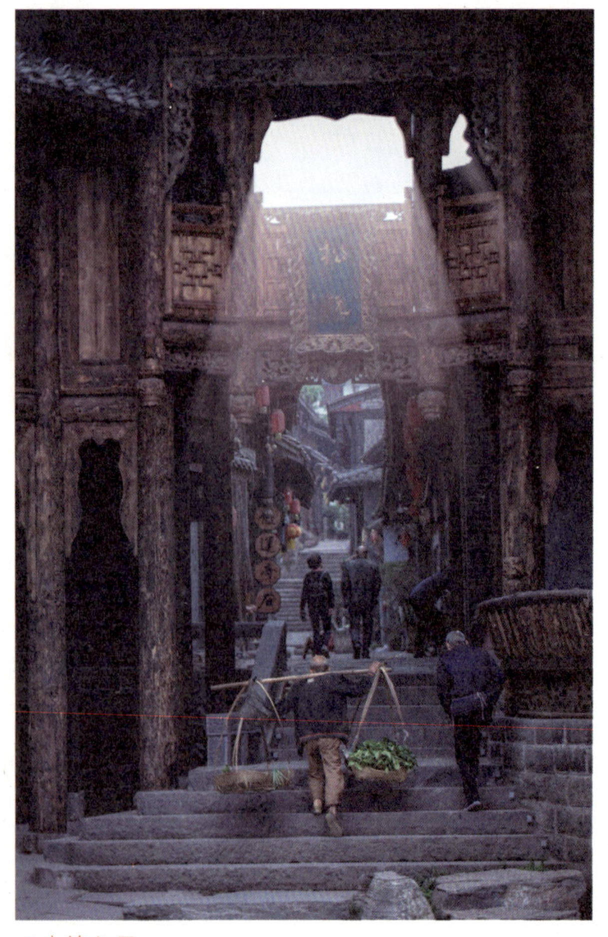
◆古镇之晨

诸如“两路口”这条街道，因系由永川经何埂到松溉的大路与由聚美（后并入何埂镇）、水碾（后并入松溉镇）到松溉的大路在此合为一条而命名为“两路口”，体现了它在交通上的特征。

又如“菜园坝”，它位于现在的松溉汽车站，曾经是松溉的镇乡接合部，往上码头去大部分为油槽房、木铺、马号等，靠上溪沟方向则为一块较大的菜园，此处地势平坦，面积较大，故命名为“菜园坝”也十分贴切。

再如“大什字”，在现上码头、冰糕厂、搬运站处。系因镇内挑脚街由东向西到火柴厂埂上清平间，马路街则由北向南到大梁子，两条街道因在此交叉形成“十”字而得名，是整个松溉镇物资进出的最大通道，也曾是船夫、马帮聚集之所，茶馆、酒店众多，热闹非凡。可惜而今到大梁子的那段街道已经被房屋封闭，所谓“十”字便随之消失了。

大阳沟是临江街的一条支路，虽然并非古镇主要街道，街道两侧却坐落了不少原大户人家的深宅大院——刁家院子、梅家院子、团结院、白果树院等通通在这里集合……

第三，松溉某些民居的独特建筑样式与重庆老城的很相像。由于地形地貌特殊，松溉也有重庆主城旧有的标志性建筑——吊脚楼。经考察发现，凡是建有吊脚楼的街道都是建在山脊之上。因为是山脊，所以除了中间的街道外，两边的房屋只有一进或二进是实土。再往后延伸就是坡坎了。针对这种地形，聪明的先辈们就采用建吊脚楼的方式来适应自己商业发展和居住的需要。由于受到相同的地形限制，其建筑风格与重庆旧城的吊脚楼也是一样的。目前保存较好的松溉吊脚楼，主要位于半边街和临江一带。

第四，松溉的经济相当繁荣，超过了当时的许多地方。特别是成渝公路、成渝铁路未通车之前，靠水运振兴的松溉有上、中、下三个码头，是重要的物资集散枢纽。繁盛时期除了本镇有大小木船 130 余只以外，还有民生轮船公司的趸船 1 只，有码头工人 130 多人。由于水运方便，松溉的商业出现过较长时间的繁荣景象，商户门类涉及花纱、叶子烟、京果、酱园、粮食、白酒、木材、药材、绸缎、百货、食盐、五金、纸张印刷、饮食、医药等 18 个行业，营业收入可观，尤以花纱、白酒最为兴旺。1938 年，场镇人口为 2814 户、14418 人，到 1948 年达到 3348 户、16044 人，已与当时永川县城的人口接近。“白日千人拱手，入夜万盏明灯”正是对古镇当年繁荣盛况的形象描绘。因此，当时人们把永川松溉称作“小山城”“小重庆”就不足为怪了。

特别有意思的是，松溉建立实验区和举办纺织厂期间，那些从重庆派来的官员和技术人员，在给松溉古镇带来崭新的地名文化的同时，还带来了新的生活方式和社会风气。纺织厂在古镇招收了大量女工，在日常管理中注意启发妇女破除封建思想，追求人格独立，懂得爱国奉献，经常向大家宣讲出力流汗、搞好生产就是为抗日战争作贡献，抗日救国男女都有责等一类道理，在实践上实行男女同工同酬。且说在“实验区”和纺织厂设立之前，已经有不少被称为“下江人”的外省难民从日军占领区逃难到松溉，突如其来的外来人口大量涌入把小镇的物价一下子抬得很高，使原来就不富裕的多数松溉人的生活变得十分困难。而“实验区”的建立和纺织工厂的开办，为当地人及难民提供了急需的就业机会，甚至可以说是救了很多人的命，当然也给松溉古镇带来了新一轮的经济繁荣——难怪知情人士指出，抗日战争时期的松溉镇，甚至比战时的永川县城更具有活力和更加繁忙。

综合起来考察，可以说，松溉古镇的辉煌历史，堪为“海纳百川典型，滨江古镇代表”，其曾经的成就、文化特色和综合开发潜能，堪称万里长江古镇中的“佼佼者”。

新中国成立以来特别是改革开放以来，曾一度因纺织实验区撤销和陆路运输崛起、水路运输功能减退而走向萧条的松溉古镇，在中国共产党和人民政府的领导下终于再度焕发出青春活力，成为重庆市人民政府首批公布的“重庆市历史文化名镇”和住房城乡建设部、国家文物局评定的“中国历史文化名镇”，是永川区重要的经济大镇，由高速公路到重庆主城只需一小时，开车到永川乘坐高铁上成都也只需一个半小时。港桥工业园区的日渐崛起和“千里川江一镇璀璨，成渝两地二龙戏珠”的深度旅游开发规划与实施，则无不预示千年古镇更加灿烂的前景。将来，她依然当得起“邑之雄镇”之誉……

◆松溉镇风光

第三节
松溉原住民与外来人口的融合

什么人是松溉最早的原住民?

这个问题，就像唐朝诗人张若虚的“江畔何人初见月？江月何年初照人？”一样，是一个极不好回答的问题。但从距松溉几千米外的汉东古城发掘出土的文物看，早在新石器时代，朱沱、松溉一带就有人居住了，不然，哪能发掘出那么多远古陶片和石刀石斧呢！永川区文管所提供的相关资料显示，汉东古城发掘出土的文物是非常丰富的，从新石器时代、商、周至秦、汉、魏晋等各个历史时期的都有，松溉镇水厂蓄水池建设时也发掘出了东晋的文物。由此可以想见，从茹毛饮血的原始社会到以后的历朝历代，我们那些逐水草而居的祖先，或渔或樵，或耕或猎，一直有人在这片土地上生活与耕耘。松溉古镇最早的居民，可能是一群扛着石刀石斧或者青铜器具来到松子山的拓荒者，也可能是驾着扁舟来到溉水边撒网的渔夫和渔妇。李白高唱着《峨眉山月歌》出川时是路过此地的。但不知他是否曾上岸歇脚；李克用、李存勖的沙陀兵将倒是肯定有人走散到这一带来了，要不然为何朱沱和松溉都有庙宇祭祀他们父子呢？李存勖在报父仇、打江山之时，“系燕父子以组”“函梁君臣之首”，攻无不克，战无不胜，确实当得起后人尊奉的“李公将军”称号！然而，他后来坐江山后，骄纵忘形，耽于淫乐，竟于一夜之间即匆匆败亡，身死国灭，落为天下笑柄，并由此生发出“满招损，谦得益”等警句。而松溉、朱沱的先民有江海般的心胸，容得下犯下过失的落难英雄，不但收留了他的败将或后人，还允许他们立庙奉祀。之后的宋、元、明、清，松溉场的人口亦是有进有出。一如陈鹏飞那样的豪杰之士，少壮时离家矢志报国，到晚年又叶落归根教育后人，其余未留名姓者尚不知有多少。但由于古时“天府之国”多有处女地待人垦殖，并且发生过轰轰烈烈的“湖广填四川”，松溉又处在水陆要冲，应当还是接纳外来者居多。古镇迄今保存得最为完好的罗家祠堂，据说始建于明初洪武年间，又于300多年后的清朝乾隆四十年至四十三年（1775—1778年）那几年间，经时任黔南太守和贵西巡道的罗氏族人罗文思首倡，在时任甘肃秦州清水知县的罗氏第十四代传人罗奇英主持下扩建完善。由此可见，罗氏先祖还当真看准了松溉这块风水宝地，原为元末避战乱远徙松溉，而实践证明他的后人发展得很好。此外，松溉镇迄今保留着陈家、邵家、刁家、秦家、樊家、游家、王家等家族的祠堂或大院，一并统称为本镇的古建筑，实则多建于近古的明清两代，而房主人多系大户无疑，这些大户又多为外地移民。这足可充分说明：其一，松溉的确是块风水宝地；其二，松溉这块风水宝地很能容人，原住民和外来人口融合得很好。

◆古驿道

其实，如果把问题放大了看，那么整个四川历来就是个“移民聚居地”，巴蜀文化的主要特点就是兼容。从距今几千年前的上古开始，巴蜀先民就与外地文化、外来人口进行着几乎从未间断的交流与融合。至抗日战争全面爆发前后，由省外移民入川所引起的四川人口大“换血”至少有六次：第一次，秦灭巴蜀后，由于政治原因，“移秦民万家”充实巴蜀。第二次，从东汉末到西晋，因为战乱，大批民众迁居四川。第三次，从唐末五代至南宋初年，因为战乱，大批北方人迁入四川。第四次，元末明初，因为战乱，长江中游的移民又大批迁入四川。诸如曾将重庆作为都城建立大夏王朝的明玉珍，他的军队和政权的基本力量，便都是来自地处长江中游的湖广行省。第五次，明末清初，因为战乱，四川人口锐减，田地荒芜，南方移民大批迁入四川。第六次，抗日战争全面爆发后，以长江中下游居民为主的移民大量迁入四川。

上述六次全国规模的省际人口大流动，皆是向四川运动。六次大迁徙中除第一次系出于强秦控制巴蜀的政治原因外，其余五次皆因战乱而生。在这五次战乱中，除第五次战乱发生在四川境内，其余几次皆发生在境外。由于境外战乱不可收拾，这才有境外人口到四川盆地寻求安生的人口流动现象发生，四川亦因其地理和经济上的特殊性，成为全国性战乱的庇护所。事实证明，各地移民来到四川，都能够较好地生存和发展；各地移民带入四川的先进文化理念、生产生活经验、生产技术等，也都能够得到很好的吸纳和消化，从而促进了移民与原住民的融合与共同发展。

现在就来具体说说松溉原住民与外来人口的融合。前述的第一次和第二次“巴蜀人口大换血”，“秦灭巴蜀”和东汉末战乱时有没有外人来到松溉，因为其时对松溉尚无历史记载，我们一律无从得知。而对第三次（即从唐末五代至南宋初年）我们就有话可说了，因为有“老官庙”——“李公将军庙”这处古迹，我们可以推断曾有李克用父子的沙陀散兵及其国中流民潜入过松溉、朱沱这一带；因为有陈鹏飞晚年回松溉设馆教学这个史实存在，我们就可以肯定他带回了南宋都城的先进文化和别的信息；明清两朝，有两任外来的永川知县徐先登、赵国显值得松溉人铭记，他们虽然都只是为官一任且短住松溉，却都为松溉、永川人民做出了不可磨灭的贡献。明清两朝，松溉的外来移民特别多，移民的积极作用也凸显出来，松溉场上的一个个大院、一座座祠堂，竟多半为移民所建，松溉的江边码头发展成上、中、下三个，街道扩展到20多条，皆是移民和原住民携手创下的辉煌——曾经长期担任松溉商会会长、为振兴松溉经济做出过卓越贡献的陈海门老先生就是一位外来移民。抗日战争时期又是一个高潮。自1937年抗日战争全面爆发伊始，便有难民从日军占领区源源不断地逃亡到松溉，出于对骨肉同胞的同情和对侵略者的义愤，松溉人即使自己吃苦受累，也义无反顾地接纳了一批又一批的难民，勒紧裤腰带也要分给难民一杯羹。他们得到的回报，则是那些被大家称为“下江人”的难民带来的先进生产生活经验和良好生活习惯。松溉镇上的第一个西医，正是从外地举家迁来松溉躲避战乱的退役军医黄兆康医生，1943年松溉爆发急性霍乱，中医们一个个束手无策，全靠他挺身而出才救活不少人。据相关志书记载：

是年（1940年）国军军医黄兆康一家从外地迁来松溉躲避抗日战争引起的战乱，在栀子铺开了第一家西医馆，西医传入松溉。民国32年（1943年）急性霍乱流行，中医医治无效，大量病人死亡。西医黄兆康为病人打针、输液，经过他医治的病人几乎全部康复。从此，西医得到松溉人的认可，（在松溉）扎下了根。

外来人口还带来了时新服饰、时髦打扮等，那些见所未见的旗袍、裙子以及齐耳短发、卷发等新式发型，尤其让老松溉人眼花缭乱，心痒痒而渴望仿效之。然而大家连做梦都没有想到的是，就在抗日战争全面爆发的第二年（1938 年），纺织实验区的设立和新运纺织厂的兴建，竟让松溉妇女们的梦变成了现实。

据当年的纺织女工游清雨老人等回忆，新运纺织厂在松溉一共招收了 800 多个工人且多半是女工，重庆为她们派来的女主管也都是些“下江人”，她们都穿着旗袍、半高跟皮鞋，抹着口红，梳着漂亮的短发，让大家羡慕不已。与此同时，这些“下江人”的到来，还丰富了松溉的饮食文化，没多久大家便连湖北菜、江西菜、广东菜和上海菜的口味都品尝到了。并且，实验区和纺织厂还为改善松溉古镇的环境卫生、市容面貌发挥了重要作用，很快就把古镇变成了一个更加富有吸引力的场镇。

特别是宋美龄视察前后，实验区当局想方设法美化松溉，一船船地从外地运来花木在实验区内外广为栽种，所有空地都种上了树木和花草，真是让人耳目一新和神清气爽……

游清雨老人回忆说，当时实验区的负责人姓潘，他的妻子潘太太是个很善良的女人，对女工们特别好，不但教给大家爱国爱民、自强自立等一类道理，而且教大家识字，还在每天早上带领大家举行升旗仪式。“举行升旗仪式时大家都唱歌——我们好些人都是在那些时候才学会了唱歌。”“我们也庆祝‘五一’国际劳动节和‘双十节’。每到那些节日，厂里都会组织大家唱歌跳舞……”

“还有，我们松溉是个临江的古镇，长江沿着古镇拐了几个弯。那些年只要热天一到，下午一下班潘太太就把大家集合起来，排成队伍喊着‘一二一’，到僻静点儿的那个湾里去冲凉洗澡——女人下大河冲凉洗澡，要是没有建立实验区或者没有潘太太带领，那才真是连想也不敢想的事情，可是既然有潘太太带着，又是大张旗鼓地干，本地人便再不高兴也不作声，慢慢地也就见惯不惊，这个活动便成了我们的例行公事……”

烫卷发、抹口红、穿旗袍和花裙子，喊着“一二一”排着队列下大河洗澡（游泳），真就让 80 多年前的古镇男女们神魂颠倒！难怪有人说，在全面抗战期间，四川和重庆在文化、文明建设上起码进步了好几十年。

◆新运纺织厂陈列室

◆织布机

一方奉献出自己勤劳的双手和肥沃的黑土地，一方带来了科学文化和现代文明，松溉历史上的移民特别是抗战时期松溉原住民与外来人口的融合，对双方都特别有利。

新中国成立后，没有战乱了，但是人民政权内军转干部、南下干部等外来干部与本地干部搭班子，企事业单位工作人员的调进调出和行政区划的撤并变迁等小规模的融合仍然不断。特别是改革开放以来，大量松溉原住民“孔雀东南飞”外出务工，带回来沿海地区先进的文化和生产生活经验，大量的外地人来松溉办企业、做生意或者做别的工作——随着港桥工业园区的设立和古镇旅游文化资源的深度开发，外来人口不断增加，新一轮具有积极意义的大融合正在形成。2006 年 3 月 1 日，松溉镇一次性接收奉节县鹤峰乡三峡移民 54 户共 281 人，松溉人海纳百川的博大胸怀由此可见一斑。

第四节
松溉水陆码头的兴衰及文化变迁

松山滴翠，溉水扬波。已经过去的千百年来，傍水而生的松溉古镇，她的兴衰总是与长江水运的发展变化紧密关联，而长江水运的发展变化，又总是与其沿岸经济、社会的发展变化密切相关。

远古时期，长江几乎还没什么航运，白练一般的大江上空空荡荡的。偶尔有人驾起土船或独木舟渡江，不是为了逃亡就是想当冒险家，正在河边撒网或垂钓的渔人见了会惊叫，会指指画画地望着那一个两个黑点儿越去越远直到看不见为止。

“看哟看哟——那几个人才不得了哟！”

“哎呀——硬是不要命了吗？”

到了春秋战国乃至秦汉时期，长江上不但官家的兵船多，就连民间的商船也有了。不过那时候长江上游的商船，往往只是从上头的僰道（宜宾）开到当时还叫江州的重庆就打回转，就连江州以下的枳城（今重庆涪陵）和万州也较少光顾，至于出夔门、过三峡扬帆远航、长途贩运的则少之又少。

之所以如此，说到底就是受经济、社会发展水平的影响。上古时期，长江上游的开发要早于中下游，经济发展水平也高于中下游。西汉时期，长江上游四川盆地西部的成都平原以及受其辐射的周边地区，已经是“沃野千里，水旱从人，不知饥馑”的天府之国，其中心城市成都在西汉末年人口已达到七万多户、三十多万口，是仅次于国都长安的全国第二大城市，在东汉时也名列全国六大经济都会之一。而长江中下游的荆扬地区，却还是“地广人稀，饭稻羹鱼，或火耕而水耨”的落后状态，处在上游

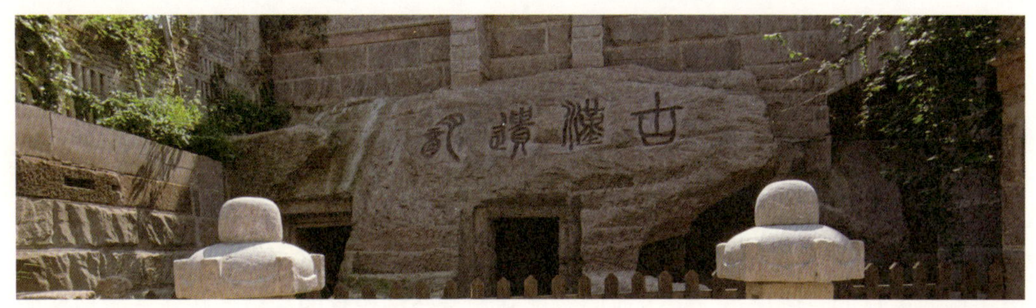

◆挖掘的汉墓

"天府之国"的人们，养成了自给自足的习惯，便无心冒着乘船过三峡险滩的风险，出去和别人做那极有可能没有赚头的生意。

到了魏晋、隋、唐以及两宋，长江航运已相当发达，先有李白高唱着《峨眉山月歌》仗剑出夔门，后有三苏父子携家带口诗酒过三峡。更重要的是，到了唐代长江下游的经济已快速发展，至两宋形成了上下游经济发展状况基本平衡而中游则相对落后的"马鞍形发展曲线"。长江上游的益州（今成都）和下游的扬州都以手工业和商业繁荣著称，加上水运也日趋发达，那生意自然便做起来了。长江上游的四川盆地与下游的江淮地区，通过长江水运进行粮食、盐、麻、木材等商品的交换而关系日趋密切。杜甫诗云"风烟渺吴蜀，舟楫通盐麻"。陆游也在《入蜀记》中记述说，当时的长江中下游一带，"贾船客舫，不可胜计，衔尾不绝者数里"。足可见当时长江水运的盛况。

水运发达，行船多了，沿途都要有港湾歇脚，码头的重要性日趋突显，"松子溉"于是应运而生。

开始的时候，这儿只是一个小小的港湾，常常有三两只过往的货船歇个脚、打个尖。渐渐地歇脚的船只多了起来，于是有人搭起茅草棚在河坎上做起了小生意，晚上开冷酒馆卖凉面烧腊，早晨卖馒头、稀饭、油酥花生米，接着卖豆花和炒菜的也有了，再接着还有人开起了栈房和茶馆，居然就慢慢地形成了街市。至迟不过唐朝中期，这儿已经有了场镇，只不过不知是叫松子溉还是叫别的什么名字罢了。

到了明清两朝，长江下游的经济仍快速发展，中游两湖地区的农业生产也达到了较高水平，所谓"湖广熟，天下足"的谚语，正是对这一时期的客观写照。相形之下，倒是处在长江上游的四川地区，由于遭受了宋末元初、明末清初两次大规模战乱的惨重破坏，人口急剧减少，经济水平大幅下降，"天府之国"盛况不再矣！虽然经过清代前期“湖广填四川”大规模移民运动和康雍乾盛世的着意修补，经济状况有所恢复，但与日益发展的长江中下游地区相比，已经出现明显的梯度差异。这种变迁彻底打破了秦汉以来的传统经济格局，直接形成了近现代以至当代长江流域经济发展水平从下游到中上游依次递减的结构。

一方面，长江下游地区从此担负了拉动整个长江流域经济发展的重任；另一方面，由于城镇人口的急剧增长，手工业的发展和大量经济作物的种植，长江下游地区的粮食已不能自给，而对中上游地区的稻谷杂粮等农产品和木材都有了更多的需求，“川省产米素称饶裕，向由湖广一带贩运而下，东南各省均赖其利”（清嘉庆《四川通志》

◆古镇马帮

卷七二）。与此同时，长江中上游地区对下游地区的发达经济有一定依附，对下游地区的海盐、丝绸和手工业产品也有大量的需求，于是商贸往来持续升温——这是大前提。

从局部上看，明清时期，长江各支流及其干流周边地区经济迅速发展，买进卖出的购销需求日益递增，推动沿江港口城镇迅速膨胀，松溉古镇的规模也不断扩张，场镇居住人口数量也大量增加。相关资料表明，至明朝万历二十八年（1600年），松溉场镇面积已达24平方千米，人口1.2万人；清朝顺治十八年（1661年），因受明末清初战乱影响，场镇面积减至20平方千米，人口减至0.8万人；但由于清初的湖广大移民和经济的恢复，仅仅11年后，清朝康熙十一年（1672年），松溉城镇面积已扩至28.5平方千米，人口增至1.6万人左右。其水路有分工明确的上、中、下三个码头，江上往来船只川流不息。上码头为大力行运输装卸码头，主要停泊宜宾、乐山的酒船和重庆、泸州港过往船只，运进的物资有棉花、棉纱、匹头、药材等，每年运棉纱5000余包、匹头3000箱，运出的是荣昌、隆昌的夏布、折扇。中码头为小力行（挑脚）运输装卸码头，运进的物资有金堂叶子烟、内江的糖、乐山的丝绸、江安的竹制品等，运出的是大米、黄豆、油、酒等。下码头停泊渡江船只，载人载货过江，对岸的蔬菜、柑橘、甘蔗、竹木、家禽家畜等从这里起运至松溉，大部分即在此销售，小部分转运外地。到中华民国成立后的20世纪20年代，松溉镇已有大木船110多艘，航行路线上至合江、泸州，下至重庆，主要为往来客商运送棉纱、粮食、白酒等商品。用于跑短途运输的小木船也有12只，其路线上至当时尚属江津县管辖的朱沱和合江的王场，下至江津的二溪、石门、白沙等，运送当时群众需要的商品和农副产品。到民国三十四年（1945年），松溉有码头工人135人，终日忙碌，应接不暇。由于有大量的货物需要转运，松溉的陆路运输方式主要是马帮，老街上从各县境内运货至此的马、骡子、黄牛每日近千匹（头），络绎不绝。为马帮服务的行业——马房也应运而生，昌盛时达到20多家。

直到1978年，松溉的最后一家马帮才被淘汰。

新中国成立前后，随着成渝公路和（老）成渝铁路的建成通车，松溉古镇交通枢纽、商贸中心的地位逐步丧失。1952年，松溉船民协会共有船110艘14300吨。至1962年，松溉各单位尚存木船11艘96.5吨，从业人员34人，其中供销社4艘54吨，粮站1艘1.5吨。为更好地适应整顿之后的市场需求，在松溉镇党委、政府倡导下，经多方协商，1962年8月松溉木船搬运合作社成立了，简称“松溉木船社”。

1974 年，松溉木船社向永川县交通局申请贷款 4 万元，实现了水上短途客货运输机械化；1975 年，松溉航运站购置“永川 102 号”拖轮 1 艘，1976 年添置“永川 106 号”轮船；1980 年又添置“永川 107 号”轮船。1984 年 7 月 5 日，永川县航运公司成立了，在松溉设立临时办公处，共有职工 44 人。公司于 1985 年从宜宾购回各具 370 匹马力的钢制拖轮两艘，命名为“永川 8 号”和“永川 9 号”，之后又购回钢壳拖驳 2 艘，各载重 380 吨。1985 年 9 月 6 日，永川县航运公司第一支出川航队汽笛欢鸣驶出松溉港，出夔门、过三峡开往上海。到 1988 年年底，永川县（松溉）航运公司有职工 79 人，固定资产 217 万元，净值 181.4 万元，载运功率 544 千瓦，产值 125 万元，上缴税金 3.98 万元，实现利润 15.16 万元。

为了适应改革开放的日益深入和水上运输市场的需要，1991 年 3 月 5 日，经永川县人民政府批准，永川县松溉航运公司更名为“永川县水上运输公司”，仍属集体所有制企业；之后又由永川县水上运输公司更名为“永川市长风运输公司”，企业也随之改制为股份制。

毋庸置疑，松溉水陆口岸的兴衰，势必引起其地域文化嬗变。唐宋时期，典籍尚无明确记载的松子溉应该就是一个普通得不能再普通的江边小镇。江畔稀稀拉拉地停靠着几艘歇脚的货船，江滩上稀稀拉拉地摆着一溜草盖或瓦顶的低矮房舍，房舍都是依地势而建，故而有的是平房，有的是吊脚楼。房舍前面也有条青石板铺成的街道，估计还不到一丈宽。三伏天晚上铺凉板歇凉，一家一块凉板铺开就把街拦断，行道人要从横躺竖卧的人堆里慢慢地穿梭而行。那个时候的松溉古镇，古朴得就像陶渊明笔下的世外桃源，镇上居民有的种庄稼靠天吃饭，有的做点儿小生意老少无欺，还有的就下河行船走水，除了经营自己的生计，上泸州要给张二爷带回来两罐老酒，下江津也给王大娘买点儿新鲜的炒米糖，来来去去都不打空手，有求必应最肯帮忙。民风淳朴如此，难怪饱经沧桑的陈鹏飞晚年会回到这里，落叶归根。

明清时期，松溉水码头大了、多了，旱码头也渐渐地兴起来了，码头分为上、中、下三大码头，大大小小的船只满河湾停靠的都是，街巷也增加到 20 多条，“马房”也有 20 多家。商贾云集，过客接踵。眼见天色已近黄昏了，却还有数不清的大大小小盐船、酒船或者别的船自合江顺流而下，或者从江津那边慢慢地驶入浩浩荡荡的东岳沱，号子声声，水天相映。待到终于系缆停靠了，便将灯笼往船头上一挂，留下少数水手看船，余皆说笑着登街串巷——有那简朴的，随便在街两旁冷酒馆一坐便划拳

◆上马石

畅饮；而那奢侈一些的，便要找地方喝茶听曲儿，找场子呼喝着掷个幺二三，或者就一个人溜号儿钻进小巷子悄悄寻觅自己的“相好”去了。

这就是“白日千人拱手，入夜万盏明灯”时代的松溉了。各行各业的人云集于此：吆马的成立了马帮，贩盐的汇聚成盐帮，挑脚的占据了一条街所幸还没有称王称霸，赌钱的输个精光却当了“棒老二”，怕费力的倒背着两手充当“羊儿客”却赚了大钱，趿半截鞋的白天打瞌睡夜晚却专往热闹处凑，就跟在那些看戏观灯的姑娘媳妇身后闹闹嚷嚷，时不时又打打醉拳唱唱无腔曲……

当然，古镇终归是古镇，在繁华和热闹背后依然有古朴。这种古朴，体现在祠堂和大院古色古香的建筑上，体现在私塾咿咿呀呀的读书声中，体现在生意人那老不哄少不欺的诚信买卖中，体现在河滩里那拖声遥遥的船工号子里头：

手提搭帕跑江湖，哪州哪河我不熟？
隆昌生产白麻布，自流贡井花盐出。
合川桃片保宁醋，金堂柳烟不马虎。
宜宾糟蛋豆腐乳，柏溪潮糕油嘟嘟。
内江白糖中江面，资中豆瓣能下锅。
松溉办席九大碗，泸州大曲最好喝
……

（摘引自川江船工号子《跑江湖》，由著名川江船工号子头儿陈邦贵演唱。）

抗日战争时期，社会极端混乱，常有赌徒混上客船诱骗乘客，为防止客人上当受骗，船工还会喊起自己现编的号子，好似敲警钟：

盯到起哟，要过滩，嘿着，
钱捏紧哟，看挨整，嘿着，
想赢钱么，倒吃亏，嘿着！

二十世纪三四十年代，由宋美龄领导的新生活运动总会妇女指导委员会在松溉设立纺织实验区并建成新运纺织厂，在给松溉带来新一轮经济繁荣的同时，还带来了新的文化思想。虽然没过几年，实验区和纺织厂就停办、搬走了，但“菜园坝”“两路口”

◆长江丰水区松溉镇江景图

等新名字和升旗、唱歌等习惯，乃至“妇女也可以像男人那样正大光明地下河洗澡”等新理念，却长存在了松溉人心里。

新中国成立后，由于成渝公路、成渝铁路的相继建成通车，作为川东重要水陆码头的松溉码头风光不再。以原始运载工具骡马为依托的马帮逐步消亡，共产党领导下的松溉木船社则逐步过渡为机械化的股份制（轮船）航运公司，松溉轮船欢鸣着汽笛驶往上海，弘扬了新的社会主义水运文化……

第五节

松溉的风土人情及民俗文化

如前所述，松溉古镇位于长江上游重庆市西部的永川区南部，距永川城区约40千米，顺江而下到重庆主城有143千米的路程——但那只是原来的走法和计算方法，现在，反正开车上“三环”高速公路只要个把小时就能到重庆主城，究竟要走过多少千米都可以忽略不计了。此外，松溉西南、正南及东南三面与江津相邻，东距江津区朱杨镇仅7.5千米，南面与江津区的石蟆镇隔江相望，这几个地方千百年来民间往来不断，衣食住行互有影响，风俗习惯相近，方言说法趋同，都把“挨打”说成“遭打”，都把衣服上的补丁称为“疤疤”，都把干没有多大出息的事情说成“打烂仗”，都把“会不会织毛衣”问成“打得来毛线不”，都把大家凑出钱物在一块儿喝酒吃饭称作“打平伙”……

又由于都有水运码头，松溉人行船走水时的言行举止，也和生活在别的水码头附近的人一样会自然而然地展现出同样的特点，诸如称呼姓陈的人不能叫“老陈”——因为“陈”与“沉”谐音，得忌讳，至于那“翻”“倒”“撞倒”则更犯禁忌，在码头和船上都是不能胡说的，必须说要用特有的“码头话”表达出来……

亦如前所述，松溉原系川东和渝西重要的水陆码头和经济大镇，拥有26条大大小小的街巷，镇上人口曾达到1.6万人左右，人口与当时的永川县城基本持平。现在，镇内仍有功能齐备的客运车站和客货水运码头，货运码头年吞吐量达好几百万吨，能够停靠千吨级轮船。由于党委、政府重视城镇建设和旅游开发，本镇城镇人口从2010年的3503人增加到现在的7000多人。

松溉原以松山溉水而得名，实际上南面濒临长江，东西两面为上溪沟、后溪河两条支流所环绕，于是便成三面向水了。多水的环境使气候变得湿润而且温和，四季分明雨量充足，故而虽处于低海拔河谷地区，却一年到头少有极端天气，最热或者最冷的天气都还算温和，年平均气温通常为 17.0℃左右。

一方水土养育一方人，美好的山水和适宜的气候，使松溉多俊男和靓女，高矮胖瘦各有韵味，并因人心向善而眉目含情。惹得游人常驻足打望，为何这一街到头的人儿看着都像是影星呢?

松溉人极勤恳。场镇周围的庄稼种植得枝繁叶茂，场镇街上的生意打理得井井有条，一家家古色古香的铺面干净整洁，一条条青石板铺就的街巷如水洗般光洁。一家家祠堂，一座座寺庙，乃至一个个大院的旧址，都有专人在看守和养护。

看守陈家祠堂的是一位已经年近古稀的老退伍军人，得知有人前往参观，他当即气喘吁吁地从住处赶来，背上还沉甸甸地背了一大包，原来是五六个版本的陈氏族谱。他不无惋惜地说，前些年祠堂曾用作人民公社下面的生产队公房，室内结构被毁坏得差不多了，现在要一步步地修复，“第一步就是修大门……”他指给我们看准备用来做门的崭新木材，还不无骄傲地介绍起了室内那几根一人难以合抱的亘石头柱子，的确挺拔和粗壮了得。说着观看着，不觉间已经叨扰了他好久，我们都说他该回去休息了，他却还要自告奋勇地带我们去观看飞龙洞石刻。飞龙洞在镇外马路堡坎的下边，坎壁上小径失修且荒草没膝，坎脚下飞瀑流泉边乱石嶙峋，他在前面开路当是何等的艰辛！路实在难走，几次都想趁他回头张望时打个招呼退却算了，但见他义无反顾，手脚并用地勇往直前，便终于没好意思开那个口。

看守陈家大院的是一位姓彭的退休教师，介绍说自己本是陈家的外甥，现在陈家人都在外面干事业、奔前程，他来替外公家看护老宅，便既是尽义务又是尽责任。彭老师是一位敦厚而勤奋的老者，退休后他已写过不少关于松溉和陈家的文章，现在介绍起来便如数家珍。他说：

这是座名副其实的“大院”，至少有两个“大”值得一提。一是面积大。陈家大院始建于清朝同治、光绪年间，扩建于 1942 年，总占地面积计约合 4 亩，由“源顺庆”商号、居家四合院、“怡庆长”商号和作坊、居家宅院四部分构成。整个建筑群有房屋上百间，依地势起伏而建，高低错落有致。二是从这个大院走出了一大批人才。陈氏一族自先祖陈朝钮定居松溉后，以第二代陈氏兄弟的发达为兴盛起点。长子陈开宗

（字海门）、四子陈开琦（字昂高）经商有道，积累了一份殷实的家业；三子陈开乾（字秉刚）继承祖业在家教书育人，并于1956年被推荐为政协永川县第一届委员会委员。据《松溉陈氏（朝钰）家谱》记载，他们家自第三代陈文贵、陈文镜等“文”字辈以后的346名成年族裔中，更是人才辈出，灿若星辰。

“啊，哦！果然就是名副其实的‘大院’”，我们都听得不住点头。但不知是有意还是无意，他把明星陈冲漏掉了（可能是想到陈冲虽系陈文镜孙女但生在上海，不是从这个宅院走出去的吧）。我们知道，陈家大院创建人陈海门是清朝晚期才从巴县迁来松溉的外地移民，与南宋的松溉人陈鹏飞本无亲缘关系，却又总觉得他们应当脉络相承，那便是因为陈鹏飞晚年回松溉设馆教学，陈海门后来也在松溉创办慈善会扶贫济困并捐资办学。从这个意义上讲，他们都是大乡贤——南宋的乡贤和晚清、民国时期的乡贤，乡贤文化使他们一脉相承。

说来真是太感谢彭老师，如果没有他的忠诚守护和辛勤劳动，我们就参观不到底蕴这么深厚的陈家大院，听不到这么精细的情况介绍了！又想这偌大的一个老旧院落，竟被他打扫得里外洁净，特别是那几间核心的展室，几乎一尘不染，不知他成年累月地付出了多少辛劳。从他身上，亦可清晰地看到松溉陈家、松溉彭家乃至松溉百姓为人勤恳之本质所在。

松溉人还极善良。行路者遇到人满眼含笑，生意人能做到童叟无欺。肚子饿了，小食店几块钱一顿的豆花饭管饱；走路累了，任何一户人家都会递出板凳让你坐下歇脚，还供给茶水。古镇的老巷子常让人迷路，但在松溉那几乎是一点儿关系也没有，因为只要你舍得开口，马上就会有人告诉你应该怎么走怎么走，有时候人家还会主动领你一程。2018年11月某日，我们一行人游览松溉古镇后面的制高点青紫山，登上去才发现那儿已经建成了水厂，守门的老人因虑及水质安全而不让我们进——原来长江水就是被抽到这里再净化后输送到永川城区的，深知对方责任重大，我们当即表示了理解。对方看见我们遗憾的样子后主动发问，得知我们只是想在高处鸟瞰古镇全貌后写点儿文章，便赶紧打电话请示领导，在征得领导同意后带我们进门，领我们到最方便鸟瞰全景的地方观看，还发给我们一人两个他自己栽种的橘子——是的，是他自己栽种的橘子，水厂里面那些东一块西一块的空地，已经被他开垦成了果园和菜园，除了果树还栽种着莴笋、萝卜、菠菜、小葱……

◆古镇节庆活动

“你吃得完呀——要休班是不是可以带回家去呢？”同行的小冯打趣地问他。

“那倒不得行啊，都是种来大家吃的——一天有七八个人在厂头吃饭。”

他笑着，笑得十分良善和坦诚，说东西无论贵贱都要做到公私分明，说他休班回家也种菜来给大家吃，并说老伴和儿子媳妇都对他很好。

是的，松溉人处事公私分明且极重孝道。一年一度的孝亲文化节活动，是他们极为看重的一个大型活动。活动跨越清明节前后，一共四五天，内容包括评选好媳妇、好婆婆等孝亲模范并开会表彰，排演孝亲为主题的文艺节目教育大众，邀请书法家到场义写孝亲对联和家训，邀请专家举办关于孝亲文化的专题讲座——“饮水思源·宗祠祭祖”“根植故里·清明绿化”“记住乡愁·十里长街千人宴”“孝亲传家·成人礼仪式”等。“十里长街千人宴”已是古镇一项传统的大型活动，就是在每年清明节这天，镇上各大祠堂联合起来，在十里长街上摆下桌凳，设下价廉物美的松溉传统的“九大碗”宴席，让饮水思源、回家祭祖的四方游子，一起吃原汁原味的家乡饭菜，一样一样地记住乡愁……

“成人礼仪式”活动也颇有意思。活动开展时那群刚刚成年的青年男女会一律着古装，而且每人配有同样身着古装的教师，在引领他们分别进行男子的冠礼和女子的笄礼之后，再让大家依序坐下接受成人的教育。活动具有一套在旁人看来十分烦琐的规范仪程，对行礼的服饰、礼器、音乐和参礼人员的动作都有一整套特殊的要求，或许会让一些人感到不胜其烦，但亦含有不少积极意义：不但能给大家带来一次传统文化礼仪的洗礼，而且能让年轻朋友明确成人对于社会和家庭的责任，是一件一举多得的好事。

当然，如果从民俗学的角度来看待问题，“成人礼”只是整个人生仪礼当中的一个环节。松溉人历来珍爱生命而且重礼，对人生中几个重要阶段的礼仪都十分重视，诞生礼、成年礼、婚礼、葬礼等当然也都有所施行。

1. 诞生礼

诞生礼是人一生中的开端仪礼。传统观念认为，一个婴儿的顺利出生，还仅仅是一种生命意义上的存在，只有为他（她）举行了诞生仪礼，他才能获得在社会中的地位，被社会承认为一个真正意义上的人。松溉人历来重视子嗣，具体施行的诞生仪礼，甚至还包括了怀孕之前的求子、怀孕期间严守保胎禁忌等。如果说这些尚可根据各家各户的具体情况而定，那么在婴儿出生之后陆续开展的“洗三”（或称“打三朝”）、“满月酒”、“抓周”这三步，却是一步也不能少。因为，传统观念认为，第一步（“洗三”）是家庭庆贺添人进口，第二步（办“满月酒”）意味着新生儿步入社会（所谓“见世面”），第三步（“抓周”）则可以检验小孩儿天赋并预测前景。在具体做法上，“洗三”时要由新生儿父亲携带能够暗示婴儿性别的礼物亲往岳父家报喜，家中则由中老年妇女用中草药熬制的药水为婴儿擦身；办“满月酒”是为婴儿举行有众多亲友参加的庆贺仪式，家中会庄重地为婴儿第一次剃头（谓之“剃胎毛”），然后由母亲抱着参加有众多亲友在场的喜宴（谓之“见世面”）；“抓周”则是置酒庆贺小孩子的周岁生日，但其中的一个重要仪程是“抓周”，即在给小孩子穿上新衣后，将文房四宝、书籍、玩具、秤尺算盘等一些物件及糖果糕点等吃食置放在他（她）面前，任其伸手去拿去抓，从他（她）抓到手的第一件物品去预测他日后的志趣……这是人生诞生礼仪的核心内容，只有这三步都妥善地做了，诞生仪礼才能告终结。在松溉和别的许多地方，还有在办“满月酒”和“抓周”之间为婴儿办“百天”礼的——有一次笔者到重庆办事，便正好撞上过去所教的一位学生为她的小儿子办“百天”礼，她说是她的父母要求一定要给小孙子办办，于是便趁周末热热闹闹地办了四五桌。心中正想着既然重庆主城都还有人讲究这套传统习俗，那么被称为“小重庆”的松溉古镇恐怕就更为普遍了。

2. 成年礼

成年礼又称为“成人礼”，是为承认年轻人具有进入社会的能力和资格而举行的仪礼。我国和世界上很多国家、民族都十分重视人生仪礼中的这一仪程，有的国家或民族，举行成年礼的过程十分隆重并具有严酷的考验性质。特别是男子成年礼中，被考验者要集中完成一系列规定的体能训练并且受到相当痛苦的身心折磨，诸如突然改变他们的生活环境，让他们置身于人为的艰苦环境中，从事沉重的体力劳动与耐力培养等。汉族历史上有男子 20 岁行冠礼、女子 15 岁行笄礼的规定，而根据本书前面叙述的情况看，松溉古镇举行的还是传统的那种相对独立的成年仪礼，提倡温良恭俭让，主要在于弘扬传统和引导大家知事明礼。但设身处地想来，艰苦奋斗和吃苦耐劳是松

◆古镇成人礼仪式

溉古镇人的优良传统，即便也在成年礼中让大家经受一些这方面的锻炼，恐怕亦是经受得起的。

3. 婚姻仪礼

婚姻是维系人类自身繁衍和社会延续的最基本的制度和活动。男女双方通过结婚组成一个新的家庭，必须得到社会的认可。从表面上看，婚姻仪式是向社会公开并得到承认的男女结婚方式，但能否举行以及举行何种婚姻仪式则取决于一定社会中的婚姻制度及在其基础上变通的风俗习惯。在松溉古镇的上千年历史中，曾有一些较贫穷人家借古镇接纳外地移民之机收养童养媳，即把外地逃难来的女孩儿收养起来，待其长大成人后行过上头礼（笄礼）即与自家儿子结为夫妻。亦有些有钱人家重婚纳妾——这当然早已被新社会明令禁止。即便在过去，一般人家还是讲究通过父母命、媒妁言的明媒正娶。但那是一个十分复杂而且烦琐的流程，往往要通过“提亲”“访人户”“做香”“姻亲往来”“讨庚”“合八字择期”“送期单”“打行架”“哭嫁”“过礼”“开脸上梳”“拜香火”“坐歌堂”“发亲迎亲”“装郎和铺床”“回车马”“踩席子”“拜

◆古镇花轿

◆古镇婚俗表演

堂”“坐烛”“拜灶”“闹房”“谢媒”“抬箩轿”“回门”“坐对月”等多得数也数不清的一系列复杂程序，明媒正娶的婚姻仪礼才能算是基本告一段落。其时间跨度少则一年半载，多则三五年。当然，这是旧社会的礼仪习俗。新社会讲究婚姻自主，但多数人还是会征得父母的同意，还是会有介绍人说合，甚至还是要“合八字”“择期”“回门”等，只不过男女双方当事人有最后的决定权，而且程序也简化多了。

在松溉，到了正式举行婚礼时，主人家往往要摆酒三天，第一天从上午或午后开始，主人家会召集所有近亲及帮忙人等，对他们进行分工，诸如锣鼓、轿夫、杀猪匠、厨师、打杂师、打扫祠堂和扫地抹屋的人等，分配完毕即设宴款待。这天的一顿或者两顿酒饭，松溉人称之为“开门厨”。第二天是“正酒”，正酒的规模依男女双方的实际情况定，多的会办到几十甚至上百桌，少的则三十桌二十桌不等，远远近近的亲戚朋友或左邻右舍、街坊同事都会来恭贺，凑上“份子”以尽人情。所以做正酒那天，嫁娶双方家中都热闹非常。娶媳妇那一方，首先会组建一支精干的迎亲队伍，计算好迎亲路程的远近择时候出门，进门时要弄得锣鼓大作、鞭炮轰鸣、唢呐嘹亮，营造出一股大喜特喜的气氛来，而隐身于迎亲队中的男方婶子、嫂子们，往往都是些精悍健妇，这时便如同奇兵出现，闪挪着突破女方防线，然后直逼待嫁女闺房，隔门听那房中的啼哭。如果那里面哭的是：

“一间柜子一间床啊，妈呀娘——”

那婶娘就会朝嫂子们挤眉弄眼地笑笑：不关我们的事，是哭她妈给的陪嫁少了呢！

而如果那门里面哭的是：

“人家嫁的男人是金龟银龟呵，我嫁个男人傻啦吧唧——”

那男方的婶婶就会立刻爆发道：“哪个说的哪个说的，你开门出来好生看下呢——这外头哪个不说我们新郎官一表人才！”

为了不耽误午时拜堂，接亲的不会恋战斗嘴，也没有耐心去静听对方就赖在门内哭爹叫娘，这时便会趁势展开攻势，连哄带诓使劲拍门，一举要把准新娘拖出门槛。而门内亦有众姐妹护卫，拉拉扯扯便在所难免。好在女方长辈亦心中有数，也生怕误了拜堂的吉时，待双方一来二往几轮争夺后，他们也会出面劝女儿上轿。拉拉扯扯兼推推搡搡地来到花轿前，准新娘仍哭着不肯上轿，甚至会用预先准备的板板鞋猛击轿门，击打得轿夫也告饶不止。

这是要上轿钱呢！男方那见过世面的婶娘这时便笑笑，拿出随身预备的红包，从女方的陪护姐妹一一打发起，再给亲属怀中抱着的小孩儿也散了喜钱。女方父母这时也近前为女儿增补了红包，于是双方都没得话说了，都劝准新娘快上轿好起轿，免得拜堂误了吉时。一场“争夺战”终于告结束。如果轿夫有“报复”心理，路上不使劲抖摆闪跃腾挪你坐轿的几下才怪呢！

花轿出门后，无论道路远近都不能停歇，要一直抬到新郎家门前坝子边方才停住，但新娘不下轿，这时便有先生上前“回车马”，点上一炷香，端起一碗水，手一边比画（据说是画太极图），嘴里一边念念有词：

日吉时良，天地开张，新人到此，车马回乡。娘家车马请回去，婆家车马请出迎。天无忌，地无忌，日无忌，时无忌。天地年月日时无忌。百无禁忌。吾奉太上老君，急急如律令。天煞、地煞、年煞、月煞、日煞、时煞，一切凶神恶煞，不洁不净。神水若定。有堂归堂，有殿归殿。无堂无殿，各去远方！

念完后，要连撒三把米，然后提起菜刀杀了早已备下的公鸡，围绕着花轿淋一圈鸡血，这时门前鞭炮骤响，花轿进屋扶新娘下轿拜堂。拜堂自然又有先生喊礼，在此不赘述。拜堂之后，送入洞房，新郎得出去向客人敬酒，新娘则独自留在房中“坐烛”，要一直坐到当天晚饭后新郎回屋，众人才一涌围上来“闹房”——松溉人闹房，也和别的许多地方一样，有的闹得疯狂，有的则较文雅，但所谓“前三天不分大小”那话多半是假的。

闹房的散去，鸾凤和鸣，当然自然是一夜好睡。但是可惜春宵苦短，转瞬已是第三天（婚礼的第二天）“散厨”。这天新娘会一清早便起床梳洗，出新房来与亲属和客人见面、打招呼，并且正式向公婆请安，算是行了“成妇礼”。于是大家皆大欢喜又摆席设宴，请齐帮忙人等吃菜喝酒，席间当然会办些交接、安排些善后，饭后大家便散了，故而是为“散厨”。“散厨”的第二天，新郎会陪着新娘子“回门”，正式拜见岳父岳母，松溉人俗称“认女婿”。至此，婚礼方告完成。

◆古镇婚俗表演

新中国成立后，花轿取消了，一些烦琐的程序也被简化了。但是一些关键的礼俗仍被民间保留。有一次笔者应邀到松溉镇外一农家吃喜酒，主人家租下中巴车代替花轿接回新娘，也有人端着碗向车顶撒米，并且随即杀了公鸡，将鸡血绕着车辆淋了一圈……倒是城镇人结婚真正变革了，要么把婚宴设在酒楼，要么干脆就旅行结婚，才真正省却了诸多烦琐步骤。

4. 丧葬礼仪

丧葬礼仪是人生仪礼的最后一个流程。许慎所撰《说文解字》曰："死，澌也，人所离也。"之后又有段玉裁注云："人尽曰死……形体与魂魄相离。"还有研究者进一步指出，"死"的原初字形，是将尸骨上半放在前，一人在左侧跪拜，故"葬"则由"死"字而来……由此可见，"死"与"葬"是紧紧联系在一起的。有"死"便有"葬"；有"葬"，也自然就有"丧葬仪礼"。

松溉人重孝道，因此也十分看重这人生仪礼的最后一个流程，办丧事一直以来都比较隆重。过去，一般人家长者去世，会请道士做道场吊丧三日，有钱人家做道场五至七天，在院坝搭起帐篷，入殓封棺后停放于此，让亲友故旧烧香凭吊，道士则诵经拾魂。上山下葬，子女、亲属、亲朋好友要跟着上山出殡，出殡一般不宜超过中午十二时。

据 2010 年修订的《松溉镇志》介绍，松溉丧葬仪礼的流程如下：

寿终正寝商议丧事：发现老人过世后，确认已经无法挽救，即把死者放在竹篾席上整理衣服，亲人开始哭泣，谓之"正寝"；在设灵位之后，亲属子女聚集到一起，请长辈到场商议丧葬事宜，然后准备报丧。

报丧：丧家派出族人或本村人向其亲戚朋友报告死讯以及丧葬期相关事宜，以便亲朋前来凭吊。报丧者向亲属报丧时要跪拜报丧。

吊唁：悼念死者。由于前往吊唁的客人与死者远近亲疏关系不同，其礼数方式也不大相同。凡嫁出去的女儿，接到讣告后立即返家，沿途号哭，直至灵前，待兄弟劝慰方止。外来人等，不论大小都要在大门外由家属接待，再由侍者引至灵前致哀，并要给予白巾或青纱一条。亲者须披麻戴孝，致哀毕后献礼，礼品多为礼金。

入殓：大多根据家庭情况，请道士或葬工按择定时间将尸体纳入棺内。首先，供祭辞生，备饭菜数碗，让礼殓者给食于死者。其次，穿着寿衣（即为死者穿上新衣服）。

最后纳棺，先于棺底、棺侧填上钱币、冥币、金器及死者常用的服饰、器皿等遗物，然后移尸入棺封盖。

大夜（即死者安葬的头一天晚上）：丧家置办酒席感谢吊唁的亲友，举办仪式祭奠亡灵，由道士主持礼仪，读祭文。其间敲锣打鼓、吹奏唢呐、燃放鞭炮，现在的礼仪还流行歌舞表演（俗称“灯夹戏”）。

出殡：将装死者的棺木抬出去入葬谓“出殡”。其过程如下：转棺，将棺木移出门外、起棺头，备牲（一般是准备活公鸡置于棺材上）供祭跪拜，封钉，于棺盖四端打入长钉各一颗；旋棺，由道士领导孝男、孝女绕棺转三周；哭棺，由丧家妇女身穿丧服倚棺痛哭；吊祭，由亲至疏，由内亲至外戚，依次吊拜；引发，吊祭后丧葬行列起行，送葬次序先亲后疏，亲者送至山前，疏者及朋友送至半途即可回归；落葬，落葬前，亲者要抓一把土撒入墓穴。埋葬时，先将棺材置于墓前，哀哭一番，由僧道再诵经后动土掩埋。

◆丧葬活动

烧灵房：丧家用纸扎好灵房，内置车、马、器皿、工具、元宝等，待出殡后，请众僧念经送出，在附近特定地点或河边烧化……

以上介绍，表面看来是有头有尾了，实际上还是很不完善的，前面（寿终之后报丧之前）缺少了“设床”（设置专门的停尸床即灵床）和“沐浴更衣”（对死者遗体进行清洗装扮并为其穿上定制的寿衣）两个必不可少的程序，后面（死者入土为安后）则还有“复山”（死者入土的第二天或第三天，孝子会做好看坟粑，由亲友陪同到坟前祭祀并垒土修坟）、“烧七”（即七个七日祭祀。古人认为，人要在死后的第七天才知道自己已经死了，所以要“烧七”，“烧”满七七四十九天才告结束。有人已将“烧七”简化为四次，即一七、三七、五七、七七，烧一七和七七以孝子为主，三七以孝媳为主，五七以孝女为主），七七以后百日除灵，丧事才算办理完毕。

如今，政府一再倡导殡葬改革，包括松溉古镇在内的许多地方已实行火化，虽然尸体火化前后的丧礼依然保留着前述的多半流程，但多数人家已以青纱代替孝帕，灵房则以花圈代替之。移风易俗，看来也是一个漫长的渐进过程。

除了上述同属人生仪礼范畴下的四大仪礼，人们在进入重要年龄阶段的祝寿仪式和一年一次的生日庆贺活动，亦可以视为人生仪礼的内容。

按松溉旧俗，男人要年满六十、女性要年满五十后方可“办生期酒”即“做生日”，或曰祝寿，之后每十年为一次大寿，老人在生日那天要置酒庆贺，接受儿孙及亲友拜寿。改革开放以来，由于人们生活得到了很大的改善，“做生日”已不再局限于男满六十、女满五十后，许多人家会为小孩满周岁和十岁办酒，年轻人满二十、三十也会“做生日”——即便是一年一次的普通生日，也要约上三五好友下馆子吃喝一顿以示庆贺……

至于松溉人在岁时节令、饮食起居方面的习俗，松溉的特色民居和风味饮食等，本书将在别的篇章里另作介绍。

第六节 松溉的美食、特产及四时节令

松溉不但是曾经兴盛一时的水陆码头，工农业生产也比较发达，物产也丰富，镇上曾经创办过纺织实验区和火柴厂，现在更有设施先进、技术一流的港桥工业园区和电厂、水厂分布在场镇周边；农村盛产稻谷、杂粮、四时果蔬和各种各样的经济作物，细说起来便是数也数不清……

松溉人自来俭朴，生活但求温饱而不尚奢侈。但由于“一方水土养育一方人”，肥沃的松山和清洌的溉水提供的生活原料，经过辛勤而有智慧的松溉人精心烹制便成美食，因让游人品尝后赞不绝口而远近扬名……

1. 备受青睐的“长江松溉鱼”

松山开好花，溉水出好鱼。松溉江中叫得出名字的好鱼，就有“江团”、“鲢巴郎”、“船丁子”、“黄辣丁”、“大折䱀”、“青鲌”和鲤鱼等十多个品种，捕捞上来再精心烹制便成美味。过去松溉连电都没有，更不用说冰箱等高档电器了，餐馆为了让名鱼保鲜，便在厨房后面修了小鱼池喂养，甚至还打了地窖来冷藏，以供顾客随时选用。

“长江松溉鱼”原本就受人青睐，在全面抗战期间宋美龄视察松溉时受到其夸赞后，更是名声大振，在古镇餐饮业中独占鳌头，成了商家谈生意和富豪宴客的首选。外来客商或者游客，则常常以没有吃到“长江松溉鱼”为憾。

现在，松溉的几家餐馆仍然把“长江松溉鱼”列为自己的特色菜，新一代厨师们

◆松溉鱼

对前人的技艺既有继承又有创新，能把长江鱼制作成酸甜、麻辣和香酥等几十种口味，不断把“长江松溉鱼”发扬光大，让人赞不绝口。

2. 经久不衰的松溉“九大碗”

因以九碗川菜作为主菜办席而成名的“松溉九大碗”，已有几百年的历史了，直到现在仍受当地人和八方游客的青睐，真说得上是经久不衰。

“九大碗”的九道菜颇有讲究，其中的头一道菜就叫作“头碗”，是猪瘦肉油酥后切成薄片，拌好相应香料，放上竹蒸笼蒸制而成，是人们百吃不厌的一道蒸菜；接着陆续上席的，则也是风味独特的清蒸带骨酥肉、糯米丸子、夹砂肉、烧白、肘子和鸡鸭鱼肉等。原来这“九大碗”一个显著的特点，是每道菜都经过厨师的精心调味，然后一律用土碗装好，放在竹蒸笼里蒸制而成。凭借着几架竹蒸笼就可以办出若干宴席来，对厨师来说也是一件极省力的事。当然，如果是要款待贵客，就还得在“九大碗”的基础上再加一两碗，配上清蒸的“长江松溉鱼”或鱼糕、鱼丸等更有品位的地方特色菜。

1946 年端午节松溉举办龙舟赛，时任永川县长的周开庆邀请江津县彭县长前来共同观赏，午宴仍以“九大碗”接待。两个县长及其随从也对松溉“九大碗”赞不绝口。

◆松溉九大碗出锅

后来彭县长为其父亲及兄长举办的两次寿宴，都特地邀请了松溉名厨刘二师前去江津为他做“九大碗”。

现在，随着松溉旅游业的蓬勃发展，“九大碗”更是声名远扬，成了八方游客和当地群众宴客的首选，在永川乃至周边城镇也占有市场。当然，随着社会进步和人民生活水平的日益提高，“九大碗”也在原来的基础上有了很大的改进，厨师们在沿用竹蒸笼烹饪松溉特色“九大碗”的同时，还注意配以油炸、水煮、红烧的各种菜肴，进一步满足了不同口味的顾客的需求。现在，不但松溉镇上的大小餐馆都能承办松溉“九大碗”，还产生了一批流动的厨师队伍，长年游走于本镇及四方农村，带着锅碗瓢盆等餐具上门服务，为群众的婚丧嫁娶宴席制作松溉“九大碗”等美味佳肴。

3. 价廉物美的松溉盐白菜

盐白菜也是松溉的一种美食，色、香、味俱佳，而且风味独特，其中又尤以色泽晶亮呈金绛色者为上品，盛入碗里浮在汤面，汤清如玉液且味带清香，拌煮肉片或丸子汤时尤其叫绝，虽然并非山珍海味，却也堪登大雅之堂——是一道价廉物美的好菜肴。

松溉盐白菜由来已久，早在清朝光绪年间就已经问世了。当时，“厚记”“永义祥”“完胜河”“万福同”“六合春”“永茂荣”“华康”“喻吉祥”等有名气的商号都生产盐白菜，年产量约三四十万斤，起初在永川本县及周边销售，后来逐步畅销巴蜀各地以及本省市以外的广大地区，民生公司、合众轮船公司以及其他公司的船队航行于川江，都常停靠松溉码头上岸订货，从成都、郫县（今成都市郫都区）远来的商船，自流井的盐船，内江的糖船，以及嘉州（今乐山）、叙府（今宜宾）的酒船，也都喜欢捎带松溉盐白菜回去，或销售或馈赠亲友。再后来，松溉盐白菜又被运出夔门，远销到了宜昌、沙市、武汉、上海等沿江一带的城市，乃至大江南北的很多地方。

1932 年刘湘担任四川省善后督办时，曾在成都举办花会，其间举办过一次全省土特产的评比展销活动，松溉盐白菜受到表彰并且获赠金匾一块，从此更是声名大振，销量与日俱增。

松溉盐白菜之所以能够久负盛名，实在是因为它材质好，制作过程也颇多考究。店主要在每年入冬前一个季节开始就与菜农签订好合同，约定好产品规格和质量标准，要求菜农精心培育、好种好收，收购新鲜蔬菜（主要是黄秧白）时又要特意进行精细的筛选，要求收购的黄秧白白得透心（绝对成熟）又尚未超过成熟期五天。黄秧白收齐，马上雇工昼夜加班，将每棵菜用刀划成八瓣，用盐渍三天后即行翻出，陈放在特制的大竹筛上榨尽汁水，然后盛入缸内拌入香料并用原汁豆豉加以覆盖密封储藏，储藏八个月后开坛取出，日晒夜露又需一季度，盐白菜才算是最后做成。

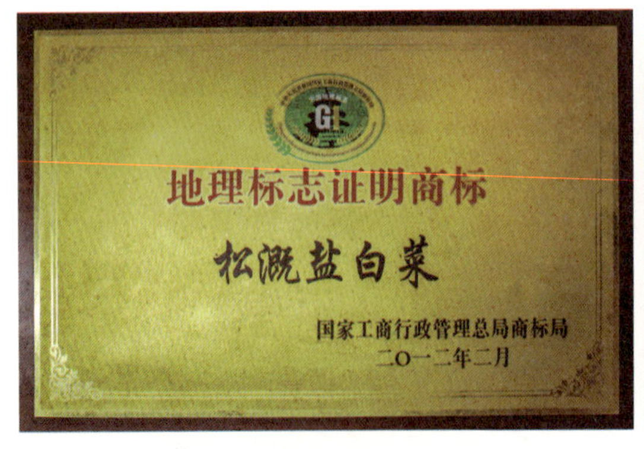

◆松溉盐白菜

曾经有一段时间，松溉盐白菜遭遇危机：菜农认为种植（制作盐白菜的）黄秧白费工时且价格低廉，不愿意种了，商家也嫌制作盐白菜时间长、利润不高，不愿意做了，松溉盐白菜不但产量大幅下降，质量也因改用莲花白制作而大幅滑坡，名声也随之日渐低落。直到 20 世纪 90 年代，松溉酿造厂大刀阔斧进行改革，重新采用传统工艺和原材料生产并注重革新，久负盛名的松溉盐白菜才得以重新制作并发扬光大，而今已经名扬四海。

4. 誉满川江的松溉盐花生

松溉盐花生风味独特，具有香、酥、脆和入口化渣等优点，既经济又实惠。因而早在 20 世纪二三十年代便畅销重庆及邻近各县，深受广大群众的欢迎。即使没有牙齿的老年人，亦因只要用手指一捻花生米遂成粉末而同样能享此口福。过去松溉举办宴会，在各种筵席上，除首要的"拼盘"或"四品扣盘"外，还总少不了盐花生点缀丰盛的席面。茶馆、酒店更少不了它。松溉盐花生也最适宜于馈赠亲友，而总是显得经济大方。追溯到新中国成立前，松溉盐花生能在重庆稳住阵脚而经久不衰也实非易事。因为它曾与当时的重庆磁器口盐花生、江津油溪盐花生并驾齐驱，相互竞争，成鼎足之势。最后，唯松溉盐花生始终获得上乘之誉，考究其原因，发现它确有历史渊源。清光绪年间，松溉经营此业者仅几家烤坊，以龙海廷、龙树堂兄弟两家的盐花生独占鳌头，号称松溉"龙花生"，因世代苦心经营而颇负盛名。因为经营的时间长而熟能生巧，在掌握烘烤花生的各个环节上，都有一套成熟的经验。如何把花生烘烤得香、酥、脆、化渣，一般烤坊是难以学到"龙花生"这一套过硬的功夫的。20 世纪 20 年代末，松溉烘烤盐花生的作坊逐渐发展到十几家，从新街子延伸到长江边上，路程足有八里之遥，而且几乎每条街都有经销盐花生的店铺或者摊点。

松溉盐花生的货源当时也是相当充足的，商家除了在本地和本县南部一带收购，销往松溉的生花生还有江津县朱杨、二溪、中坝、萝卜场、老君庙等地的产品。收购水籽（未完全晒干的生花生）每场在万斤以上，每月 10 万余斤，每年收购总数在 80 万斤左右，经烘烤后在 50 万斤左右。由此可知松溉当时盐花生制作、销售业务的可观。遗憾的是，镇上曾经首屈一指的"龙花生"因其后代经营山货蚀本负债而倒闭，松溉"龙花生"随之销声匿迹了。

松溉盐花生的烘烤技术，从表面看上去比较简单，其步骤为：一挑、二煮、三烘烤，掌握火候就行了。事实上只有“挑选”较易，只需选择那颗粒饱满的生花生，汰去虫伤及半子就行。但在煮和烘烤上必须巧妙下功夫：如煮时过久则不酥，过短则不入味且咸淡不匀；烘烤时宜勤翻，以能用手捻成粉状入口化渣为度，时间过久则会焦苦，过短则水分未尽而易霉变。这些以前都全靠手工操作，全凭经验认准火候，确实有些不好掌握。

抗战时期，松溉商业受重庆影响，盐花生业务曾一度崛起。当时的万胜和、陈少坤、魏少初、姚永清等商家均是各自独资经营，在继承前辈“龙花生”传统烘烤技术的基础上狠下功夫、精益求精。特别是在花生香味方面做了一些改进，加入五香等佐料，使花生更具有一种浓郁的香味而酥脆可口。其中又尤以“万胜和”盐花生为最佳，其使用陈年豆油缸内凝结的盐冰来代替食盐，致使花生香味愈加醇正而别具风味。从质量来说亦向前迈进了一步，引得外地客商纷纷前来松溉洽谈、订货。抗战结束后，外省老乡重返家园时，总要买点儿盐花生回家做礼品。松溉盐花生销售市场的繁荣，一直延续到 1953 年。从 1953 年起，花生实行统购统销，由供销社、粮站加工出售，数量极少，质量也不能和以前相比，松溉的花生行业由此逐步走向萧条。

改革开放后，松溉花生行业有所恢复。但由于生产规模较小、产品缺乏创新、包装也比较落后，现在的松溉盐花生大多局限在本地销售。

5. 纯粮酿造的松溉健康醋

早在清朝光绪年间，松溉的酱园制造业已开始繁荣。其产品有豆油、麸醋、豆瓣酱，副产品有盐白菜、芽菜、豆豉、酱姜等。在 20 世纪 30 年代于成都举行的国际博览会上，松溉产的麸醋和豆油就双双获得优质产品奖，而后产品越做越好且销量大增，在长江上游的宜宾、乐山、泸州、合江等地备受欢迎，在下游的江津、重庆也畅销。

◆松溉健康醋

松溉麸醋由大米、小麦、麸皮及天然植物，加上经过滤的长江水精制而成。这种传统的制作工艺传承到现在，在地方党委和政府的高度重视下得到进一步发扬，产品质量不断提高，由于富含多种氨基酸，酸味醇正且略有甜味，的确是一种老少皆宜的调味品，故而被命名为“松溉健康醋”，1995 年获得重庆市人民政府新产品百花奖和第二届中国农业博览会金奖，1996 年获得第二届中国国际博览会“国际名牌调味品”称号。现在，松溉健康醋由重庆市永川区松溉调味品有限责任公司生产经销，各地超市和市场都有销售。

6. 别具一格的松溉炒米糖

民国初年，松溉商业进入繁荣时期，“炒米糖”这类小食品也有几家作坊在批量生产。上市后受到群众和外地客商的好评。在松溉码头，常有上百只木船停靠。小贩们便提着装满炒米糖的竹篓上船叫卖。炒米糖甜蜜可口，顾客争相购买。有的当面品尝叫好，又再次购买。轮船一般停靠十分钟，而小贩们提去的炒米糖不到十分钟便卖光了，个个露着笑脸下船。那些马帮的马夫和船工们卸货后，便到茶馆品茶休息，观看精彩的评书和花鼓戏。小贩们也上前向他们推销炒米糖，他们也多半会买下一些，并且津津有味地品尝。尝到好吃离开时就要大包小包地购买，捎回给家人，作为自己到过松溉的纪念礼物。

松溉炒米糖除了干吃以外，还可以用开水冲泡着吃，口感淡甜清香且化渣易消化，并有止渴生津的作用，是老少皆宜的绿色食品。在过去松溉夜市和各个码头乃至街头巷尾的赌坊、旅馆、烟馆，不少叫卖“开水冲泡”炒米糖的流动小商贩也很受欢迎，因为这是人们夜半加餐的最佳食品。

◆炒米糖

制作松溉炒米糖，首先要将经过浸泡的糯米加温蒸熟后晾干，然后加工成雪白的糯米花，再用菜油将红糖加温后提炼成糖丝状，将其与米花搅拌均匀后，制作完成。外销的炒米糖，一般会切成三寸见方，用粉纸简易包装后外销。过去全镇共有十家生产炒米糖的商户，其中以王顺和、陈跃光、程润福三家最为有名，其产品除了松溉还畅销永川县城和四邻乡镇。如今，好吃的东西多了，还在制作松溉炒米糖的商家已很稀少，但是只要偶尔寻到，人们便会争相购买，并迫不及待地尝上一小口，那真是其乐无穷。

7. 香甜酥脆的松溉麻花

在松溉古镇诸多美食中，麻花虽然不如长江松溉鱼、盐白菜、盐花生等有名，但却凭借自身价廉物美等特点，也成为古往今来南来北往之人的必捎之物。

抗战期间，古镇人口猛增，经济空前繁荣，真乃“商贾云集之地，参差万许人家”。麻花的产量也随之猛增，成了往来商客、贩夫走卒、船工、马帮必不可少的下酒菜。

松溉麻花具有香甜酥脆的特点，在制作上也十分讲究。

首先，其原料须选用上等面粉，用土榨纯菜油拌以鸡蛋，再根据其品种的特点或加白糖或精盐，让顾客有更多的选择。然后和面做成绞状，下油锅烹炸，待炸熟后用漏瓢捞起即成。

由于用料好、制作也考究，松溉麻花香甜酥脆，颜色金黄，造型美观，达到了色、香、味、形俱佳的独特效果，使人百吃不厌，是旅游者和过往客商的必购之物，如今即使生活水平提高了，仍深受广大人民群众的喜爱。

8. 松溉的大众美食“烂红苕”

古镇松溉在商业繁荣时期，尤其离不开饮食行业的陪衬，除了正街有大小餐馆和饭店、面馆外，其他街巷里极不显眼的“烂红苕”小店也四处可见。每逢一、四、七赶场，“烂红苕”小店便挤满了顾客。这些顾客中，有挑脚的劳工、停靠码头的船工、马帮的马夫、赶场的小商贩，还有上学的学生。大家一致认为“烂红苕”是好吃、省钱又省时的大众食品。由于它便于携带又冷热皆宜，小贩或挑脚工们还常为家人带上两斤，当作“杂包”（即礼物）拿回去让老人、小孩们品尝。

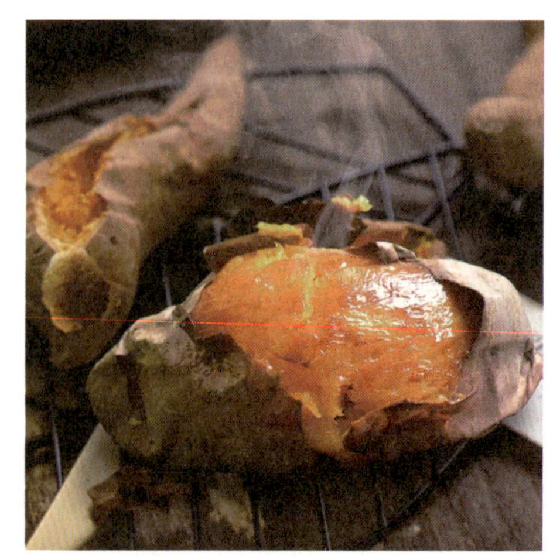

◆松溉烂红苕

松溉镇周围农村地处丘陵，坡多土也多，广产红苕。当时的乌尖苕（红皮白心）、花生苕（白皮白心）、红心苕（白皮黄心）都是制作“炽红苕”的主要材料。小店首先把每个红苕清洗干净，然后放入三水锅，加水，点火（烧柴为主），人不离灶边。水涨后，须反复轻翻，火由大转小。红苕熟后，改用微火把水烘干即成。这样做成的“炽红苕”每个都有亮度，完好无损，口感好，又香又甜且有回味，这就是松溉“炽红苕”的特色所在。据原经营“炽红苕”的小店主人罗永炎讲，松溉“炽红苕”好吃省钱，在周围四乡都是卖出了名的，不但穷人吃，有钱人家也喜欢。他当时每天都要卖四锅，邻居杜锡均、李树林、游连清、代华轩生意更好，每天要卖五锅，共 200 斤左右，他们全年只卖八个月的红苕，利润就够全家人生活一整年。松溉“炽红苕”物美价廉，至今仍受到大众的喜爱。

9. 松溉古镇的“帽儿头”

新中国成立前，松溉古镇是永川、荣昌、铜梁、大足等地物资进出口的中转站和集散地。长江大小木船来往停靠，还有后山的马帮队伍、挑脚劳工和往来频繁的小商小贩，因而饮食行业十分兴旺。那些装修华丽的餐厅是用来接待贵客富豪的，受广大劳动人民欢迎的则是沿街的普通饭馆。这样的普通饭馆从新街子直至江边码头沿途遍布，足有上百家。小饭馆以卖饭为主，吃咸菜不收钱。顾客们最爱吃店里的“帽儿头”。

◆松溉帽儿头

“帽儿头”三字极形象生动，因为当时饭馆卖给顾客的米饭装在碗里的形状就是那样的。做法是先用中碗装满一平碗米饭，再用个茶杯大小的小碗添上米饭往面上扣紧，其形状恰好似一顶帽子，一个“帽儿头”约相当于半斤大米饭。这种做法的起源，相传还有些来历，据说那是在清朝嘉庆年间，一位州官路过松溉观音阁时，见饭馆卖饭，由于没有恰当的标准，饭的分量多少不一，引起顾客与店主争吵。为了调解这种矛盾，州官想出一条妙计：让店主一律在一平碗饭上面再扣一小碗米饭，人人买饭一样供给。这样，饭的分量统一了，店主与顾客再也不会发生纠纷。大家让州官为这样形状的米饭取个名，州官笑着说就叫它“帽儿头”吧！从此“帽儿头”便成了饭店里卖饭的规格，在川东（渝西）一带广泛流传——不但松溉像这样卖，永川县城、其他场镇，乃至江津、璧山等地也这样卖了。

为了招揽生意、吸引顾客，饭店的店主还会在卖“帽儿头”上大做文章。松溉新街子的黎善成、观音阁的孔幺桐和上中码头的陈海云、李登明等六七家饭店，卖上等的米饭，并且有意识地压紧米饭，让扣在平碗米饭上的“帽儿”紧密不散，饭的分量自然增多，这当然让顾客十分满意。加之黎善成、孔幺桐处地坝宽敞，头上又有大黄葛树遮阴，更是马帮、小商贩乐意光顾的好地方。他们每天要煮两斗米（50斤一斗）以上，生意红火，附近四乡群众都知道松溉新街子、观音阁的“帽儿头”又大又好吃。能给人们带来饱足感和美的享受。新中国成立后，特别是改革开放以来，随着生活水平的提高，如今在饮食行业中米饭已是任由顾客食用，一碗吃了不够再添，吃饭不算钱而只算菜钱，“帽儿头”也就逐渐消失了。

总而言之，松溉的特产和美食数不胜数。前面说到四季皆宜而不具有季节特征，下面还要继续述说的，便与节令密切相关了。

10. 松溉古镇的素席

在松溉古镇的饮食文化中，松溉“九大碗”闻名遐迩且堪称一绝。这里，我们还要向大家介绍另一种“九大碗”——素席九大碗。

所谓“素”者，素菜也。整个席面不沾一丁点儿荤腥，必需的油脂也只能使用清洁的菜籽油或芝麻油。

素席制作“头碗”，是先用豆腐打成块，入油锅酥透，即成为大酥，再配上芋子、粉条或其他的菜装碗上笼，然后将热气腾腾的菜端上桌子。同荤头碗相比，素头碗毫不逊色且各有千秋。素席是不用鱼的，但是席面少不了“甜酸鱼汤”这道菜。这也难不倒聪明的厨师们，他们用花椒叶或血皮菜去梗留叶，裹上黏稠的豆粉下油锅炸过，再将炸好的“鱼”放入用红糖、酒醋熬好的甜酸汤内，稍煮片刻，甜酸“鱼汤”便告完成。其汤如荔枝味，其“鱼”清爽可口，同吃真正的黄焖鱼、酸菜鱼相比又别具一番风味。“膀”和“扣”是“九大碗”的两个主菜，荤席中的这两菜离不开猪肉，可素席厨师们或用糍粑、或用冬瓜、或用南瓜、或用红薯，油酥后成形上笼，待端上桌面也足可以素代荤。红薯做的扣（现在许多人称“烧白”）与苦瓜做的“癞皮扣”风味各异。前者外绵内炽，其味咸甜；后者入口时略显苦味，随后是回味甜，两者口感都很舒适。花生米油酥后配上大枣、莲米、百合、薏仁，渗入糯米饭中上笼，谓之“八珍糯米饭”，既富有营养，又是药膳。

为什么松溉古镇要办素席？原来这素席的历史还极悠久，追溯源头大约始于 17 世纪中期，即清朝乾隆年间。东岳庙建成后，每年农历三月二十七日东岳大帝生日，就要举办盛大的宴会，给东岳大帝拜寿。东岳大帝本是道教的神祇，但由于他掌生管死，庙内还供着配合他工作的观音大士和地藏王菩萨，算是神佛合署办公，拜寿时神佛两教的信众便都来了。佛教历来要忌五荤，信奉佛教的善男信女初一、十五都吃素，赶庙会自然也吃素，所以，素席即应运而生。据说东岳庙会的素席要求甚严，不但办席一定要全素，席上若沾了一点儿荤腥，则视为对菩萨的不恭、不虔诚，激怒了菩萨香客们都要招报应。甚至办素席的锅、碗、瓢、盆等一切炊具都要反复清洗。

素席的操作不比荤席简单，材料选择、制作造型都比荤席复杂。谈到造价，其实素席比荤席的费用要高。

11. 松溉粽子与爱国诗人屈原

松溉地处长江沿岸，经济繁荣，文化底蕴厚重，当地的人们对爱国诗人屈原无比敬仰，对为纪念屈原而包的粽子也十分讲究。松溉粽子具有浓厚的地方特色，选用优质糯米做主料，先将糯米用水浸泡后，用筲箕滤干再加上少许碱水拌和，让米微呈黄色即可。制作时用松溉特有的一种蓼叶包裹，再用棕树叶子撕成线条将其拴成三角形，然后将拴好的粽子放入垫好竹叶、芦笋的锅内煮，先用大火将水烧开，再用微火煮上 5—6 小时即成。食用时解下粽叶绳子，撕开蓼叶，一股清香扑面而来，熟粽颜色微黄带绿，色香味俱全，很是诱人，再伴以芝麻、白糖，的确香甜可口、百吃不厌。若做咸粽子，则用浸泡后的糯米加上咸肉末拌和，下锅仍按上述方法制作，食用时又是另一番风味。

每逢端午，古镇家家户户吃粽子时，长辈一般都要给孩子们摆摆关于吃粽子的龙门阵，以让孩子们在幼小的心中，树立起对诗人屈原的无限敬仰和对祖国无比热爱的深厚感情。

12. 炎夏，松溉尼姑与特色凉糕

松溉一年四季分明，因处于长江边上的河谷地区，盛夏自然是赤日炎炎，最高气温达到过 40.8℃。

松溉石佛寺坐落在半边街入口处，紧临石包冲山。寺庙四周是茂密的柏树和慈竹，其中两棵四人才能合抱的黄葛树把小庙全覆盖。那里冬暖夏凉，是来往客商及众多挑夫歇息、乘凉的好地方。在寺庙对面的吊脚楼里住着三位尼姑，两位长者分别叫释通明、释宗树，老早就出家在此庙烧香拜佛，小尼姑罗正华是新中国成立前三年才出家来庙的。她们相依为命，对庙内观音、燃灯佛祖等几尊菩萨早晚参拜，从不懈怠。其所需生活费用并没有靠四处化缘求助，而是靠自力更生，不但常年从事土布纺织，夏天还要兼着卖防暑食品凉糕。她们制作的凉糕，每年只卖三个月，由于做工精细，色白透明，定制并定量销售，在石佛寺十多家凉糕摊位上独具特色，更是受到劳动者的称赞。来去过路的群众，都会去吃上一碗她们做的凉糕，心里才感舒服。

制作凉糕时，她们会先用熟米浸泡，再用事先冷却的开水加少量石灰，过滤后，用石磨加工成米浆，在锅内烧开成糊状，放入装凉水的盆内冷冻而成。石灰水的用量关系口感的好坏，她们经过细心琢磨，研制出了一个恰当的比例。为了让顾客吃上清洁、卫生、口感清凉的凉糕，她们总是先打来井水烧开、冰凉后再使用。为团结四邻的凉糕摊位，她们还会自我约束，每天只卖四箱（15 斤米）凉糕即收摊，因此受到同行及群众好评。

为了将高质量的凉糕制作方法流传下来，她们还言传身教，将自己多年积累的制作技艺传授给了邻居宋海滨、傅先碧等人，使石佛寺一带众多的凉糕摊点都越做越好，家家户户有了稳定的收入，松溉凉糕美名远扬。

新中国成立的前一年，释通明逝世，四邻群众自发为她送葬，十分怀念。释宗树也因年老被家中亲属接走。土改后，小尼姑罗正华还俗出嫁。随着松溉生意的萧条，石佛寺的大热天里，有名的清凉食品凉糕卖得也大不如前了。

13. 中秋节带着浓浓乡情的松溉糍粑

“露从今夜白，月是故乡明”，明月皎洁无瑕，静若止水，总是使人赏心悦目、心旷神怡。但故乡的明月，更能使人遐思，更能引起游子的思乡之情。每逢农历八月十五日，中秋节的明月又为家人的团聚增添了许多氛围。

中秋节家人团聚，松溉人都要吃糍粑，因为糍粑象征着团圆和凝聚。因此，中秋节吃糍粑，也是习俗所使，必不可少。

松溉糍粑因做工讲究而闻名遐迩。首先，在选料上一定要选用优质纯糯米（若其中掺有松子米则不选用）。先将米淘洗干净后，再用清水浸泡，待米泡胀后，用甑子将其蒸熟，蒸熟后倒入碓窝，一个人举起木棒来舂，下大力气将其舂得十分柔软。有的则几人用芦苇秆合舂，让其具有一种芦苇香气。20 世纪中叶，古镇松溉依仗得天独厚的黄金水道优势，商贾云集，市井繁荣。专业做糍粑的店铺很多，单是上码头就有四五家，西大街有宋法兴等几家，其他各条街道也是如此，不一而足。糍粑除了每逢中秋节特别畅销之外，一年四季也都是深受群众喜爱的美食。它因为具有经济、耐饥饿、食用方便等特点，常常受到马夫、挑脚和出外求学的青少年喜爱。这些群体因为既要赶时间，又想不至于受饥饿之苦，往往愿意在糍粑店称上一团糍粑边走边吃，店主人将糍粑称好后，会用手将糍粑做成窝窝头的形状，在其中心部位加上调好的芝麻、白糖，这样就方便顾客可以一边食用，一边赶路，还可以借以寄托自己的思乡情怀。

◆松溉猪儿粑

从前面一段述说已可以看出，松溉既是一个千年古镇，又是一个普通的临江小镇（较之更大的城镇而言），人们对四时节令的态度和节日的过法，既与重庆、永川等别的地方大致相同，又有一些自己的特色。概括说来，松溉一年中重视的传统节日（民俗活动）主要有：春节（过年）、元宵节、清明节、东皇庙会、端午节、中秋节、重阳节、冬至。

14. 松溉人过年

过年即过春节。春节是全中国和世界华人最重大的节日，当然也是松溉人最重大的节日。农历腊月刚到，过年的准备工作就开始了，家家忙着杀年猪和备办各式各样的年货，包括吃的（米面粮油、鸡鸭鱼肉、糖果糕点等，富裕点儿的人家还会买些山珍海味）、穿的（衣帽鞋袜，高档低档可视家境而定，但一定要是新的和暖和的，而且最好是亮色一些的）和用的。

杀好年猪又备好年货，离过年就近了，腊月二十三，家家户户送灶神上天，这件事情地无分南北大致都同步。但接下来的一件事情松溉却有点儿特殊——《松溉镇志》上说松溉要等到腊月二十七八才“打扬尘”，这一点与永川城里不同，那里腊月二十三四就“打过扬尘了”。

接下来的环节都基本同步，都是三十晚上家家守岁，初一早起燃放鞭炮然后上庙烧香或者上坟祭祖，为了赶上头香，好些人不等天亮就赶到庙里去了……

尽管吃得好也玩得开心，大年初一，松溉人也会严守一些禁忌，诸如在这天不洗衣、不扫地、不打骂小孩等，并且特别强调不能睡午觉——松溉人说，大年初一大白天睡觉叫作“霉睡”，“会给自己一年到头都带来霉运”。

从初一开始，松溉的大街小巷就热闹起来，在噼噼啪啪的鞭炮声里，打钱枪的，玩车车灯（四川车灯）的，划花船的，送财神的……五花八门，花花绿绿，娱乐群众也自娱自乐。在旧时，有的还争相向大户人家或商铺贺年，以求得到红包打发。

打钱枪的唱词是：

领：钱枪呀一响舍大家帮哟——

合：柳呀柳连柳哟喂——

领：朝贺主人得安康呀——

合：荷花闹海棠（呀）海棠花——

领：主人家头上三星照哟呵——

合：柳呀柳连柳哟喂——

领：有福有禄舍还有寿呀——

合：荷花闹海棠（呀）海棠花——

领唱者务求唱得清脆悦耳，附和声则务求余音绕梁，钱枪也务求敲打得动听。唱腔调子一样，唱词可以花样百出。钱枪打到酣畅处时，已分不清哪里是人哪里是枪，一时间只觉眼花缭乱。掌声、喝彩声、咿咿呀呀的学舌声，跟撵在后面此起彼伏，小朋友尤其欢呼雀跃，不知疲倦地跟着撵了一趟又一趟……

玩车车灯的唱词为：

（逗车的领唱：）

车幺妹来是哟哟——

拜年来哟呀呀——

一拜主人（嘛）人丁旺哟

二拜主人（嘛）官运通啊

（其余的人合唱：）

三拜主人舍金钱梅花落——

四方来财嘛荷花闹海棠！

四方来财嘛荷花闹海棠！

伴随着锣鼓声，唱了又拜，拜了又唱。亦是唱腔不变，唱词内容则灵活变化，总是有针对地恭维主人，千方百计唱得主人心花怒放拿出红包来，那扮“车幺妹”的出车上前接过打赏，向主人道过万福后又“咚咚哐，咚咚哐”地敲响锣鼓向另一家走去。

从正月初二开始，松溉请春酒、走人户的活跃起来，祠堂内、院坝里和石板街上到处是酒席。从正月初十起，松溉百姓开始玩龙灯，每晚上要从天黑玩到半夜，响彻夜空的锣鼓声、鞭炮声和欢呼声，把新年的喜庆热闹气氛推向一个接一个的高潮……

◆打钱枪

15. 松溉人闹元宵

元宵节也称“上元节”，同时还有“元夕”“元夜”等别称。由于那俗称“汤圆”的水煮糯米团儿又名“元宵”，是元宵佳节的应时食品，所以松溉人正月初一和十五都必吃——这个习俗和重庆乃至全国的许多地方是一样的，所不同的是，在松溉过年时，做汤圆的女主人会特意做一两种特殊的汤圆，一种内里要么包珠子要么包铜钱，谁吃到即意味他（她）当年财运兴旺；另一种干脆就做成实心，如果是子女有幸吃到，母亲会喜笑颜开地连夸两声“幺儿乖”，说“我晓得弟兄姊妹中就数你待人最实诚”！于是，惹得一家人都笑。当然，《松溉镇志》罗列的松溉汤圆馅儿原料还真有点让人眼馋：白糖、玫瑰、芝麻、豆沙、黄桂、核桃仁、果仁、枣泥——真是特别齐全，让人也不得不想：我才不想吃到铜钱或实心汤圆呢！

元宵要闹——是高兴的笑闹而不是哭闹。元宵节晚上，松溉有打铁水、烧龙、踩高跷、划彩船（花船）、唱车灯等民俗表演，当然就是闹元宵了。据说那夜响动闹得最大的是烧火龙，到时会热闹得人潮似海，锣鼓鞭炮声震耳欲聋，要一直闹到深夜才

◆划彩船

送龙（烧龙）入海。而这么闹过之后，第二天便是“大的做生意小的捡狗屎”，各归各位——年已经过完了，现在该弄船的弄船，该做生意的做生意，该种庄稼的要备春耕了。

16. 松溉人过清明节

每年公历的 4 月 4 日或者 5 日，太阳运行至黄经 15° 时，便是清明了。所谓“清明”，原有天清地明之意。清代富察敦崇在《燕京岁时记》中引《岁时百问》云：“万物生长此时，皆清洁而明净，故谓之清明。”

但清明不仅是个节气，同时还是中国人纪念祖先的传统节日。清明节大约始于周代，源于古代帝王将相的“墓祭”之礼，后来传入民间，经历代沿袭，遂成为重要的祭祀节日。除了要禁火、扫墓祭祖之外，还有许多丰富多彩的活动。松溉人扫墓，除了带上香烛纸钱，还会带上一串用纸剪成的钱串，挂在坟前名曰“挂青”。是否有人“挂青”，被视为一个家庭是否后继有人，是否兴旺发达、父慈子孝的标志。

“挂青”这个传统，实际上给后人提出了一个要求：每年清明，一定要到已故亲人的坟墓跟前看看。因为冬去春来，草木萌生，坟墓很容易损毁，有没有狐兔在穿穴打洞？会不会因雨季来临而塌陷？亲临察看，给坟墓添土除草，同时供上祭品，烧些纸钱，或者举行简单的祭祀仪式，以表达对死者的怀念。

现在，城乡人民仍有在清明节祭扫祖坟的习俗。机关、学校也会组织职工和师生去烈士墓前植树、敬献花圈，并对青少年进行革命传统教育。

由于松溉是个重视传统文化并极重孝道，“祠堂文化”也较为丰富的地方，有些家族会聚集在祠堂或其他处所做清明会，集体祭祖，共进一餐。参会的族人，按辈分依次坐定，由族中辈分最老的人带头，在先祖牌位前举行仪式，首先燃放鞭炮，随后烧香叩头。一边拜一边给老祖宗汇报族人一年来的情况：哪家丰收了，哪个考上大学了，哪个参加工作了，哪些打工挣钱了……如果族中有人犯了法，则被视为耻辱，要在这里警诫他人。族长往往还会“训话”，宣讲族规，其内容主要是忠孝、勤俭、诚信等等，提倡父慈子孝、夫妻恩爱、妯娌和睦。

松溉镇党委、政府因势利导，近年来已经把一年一度的松溉清明会改为集爱国、尽孝、祭祖、扫墓、植树等多种仪式为一体的“孝亲文化节”，大力倡导文明祭扫，破除陈规陋习，得到上级领导的肯定和镇上各界群众的热烈响应——一如本书前面介绍，活动内容丰富多彩且气氛热烈。

17. 松溉的东皇庙会

松溉的东皇庙会在每年农历的三月二十七日，对应公历应在每年的 4 月下旬至 5 月上旬那段时间。东皇庙会的祭拜对象，是殷商末年的武成王黄飞虎，他死后的正式封号是“东岳天齐仁圣大帝”，“总管天地人间吉凶祸福”，并加敕“执掌幽冥地府一十八重地狱”，“凡一应生死转化人神仙鬼，俱从东岳勘对，方许施行”。故而年年香火旺盛，其规模曾一度可以与丰都鬼城比高。可惜在“文化大革命”时，东岳庙被毁坏了。进入 21 世纪后，随着松溉古镇旅游的开发，辖区引进业主对东岳庙进行整体重建，东皇庙会也得以恢复，每年的东皇庙会都吸引两三千名游客参加。

◆东皇庙会活动

18. 端午节 · 诗人节

端午节在每年农历五月初五，俗称“端阳节”，端是“开端”“初”的意思，故初五可以称为“端五”。农历以地支纪月，正月建寅，二月为卯，顺次五月为午，因此称五月为“午月”，“五”与“午”相通，“五”又为阳数，故端午又名端五、重五、端阳、中天、重午、午日，还有一些地方又将端午节称之为五月节、艾节、夏节、端礼节、解粽节等。

端午节纪念屈原，此说最早出自南北朝梁代吴均的《续齐谐记》和宗懔的《荆楚岁时记》的记载。据说，屈原于五月初五投汨罗江，死后为蛟龙所困，世人哀之，每于此日投五色丝粽于水中，以驱蛟龙。又传，屈原投汨罗江后，当地百姓闻讯马上划船捞救，船直行至洞庭湖，但终不见屈原的尸体。那时恰逢雨天，湖面上的小舟一起汇集在岸边的亭子旁。当人们得知这是在打捞贤臣屈原大夫时，再次冒雨出动，争相把船划进白浪滔天的洞庭湖。为了寄托哀思，人们后来年年荡舟于江河之上，最后才逐渐发展成为龙舟竞赛。

时至今日，端午节仍是一个十分隆重的传统节日，在一年中与春节、中秋节鼎足而三，从 2008 年起被列为国家法定节假日。国家非常重视非物质文化遗产的保护，2006 年 5 月 20 日，端午节经国务院批准列入第一批国家级非物质文化遗产名录（民俗类）。2009 年 9 月 30 日，联合国教科文组织保护非物质文化遗产政府间委员会第四次会议审议并批准了我国端午节列入世界非物质文化遗产名录，端午节成为我国第一个入选世界“非遗”的传统节日。

地处长江边的松溉古镇端午节龙舟赛曾经盛况空前，究竟怎么个“盛况”本书在后面另有记载。松溉人至今仍保留着端午节吃粽子、赛龙舟、挂菖蒲等传统习俗。近些年来，永川区文艺界还多次在松溉开展“诗人节”活动，骚人墨客和镇上居民一起吟诗、赛诗，进一步增添了古镇的文化气息。

19. 中秋佳节重团圆

中秋节在我国是与春节、端午三足鼎立的三大传统节日之一，因节期为农历八月十五，恰逢三秋之半，故名“中秋”。古代将每个季节分为孟、仲、季三部分，中秋也称为“仲秋”。中秋节源于古代的祭月礼制，古代帝王“春分祭日，夏至祭地，秋分祭月，冬至祭天”。但因秋分在农历八月里的日子每年不同，不一定都有圆月，而农历八月十五的月亮较其他月份的更圆、更皎洁，所以有人就将祭月的仪式从秋分调到了八月十五。

“中秋”到了唐代就被作为节日固定下来，到宋代已经相当受人们重视。苏轼于宋神宗熙宁九年（1076 年）中秋节写下的那首“兼怀子由”的《水调歌头·明月几时有》词，是人们千古传诵的名篇。松溉古镇位于水陆交通要津，人们常迎来送往的悲欢离合中，关于团圆的愿望更为强烈。至今，松溉人仍然十分看重在中秋吃月饼、赏月、合家团圆等习俗。

2006 年 5 月 20 日，中秋节习俗经国务院批准被列入我国第一批国家级非物质文化遗产名录，从 2008 年起，中秋节正式成为国家法定节假日。2018 年，时间与中秋节接近的节气秋分则被确定为中国农民丰收节。

20. 重阳节敬老

“人生易老天难老，岁岁重阳，今又重阳……”是毛主席诗词中咏重阳的名句。重阳节在每年农历的九月初九，重阳节历史悠久，早在战国时期就已经形成。关于民间在重阳节这天登高望远、插茱萸、赏菊饮酒习俗的来由，梁朝吴均在《续齐谐记》中记述：有户人家被人断言，在九月初九这一天会有大难，必须全家人身插茱萸、登高饮酒方能避祸。这家于是到那天便听从安排行事，晚上安然无事地回家，但发现家中的牛羊都暴毙了。

至于重阳节名，系因《易经》以“九”为阳数，九月九日，两九相重，日月并阳，故而叫重阳，也称“重九”。又因九月初九的“九九”与“久久”谐音，寓有长久之意，古人视之为大吉，常在这一天举行祭祖、祈寿和敬老活动……2018 年 12 月 29 日，第十三届全国人民代表大会常务委员会第七次会议表决通过了新修改的《中华人民共和国老年人权益保障法》，正式规定每年农历的九月初九为“老年节”。

因此，每年重阳佳节也即老年节到来时，重孝道而且民风淳朴的松溉古镇，无论官方或是民间，都要开展一系列的敬老活动。

21. 冬至节吃羊肉滋补

冬至在每年的公历 12 月 22 日左右，其时太阳运行至黄经 270°，朔风起，冰雪降，隆冬至——实至名归矣！冬至与夏至和春分、秋分一样，都是一年中最重要的节气之一。但关于冬至，古人还有更深刻的说法，即所谓“阴极之至，阳气始生，日南至，日短之至，日影长之至”。这话的意思是说，到了冬至这天，白昼在一年中最短，黑夜在一年中最长；但是冬至之后，太阳直射地面的位置又开始向北归，阳气也慢慢回升，白昼时间也开始慢慢变长——即所谓“冬至，阳生”矣！

冬至不但是二十四节气中的一个重要节气，还是中华民族一个重要的传统节日，被称为“冬节”“长至节”“亚岁”等，朝廷按例要放假“贺冬”，民间百姓也要准备酒食祭祀祖先，并且邀集亲友宴饮。在松溉，人们讲究在冬至这天吃羊肉等滋补食品，也有人置酒邀来亲朋畅饮，把这天当成节日来庆贺。喝酒时的唱词是：

主人请我吃晌午，九碗摆得胜姑苏。
头碗鱼肝炒鱼肚，二碗仔鸡炖贝母。
三碗鲤鱼燕窝焯，四碗猪肉焖豆腐。
五碗金钩勾点醋，六碗金钱吊葫芦。
七碗蹄髈有砣数，八碗肥肉炬噜噜。
九碗清汤把口漱，酒足饭饱好舒服。

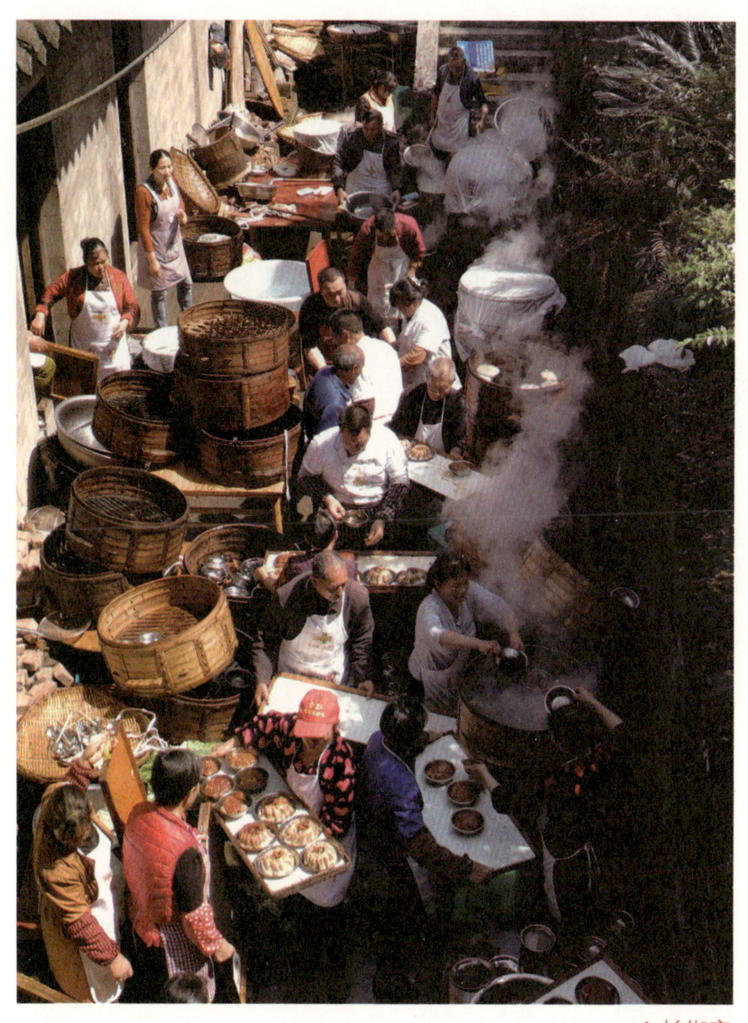

◆长街宴

近几年，永川区文旅部门和松溉党委、政府高度重视文旅资源深度开发，制定了《松溉古镇饮食文化提升方案》，做出了“长江沿线渝西地区特色饮食文化汇集地”的科学定位，相关企业入驻松溉古镇，决定在古镇核心区域建设“古镇饮食文化街”，在完善和提升古镇原有美食的同时引进新菜品，计划分为“小吃快餐系列”“腌泡菜系列”“卤菜系列”“豆制品系列”“饮品系列”“串串烧烤系列”“江湖菜系列”“火锅汤锅”“官府菜”等九类60余种，并分配了各自的经营地段，到时各路游人和本地朋友都能大饱口福了！

第五章

神奇传说 观照古今

松溉的传说、故事和文化遗存

松山滴翠，溉水扬波。拥有千年古风流韵的松山溉水，原本是个不缺传说和故事的地方。令人欣喜的是，松溉古镇的传说和故事大都像古镇人一样朴实无华，往往不事雕琢地被娓娓道来，颇有意味且给人以真实感。但令人遗憾的是，除了一两篇创世神话传说仍在流传，松溉现在可知的传说和故事，基本上都是近现代的，近代以前长达千年的松溉历史（故事）几乎是空白。究其原因，可能也是明清大移民，古镇的人口流动太大，全靠百姓口口相传的民间故事容易散佚的缘故吧。

本着去粗取精的原则，我们选录了松溉古镇的传说、故事若干则，并在不伤原意的前提下对原有文本进行了修饰、整理，乃至再创作。此外，作为千年古镇的松溉，历史上文化遗存较多，无论是经济的、文化的，还是民俗方面的都一揽就是一大堆，我们也各自选择了其中的一部分，并对其中一部分进行重写，一部分进行了资料上的完善和相应的补充。

第一节

关于松溉地名的神奇传说

1. 赤松子松溉修仙

历来很多人知道松溉因“松山溉水”而得名，却没人能说清楚“松山”“溉水”，特别是“溉水”到底是个怎样的历史存在。

那么，我们就穿越到历史的时光中去，找寻“溉水”的历史踪迹，揭开它那已经蒙得太过久远的面纱，还原它的本来面目吧。

在久远的远古时代，有一个神奇的仙人，叫“赤松子”。据说他有跟随风雨行走的本领，风、雨到哪里，他就能到哪里。因此，神农帝任命他做雨师，主管全天下刮风下雨的大事。他还有一个神奇的本领，就是能够进入大火，在熊熊的大火中燃烧，而后安然无恙地从火中出来。

西方传说中有不死鸟，名叫“菲尼克司”，满五百岁后，集香木自焚，然后从死灰中新生。中国也有凤凰涅槃、浴火重生的故事。赤松子能浴火自焚，并从火中活生生地出来，这样的说法，其实和凤凰浴火重生异曲同工。

赤松子，是一个不死的神仙。传说炎帝的小女儿追随他学习道法，也成了神仙中人，与他一起隐遁出世。他常常去神仙居住的昆仑山，住在西王母的石头宫殿里。他出入上下昆仑山的方法，就是跟随着风雨忽进忽出、忽上忽下，像玩乐一样。

神仙不食人间烟火，但也有食物喜好。赤松子的食物嗜好，就是饮松脂、食茯苓。

中医药学理论认为，松脂性温，味苦、甘，归肝经、脾经，有祛风、燥湿、排脓、拔毒、生肌、止痛的功效。在使用方法上，既可以煎汤内服，每次 3—5 克；也可以加入丸、散、膏应用，还可以泡酒，常作外用。茯苓，也是一味知名的中药，又叫茯灵、云苓、松薯、松苓。它与松树是伴生关系，常在松树林中集中出现。茯苓性平，味甘、淡，归心、肺、脾、肾诸经。其主要功效为利水渗湿、健脾宁心。可以煎汤内服，也可以加入丸散使用。

赤松子常年风里来雨里去，按照中医理论，他应当有较为严重的风湿病症状。赤松子是神仙，喜好饮酒作乐；酒生湿热，那么，他就还应当是风湿夹热的病体。松脂和茯苓，正好对他的身体有治疗或调理之功。因此，传说赤松子好食松脂、茯苓并不是偶然的。

话说远古时期的永川，是一片草木葱茏、物种繁多的兴盛大地。其中松树尤其众多，高大茂盛。松树成林，树大林深，或枝叶如盖，或直冲云霄，总之是满眼苍翠，松香浓郁。微风拂过，松针婆娑，松涛阵阵，美不胜收。

永川松树数量之多，永川松树之高大，永川松树之美，永川松脂之香，永川人用松枝加工的松花蛋味道之好，传遍天下。而且赤松子听过路的神仙说，永川大地还有上等的茯苓，以至出产茯苓的地方，取名“茯苓乡”。这更加引起了赤松子的注意。赤松子经过多方考证，认为永川是盛产高品质松脂、茯苓的地方，正是适合神仙修炼的最佳去处之一。对赤松子来说，一个可以修炼身心、浴火重生的最佳之地，永川是再合适不过的了。于是他打定主意要寻访永川，到永川走一趟。

一天，赤松子兴起风雨，从昆仑山一路下来，沿大巴山东端南下，风风雨雨一路兼程，经过川东平行岭谷，从云雾山上空，来到永川大地之上。

赤松子俯身一看——好美丽的林海啊！永川大地一片葱绿，四面八方，森林连天，无边无际。参天大树沿着长江北岸的巴岳山、阴山、黄瓜山、箕山、碑槽山一带分布在永川大地上。尤其是西南方向，现今黄瓜山及其以西地带，更是松林遍布。高大的松树与天齐高，青枝绿叶在风中摇曳，景色动人。

风雨在箕山的上空回旋，赤松子随着风雨寻找落脚的地方。突然，他大吃一惊。他看到永川东南方向，大地上有一只巨大的丹凤眼，像一只凤凰侧眼望天。那只眼睛还有一个眼角正汩汩地流淌着热泪。

赤松子掐指一算，心中一动，心想：是了，就是这个地方。

于是，赤松子乘着风，顺着雨丝落到了那只丹凤眼的一个眼角边上，那汩汩流着热泪的地方。

奇怪，那只眼睛是怎么一回事呢?

赤松子随着风雨飘落到一座小山上。赤松子选择这个地方，还有一个重要原因，就是这里东临碑槽山，西邻黄瓜山，往东往西都能很快到达盛产茯苓的地方。因为他发现，从这里往东往西的山中，竟然有不止一个以“茯苓”命名的村落。

赤松子在小山上放眼四望，只见这里三面环山，南临长江，一条山涧正奔流不息地绕山而过。这道山水带来森林的温暖，在入江口处不断升腾起雾气。可赤松子却忽然看不见了那只巨大的丹凤眼，他心中纳闷，于是又借着一阵江风忽地升上天空，要探个究竟。

啊，原来是这样！

只见，永川大地上，碑槽山南北纵横。碑槽山永川段，由两条基本上呈东北—西南走向的山脊组成。两条山脊在东北边角上和西南边角上合拢，而其中间则向东和向西突出。这样，在两边的高山中间，就形成了一片低矮的山谷。就相当于是一座整体的山中间有一个“槽子”，而这个槽子的东、西两边的高山，就像是相互对立的两面巨大的“碑”。所以，它叫“碑槽山”。

“丹凤眼”的西南角上，流传着一个关于男石笋与女石笋的美好爱情故事，成就了一处旅游胜地，那就是号称“中国情山”的永川区石笋山名胜风景区。

永川区石笋山名胜风景区，有一对高入云霄的石笋，相对相望，日复一日，演绎着一个悸动人心的爱情故事。

碑槽山中低矮的山谷里居住着众多的百姓，他们开垦土地，种植大量的庄稼，山谷中一片嫩绿，与两边山脊上的苍松翠柏形成巨大的反差。这就使碑槽山显露出奇特的形状，在天上一看，就像一个“槽子”。其实，它也像一个巨大的梭子，又像一张巨大的柳叶，当然更像一只巨大的丹凤眼躺在永川大地。而绿中带蓝的山谷，正好似深沉的眼眸。在这只丹凤眼中的村子，就叫“丹凤村”。

碑槽山的西面，与碑槽山同样的走向，还有一条山脉，是黄瓜山，正好在碑槽山这只眼睛上的眉毛的位置，好似丹凤眼的眉毛。

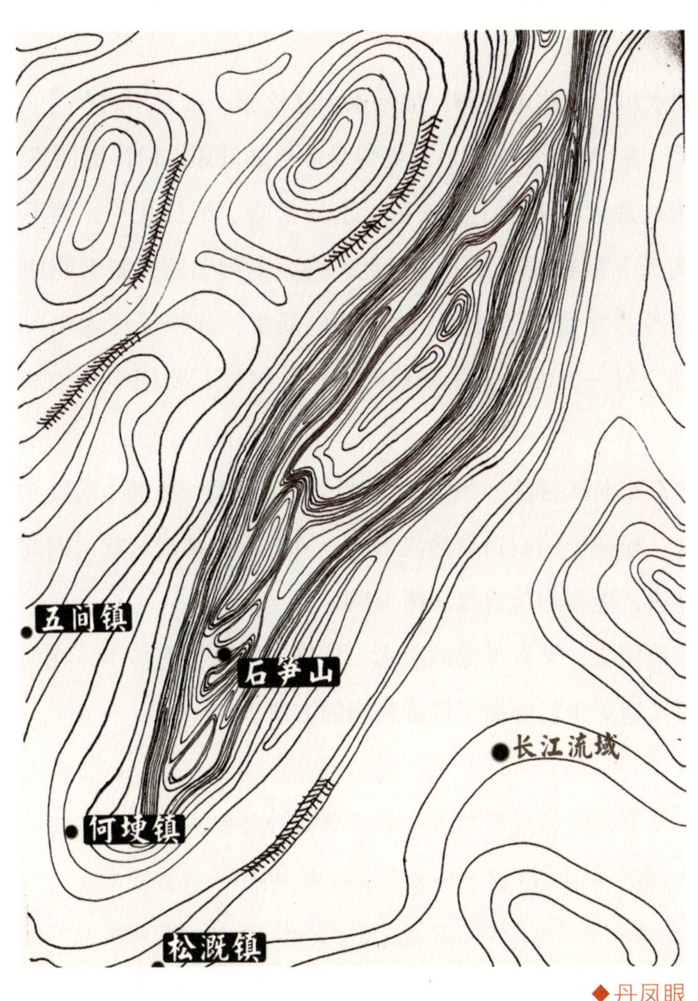

◆丹凤眼

那只巨大的丹凤眼，仿佛一个美人，张大望眼，仰望着苍天，盼望着神仙前来青睐。赤松子看到热泪滚滚的眼角处，就是抵近长江边，现在被称为“松子山”的地方，松子溉的入江口。那汩汩不断的热泪，就是古老的松子溉。它从深山密林中跳跃而出，带着蒸腾的雾气，不断流入长江。

赤松子落脚的那座小山，沿着长江延伸，南低北高，其西端又与由南往北向永川大地无限延展的山坡相连，融入永川的山山水水之中。站在山上，翘首南望，但见滚滚长江，宽广无际。滔滔江水，气势汹涌，奔腾不息，源源不断向着东方，前进、前进、前进……

妙，妙妙妙……赤松子打定主意，在这里安定下来。

松膏别样美，茯神最天然。空山松子落，仙人无心眠。

永川大地上，除了“茯苓乡”有最茂密的松林、最好的茯苓外，碑槽山上，也是松林遍布，茯苓伴生无数。

赤松子来到永川，借此山歇脚。他采永川之松脂，摘永川之茯苓，用长江清水以佐饮食。他饱了口腹，保养了身体，只觉得身体更加健康，精神更加矍铄，心情大好。

赤松子因为这片大地上的上等松树、上好松脂、绝佳茯苓，而不忍离去。无奈他身上担负着为天下百姓兴风布雨的职责，终究不可久留。眼看归期将近，为带走更多的松脂、茯苓，并使自己得到一次彻底的新生，赤松子深入永川大地，一方面径取树上的松汁，另一方面又遍采新松树的树干树枝，要用神仙法术，获得更多永川松脂的精华。

明代李时珍在《本草纲目》中说：“松脂，别名松膏、松肪、松胶、松香、沥青。”

松脂本来是从松树上的裂口自然流出的，风干后就结成块状。因此，远古时期的人获取松脂的办法，更多的是直接从树上取。

但是神仙获取松脂，又有神秘的法术。这样的方法也有传承。比如：

《本草纲目拾遗》中就介绍了提炼松脂的方法，说：

其取油法：以有油老松柴截二三寸长，劈如灯芯粗，用麻线扎把，如茶杯口大，再用水盆一个，内盛水半盆，以碗一只坐于水盆内，用席一块盖于碗上，中挖一孔如钱大，再以扎好松把，直竖放于席孔中间，以火点著，少时，再以炉灰周围上下盖紧，勿令走烟。如走烟，其油则无，候温养一二时，其油尽滴碗内，去灰席，取出听用，一名沥油。

而赤松子更有他自己的秘密方法，只是凡人无从知晓而已。

赤松子停留的山，中间部分有一个面向长江的高台。赤松子在这座高台上，以永川之松和茯苓，用长江的水，驾起火来，密炼松脂、茯苓之精华。烟火起处，仙气弥漫。赤松子往来其间，不断奔忙。一边不断增加更换原料，一边服食炼制的成果，并且用神仙之法术秘存了大量的人间少有、天上绝佳的松脂茯苓膏。

一天，赤松子抖擞精神，架起冲天大火，饮过上好松脂茯苓膏之后，毅然走入大火之中。然后又兴起一阵狂风暴雨。不久，烟消火灭，灰烬不存，风雨中一个年轻健壮的青年神仙随着风雨往昆仑山腾空而去……

大地之上，只留下无数凡人张口结舌，惊奇万分……

松子落何年，纤枝长水边。
斫开深涧雪，移出远林烟。
带月栖幽鸟，兼花灌冷泉。
微风动清韵，闲听罢琴眠。

——唐·张乔《题小松》

赤松子居住在永川松溉江水之滨，出入永川大地，闲看碑槽山松子生长、掉落；又见松子随着山中溪涧之水，不断流出，环绕其小山旁，然后流入长江。

赤松子飞天而去，托梦告诉松溉百姓，这是一片充满神圣的绿水青山，比金山银山更为重要。松子年年生长、年年掉落，又随水而去的景象，也为松溉人熟悉。人们传颂着神仙赤松子曾来到此处浴火重生的传奇，将赤松子停息的山叫作“松子山”，将赤松子像凤凰一样浴火重生、飞天而去的地方，叫作“飞凤山”。

后来，知道赤松子在飞凤山修仙的人越来越少。大家只知道那里与凤凰有关，于是称其为“凤凰山”。

赤松子在碑槽山采食松脂茯苓、习道修仙，留下许多神迹。如今在碑槽山的东部还保留着“茯苓村”的地名。赤松子来来去去，云遮雾绕，碑槽山上至今还有“云坪村”。而碑槽山南部，“丹凤眼”的南部“眼角”中间，赤松子曾经在那里逍遥修行，所以那里就叫“上天堂”……

2. 仙造一个王家湾

话说赤松子来到永川习道修仙，青春焕发，随后乘着一阵风雨，重归昆仑山。因为他的密友西王母生日临近，正在筹备大摆宴席，宴请各路神仙。

西王母，又称“瑶池金母”或者“王母娘娘”，但她并不是玉皇大帝的妻子。她只是玉皇大帝的同事。而且论资排辈，她比玉皇大帝的辈分和职位还要高。

在道教的神明系统中，“王母娘娘”属于最高层次的“无极界”尊神之一，与“道”统领的“元始天尊”“灵宝天尊”“道德天尊”“东王木公”“斗母道姥元君”处于一个层级。玉皇大帝是“太极界”尊神之一。无极生太极，以此而言，玉皇大帝应该算是王母娘娘的晚辈。玉皇大帝主掌万天，统领众神，行天之道，布天之德，造化万物，济度群生，权衡三界。似乎可以理解为，他是“无极界”旨意的执行者。

东王木公掌管天上男神仙，王母娘娘掌管天上女神仙。当然，他们也不是一家人。

如果非要说玉皇大帝的妻子，那么“后土”娘娘是比较恰当的。玉皇大帝管天，后土娘娘管地。玉皇大帝为“阳”，后土娘娘为“阴”。天地阴阳和谐，地天交泰则万物得以生养，天下就生机勃勃。

虽然玉皇大帝的原型是“昊天上帝”，但在中国神话历史中，“玉皇大帝”的名号出现得比较晚。宋真宗好道，于大中祥符八年（1015年）为高上玉帝加尊号为“太上开天执符御历含真体道昊天玉皇上帝”。

道教称玉皇大帝为“昊天金阙无上至尊自然妙有弥罗至真玉皇上帝”。

西王母，是上古神话中的一位至高无上的女神。

《山海经》中说：“西王母其状如人，豹尾虎齿而善啸，蓬发戴胜，是司天之厉及五残。”大意是说，西王母的外形“像人”，但长着一条像豹子那样的尾巴，有一口老虎那样的牙齿，常常发出啸叫声。她有满头乱发，戴着一顶方形帽子。她住在“昆仑之丘”的绝顶之上，有三只巨大而凶猛的鸟儿，叫作“青鸟”，每天替她叼回食物和日常用品。

青鸟，鸷鸟的一种。鸷，指特别凶猛的鸟，《说文解字》称其为“击杀鸟”，捕捉飞鸟、兔子等小型动物。其字从“执”，“杀鸟必先攫搏之，故从执”。

起初，西王母的形象很恐怖，但她不断修行，所以越往后来就越美丽。《穆天子传》中说，西王母是一位言行温文儒雅的统治者。当周穆王乘坐由造父驾驭的八骏周游天下，西巡到了昆仑山区时，他拿出白圭、玄璧等玉器去拜见西王母。第二天，穆王在瑶池宴请西王母，两人诗词应和、互相祝福。而到了汉朝，《汉武帝内传》中说她是容貌绝世的女神，并赐汉武帝三千年结一次果的蟠桃。

传说，西王母住在昆仑山的瑶池，园里种有蟠桃，食之可长生不老。所以西王母也叫“瑶池金母”。

每年的三月初三为西王母的诞辰，群仙在这一天举行盛大的聚会，品尝蟠桃、畅饮美酒，所以叫“蟠桃盛会”。

话说，又是一年三月初三即将到来，王母娘娘照例指挥众仙女，打扫门庭，张灯挂彩，搬桌子、安板凳、摘蟠桃、抱酒坛，仙女们忙得不亦乐乎，往来于厨房、厅堂之间，大摆宴席，准备招待各路神仙。

突然，大堂之中，哗啦一声响，只见一位名叫王平的小仙女脚步出错，一下跌倒，将一坛玉液琼浆砸在地上。小仙女衣衫浸湿，花容失色。王母娘娘一见，面露不悦，说道：“起来，起来，你就换换衣裳去后厨帮忙吧，这里不需要你了。”

这位小仙女连忙下，脱掉绫罗绸缎，去掉首饰钗环，身着麻衣土布，到御膳房担水劈柴去了。

不久，骑牛的、驾鹤的、腾云驾雾的各路神仙，各显神通，纷至沓来。席间开怀畅饮、气氛热烈、觥筹交错、尽情欢乐。整整一天，酒酣尽兴，各路神仙满意而归。

宴席过后，赤松子和王母娘娘小憩喝茶，突然他觉得好像少了谁不在身边。于是问王母娘娘：“王母在上，今天好像有谁不在家啊？”

王母娘娘说：“是啊，王平那个小姑娘，做事情散漫失意，毁坏酒坛，损失玉液，被我罚到后厨去了。”

“哦，原来是这般，”说罢，赤松子心中一动，想了想，便说，“王母啊，想我瑶池神仙越来越多，已是人丁兴旺，日常用度大为增加。下界负担越来越重，三位青鸟大士也劳烦不已，寻找日常用度之物也越来越难，倒不如……”

赤松子说到这里，停了下来，卖起了关子。因为神仙所食不外乎玉蕊、松脂、茯苓、黄精、石斛、甘草、秀芽、玉笋、露华等，而这些东西或来自深山老林，或来自江水河深处，总之均来自人杰地灵之地，需要有人去开垦种养护理。所以赤松子有一个想法，想把王平派下凡间打理昆仑山一应之需要的物品，只是他不好说破。因为王平本是王母身边的人，如果由他开口说派谁下凡，就有点儿代替主人擅自做主的僭越之嫌了。

“你的意思是……”王母娘娘试探着赤松子，想知道他到底想说什么。

赤松子说：“您看，您的侍女王平，可不可以到凡间去走一趟呢？”

“走一趟也不解决多大问题呀……”，王母娘娘沉吟一会儿，突然手一拍，说，“好啦，我知道了！派王平下凡，专门从事为昆仑山生产经营日常用度物品的工作。”

“呃”，赤松子脸上露出满意的微笑说，“王母啊，我在凡间发现一片宝地，我曾在那里浴火重生、焕发青春。您看，是不是让我把王平引到那里去呢？”

王母娘娘说：“好啊，你找到的地方一定不错。”

于是王母娘娘双手一拍，管家应声而至。管家行个大礼，说：“请问王母，有何吩咐？”

王母说：“快将玉蕊、松脂、茯苓、黄精、石斛、甘草、秀芽、玉笋、露华等，上等好苗、好种，速速与我搬来，越多越好，我有大用。”

“好哩。”管家一个转身，挥手一招，一大帮仙女跟随而去，不久，她们陆陆续续搬来一大堆凡间用得着、种得活、养得好的上等好种好苗。

王母娘娘查看完毕，右手伸出一根指头，指着厅堂中诸般物种旋一个圈，划一划，只见那满地种子种苗一个呼啦，瞬间绕成一个小小的包袱，规规矩矩落在地上。

王母娘娘又吩咐：“把王平招来。”

“是。”

“王平上堂，速见王母。”口令一声一声顺着大殿一层一层传将下去。

不久，王平来见。

于是，王母娘娘和赤松子向王平交代事项，面授机宜，如此如此，那般那般。

王平点头称是，道个万福，就要出行。

突然，赤松子说：“且慢，管家，速取我宝镜来。”

管家得令，又迅速去为赤松子取来宝镜。

赤松子说：“王平仙子，且接过宝镜一观。”

王平近前，接过宝镜仔细观看。只见镜中一个妙龄女子，真是生得丹凤眼、柳叶眉，花容月貌，无限娇美。她明白，那正是自己。她突然想到，自己本来生在仙山，位列仙班，虽然做些小事，但毕竟也是个仙女。不料，而今却要为一点儿失误被罚下凡间，离亲别友，前途未知。所以禁不住心中悲伤，两行热泪从眼角涌出。

赤松子说：“王平仙子，我将引你往东而南。当你看到脚下和你的眼睛一模一样分毫不差的地方，就按下风头，落到眼角热泪纵横之处，那就是你造化的地方。”

说罢，赤松子手一挥，“当”的一声，那宝镜从王平手中飞出，穿过大堂天井，瞬间消失无踪。

王母娘娘、赤松子、王平一行，来到昆仑山山门前，说些体己话。其间，王平望见一个身影远远地向她张望，只是天规森严，那人不敢靠近。不久，赤松子袍袖一挥，兴起一阵仙风。王平强忍心中的忧伤和不舍，借着那一路仙风，就此飞向凡间。

王平借着赤松子兴起的仙风的指引，由东而南，来到永川大地之上的天空。只见她手挽一个小包袱，腾云驾雾，彩裙飞舞，花容半现，兴起许多彩云，许多吉祥鸟儿伴飞，满天一片祥光瑞气。忽然，她眼中亮光一闪，发现脚下大地之上，山峦起伏之中有一只巨大的丹凤眼，仰望长空，仿佛充满无限的期待。

是了，到地方了。于是王平按下风头，缓缓降落。可是就在她要落到那只丹凤眼眼角的时候，风向却突然一个偏转，让她落到了那只丹凤眼眼角西边的一片平地上。

王平觉得，这离当初预定的地方也不会太远，也就在落地点安定下来。她决定暂时放下个人心思，隐姓埋名，安心完成王母布置的任务。于是就用她的名字称呼落脚点，而自称“黄姑”。自此，永川有了一个叫“王坪”的地方，有了一位叫“黄姑”的女人。

黄姑借阴山上一个山洞暂住。这里上有群山，下有灵湫（水潭）。曾经有龙居住其中，人间称其为“龙洞”。龙洞所在之地，佳木茂盛，泉水淙淙。每当旭日东升和晚霞满天之时，王平便驾起祥云出入其间，往来永川大地。其时烟雾蒸腾，灿如霞漪，因名“龙洞朝霞”。

其境如何，有诗为证：

积水依灵物，烟云吐纳中。
朝来作霖雨，不与赤霞同。

安顿好一切，黄姑开始了她的工作。

一天清晨，日出之时，天清气朗，东方霞光万道，遍地清风无数。黄姑来到广阔大地，轻轻打开她的包袱。突然，呼呼啦啦，包袱金光闪耀，仙气弥漫，无数明亮的星星飞上天空，绕着黄姑飞翔三圈，然后哗的一声四下分开，散入永川大地。

日出东南隅，照我黄姑室。当太阳升上天空，永川大地已是一片生机。其间苍松翠柏，佳木良禽，林下山珍，水中河鲜，已是数不胜数，无有穷尽。而松树，又以王平降落之地最为繁茂。这里后来被人们称为“大松林”。

白日晴天，蓝天白云，万里高空，青鸟化作苍鹰，展翅飞翔，巡视于永川大地，并将仙女在永川大地上的造化成就传回昆仑山去。

青鸟殷勤，往来探看。赤松子得到消息，心中却道：不妙、不妙，王平小仙女所到之处并不是当初我浴火重生、焕发青春的地方啊。只见他掐指一算，顿时心中大悟：哇，原来如此。

原来，赤松子兴起一阵仙风，助王平降落凡尘之时，那袍袖一挥，风头往东而去。然后，他一收手，风头就往南改变方向，不料他手往下一放的时候，风头又往西边偏了过去。因此王平落地之处靠向西边——现在黄瓜山西面的边上，就是现在名为“王坪”的地方。

那王平在天上看到的丹凤眼又是怎么一回事呢?

原来，黄瓜山以西，还有一条由西南往东北延伸、名叫“阴山”的山脉。阴山山脉在永川大地，一如碑槽山，以黄瓜山为眉，也是一只仰天而望的丹凤眼形状。仙女王平降临永川大地，所见丹凤眼，实为阴山和黄瓜山的造型。

赤松子心中说道：“天机玄妙，不可妄测也。天地有灵，仙缘也不可说破。随缘而去吧。”

从此，黄姑往来于永川大地，尽职尽责。她虽然是一个小仙，但兴云起雾、随风顺气、往来永川是非常自然轻松的事情。一日，她来到箕山巡视，见群山之中，忽然兴起一片洁白清亮的光明，如镶嵌在绿色大地之上的一面宝镜。她按下云头一瞧，原来是一汪清泓，如金盆一般闪闪发光。这就是后人称为“金盆湖”的地方。

于是，每天清晨，黄姑都到金盆湖边梳洗打扮，簪花缀彩，以最美丽的形态穿行在永川大地。她化作茶姑，日复一日，在云岭之中，看护永川秀芽；她化作茶花仙子，年复一年，将无限的色彩和身姿呈现在花枝当中；她化作苗条的竹中女郎，以摇曳妖娆的身姿欢迎八方过客；她化作没有边际的松林，发出阵阵松涛，为勤劳的永川人呼号鼓劲；她化作茶竹女神，满怀温暖与爱心，护佑着永川大地……

一天，天高云淡，晴空万里，风和日丽，吉祥鸟儿翩翩起舞，祥光瑞气洒满永川大地。黄姑照例来到金盆湖边梳妆。这时，青鸟再次化作苍鹰飞翔于蓝天，来向黄姑传递王母娘娘的慰问。

青鸟传达王母娘娘旨意：王平小仙，造化山川有功，准予重登仙界……

王平得到旨意，心中激动，禁不住一阵喜悦，两行热泪又一次滚出眼角……

“啊呀，不好！”看着金盆湖中自己的容颜，黄姑突然大叫一声，瞬间花容失色。

只见平静的金盆湖面，映照着一位天仙的面庞，沉鱼落雁的脸上，两只美丽的丹凤眼闪着激动的泪光，两行热泪顺着眼角汩汩流出……而此时，黄姑心中却产生了不可名状的惊慌。

原来，她突然想起，当初在昆仑山上，面对赤松子的宝镜时，她看到的自己的面容。赤松子告诫她要到和“眼睛一模一样、分毫不差的地方”，而此时她看到自己的眼睛分明还有一行热泪啊。她突然想到，自己要到的地方，“丹凤眼的眼角”处应该还有一条流水啊。她心中感慨道：自己精心经营多年，却到错了地方啊。

于是，黄姑赶紧重新驾起祥云，升上永川大地之上的天空，详细巡察永川大地，寻找和她的眼睛一模一样、分毫不差的地方。她拨开云雾，驱散冷风，遣散飞鸟，沿着永川大地的每一条山脉、每一道山谷、每一条河道寻找。当它来到碑槽山的上空，展眼远望，啊，黄姑高兴起来……

她发现碑槽山和黄瓜山形成的又一只丹凤眼，其间一条河流汩汩流淌，从这只“丹凤眼”的眼角处流进大江。啊，这才是和自己眼睛一模一样、分毫不差的地方啊！

于是，王平望着飞凤山而来……

黄姑来到松溉，化作凡人，寻访松溉大地，在密布松林的地方，她找到了赤松子修仙之处，并从那里开始，重新经营古老的松山溉水。于是，松山溉水也迅速变得和永川大地一样，生机蓬勃，充满生机和希望……后来，人们为了纪念赤松子修仙和仙女王平的功德，就把他们曾落脚定点的地方，叫作“神仙口”。

为了能更好地在天空中看清这个地方，仙女王平拔下头上的簪子，在碑槽山的最南端，就是那只丹凤眼的眼角位置，由南往北划拉了几下，在那里留下几道东西走向的山谷。她要好好记住这个地方，就借漫山的松树和松子为名，取名“松记”。因为那难以忘怀的泪水和感人至深的情怀，她找到了这个地方。她要给这里留下“水”的记忆。那条“水”绕过松山，滋润着大地。因此，她教给后人智慧，让他们选择一个与众不同的，永永远远不会改变的，与水相关的字，让人们好好记住这个地方。那个字，就是“溉”。

于是，松溉，从万古走来，流芳千年，让人难以忘记。

王平婉转辞谢了王母娘娘，决定长留人间，留在松溉。就在她的簪子划过碑槽山时收手的位置，她拔下几缕头发，吹口仙气，化作一群王姓百姓，建起一个王家湾……同时，为了王姓不孤单，她又在松溉大地变化出宋家、彭家、傅家、武家等百姓万民……

从此，松溉大地，山水与共，人神共亲，百姓和睦，充满无限的生机。

哦，说一下，金盆湖就是赤松子的宝镜落到永川变化的。至今，仙女们还每天到那里梳妆呢！

◆古镇之晨

3. 青龙山青紫山传奇

青紫山位于松溉的西部，为松溉最高山峰。其北方为青龙山，层峦叠嶂，磅礴起伏，环如青龙盘旋而延展向远方。东边为永（川）江（津）高速，如游龙穿梭，循江而去。南边为大陆溪、长江。登上青紫山东端，面南而望，眼界为之大开。此处为俯瞰松溉古镇的好地方。登高而望，大好山河尽收眼底。只是如今青紫山山顶建有长江提水工程调节水池，不对外开放——未经允许，不得入内。但是，水池驻地大门对面有小青紫山可以一登。登上小青紫山山顶，极目长空，远眺峻岭，追寻江涛，搜索古镇，再将眼光尽情展开，跟随长江大桥而去，则心情畅快，心胸开朗，深感不虚此行。

青紫山本名“青鸷山”，说来颇有来头。只是沧海桑田，年代过于久远，所以不为人知。

话说，仙女王平来到如今王坪大松林一带，从南到北，在永川大地遍植松木，林中广种茯苓、秀芽等，沿江河水流放养河鲜，营造了大好生机。

可是，突然有一天，仙女王平巡山之时，却发现大松林和周边的杏花村、林疆村，以及现在的石松坪连接黄瓜山南边一带，千年古木横七竖八倒伏于地，林下山珍被洗劫一空，到处是残枝败叶，大片松林被无端毁坏。而且受到伤损的林木还沿着黄瓜山往箕山方向延伸。

仙女王平心中大为吃惊，立即驾起一朵祥云，往黄瓜山—箕山方向巡视而去。

突然，仙女王平发现黄瓜山松林中，山岩震动，树木摇晃，噼里啪啦异响不断，于是赶紧拔下头上金钗，化作一柄宝剑，按下祥云云头，往黄瓜山降落。

仙女王平人未落地，却先看见一群青龙在林中追逐抢食、争斗正欢。只见，那群龙一共四条。它们一边争斗，一边往箕山方向前进。它们一跃起，其身前树木就被压倒打断；一转身，尾巴所到，所有树木都被腰斩；其脚到之处，石破天惊，生灵涂炭。其仰天啸叫，则飞鸟惊魂，翅膀难开，纷纷坠落。只见天上云飞雾走，都是被吓跑的。

仙女王平从仙山而来，也是见过剑仙侠客的，自然有一番身手。只见她把手中宝剑一挥，地上乱七八糟的树木和枯枝败叶刹那间齐齐飞向那群青龙。青龙缠斗正酣，突然遭遇树棒、树枝的袭击，纷纷闪开。只见它们尾巴一甩，头一昂起，竟然高似山起、动如云涌。四条青龙仰天长啸，声震万里，响彻云霄。

仙女王平在四条龙的身后，刚刚落地，那四条巨龙便一齐回身，扑将过来。就在这时，黄瓜山下，深谷之中又响起一声震耳欲聋的啸叫，又一条巨龙一步跃起，站上山头，立在仙女王平身后，张开血盆大口便向仙女王平咬去……

说时迟那时快，只听得“砰”的一声巨响，电光石火，惊天动地，那条巨龙便仰面朝天，往黄瓜山南面飞去，掉下山谷，在黄瓜山脚砸出一个巨大无比的天坑。刹那间，无数巨石、冰块、砂砾从昆仑山飞涌而来，压在那条巨龙身上。那条巨龙不断挣扎，将那个大坑不断扩大，可是无数巨石和冰雪飞涌而至，三天三夜未有停息，终于将那条巨龙压在坑底，形成一片带有山谷的山地。

却说，那条巨龙被飞沙走石掩埋之时，仙女王平依然面临灭顶之灾。只见箕山之上、金盆湖边，还有一条巨龙伸长颈子，张大龙爪，向下扑来。仙女王平将宝剑化作大树，持握在手，横扫竖挡，劈刺击打，和四条青龙斗得正在紧要时刻，那箕山上的巨龙的大口也就要伸到。

啊昂——一声长啸，划破天际，箕山上那条巨龙“噌”的一下跃将起来……

◆青紫山自然风光

仙女王平力战四龙，已经吃力，她只是想着把它们赶走，并未出动宝剑……但在巨龙即将扑到之时，她心念一动，念个仙诀，瞬间将手中大树还原成了一柄宝剑，然后举手一挥，准备应战……只见箕山之上，金盆湖边银光一闪，那条巨龙的龙头瞬间不见，其身躯却并未倒下，依然矗立山巅。而其脚下山坡上，一个龙头却咕噜咕噜往下滚动，然后停在山腰上的密林巨树之间。

那四条巨龙突然大受惊吓，疯狂往南逃窜。仙女王平一个腾空，让出大路。那四条青龙夺路狂奔，直往大江而去。仙女王平脚踏祥云，俯身便追。眼看追到长江边松溉地界，四条青龙前身挤在一堆，四条尾巴却四散分开。青龙感觉到快被追上，赶紧一个埋伏，将龙头和龙身埋进长江边的沙地里，其中有一头竟然朝江边用力一拱，想要窜入长江，无奈却被松子山挡住停了下来。仙女王平举起宝剑在它们的尾巴上一拍，刹那间四条青龙化成四条山脉，头朝东南，尾朝西北，尾巴弯成几个半圆的圈儿。

可是，仙女王平因为来势太急，无法收身，竟然重重地摔在青龙山旁边，将山体砸断，出现一道断崖，并在崖下砸出一个深坑，昏了过去……

故事到此，并未讲完。

却说那日，昆仑山瑶池，赤松子和王母娘娘正品茶聊天。箕山之上金盆湖边突然腾起一片金光，金石轰鸣不断，“刷”的一下，直奔瑶池而去。同时，赤松子往天井方向看去，只见一面金光闪闪的大镜，正映现出仙女王平大战群龙的影像。一张巨大的龙口正对准王平的头要咬下。赤松子大叫一声：“不好！”脚一点地，瞬间来到黄瓜山上，仙掌一伸，“啪”的一声击在巨龙身上，只见那条巨龙瞬间翻身落下山谷。然后，赤松子返身一个招手，昆仑山上无数巨石寒冰便奔涌而来。赤松子一步腾空，又来到箕山之巅，拂尘一扫，立即斩杀另一条巨龙于山崖之上。

而此时，仙女王平得以追着四条青龙奔向南边。

不久，昏昏然、迷迷蒙蒙之中，仙女王平从青龙山旁边的山沟中升了起来……

原来，赤松子赶来，拂尘一挽，兴起一朵祥云，将仙女王平带上了天空……赤松子一个回身，轻轻地将拂尘往金盆湖中放去。刹那间，金盆湖中金光万道，腾起无尽紫气，一只巨大的神龟冉冉升起，神龟背上一朵莲花鲜艳怒放……赤松子将仙女王平轻轻地放进莲花之中，只见那只神龟驮着莲花慢慢儿地、慢慢儿地在金光紫气中旋转、旋转……

那一群龙，两条大的，四条小的，本是一家。日月不过，四时不忒，天地本有定数。

只可惜那一群龙未能自我善加管束，以致命绝于此。

这样，茶山竹海金盆湖边，赤松子斩龙的地方，就被叫作“斩龙垭”。山下还有一个龙头石呢。那些被青龙破坏掉的千年古松后来化成了石松，成就了永川“石松百尺”的景观。有一条巨龙跳上黄瓜山的山沟，如今成了桃花源景区。那四条青龙出现的地方，现在叫“现龙村”。现龙村的西边，因为松林中茯苓又多又好，所以叫“茯苓村”。

◆古镇之晨

掉下黄瓜山南面山谷中的巨龙，变成了龙的化石，被后来修水库的人们挖了出来，就叫“永川龙”，山沟变成了上游水库。那条山沟四处的流水，本来来自昆仑山，带着仙气，所以被人们称为“圣水”，形成的河流就叫“圣水河”。在松溉境内，四条青龙遁地埋伏形成的山脉，就叫“青龙山”。由于它们的龙颈子、龙头挤在一堆埋进了长江的沙地，所以现在能看到的青龙山，就像是几个龙尾巴。而其中一个龙头往江边拱起的那座山，就是“龙船坡”。仙女王平掉落砸出的断崖就是“飞龙洞”，其下的深坑积水成潭，就是“飞龙潭”。

为了纪念仙女王平化名“黄姑”，隐姓埋名为永川大地做出的贡献，人们在王坪乡建起了黄姑寺纪念她。

阴极阳生，七日来复。七天之后，金盆湖金光尽收，神龟遁形，一朵鲜艳的莲花飘浮水中。仙女王平从莲花中醒来，飞身进入茶山竹海，化作茶竹神女，从箕山到王坪，从王坪到王家湾，从茶山竹海到松溉江边，奔跑着、忙碌着，永川大地重现生机……

为了防止四条青龙再次现身作乱，王母娘娘派出一只青鸟，化成一座山镇守在旁边。于是松溉境内，青龙山旁，四条龙尾巴和龙身龙头之间，就多了一座比青龙山还高的青山，威武挺拔好似站立的雄鹰，随时注意着青龙的动态，守卫在松溉西部。

王母娘娘的青鸟，本是鸷鸟所化，只是羽色苍青，故称“青鸟”。青鸟化成大山，就成了“青鸷山”。“鸷”这个字不为更多的人熟悉，人们为了方便认读和记忆就把它改名为“青紫山”。

松山溉水因传奇故事平添无数魅力。

4. 福子寺的来历

话说，王平被赤松子救出，轻轻落进金盆湖神龟背上的莲花之中，经赤松子的神仙法术调养了七天之后，终于醒来，然后飞身进入茶山竹海，化作茶竹神女，又开始了新的生活。

一天，王平发现碑槽山上王家湾下面、旗山村以西，她曾用簪子划过几下的地方，突然多出三块巨大的石头。三块石头立着靠在一起，像一个可以躲避风雨的棚屋。但还未等她弄清缘由，古老松溉的北面却出现了怪异事情。

原来，沿后溪河往北，到打鱼村一带，沟谷绵长，水体众多，历来有不少打鱼人靠这一带得天独厚的条件养活着自己。但是突然有一天，那里的人们，都同时没有打到一条鱼。而且从那一天起，以后就天天都打不到鱼了。一天两天三天……那里的人们纷纷逃走，不愿走的竟至于挖野菜、吃树皮，闹起了饥荒。

王平决定要查个明白。于是趁着一个浓云密雨之夜，隐藏于风雨之中，悄悄穿行在后溪河上的天空。

漆黑之中，王平突然看到打鱼村方向有一个地方闪现出一片金光。随着夜色渐深，那一片金光却渐渐地越来越亮。王平驱动风雨，慢慢儿往那一片金光靠近。看看将要接近，突然云雨之中惊起一道响雷，数道闪电击向打鱼村，那一片儿金光瞬间消失不见。后溪河畔于是重新进入一片沉寂。

王平正想收起祥云，驾往阴山龙洞。就在她要转身之时，风雨之中，却仿佛听到一个熟悉的声音，听到一声声亲切的呼唤：平妹妹——我看到你啦！平妹妹——我看到你啦！

王平浑身一颤，禁不住一阵心悸。她放眼四望，却只见月黑风高，雨意正浓，而雷声隐隐，由远及近有蓄势待发之威。于是她赶紧收摄心神，驾起祥云往龙洞而去。

就在那一夜，三更时分，雨停云散，松溉北面大地突然发出巨大的声音。霎时，兽走鸟飞，松子山西面出现一道深沟，从西北往东南，通向后溪河。

与此同时，龙船坡西面通往江边的大道旁突然出现一座白塔。白塔高高耸立，隐现白光。白塔塔座四方上各有一头“吞口”。“吞口”瞪眼怒视，獠牙外翻，血口洞开，好似要吞掉一切敢来侵犯的妖魔鬼怪似的，镇守着松溉古镇的西面和北方。几乎同在一刻，碑槽山三块石西边、后溪河畔，突然涌起数座山头，几道大致呈东西方向的山脊从南往北一层一层将后溪河抵到对面山体上，截住那道深沟，仿佛要控制什么东西不准它通过。那些新升起的山就是今天的傅家山及以北几乎与其平行的几道山脊。

王平听得异响，脚下一点祥云，立即赶到出事地点。她全神戒备，拔下头上金簪，轻轻一挥，使它变成一把宝剑。可是，突然一声鸡叫，顿时这一切停了下来。

王平仔细察看山川变化。她想，大地突现沟谷，必有精怪现身。此沟通往水路，定是水中有异物。王平又根据渔人打不到鱼以致闹饥荒的情况判断，一定是有千年水族修炼成精，不是鲶鱼精就是鳖精，而且它吃光了周围的鱼类、为害一方之后，想要进入江河。如果任其进入江河，江河水族必定全数遭殃，甚至灭族。

王平决定捉拿水怪。

王平下定决心之时，一道红日“噌”的一下跃上碑槽山，就在太阳的金光洒向松溉大地的那一刻，那一道新沟中突然也迸发一片金光，在太阳光的掩护下虽然不十分显眼，但也表现得十分异常。金光之中，一个鲶鱼精“嗖”的一声腾空而起，摇头摆尾越过几层新升起的山脊。顷刻之间，后溪河两岸呼天抢地，哭声遍野，草木俱伤，房屋倒塌，鸟兽也伤亡无数。

王平一按云头，“刷”的一下扑将下去。无奈鲶鱼精溜光水滑去势太急，王平剑锋虽快仍未刺中。眼看鲶鱼精就要窜入长江，说时迟、那时快，突然空中传来一声高叫：“平妹妹，守住河口——”

然后，轰隆隆一阵巨响，凭空扑来一片大山，将鲶鱼精的去路阻断。鲶鱼精一惊，往东边一躲，“嘣”的一声撞在碑槽山上，一下又往西面弹将出去，“叭”的一声落在松子山北面、龙船坡东面的山埼中。鲶鱼精尾巴一扫，于是这个山埼变成一个圆形。

趁鲶鱼精被砸得晕头转向之时，王平如疾风一般奔到后溪河入江口的一片滩涂之上，化剑为箭，万箭齐发，射向后溪河中。鲶鱼精见无数飞矢射来，无路可逃，只得将身子一沉，化成一道山石沉入后溪河中。

王平箭射鲶鱼精的地方，现在就叫“鱼箭滩”。鱼箭滩西边正对面可看到一道石梁，那就是鲶鱼精变的。

凭空从天而降的那一片山体，就是“牛栏坝”。

王平稍一定神，又听到一种似有似无的呼唤：“平妹妹——我是福子哥——”“平妹妹——我是福子哥——”

王平循声望去，只见牛栏坝如一头趴卧不起的病牛，轻轻拱了拱背，又传来一声轻轻的呼唤：“平妹妹——我是福子哥——”

“福子哥——”

王平掷下宝剑，腾身飞上牛栏坝，伏地痛哭：“福子哥——，福子哥——，福子哥——啊——”

天空霎时阴暗起来，太阳重归云层，山风顿起，大地一片呜咽，王平悲怆的哭声在碑槽山中回响：“福子哥，啊——”

大地震颤，三块石那里，三块石头轰然坍塌，其中一大块滚滚下落，掉在下面的一小片平地上，却直立不倒，好像在等待什么似的。

天昏地暗中，王平仿佛来到昆仑山上，回到王母的宫中，和福子哥在宫廷的后厨和前厅往来奔忙。福子哥扫地，王平手拿撮箕；福子哥登高，王平为他扶梯；王平提拿重物时，福子哥为她代劳；王平被王母责骂后，福子哥为她擦去泪痕；闲暇时，她和福子哥在天街夜色中挥舞小扇，捕捉流萤；多少晨昏暮晓，他们在昆仑山的山门外遥望人间美景，向往人间男耕女织的美好生活……

突然，一个惊雷，福子如飘飞的落叶跌落人间……

天空中一个威严的声音传来："小仙福子，妄动私情，触犯天规，懈怠仙事，打入凡尘，只准助她，不许见人，若有违犯，化为山石，永除仙籍……"

原来，在昆仑山时，王平和福子，少女怀春，少年钟情，十分要好。无奈王平被王母娘娘指派下凡，福子放不下思念之情，以致神情恍惚，懈怠了王母的差事，被王母娘娘查明实情，将他打下凡间。为了惩罚福子，王母娘娘规定他只准帮助王平做事，不准见到王平之人；否则，将他化为山石。

福子来到松溉，立起三块巨石暂时栖身。他见有鲶鱼精作怪，便暗中帮助王平。他在现今的新街子大路旁连夜赶造一座白塔，塔座造设"吞口"，吓阻鲶鱼精，防止它往西面乱窜。同时，又在鲶鱼精必经之路上拱起几道山脊，阻断鲶鱼精的去路。没想到鲶鱼精道行高深，竟然飞过那几道山脊。就在鲶鱼精将要窜向长江的紧急时刻，福子从山上飞扑而下，却不幸因为此前忍不住偷偷见了王平一面，而且轻轻呼唤了几声，就化成了山石。虽然福子飞身而下也没有抓住鲶鱼精，却使鲶鱼精被撞昏而中途落地，为王平箭射鲶鱼精赢得了宝贵的时间。

福子化为山石，魂魄归去之时，飘向碑槽山，撞倒三块石，推动其中一块往山下滚去，使其立在一片风水宝地之上，以此提示人们"福祉在此"。后来，人们在这里建起福祉庙，祈愿松溉怪异难入、水火灾害不侵。

福子本是北天牛宿一星，化为山石，像一头黄牛侧倒在地，牛头牛嘴朝向后溪河。今天所见牛栏坝往北，东至后溪河、西至清洁寺一带，就像一头侧倒在地的黄牛。本叫"牛拦坝"，后来人们为了沾一些仙气，就在那里建圈养牛，所以又叫"牛栏坝"。

不知过了多久，牛栏坝上，王平醒来……

她擦干泪痕，察看后溪河畔，忍住内心的沉痛，帮助人们在碑槽山西边、后溪河东岸，掩埋遇难的人们和不幸的鸟兽——那里就被后来的人们叫作"大坟坝"。然后，她又把三块石下面那块滚下去而直立的石头，叫作"福子石"。为了纪念福子，人们在那里建起一座寺庙，取名"福子寺"，为世人祈福，因此也有人叫它"福祉寺"。

经过一场劫难，王平下定决心，绝不再上昆仑。她要永远留在永川大地，守护松溉。

她不辞辛苦，培植生机，惩恶扬善，潜心经营松山溉水，使永川大地更加繁荣美好。后来，她又详察松溉大地，引导人们建起水神庙、东岳庙等教化世人，防止妖魔鬼怪祸害人间；还帮助人们在东江村北面建起观音庙，使观音庙东望福子寺，西望牛栏坝，共同护佑松山溉水。于是，古老的松溉得以兴旺繁荣，长远康宁。

5. 松山溉水的由来

相传，某年的三月三日，天庭中王母娘娘按照三年一次的惯例，设宴款待各路神仙。宴前吩咐仙女们采摘蟠桃并准备上等琼浆美酒。仙女们顿时忙碌起来，有的安置桌椅，有的摆放杯盘，有的准备美酒佳肴，尽其本能、各司其职，虽是繁忙，却也井然有序。

不料，一位名叫王平的仙女忙中出错，将一坛琼浆美酒打翻了，香喷喷的酒浆流淌了一地。她立即遭到王母的重罚，王母令她立即脱掉绫罗绸缎、去掉首饰钗环、身着麻衣土布，去御膳房担水劈柴、做苦工，受点儿折磨。这王平倒也甘心受罚，心想好歹是自己做错事在先，现在这活儿虽苦累，总算还能留在天上，比起那被打下凡间受苦的百花仙子来，也算是不幸中的万幸了。谁知到了天庭设宴那天，各路神仙纷至沓来，骑牛、乘鹏、驾鹤、腾云驾雾……各显神通，席间个个开怀畅饮，觥筹交错，尽情欢乐。但正当酒酣耳热之际，酒瘾大的几位神仙如天蓬元帅、赤脚大仙、吕洞宾、张果老等，一个个突然发起飙来——因为他们觉得不太对劲儿，宴会的酒似乎不多了，于是大家纷纷叫嚷："拿酒来，快拿酒来！"王母娘娘见势不妙，连忙向众仙解释酒不够的原因。众仙仍然不依不饶，致使三年一次的盛大宴会不欢而散。王母娘娘觉得脸上无光，只好将一腔怨恨再次撒向那打翻酒坛的小仙女王平。

王母娘娘将此事告之玉帝，玉帝不禁勃然大怒：这小仙女做事太不小心，竟然丢了天庭的脸面，招致各路神仙非议，有损天庭威信，遂下令将王平打下凡尘贬为农妇，过一段"衣不蔽体，食不果腹"的苦日子。

于是，这位名叫王平的小仙女来到凡间，落脚于永川县王坪乡。眼见百姓们果真过着"衣不蔽体、食不果腹"的悲惨生活，仙女王平伤心得不禁潸然泪下，怜悯之情油然而生，心想自己好歹还有那么点儿道行，还能够克服一些困难，而乡亲们却未免太凄惨了。于是，她总想着要用什么办法来改变自己和大家的命运。

那时王坪这个地方还很穷，农民们所种的粮食收成不好，难以维持生计。但此地树木繁茂，大家闲时便上山打柴，以补贴生活之不足。有一个叫“大松林”的地方，方圆数里生长的树全是松树。这种树不择环境，生命力强，不畏严寒霜雪，百折不挠，挺拔向上，直逼云霄。已经变作农妇的仙女王平从松树的特性中受到启迪，不禁产生了一个念头：我何不化作一棵松树？冲得无比高，将天撑破，让那养尊处优惯了的玉皇大帝也坠落到凡间来，体会一下民间疾苦，回头也好为凡间多做善事，恩泽众生。

由于怀着这种想法，王平化作的松树不但生长得特别快，并且长得十分粗壮结实，和其他松树比较起来犹如“鹤立鸡群”。

玉皇大帝得知此事后非常震怒，连忙命令二郎神带领四大天王和二十八宿等天兵天将，下界前往王坪松林坡，务必将那棵作怪的松树砍掉，使天庭免遭袭扰。但是，这棵由小仙女王平变的松树到底也含了一些仙气，生长的速度异常迅猛，天兵天将们砍掉它一尺，它却能长一丈，竟对它无可奈何。二郎神见状很是着急，怕完不成使命要受到玉帝的责罚，情急之下便搭上他的神箭，睁开他额上的第三只眼，拉弓如满月、箭发似流星，直向那棵松树射去。小仙女王平做事虽泼辣，但她那点儿神力到底比不上二郎神，顷刻间松树便轰然倒下了。树干倒在王坪乡的石松坪，形成后来被称为永川一绝的“石松”；二郎神用力射箭时脚踏的石头都深深地陷进了干石坝，他在那里留下的大脚印被人们称为“石脚迹”，也就是后来的石脚乡（现属于卫星湖街道）所在地；他的箭杆落在黄瓜山的半坡上，变成了后来的箭杆寺。

王平撑破天的计划失败了，但她为民造福之心未泯。于是又化作一颗松子，随风飘落到永川南部长江边的一座小山上。松子在原本光秃秃的小山上生根发芽，最终长成了一片松树林。林木高大茂盛，郁郁葱葱，屹立于长江之滨，朝迎旭日，暮送夕阳；沐江上之清风，揽山中之明月，观舟楫之白帆，听渔歌之唱晚。松林中凉风习习、松涛阵阵、群鸟欢歌、孩童嬉戏。信步其间，顿觉无尘世之困扰，无案牍之劳形，常常使人心旷神怡，流连忘返。

有人说，在世间万物中，松树也是一种全身心奉献的事物，它用它的树冠供人们遮阴纳凉，用它的树干供人们修房造屋；用它的枝叶供人们取暖做饭，用它的松脂供人们采光照明。它给人们的甚多，求人们的甚少，形成了独特的“松树风格”。人们因感激而敬重松树，恭敬地称这座长满松树的山为“松子山”。

时光流逝，岁月沧桑，花开花落，燕子去了又来，但人们见到的却是“青松不老，松山永在”。无论是寻常老百姓还是墨客骚人，对此心中都充满了感慨。

然而就在那松子山脚下，长江中的光景却不怎么好，主要是江中怪石嶙峋，形成了许多明礁和暗礁，导致水势极为险恶，古书称之为“溉水”，还呼其为“哑巴溉”，便有这样两个原因：一是溉水中除了明礁还有暗礁，像哑巴狗一样让人防不胜防地在暗中伤害人和船只；二是说人过这段江面要闭嘴作哑巴，免得惊醒了那条卧在水底的恶龙，不然它要是起来兴风作浪，那就更惨了！

原来这恶龙，就是曾在长江上游“斗内子”（一个险滩）和仙道王北极恶战过的那条黄石龙。黄石龙战不过仙道王北极，只好败逃到这东岳沱下边，正欲找几只过往船只或者别的什么东西来出口恶气，又正巧东岳大帝黄飞虎偕同他的大儿子——“炳灵公”黄天化巡游到这里。那黄天化原本就性烈如火，如今见有如此妖孽撞到枪口上，当即震天般大吼一声，擎起镇三山的大铁锤重重砸下，砸得那黄石龙粉身碎骨，败鳞残甲散落水中，竟变成大块小块的明礁和暗礁……

黄石龙虽然粉身碎骨落入了江中，它的魂魄却不肯散去，平时无事僵卧在水底，一旦被惊醒就起来作怪，搅起满江白浪滔天，过往船只和两岸人畜都要遭殃。松子山上那位仙女的精魄看不过了，一天晚上便找到黄石龙，劝它死了也积点儿阴德，不要残害无辜的百姓。

“光是说吗啥子，老子好冤枉啊——”望着貌美如花的小仙女王平，黄石龙不好凶巴巴地发作，只得低了头幽幽地说道。

“你再冤枉未必有我冤枉呀——”想到黄石龙造下的千般恶业，仙女王平不禁便愤然斥责道，“拿老百姓出气算什么本事啊？”

“……！”黄石龙这下子开不起腔了。真的呢，人家小仙女原本是王母身边人，为一点点儿小事就被贬下凡间遭受了这么多委屈，却以德报怨造福人间，而他尽拿老百姓出气算什么本事！于是，黄石龙一声不吭地潜入水底，从此后居然竟极少露头。溉水上少了许多狂风和恶浪，过往行船只要避让开那些明礁和暗礁，出灾祸的时候就少得多了。

于是，更多的船儿来到这江边过夜歇脚，更多的人在松子山下这片江边空地居住下来，这儿渐渐地成为一个城镇。城镇取个什么名字好呢？——把松子山和溉水开头那个字合在一起，便成了千年古镇——松溉。

6. 松溉石包冲和洞子潭的传说

话说很久以前，王母娘娘在瑶池举行蟠桃盛会。掌管天河的天蓬元帅多喝了点儿玉液琼浆，便昏昏然地夸下海口："本帅掌管的水域天河，奔流而下，势不可挡，没有任何东西可以阻拦。"这话激怒了旁边的二郎神，心想：谅你天蓬元帅有多大本事——哼，贪闲好懒，道行平平，待我戏耍你一回。就对天蓬元帅说："别夸海口，鸡鸣前我就堵一条大江给你看看。"看着二郎神威风凛凛的英武样子，天蓬元帅很有些心虚，但想到自己话已出口，覆水难收，只得硬着头皮和二郎神赌了起来。

二郎神用金响篙，不知从哪里赶来许许多多硕大无比的大石包，眼看就快到金溪沟旁，距大江只有咫尺之遥，眨眼就要大功告成，还想着怎么去羞辱天蓬元帅呢！不料这件事被南海观音菩萨知道了，她想：大江堵塞、洪水泛滥，不知要伤害多少生灵！说时迟，那时快，观音菩萨赶紧学了一声雄鸡打鸣，凡间的公鸡闻声都赶快叫唤起来。二郎神很纳闷，知道此刻本不该是雄鸡打鸣的时候，分明是道行比自己高的人在阻止这次赌赛，心知自己赶了半夜的石头已前功尽弃。一气之下，把金响篙一丢，打在山腰上，成了一条沟。到了明代当地人兴修水利，借用这条沟引金溪沟中的水灌溉，取名"陈公堰"，至今尚存。那些硕大的石头，因为没有金响篙追赶就停留在那里，形成一个硕大的石包群，这就是"石包冲"的来历。这些石头形态各异，其中有两条修长的石头犹如二龙抢宝；在金溪沟水中还有一块硕大的石头，形如蒸饭用的甑子，叫作"甑子石"。

话分两头。却说金溪沟里原住着一个小龙王。当晚，水神托梦给他，到了寅时会有灾难发生，叫他赶快离开。小龙将信将疑，正在犹豫不决之时，忽然"轰隆隆"一声巨响，犹如天崩地裂一般，小龙一惊骇，骤然腾空而起，搅起满天白花花的恶浪如天散银花，再回头俯瞰自己的住地，已经变成一个深渊。原来那是二郎神气急败坏一屁股坐下去所形成的，后来人们称为"洞子潭"。清代乡官陈汝钧于道光十二年（1832年）题写的"飞龙洞"三个大字镌刻在石壁上，至今字迹还清晰可见。据老年人讲：洞子潭深不可测，与东海相连，无论怎么干旱，水位都不会下降一点儿。1952年和1958年，和平大队组织数十架龙角车车洞子潭的水抗旱，车了数日，虽没见底，但感觉水不多了。而这时电闪雷鸣，乌天黑地，大雨倾盆，瞬间水又注满。

至于二郎神，则因为打赌堵塞大江，差点儿犯下残害生灵的弥天大罪，被发配到灌县（今四川省都江堰市）灌江口享用下界烟火。如今都江堰市"宝瓶口"还完整地保存着二郎神庙。天蓬元帅因酒醉跑去调戏嫦娥，被贬下凡间，投身猪腹，名叫“猪刚鬣”，经观音菩萨指点，被唐僧收为徒，保师父往西天去取经，成正果后被封为“净坛使者”。那些大石包呢，多半已为松溉及周边场镇的建设而粉身碎骨了。

7. 松溉神仙口的由来

“神仙口”是松溉一条街道的小地名，因街边建有一座神仙庙而得名。位于现在松溉镇的临江街，往上是玉皇观，往下是挑脚街。

关于“神仙口”这个地名的由来，本书前面已有涉及，但另有一个因更通俗、普及而被收进了本地文史资料的说法，则是一个凄婉动人的故事——

相传民国初年，有一位姓李的游方道人，来到松溉化缘。这道人蓬头垢面、衣衫褴褛、疾病缠身、步履艰难，样儿很难看，说话又不好听，镇上人大多不愿施舍，因而往往饱少饿多，落得个气息奄奄、人命危浅。

终于，在一个寒风凛冽、大雪纷飞的夜晚，游方道人于饥寒交迫中在街头凄惨地死去。夜间不时发出凄厉哭泣或大声号叫，让人感到非常恐惧，莫说小儿不敢啼哭，就连那一带的鸡也不叫，狗也不咬，白日里人人面带忧虑，谈此色变。

◆临江街神仙口小庙

居民们为了求得安宁，请了很多道士来做法事，一心想将僵尸鬼收服，但均无效果，居民恐惧之心与日俱增。

后来，有一位得道高人来到此地。他用法眼仔细观察这具尸体，又向街坊们了解此尸的前因后果，心中便已有章法。他施展浑身法术，让其从此弃恶扬善、恩泽众生、造福于民。后来人们特地在现场为那弃恶扬善的鬼魂修了一座小庙，并在庙内给他塑了一个像。

自此，街坊又恢复了往日的平静，百姓们争相朝拜，纷纷向他忏悔之前的慢待。这一消息一经传播，朝拜求医者更是络绎不绝，连距松溉场镇周边几十里的人也纷纷前来。一时间小庙青烟缭绕、香火不断、热闹非凡。人们习惯地称庙里这尊塑像为“李神仙”。这一朝拜现象一直持续到20世纪50年代初期。由于小庙地处挑脚街至玉皇观的转角处，所以该地段就被叫作“神仙口”。

当然，这一则传说性故事，颇有些自我批判精神，把人情冷暖和“势利”说得多了些。因此又另有传说予以“更正”，说神仙口庙里原来供奉的“李神仙”，原本就是个能治百病的游方道士，因撞上松溉疫病流行，便在此驻扎下来为人治病，救活了不少男女老幼，每天但求一饭而不取分文，人称“活神仙”。但终因操劳过度且不幸染疾，竟于一个大雪纷飞的夜晚在回屋途中倒毙在街头，群众痛哭如丧考妣，安葬后并在此修庙纪念，一年四季香火不断……

8. 松溉玩黄荆龙的传说

相传在很久以前，松溉遇到了从来没有过的旱灾。田土干裂，禾苗触火即燃，农民颗粒无收，饿殍遍野，连土地神的香火都要断了。

这天，土地神拜会龙王，说：“求你快点儿给松溉这个地方下点儿雨，拯救苍生黎民啊！”又说：“你即使不能施雨，哪怕就打几个喷嚏也好啊！”龙王说：“不是本王驳你的面子，我不得玉帝圣旨，不敢私自下雨，不然就是杀头的重罪呢。”

土地神上天庭面奏玉帝，说：“微臣享一方烟火，保一方平安，松溉这方黎民，因大旱而民不聊生。微臣看在眼里，急在心里，请玉帝稍动恻隐之心，解民于倒悬。”玉帝沉吟许久才说：“那方百姓，自恃面前有条大河，平时就不珍惜水，更有甚者，有的人不管教顽童，肆无忌惮地对朕不恭不敬，所以，朕想惩罚那方百姓三天，只要他们能让黄荆龙出汗，朕立即下令叫龙王施雨。”

土地神一听，天庭三天，凡间三年，怎么得了。事不宜迟，赶快回到下界，把玉帝的旨意转达给黎民众生。

于是，松溉不知从哪里传来四句偈语：若要免灾难，荆龙须流汗，平素要惜水，虔诚对上苍。

那时的松溉平民多半是“睁眼瞎”（文盲），不认识更难理解偈语的内容，他们聚到一块儿正在犯愁，走来一位自称“宋雨霖”的先生，三言两语就给大家讲解明白了。

乡民们费了许多力气找来了黄荆枝条绑扎成龙形，又动员每家到大河挑水回来放

◆古镇耍龙习俗

置门前。随后各自教育自己的子女：要有敬畏心，敬畏神灵，不要到玉皇大帝面前乱嚷乱叫，更不要爬到玉皇身上跹翻。有的家长还带上自己的顽童到玉皇大帝面前焚香磕头忏悔。

黄道吉日到了，乡民们沿街玩起了黄荆龙，街道两边的居民，一边朝黄荆龙泼水，一边向上苍祈祷，一条街没走完，黄荆龙已满身流水，“大汗”淋漓。说来也巧，烈日当顶的天空慢慢地乌云密布，闪电雷鸣，下起了小雨，顷刻间雨势增大，一直下到了傍晚，田里、堰塘里、小河沟里都灌满了水。松溉乡民得救了，想起学究宋雨霖，准备谢他。找来找去，有人路过土地庙，看到庙里的土地神很像宋雨霖，这才恍然大悟：原来是土地神送雨霖。

9. 松溉金马桥的故事

金马桥位于松溉黄桷树街西侧不远处。此桥横跨于松溉塘沟头流向飞龙洞的溪流上，虽屡经风吹雨打、岁月沧桑，但至今犹在。

清朝初期，经“湖广填四川”后，松溉的经济有所发展，人口逐渐增多。人们在此处搭了一座独木桥，但极其简陋，行人徒手路过犹觉胆战心惊，更不要说那些负重的轿夫、挑脚了。

传说乾隆年间的某天清晨，天刚蒙蒙亮，还看不清楚道路，一个农夫挑着一担蔬菜，准备跨过独木桥到松溉场上赶早市，刚走到桥中央时就觉得重心不稳，身子逐渐向溪流中倾斜，眼看就要坠落河中，正在这个危急关头，农夫忽见前面有像马形状的一道金黄色的光亮向他迎面奔来，随即托住他倾斜的担子，他便重新恢复了平衡，顺利走过了独木桥。

尔后，农夫把自己的经历告诉了乡民们，大家在感到奇怪的同时也觉得此桥已经不适用了，而金马未必能时时出现；此处又是松溉通往大河、江永、大磨、粉店等乡场的必经之路，随着经济社会的发展，行人车马日益增多，修建一道坚固的桥梁已势在必行。

经过商议，乡亲们决定采用集资的方式来实施，一致同意立即聘请能工巧匠兴建此桥并尽快动工。

由于决策正确，人心也齐，桥的修建过程异常顺利，开采石料时，丢弃的边角料很少，石料成材率特别高，工匠们在抬运石料时，一块重一千多斤的桥面石也不觉得费力，又没有发生过任何工伤事故。大家总觉得有金马在眼前时隐时现、若即若离，这给了工匠们很大的信心，工程比原来预计的期限提前一半的时间圆满完成。

桥系石料平板桥，用现在的计量单位计算，总长 13 米，宽 75 厘米，高 2 米，桥石板厚 35 厘米；五孔，四桥墩，四个桥墩的上面迎溪流方向都用龙头雕刻装饰，雕工精细，形态各异，栩栩如生，令人叫绝。

桥梁竣工后，大家都觉得此桥的桥基坚固，桥体大方，桥面平整，适用而且耐用，而修桥的工程进展顺利，都是因为金马在暗中起了很大的作用，一致赞同取名为“金马桥”。

在举行竣工庆典那天，松溉及周边乡场有数千人前来欢庆，他们有的敲锣打鼓，有的鸣放鞭炮，有的抬着猪羊，有的踩着高跷，争相目睹金马桥的风采，无论男女老幼都欣喜若狂，笑逐颜开。

当负责修桥的长老向大家介绍了桥的修建过程及取名为金马桥的原因时，四周更是欢声雷动。

自此以后的两百多年间，从松溉通往西边各乡场的道路也是便利顺畅，人们不再遭受溪流阻隔之苦，江永、粉店等乡场的农副产品源源不断地涌入松溉，带回的是松溉的棉纱、布匹、医药、糖果、五金等物资，桥上每天人流不息，轿夫、抬脚的号子声此起彼伏，骡马、黄牛的驼铃声不绝于耳，给松溉的繁荣添上了一笔重彩。

金马桥像一匹平伏的骏马，四蹄向四方伸展，形成了桥两端的八字形堡坎，马背的脊梁正是桥面，它长年累月默默无闻地服务群众、造福桑梓。

第二节
松溉近代的百姓故事

1. 富有感情的松溉火神

这是一个松溉人讲的“真实”故事。

当时他家住在松溉塘湾街，距他家不足五十步远，塘湾街转弯通过栅子与坳上街衔接处有一个商号名叫“万盛和”，“万盛和”老板姓陈，生意做得公平合理，又讲诚信，越做越红火，做得比其他商号都兴旺。陈老板心地善良，爱做善事。特别是陈太太，除了心好以外，还特别信奉神佛，是一个虔诚的佛教信徒。

大约是抗日战争全面爆发前一两年，有一天，“万盛和”店铺失火，陈太太焚香烛，化纸钱，呼天抢地，祷告上苍睁眼保佑，纵是烧只烧自己，不要殃及四邻。说来也怪，火苗立冲冲上升，“万盛和”店铺烧光，大火就慢慢地熄灭了。“万盛和”前面对街是林家药铺，后面紧靠秦家的院落，左面紧接着串架房的铺面，右面隔着一条小巷是“周记”的锅铺，这四家靠近火场都安然无恙，只是受到一场惊吓。事后街谈巷议，有的说陈老板平时善事做得多，这次火神也不愿让陈老板祸及他人；有的说陈太太对菩萨虔诚，火德星君也受到感动；但也有的说陈老板总是做了什么亏心事，遭报应，不然为什么大火就只烧他一家呢。

不久，“万盛和”在原址按原样修复，仍然做原来的生意。陈老板要求他雇的伙计都诚信对待顾客，做到货真价实、童叟无欺。慢慢地，生意比原来还要兴旺，一直到松溉解放前夕都是如此。

1949 年 12 月，土匪抢松溉，先抢后放火烧。那天傍晚，月亮很明，土匪从松溉首户秦玉全家纵火，火势迅速蔓延，塘湾街一部分，坳上街直到核桃街上的栅楼和正街一大部分都被大火吞噬，一夜间成为瓦砾场和一大片废墟。唯有“万盛和”商号及周记锅铺，处在火海中却安然无恙，面对这种奇怪现象，百姓们又议论开了，有的说这就叫善有善报，有的说前次陈家失火，求神只烧自家，这次没有求神，神却“保佑”了他家，是火神爷对他的回报。看来火神爷还真是富有感情！

2. 叫花子戏弄“邵土地”

1946 年 12 月 21 日，古镇松溉大财主“邵土地”的大儿子邵芳华结婚，整个邵家院子张灯结彩，热闹非凡。

◆邵家坝子夜景

“邵土地”本名邵永怀，有三四百亩土地及街房出租，因为人刻薄且爱财如命，长得又矮又胖，和坐吃俸禄的土地神一个模样，故而群众就送给他“邵土地”这个绰号。他的大侄子邵某某，是古镇副镇长。他娶儿媳妇办酒席，四邻及街坊群众慑于权势，不得已都去应付捧场。

在古镇上溪沟大崖口内，有好几十个不同年龄、不同性别的叫花子，长期在此崖洞内歇脚安身。听闻“邵土地”大办酒席的消息，个个兴高采烈。因为只有碰上大户人家办红白喜事，他们叫花子才会交上吃饱饭的好运。他们领头的叫“营长”，现任营长唐少云，已是他们头领中的第三任。为了得到丰厚的“施舍”，他一大早就组织好几个能说会唱的叫花子前去庆贺，放了鞭炮，送了喜联，还用四言八句唱了贺词，结果“邵土地”对他们不理不睬，不去接待，也不安排他们抬盒打伞，开宴席时，更不喊他们入座。客人头遍酒席吃完，又摆二遍酒席，客走席散，到场等待施舍的老幼叫花子，个个肚子饿得两脚发抖无法站立，只好退出门外，张望等候。厨师们收碗抹桌，“邵土地”不慌不忙地从堂屋出来，吩咐厨师将残汤剩菜用丝瓜瓢打捞干净，打发给他们的只是残汤，剩饭也不给半碗。唐少云看在眼里，忍气吞声记在心头，思想不断琢磨着：“邵土地”你太过分了吧，有朝一日，我们不收拾（戏弄）你才怪呢！他们通过多次了解，得知那坐茶馆喝茶一贯不给茶钱的“邵土地”，偏偏有吃早茶的习惯，全家出门数他最早。唐营长计上心来，到市场买回两筒豌豆，安排两个聪明伙计，一早将豌豆倾倒在邵家门槛下面，果然，当天邵土地开门外出，跨出门槛，脚踩豌豆，六十出头的“邵土地”“哎呀”还未喊出口就摔倒在地，爬起来又跌倒，左碰右撞，碰得鼻青脸肿，最后还是爬不起来。他乱骂一阵，由家人抬进了屋，以后十来天都没有出门。一个月后，事情冷了下来，一不做、二不休的唐少云，又安排几个兄弟，抬上一桶大粪，天不亮泼在邵家朝门上，邵家上中学的小儿子开门上学，门一打开，一股臭气直冲正堂屋，不少粪便滴落在他小儿子身上，全家老小怒气冲冲，又不好声张，用了几挑水洗涮了大半天，才清除了大门臭味。这次丑闻传遍了古镇大街小巷，有的群众公开说“干得好”，“邵土地”坏事做尽活该，但有的群众也担心，怕惹出祸来无法招架。邵家当副镇长的大侄子，一时也找不到线索追究，“邵土地”的面子在古镇上丢尽。新中国成立后，减租退押时，唐少云和其他叫花子斗争“邵土地”，才谈了以上往事，群众纷纷拍手叫好，并赞赏他们的智慧和勇气。

3. 王营长的清洁法规

民国初期，各地军阀割据，川军邓锡侯看中了松溉这块宝地，为充实军饷，特派爱将王振五营长来松溉驻扎。王振五头脑清醒，他采用"养鸡下蛋"的办法，先整修场镇街道，然后清除周边土匪，最后保持街道整洁，松溉面貌得以改观，独具特色，商业进步繁荣，镇上人口大增，税源大增。王营长做到了两头讨好（既为上级充实了军饷，又使百姓岁岁平安，生意兴隆），三年后升为团长调走。

原来这松溉古镇的商业繁荣，除了缘于通畅的水上运输，便主要靠后山各地的物资集散，每天都有上百支马帮队伍进进出出，但这也成了松溉街道不干净的根源。为了保持街道清洁，王营长首先从马帮下手，以新街子到菜园坝各家马房为起点和终点，制定了保持街道整洁的法规：（1）马帮在街道通过必须雇请便手（即清扫马粪的清洁工）随队打扫马屎，一次未清理要停运三天；（2）街道住户必须负责自己门前左右清洁，以没有垃圾和杂物为准，违者也停业三天；（3）各保保甲长是地段监管人，发现有人两次不负责任就撤去职务，撤职公文要张贴在被撤职户门上。

民国七年（1918 年），荣昌峰高马帮的驮马较多，但请便手仅请了一人，马屎在塘湾街没扫干净。菜园坝杨家余马房第二天放走了马帮，经检举，保长责令杨家余马房停业三天拒驻马帮队伍，马房减少了收入还遭到群众谴责，弄得杨家余口服心服并做了补救才算了事。此外，王营长对农民上街收粪尿也都有严格要求，粪桶一定要做上木盖，否则将重罚，原松溉中学校长周继华家至今还保留有一挑加盖的粪桶可以作为佐证。王营长调离后，这些法规继续执行到抗日战争全面爆发前夕，群众对此十分感念，人人赞誉王营长是个好官。

4. 松溉茅园（村）的由来

据《陈氏族谱》记载：大约在清朝雍正年间，有一个叫陈应生的人，在永川城三费局任职，积攒了一点儿钱。一天晚上，陈应生仿佛梦见先人对他说话，叫他到松溉去买地，并且要记住遇马而停、遇牛而骑，醒来才发现是南柯一梦。不过对先人的告诫，他记得清清楚楚。

他来到松溉，走到现在茅园这个地方。左边是马鞍山，右边是马头山，中间是一大片芭茅草，形状像卧牛。牛鼻索就搭在前面金溪沟的水面上，久而久之就变成了踏水桥，一只牛脚踏的地方就成了一口井，现在茅园的人仍在饮用这口井的水。陈应生请人看了，这里果然是一块宝地。又应了先人梦中指点，于是他买下了这块芭茅地。砍去芭茅，修建房屋，房屋坐南朝北，大石盒门进去，三进堂，共有 48 条屋脊，东西厢房十分宽大，也分别有小朝门进去，取名“茅园”，至今已有近 300 年历史。

民国时期，设置保、甲、行政村。因茅园陈氏家族发了，所以取名“泰和村”，取平安、安泰、和平之意，直至新中国成立。

1949 年之后，泰和村更名为“和平大队”。原陈家老屋还十分宽绰，是松溉农村院子中首屈一指的大院。后来撤乡建镇，行政村重新划分，又更名为现在的茅园村。

5. 大刀队丢丑记

1949 年 12 月上旬，永川县城和平解放的消息传到松溉，全镇人民个个欢欣鼓舞。12 月底，以闻立修、赵明利、李洪峰、王今非四位同志组成的第四区区公所成员同解放军 103 团宋世召排长等三位代表来到松溉，受到松溉各界人士的热烈欢迎，并宣布闻立修任指导员兼区长，赵明利为副区长，由于闻指导员要到各地奔波征粮，区长由松溉当地地下党负责人刘永怀代理，区公所设在松溉文昌宫。

区公所成立后，干部们天天上街下乡，接触各界人士，宣传党的方针政策，同时向地主富农征粮支前，追击国民党反动派残兵败将。他们人员少，工作繁重，当地恶霸杨思可、一贯道道首曾荣甫、国民党反动派败将张光禄认为造反时机已到，便同臭味相投的土匪头目黄海清、李福林、罗君等勾结在一起，准备反扑，妄图夺回政权。这些不甘心灭亡的反动分子会同江津石门的曹洪模、永川五间的陈鹤鸣等土匪头目组织所谓的救国军和大刀队，把大刀队吹得神乎其神，宣扬大刀队刀砍不进、枪打不入，四处造谣生事，蒙蔽群众。1950 年 1 月 6 日，他们组织受蒙蔽群众 300 多人，从黄荆坡（农华村）出发，沿途捉鸡捉鸭，口称是为打胜仗庆功作准备，在新街子吃中午饭休息，计划下午 2 时拿下文昌宫，杀死赵明利。大刀队大小头目，人人口中念念有词。当时区公所多数同志均下乡工作未归，仅有赵副区长和通讯员小谷，解放军也只有宋排长、杨班长二人。宋排长沉着冷静地命令原镇里的保安兵据守区公所不动，自己同班长手提机枪和三八式步枪，飞跑到区公所后山灶王庙口，架好机枪等待。下午 2 时，大刀队果然气势汹汹地从新街子杀来，并很快向灶王庙逼近，走在前头的是土匪头目黄海清的舅子周南本，他洋洋得意地靠近宋排长，30 米、20 米、10 米，只听三八式步枪“砰”的一响，周南本立即倒地，后面小头目杨某当成儿戏继续冲锋要夺宋排长机枪，班长手里的步枪又砰的一声，杨某“哎哟”二字还没吐完就扑通一声倒在糍粑坳大街上，后面的土匪大小头目，见此情形吓得目瞪口呆，小头目张才意还大声呼喊口号，见喊了几遍没有人理睬，只好自己硬着头皮冲上前去，又被班长一枪送他见了阎王。其他土匪见状，掉头都往后跑。土匪的溃败，证实了什么“刀砍不进”“枪打不入”，统统是骗人的鬼话。为了保护群众，当天宋排长和班长没有动用机枪，也没有立即追赶大刀队队员……当天夜晚，大刀队队员才将三具尸体偷偷运走，一场“枪打不入”的闹剧到此收场。

6. 七勇士冒死退敌

1950 年 3 月 5 日（农历正月十八），各路土匪一万多人，大举进攻设在松溉的永川县第四区区公所，枪炮声接连不断，就是路隔十多里的朱沱镇大街小巷都能听到。当时解放军大部队正向成都方向挺进，留在地方的兵力少，土匪们以为有机可乘，四处点火作乱，朱沱（原属江津）的土匪在四明、大河、涨谷等地也很猖狂。3 月 6 日这天（农历正月十九），天还未亮，松溉的求救信送到了朱沱南华宫解放军驻军某部连队，连长周斌一看，愁眉苦脸地望着送信的小伙子，没有立即答话，送信人再三请求派兵支援，时间已是早晨六时，连长吹哨集合。宣读求救信，解放军个个摩拳擦掌，斗志昂扬，争着报名，都愿意冒死前去解救松溉老百姓及区公所人员。最后，连长决定由梁炳奎排长带领 6 位战士前往支援，他们在出发前察看了军用地图，每人携带自动步枪一支、上百发子弹、机枪一挺、手榴弹各五枚，从四望山奔赴松溉，急行军到了松溉莲花村，找到陈绍明作向导，翻过青紫山，到了大院子茅园，过了金马桥，离区公所还有大约 1000 米时刚到清晨 7 时。为了在气势上压倒敌人，梁排长命令机枪手放空枪 3 分钟，并和大家一起扔出十来颗手榴弹。果然，有的土匪刚从梦中惊醒，有的还在抢劫，一听如此猛烈的枪弹声，直吓得大喊大叫:“解放军来了！”“解放军来了！”

为了包抄土匪，加大攻击力量，梁排长等 7 人兵分三路，各自为战，迷惑敌人。一路两人去占据上溪沟松江中学；二路两人冲向下溪沟，先经螺蛳壳高地，然后占领松溉精诚中学或关神殿；中路直达灶王庙打主力。各路土匪听到密集枪声，知道有救兵赶到，区公所所有人员也主动同援军配合组织反攻。纯属乌合之众的土匪，顿时乱成一团，边打边撤，有的从下溪沟方向溃退，有的从黄桷树街小路逃跑，稍有抵抗者便伤亡不少。在灶王庙追杀时，梁排长左膀负伤，鲜血直流，紧急包扎后继续追杀土匪。上午 10 时 30 分后，三路解放军共 7 人才在文昌宫区公所大门前汇合，人人汗流全身，军衣军裤无半点儿干处，所带子弹已基本射完，赵明利副区长和胡忠、王思现等同志在门前热烈欢迎、感谢他们。

战斗持续了大约 4 个小时，各路土匪共死伤 80 多人，其中被击毙 17 人，下午 1 时许七勇士离开松溉返回朱沱驻地，三天后第四区区公所给朱沱驻军送去锦旗，感谢他们的无私援助。

7. 破除洞子潭神话的故事

洞子潭又名“飞龙洞”，位于松溉镇茅园村，该潭一年四季流水不断，水注入潭内形成的瀑布高达约 120 米。特别是春夏大雨来临，瀑布更是十分壮观。潭水面积约十亩（大约 6666.7 平方米），深度无人知晓，当地八九十岁的老人都说，经历多年多次天干，但从未有人见过洞子潭水干。相传潭内藏有神龙，因而潭水也从未有人动用过。

1952 年 3 月，松溉乡土改结束，刚刚分到土地的农民生产热情很高，不料整个川东地区碰上了前所未有的春旱，秧苗栽不下，玉米幼苗刚出土就已枯死，高粱秧苗长了两尺多还无法移栽，农民平日欢笑的面孔消失了。首任乡长胡青云，从早到晚忙个不停，从农华村发动农民栽棒棒秧（打窝秧苗干栽）返乡，路过飞跃村，村长陈泽其苦笑着脸挡住他说：“天干秧子无法栽，洞子潭又满满装着水，老百姓都说潭水关起是养龙的，动了龙水要出蛟，会惹出大祸。”胡乡长打断他的话说：“那是迷信，地主老财过去是剥削我们，压迫我们的，他们也认为是天经地义的事。我们过去也不敢动他一根毫毛，现在不是动了吗？农田需水栽秧和救苗，人畜用水都困难，我们不能端着金饭碗饿饭——要破除迷信，教育群众，尽快组织人力物力车水灌田救苗。”村长一听，觉得是这个道理，当晚便紧急召开干部会和群众大会，全村的男女老幼整齐都到会，此次大会是土改结束后人员来得最多的大会。陈村长理直气壮地在会上讲明了道理，得到广大群众的拥护，决定立即车水灌田。

5 月 8 日早晨，一切准备妥当，未等红日升起，各组来车水的 200 多个男女劳力已经到齐。由于洞子潭水从未被动过，四周群众观看的就有四五百人，有的真怕龙出了蛟，还披蓑衣戴斗笠作好准备，这种热闹场面真是前所未有。胡乡长也特地亲临现场指挥。7时30分，陈村长下令开始，只见一股白花花的潭水自下而上，滚滚奔向农田，号子声、吆喝声，响成一片，站在四周的群众，有的来自本村，有的来自外村，一次一次地欢呼、鼓掌，为车水的农民加油，车水的农民15分钟一换班，经过5个多小时，竟将一潭一直不敢动用的所谓“龙水”车得一干二净，50亩农田得到灌溉，过水的玉米苗地也得到浇灌，潭水车干了，根本没有蛟龙出现，所有在场的群众都受到教育。大家从潭底发现夹板枪1支、手榴弹5枚，连同步枪子弹100多发，都捞起来上交了政府，同时还捉住大乌龟两只，一只龟背上刻有“清光绪二十三年”字样，另一只龟背上刻有“宣统三年”字样，人们都让它们回归了潭底。捞起的80多斤鲤鱼则交村上处理，村民们个个人心大快。

第三节
松溉史事选辑

1. 松溉新运纺织厂史略

1937 年卢沟桥事变爆发，同年 11 月 20 日，重庆成了战时首都，国民党政府机关和学校都内迁至重庆和四川。新生活运动总会所属新生活妇女指导委员会指导长、蒋介石的夫人宋美龄派出薛明剑、余庆棠（国民参政员）、钮长震等人来到松溉，与地方上的政、学、绅、商各界人士接触，决定将松溉镇作为纺织实验区，镇政权划归纺织实验区主管，实行厂政合一，改松溉镇公所为松溉实验乡公所，由厂方负责人兼任乡长，直属专员公署领导。

1938 年秋，仿照裕华纱厂的组织形式，人们在松溉建成了“新运纺织厂”。厂本部设在松溉西大街南华庙（也称作“南华宫”）。从南华庙后面直抵孔氏祠、文昌宫、红庙子、石包冲、灶王庙一带都作为该厂建设的范围，新建职工宿舍和工作车间 20 余幢，其中草房多、瓦房少。此外，老官庙和观音阁等庙宇也被厂方利用了起来。

该厂职工大约有 800 人，其中管理人员和技术人员都是由重庆派来的外省人，本地人称他们为“下江人”。纺织厂的主要负责人是潘道昌和茅仲英。厂内设总务课、人事课、计财课、材料课，每课设课长一人。课下又分股或室，如材料课下设材料收发室、产品检验室；计财课下设财会股、出纳股、消费门市部、日用品合作社、畜牧合作社等。工作车间有弹花、纺织、纱布、药棉、毛巾、纺毛、印花、漂染、整理共计 9 个。把运来的棉花由弹花车间加工纺成土纱，以作纬线，又以 20 支细纱作经线，织成药用纱布。用烧碱把棉花煮沸、漂洗后，再行加工整理制作为药棉。二者都运至前方作为抗战医疗用品。织布机分轮前机（有铁件和木件两种）、游滩机，各五六十台。织宽布的工口每月 14 匹，包括牵梳在内。所织毛巾、毛毯和所纺的毛线等，通过印花加工整理后出厂销售。在重庆菜园坝、江津白沙镇和松溉都设有销售门市部，还有代销店和代销摊贩。销售的主要负责人是孙驭志，松溉的经理是漆洪华。

新运纺织厂创办后，颇具成效。于 1939 年左右在重庆市总商会举办了一次成品展览，展出毛巾、白巾、纱布、药棉、毛线、毛毯等各式产品，重庆《大公报》曾做了展出情况的报道。

厂里的工人工作十分辛苦，工作时间为上午 7 时至 12 时，下午 1 时至 6 时，夜间还要加班 2 小时。一般都是定额生产，既计时又计件，只有忘我劳动才能完成任务。每月工资 8 至 10 元、6 至 7 元不等，这点儿钱除工人自己生活外只能养活一人。睡的是楠竹做的单人床，吃的是糙米，半月打一次牙祭。每人只发一条围腰，上面印有厂名，没有其他劳动福利。职员的工资比工人高百分之百，甚至高出百分之二百。当学工的，伙食由厂方供给。前三年每月给生活费 3 元，后三年给生活费 6 元，由于物价飞涨，后来学工一月的生活费仅能买一块肥皂。

纺织厂还租佃松溉“三善会”的土地创办了农场，以钮文运、钮孝威为正副场长、占地面积 1000 亩左右，从孔氏祠、石包冲一带直至飞龙洞，均属其规划范围。分了园艺、饲养、植树等几个方面。

（1）园艺。育有多种花卉和草本植物，其中对菊花的栽培采用苦蒿秆将菊花嫁接在上面，在接口套上鲜桃枝的皮层，通过改良品种开的花朵比一般的大，特别茁壮，品种也较齐全。其他培养的花草也不逊色，曾请各方人士观赏，众人皆赞不绝口。

（2）饲养。有从外国引进的约克猪种，净重可达四五百斤，除直接配种外，又进行过品种改革、杂交繁殖，实践证明是卓有成效的。农场饲养的安哥拉兔，每年剪毛三至四次，兔毛经过化学处理便可直接用来纺线织成毛毯，销往全国各地或作供应前方将士之用。饲养的鸡是从美国引进的白罗克种，繁殖也不少，可惜社会上的一些人思想闭塞，不懂科学，不相信科学，当时未予接受。

（3）植树。农场有计划地成片培养苗圃，培育各种树苗，成活见效的有柑橘、梨、枣、桃等。

纺织厂所办农场能取得成绩，与业务负责人林化民的带头实干是分不开的。林化民早年毕业于南京金陵大学农科，造诣较深，具有一套成熟的理论和实践经验，花费不到三年的时间，取得的成效是斐然可观的。遗憾的是他积劳成疾，不幸早逝，农场后继无人，每况愈下。20 世纪 40 年代初，人们怀念这位实干的农业家，特集资建亭于石包冲上，取名“化民亭”，借表追思。长于诗词书法的陈大健先生曾为其亭、墓各撰书一联。

亭联：孤亭镇日迎风月，大地何年解甲兵。

墓联：胜有茅亭撑溉北，独留荒冢望江南。

纺织厂在文化方面，办有妇女生活学校、工人夜校和自助校。凡新招的女工，必须先入学校学习生产知识和文化知识，待经过考试合格，才分配到车间操作。厂里还办有干训班，如松溉当地居民万淑慧、赖荣培、冯桂芳即从干训班毕业后任车间指导。厂里还办有子弟校、幼儿园、图书馆等。职工在文娱方面比较活跃，厂方于每周星期六安排晚会，表演话剧宣传抗日。

在医卫方面，纺织厂设有诊疗所，医生和护士齐全。

该厂创立一周年时，即 1939 年 7 月，宋美龄曾乘专机来松溉视察。厂方为了庆祝建厂一周年和欢迎宋美龄到厂视察，不惜铺毡结彩，盛设筵宴，街道打扫得异常清洁卫生，驻在永川的专员沈鹏特调军队一营夹道欢迎。宋美龄下机登陆后，由河边步行，随员和保卫者 20 余人，迎接到厂，复由厂到乡公所，一路戒备森严，不许闲人通过街道。

新运纺织厂在松溉建立后，招收女工，启发妇女生活独立，破除封建思想，扩大对外交流，发展科学文化，繁荣社会经济，为松溉镇的经济、社会进步起到过一些积极作用。不幸的是抗战结束后，外省人纷纷陆续返回老家，新运总会妇女委员会亦于 1947 年将资金撤回，仅留固定资产、定额流动资产的原材料、成品和半成品、库存产品、公用器材以及车间工具，移交永川县政府接收。县府委任何桐荪前去接管，但何害怕地方势力唱对台戏，没有到职。这份家业没有被好好地接收下来为人民造福，竟遭一些人分赃，中饱私囊……

2. 抗战时期驻松溉的保育直六院

20 世纪 30 年代，日寇侵略给我们中华民族带来巨大的灾难。鬼子兵的铁蹄践踏了我们的国土，他们手中的屠刀残杀了我们的人民，许多人家破人亡，并饱受煎熬，邓中玉女士是当时深受其害的幸存者之一，入川后，她随战时儿童保育院直属六院驻在松溉。下面是她充满血泪的自述……

1939 年夏天，7 岁的我随幺姑（10 岁）进了战时儿童保育院，在宜昌，我们随大队坐小火轮到重庆，在朝天门码头上坡后，步行至陕西街万寿宫儿童保育院总会。年轻的女老师正集合我们，名还未点完，空袭紧急警报就拉响了。女老师连忙带着我们跑向江边。一路上只见惊慌的、蓬头垢面的人们在乱窜。倒塌的房屋压阻了人行道，地上流淌着一片片的血污，电线上挂着人的腿或手臂。在江边，老师让我们一二十个小朋友坐一只小木船，船主将船划向江中漂荡，以躲避日机的轰炸。船一直漂荡到第二天上午。炸弹声几乎震聋了我们的耳朵；燃烧弹使重庆市区发生了大火，大火在黑夜中映红了半边天；隐约听见的哭喊声使我心惊胆战。这些景象令我至今记忆犹新。幼小的我们此时已不知饥渴，只知道裤子尿湿了又夹着暖干。第二天上午，老师带我们到了南岸的一个野坟场地。我们才稍稍有了吃喝。之后，为了躲避日寇的狂轰滥炸，免得我们这批从敌人铁蹄下抢救出来的难童又葬身在敌机的炸弹之下，保育总会把我们这批儿童分到了松溉，成立了直属保育总会的第六保育院（简称“直六院”）。

直六院最先落脚在松溉东郊长江边上的东岳庙内。东岳庙给我的印象是庙宇宏伟，周围林木众多。庙门前还有棵既开白花又开红花的树，使我感到很稀奇。庙里的塑像都是彩色的，并镶了金。进大门后的两边有十殿阎王的彩塑故事，我至今还能清

◆保育院的孩子们

◆孩子们的微笑

晰地记得。其彩塑的生动、精美与规模，在别处是找不到的。长大后，尽管我并不信佛教，可幼时东岳庙里的故事使我具有了“善有善报”的朴素心态。以后保育生不断分来、增加，直六院扩大到松溉的观音阁，东岳庙就成了分部，住低年级学生。由于我是较小的学生，我就在东岳庙里读二年级，并由大同学高大哥领着我们几个小的在庙后放羊。

我稍大一点儿时，知道从壁山直五院又分来了一批保育生。这批学生中大都是从江苏、浙江、湖南、广东，甚至有从香港保育院辗转来的。他们似乎都比我大而且比我懂事，似乎还懂政治。他们说在直五院学生对老师均称呼哥、姐和妈妈。如《革命家庭》（此为改编的电影名，原书名为《我的一家》）的作者欧阳陶承同志当时就在直五院工作，学生一律称她为“欧阳妈妈”。

直六院第一任院长是个年轻的女老师。至于她姓什么我未搞清楚。只知道她带我们从重庆到松溉时，在船上有个女同学由于3岁的妹妹患痢疾，屙脏了别人的鞋，姐姐到船边去洗鞋而掉到长江里淹死后，她作为院长引咎辞职了。继任者是个胖大汉子，好像姓陈，他对学生施行体罚，一打就打个满堂红，我们都很怕他。他也没搞多久，就来了第三任院长，姓齐名笑尘，新中国成立后她名叫齐淑容，是北京某中学的校长；她爱人是张苏，逝世前是新中国最高人民检察院副检察长。

20世纪80年代初，我在《人物》杂志上看到了齐淑容的专访，竟与她联系上了。老院长竟还记得我，她说她不相信我“竟然还有这么个大小伙子的儿子”，因为在她的记忆里，我始终只有几岁。后来，当我有机会再去北京看望她时，她已故去了，真是令人遗憾万分！

齐院长不愧为一个20世纪30年代入党的老共产党员。当时她身穿蓝花布衫，脚穿家常平底黑布鞋，在她的领导下直六院走上了正轨。院里按年龄、成绩分班读书，课余开展种菜、放羊、体育、文艺活动，废除体罚，建立医务室。学习的课本是由保育总会发下来的充满爱国主义的教本。我记得小学语文第一课就是“好了，好了，小弟弟进了保育院”。

在抗战时期，四川曾出现一些疫病。首先遭罪的是幼小的我们。各种疾病乃至传染病在孩子们中间流行，其中以痢疾、疟疾、天花、脑膜炎等病最凶。除意外伤亡外，不少保育生死于疾病。如前面讲的那个3岁孩子，由于患痢疾，大姐淹死后，她也死了，三姐妹只剩下那个约10岁的二姐，至于她以后是否也死于疾病我就不得而知了。

我那时只听说早期直六院死了的孩子们先是几个人装一口棺材，后来就直接抛入长江里了。在直五院据说开始也死了不少，孩子们愤怒了，早上升国旗时，他们升上去的竟是一头猫头鹰。我和幺姑一方面体质较强，再者我们来自城镇，幼小时曾在小腿上种过牛痘，故此逃过了死亡。但打摆子则未躲过。高烧时，把人烧得稀里糊涂，东岳庙里狰狞的鬼神也在我的幻景中凑热闹：它们面目可憎地要与我打乒乓球，若输了就要置我于死地，于是我就拼命地打，拼命地打……至于输赢现已记不得，想当然我是赢了的。从此，即使高烧，我也愿意躺在教室门口，再不敢回寝室一个人去休息了。高烧过后一下子又酷冷，盖几床被也禁不住牙齿打架。再加上满身的疥疮、脓包，头上的虱子，冬天手脚冻烂了连骨头也露出来等等，把人折磨得极度虚弱，但我毕竟活下来了。

齐院长上任后，除教学走上正轨外，她首先发动大家与疾病作斗争，按时让学生洗澡、洗衣被，并用大锅蒸煮衣物，提倡大帮小，互助互爱。我由于年龄较小，不少大同学曾照顾过我，记得我读三年级时，精神极不好，一上午上两节课就要伏在桌上打瞌睡。有一位大姐姐过来一看，发现我颈项上爬有虱子，于是她们就帮我把头发全部剪掉，剪得虱子直抱团往下滚。头上还有脓疮，揭开黄脓壳，里面竟都是虱子，我说："怪不得每回头恶痒怎么也抓不到痒处呢！"从此，我就再也不蓄头发了，完全是个光头，不知道的人总以为我是男孩子。这样一直到小学毕业离开保育院。我还要提一下我的最后一位姐姐，她叫王幼珍，她真像我的亲姐姐，应该说比亲姐姐还亲。其实，我那时已经长大了，但我的衣服还是她帮着洗，至今我还记得她憋着尿为我洗完衣服的情景。我也是很喜欢她，只要一下课，我就会像尾巴似的跟着她。后来，她也与我一起分到了川二院，此后就杳无音讯了。

在直六院有一件事值得一提，由此可见我们所受教育之一斑。当敌后抗日根据地的放牛娃王二小，为掩护干部和老乡被日寇挑在枪尖摔死在大石头旁边的故事发生后，我们直六院当时就知道了，而且把这篇报道当成了教材。老师在作文课上还发动我们给抗日根据地的小朋友写信。我记得当时我就写过一篇作文，题目叫《给晋察冀小朋友的一封信》。新中国成立后，我自己就很纳闷，为什么王二小的故事我知道得那么早，读了《人物》杂志后，我才明白了，原来齐院长的丈夫张苏就是冀中武工队队长，是日寇曾高价悬赏买他人头的抗日英雄，而我们的齐院长还在读大学时就是共产党员了。

还有一件事给我的印象也极深刻：这就是我后来和其他小朋友被集中到观音阁后

的一天，我们集合在天井里。天井相当大，石板铺地，它南面有个高脚戏台，北面也是个高台，台上是个大厅。天井两旁有上、下两层，均为教室或老师办公室。我们集合后，齐院长带来位女客人。她身材苗条，面容姣丽，烫了发，足蹬高跟鞋，旗袍合身，素净但高雅，仪态非凡。齐院长说："这就是我们保育院院歌的作者安娥女士，她来松溉看望你们。"（安娥为田汉夫人）顿时，掌声四起，大家踮起脚争相观看。安娥开始讲话，她说："小朋友……"她讲话的内容我虽然记不得了，但她亲切的称呼与话语声都深深地留在我的脑海里了。最近，我看了一部电视剧，里面有安娥在重庆时期的形象，这也正是我看见她的那时期，我两相比较，戏里的形象太不像了，太老气了。见到安娥，我们当然要齐声高歌保育院院歌，让她知道这歌是如何安慰、鼓励和教育了我们。保育院院歌歌词如下：

（一）

我们离开了爸爸，
我们离开了妈妈；
我们失掉了土地，
我们失掉了老家。
我们的大敌人，
就是那日本帝国主义和他的军阀。
我们要打倒他，要打倒他！
打倒他，才可以回到老家；
打倒他，才可以看见爸爸妈妈；
打倒他，才可以建立新中华！

（二）

我们失掉了土地，我们失掉了老家。
我们的好朋友，
来自日本军阀炮火的轰炸下。
我们要帮助他，要帮助他！
帮助他，一齐来打回老家；
帮助他，一齐去看望爸爸妈妈；
帮助他，一齐来建设新中华！

时间一晃，50 多年过去了。我庆幸有机会回到松溉来看望这片土地上的父老乡亲，感谢他们对我的养育之恩，可惜的是人非物亦非，我曾经住过的东岳庙、观音阁全被夷为平地了。那么好的房子，那么好的彩塑艺术，现在都仅仅留在我的记忆里了。

◆东岳庙原址上居住的张姓农民家门口的崖刻

只是飞龙潭瀑布还是那样，50 多年似乎没有变化，上面水流依然不大，而下面的瀑布气势依然壮观。小时候，我常来这儿玩。记得有个江浙籍男生曾在上面玩，失足跌落潭里，当有人向老师反映他可能淹死时，他却活着回来了，大家虚惊一场。

1996 年 5 月 1 日我去东岳庙时，发现该庙原址上住着户姓张的农民，他们对我们很友好，就在他们门口还保留了一处崖刻。望松溉人民与政府妥为保护，这崖刻本身有价值，再者，它的存在多少能说明这里曾有过艺术的辉煌。

最后，我要向保育院的组建者周恩来、邓颖超致以最崇高的敬礼，也向曾在保育院勤苦工作的所有人员敬礼。我们保育生永远不会忘记他们的恩情，历史永远不会忘记他们抢救民族后代的功勋。

3. 松溉火柴厂简史

位于松溉西南隅马路街石柱湾的火柴厂，原系由私人合伙筹办的“民兴火柴厂”，于 1929 年在松溉建厂。1949 年后经过改造，于 1956 年实行公私合营，更名为“四川省地方合营永川县民兴火柴厂”。以后成为县属地方国营企业时，又相继命名为“永川县火柴厂”“重庆市永川火柴厂”。1992 年永川撤县建市（县级）后，更名为“永川市火柴厂”，曾经一度步入发展辉煌时期。

至1992年，全厂总面积31304平方米，建筑面积约8196平方米，其中厂房5380平方米，职工住宅2815.9平方米。有职工261人（男141人，女120人），其中固定工165人，合同工37人，全民大集体工人59人。还有退休职工138人。

随着时间的推移，火柴厂经历了创办、发展、破产的兴衰三部曲。

（1）创办

火柴厂筹建于1928年，系官商合办的私营企业。筹创之际，正值第一次国内革命战争，城市工人在共产党的领导或影响下，为争取民主权利，要求增加工资，相继组织了工会，开展斗争。资本家为了逃避城市工人阶级的斗争锋芒，又利用破产农民和场镇贫民急于谋生的弱点，廉价收买其劳动力：加之市场容易垄断，航运畅通，商机较好，只需用少量资金，便可从中攫取高额利润，发财致富，因而选址在松溉建厂。

1929年，重庆以吴琢成为代表，松溉以王权三为首任经理，邀约士绅潘树乔、傅连碧、蒋锡光、吴荫余（技师）入股合伙，以军阀王陵基（时任重庆卫戍司令）、廖海涛（师长）作政治上的靠山，之后又邀约本县的富户钟雨金、刘玉堂（木商）、张德涵（松溉商会副会长）、李恒修、刘量恒、冉达元等入伙。发行的股票上印有“振兴实业，补济贫困”字样，故简称厂名为“民兴火柴厂”(全称“民兴贫民火柴股份有限工厂”)。在重庆收购日商“华东号”的家具和设备，运到松溉备用。

工厂最初以华龙寺为基地，觅得石柱湾大片坟地后，才纠工备材，修建了几幢土木结构的平房作为厂房，生产“福寿牌”硫化磷木梗火柴。全厂有技工职员十数人，摆火柴梗的全为女工，有80至100人，厂方不供给食宿，全为走班工人。火柴盒由家庭的老人和小孩承做。工厂日产火柴7至10大箱，每箱7200小盒，支头药量饱满，擦用很少废签，很长一段时间的牌价为每箱22元。有税务人员一人，住厂收税。行销邻近的县或乡村。

由于设备极为简陋，产品质量差，不到三年，企业亏损得难以维持。原来抱着分红思想的部分股东，如廖海涛、蒋锡光等，相继退股，企业摇摇欲坠。

1935年，国民政府为了控制白银，实行法币政策，大量发行纸币，造成通货膨胀，又使该厂受到一定影响，产量锐减，工人生活愈益艰难。

1937年抗日战争全面爆发，重庆方面指派商场老手吴琢成来厂任经理，利用北平、天津、南京、上海失守，外货紧张，物价陡涨之机，大肆增资囤货，收买原料，拉拢本地座商和地方势力，吸收游资，利用法币贬值的机会，买空卖空，垄断市场，对内略施小惠，迷惑职工为其卖命干活，大发国难财。但终因法币贬值、通货膨胀、苛捐杂税繁重、股东之间争权夺利、内部矛盾不断激化等原因，致使经营失控，产量急剧下降……

（2）发展

新中国成立后，这个多灾多难的火柴厂重见青天，工人阶级当家做了主人。

1952 年，火柴厂进行“对私改造”。6 月，张熙尧、黄朝炳、易体方 3 人从江津调来任火柴厂公方代表，私方代表是龚江帆、吴柏林、姚代奇、秦金柱，上述人员分别担任新中国的松溉火柴厂第一任正、副书记和正、副厂长。

1956 年，实行全行业公私合营，在“一五”“二五”（1953—1965 年）期间，火柴厂发生了翻天覆地的变化，生产火柴 32.3 万件，为国家积累了建设资金 129.46 万元。1961 年，任元平任副厂长、谷安良任书记。1964 年，路吉三任书记。

在“三五”“四五”（1966—1975）期间，火柴厂受到“文化大革命”的影响，

◆如今的松溉火柴厂

生产蒙受损失，产量由1965年的2.02万件，逐年下降至1969年的0.93万件，连年亏损。产量下降和亏损持续到1974年，当年产量为1.39万件。

在“五五”（1976—1980）期间，经过1975年的企业整顿，以及1976年10月粉碎“四人帮”，特别是十一届三中全会以后，工厂的生产经营实现了历史性的转变，扭亏为盈，摘掉了连续12年亏损的帽子。“五五”期间，共计生产火柴17.83万件，比“文化大革命”10年总产量15.89万件还多出1.94万件。1976年，秦万才任工厂书记。1979年，李治清接任书记。

“六五”（1981—1985）期间，认真贯彻执行了“调整、改革、整顿、提高”方针，永川县委对工厂的党政领导进行了调整，健全了各种规章制度，更新了生产设备，改革了工艺流程和产品种类，提高了职工的福利待遇，工厂获得了前所未有的经济效益。1982年，谷明礼接任书记。

1988年，火柴畅销，工业总产值为317.7万元，实现利润116万元，纳税12万元，为建厂以来最高盈利额，成为永川县内少有的盈利百万元大户。

1987—1988年，刘远坦先后任厂长、书记，许秀桂后来接任书记。

1989年，厂长为彭福中，副厂长为李辉样、钟兴全。

1993年，王真荣接任书记，张焕英任厂长，钟兴全为副厂长。

（3）破产

但是，在改革开放后市场经济的滚滚洪流中，曾相继更名为“永川县火柴厂”“重庆市永川火柴厂”“永川市火柴厂”的原松溉火柴厂，终因产品单一、缺乏市场竞争力和管理机制相对落后等原因，于1996年宣告破产了。在地方政府对企业资产、在岗职工等进行妥善安排后，走过了68年历史的松溉火柴厂从此留在了人们的记忆里……

第四节
松溉的文化遗存

1. 松溉的“叶老大”

“收尸匠”这个词，光听起来就感觉有些稀奇古怪了。在七十二行里，有谁能找出一种职业叫“收尸匠”呢？可是，在永川松溉就有收尸匠，名叫“叶老大”。

“叶老大”这个称呼，也叫得很没有道理，既称老大，必有老二，甚至老三、老四、老五……可叶老大既无父母，更没有兄弟姐妹。他是个“独棍儿”。

在过去的松溉，收尸匠是一个挺让人瞧不起但又不可或缺的行当——是专门处理无主尸体的。叶老大的工作其实很单纯：

一是捞“水打棒”。松溉靠长江，镇东头有座东岳庙，庙门下正是长江的一个大洄水沱。“水打棒”（松溉人对水中浮尸的称呼）顺江流下来，多半在这个洄水沱回旋。“水打棒”到了这个地界，地方上不能不管，可谁也不愿去管——谁愿触这个“霉头”呢！这时就用得着叶老大了。叶老大水性极好，人说能在水里待半天。这是夸张，极言其能，但也足见叶老大的水下功夫！东岳庙下洄水沱多逆流、险滩，别人不敢在这儿下水，叶老大却敢去。一有“水打棒”冲下来，叶老大就脱得精光（不能穿裤子，怕被水底的礁石挂住），“扑通”一声下去，一会儿就把“水打棒”拖上来。“水打棒”的衣服一般都大体完整，叶老大会先掏衣袋，看还有没有值钱的东西。有时能掏到几块光洋（这种情况绝少），有时只能掏到几片烟叶。

镇上的商户组织了一个慈善会，各凑几吊钱，常备有几块薄板和几串铜钱救急；

平时甚至预备几样常用的中药，供看不起郎中的行路人和脚夫取用；逢节遇灾，立一大木桶施粥；再有就是管河中的“水打棒”。叶老大把“水打棒”拖到岸边，用一根草绳把脚拴住后挂在礁石上，以防腐烂。然后叶老大会找慈善会的人来，先验明正身，确系淹死的，慈善会就会出五百钱，算是叶老大的劳务费。“水打棒”还放在水里，等亲属认领。三天后无亲属认领，叶老大还得管埋。

二是埋“路倒”。过去，外地的叫花子或旅人到了松溉时，若病死或饿死在路上，就被叫“路倒”。倒在谁的地盘就由挨得最近的店家负责。先报官登记，然后出钱掩埋。镇北有一块荒山，是官地，专埋这种无主尸体。店家报完官，便又会找到叶老大，让他扛去埋了。几块薄板钱，挖坑的人工，酒饭钱……总可以有三四块光洋。叶老大把死尸用破席子一卷，甚至有时不用破席子——哪有那么多破席子呢！就用几根高粱秆包了，扎紧，扛到官地，随便挖一个坑，扔里面，匆匆填上土，完事。不过，为了无愧于鬼神，叶老大还会点两炷香，烧几张纸钱，磕几个头。另外，还会在坟头留个记号——以便日后有死者亲属来认领。在兵荒马乱的年代，有时叶老大干脆连这道手续也免了。

叶老大有了钱后，一是喝酒，二是赌钱。喝酒，叶老大一顿能喝一斤白干（六十度的老烧酒），而且不就下酒菜。赌钱，有输有赢。几个闲汉在青石板上画几个格子，捡几块石头，喊“幺二三”。叶老大的手法实在不高明，总是输的多赢的少。不论输赢，叶老大都春风得意。

新中国成立后，镇里搞供销合作社，叶老大转行做了杀猪匠。那时，物资是极其匮乏的，作为杀猪匠的叶老大竟受到了前所未有的尊敬。受人尊敬的叶老大还是好喝酒，但没有人觉得他身上有股难闻的死尸味道了。

2. 松溉的小甲

旧时的松溉，有一类人物也是不可或缺的，那就是小甲。

小甲是不拿俸禄的官差，地位相当于旧时电影演员表中的某甲、某乙。小甲都是贫民出身，即便有的经营开水铺、火柴摊等，但也大都属于在温饱线上挣扎的。小甲的任务主要是为镇公所发通知公告。

赶场天，搭条凳子，站在高处，手里的小破锣敲得山响：“鸣锣通知！鸣锣通知！奉镇公所命令，因整修水毁马路，新开修缮人头捐，每人一枚铜子，商户两块大洋……

特鸣锣通知！”这样的公告简明扼要，一听即明。不似出告示，大家看不懂，还要请人来念。闲时，有草台戏班在松溉搭台，除了在大街小巷贴海报，也请小甲来做广告。小甲敲着锣，大街小巷走一圈，也就妇孺皆知了。

因为总是代表镇公所发通知，久而久之，在大家心里，小甲也就成了公事人，邻里有什么鸡毛蒜皮的纠纷，大家都请小甲来调解。小甲也大都能站在比较公正的立场，做一个大家比较满意的调解。纠纷双方少不了要出几枚铜子，以表谢意。小甲是由镇公所任命的，却并不在镇公所领取工资。除了用以上方法捞点儿油水外，逢年过节，小甲还可以名正言顺地向商户摊贩索要钱物，这就是小甲公开但不成文的“合法”收入了。

某二哥就当过松溉镇的小甲。据说某二哥是个很漂亮的人物，人也长得高大，很有些舞台上小生的味道。他不抽烟也不喝酒，就是有些好色。遇到镇上漂亮的姑娘和小媳妇，他都爱上前挑逗上两句。某二哥跑过几年码头，很知道些外面的世界。那些姑娘、小媳妇虽然嘴里说他讨厌，却都爱和他说话。

一次，某二哥在镇公所见到一个很漂亮的小媳妇，穿得很时髦，就和她贫了几句，据说他还大胆拉了那小媳妇的手。谁知，这个小媳妇竟是新来的镇长刚纳的小妾。这事被镇长知道后，扬言要打死某二哥。

某二哥听说后，吓得连夜外出跑码头去了，直到这个镇长调走才回来，然后继续当他的小甲。解放前夕，松溉爆发了大面积的鸡窝寒（瘟疫），松溉镇日日悲歌，十楼九空，某二哥就在那一年去世了。

因怕被传染，某二哥所有穿过的衣物和用过的用具都被烧毁了。唯独他用过的小锣，人们一直留着，直到三年困难时期，被一位当家奶奶卖给了收破烂的，给家人换了顿饱饭吃。自此，某二哥在这世界上最有标志性的痕迹就消失了。

新中国刚成立时，电话还很稀缺，人们的识字水平也不高，地方政府发通知时还是需要有人敲着锣传遍街道的——只不过这种人不再被叫作“小甲”，当然了，也不再是某二哥了。

3. 松溉古镇的龙舟赛

千年古镇松溉是从哪个朝代起开始划龙舟的，已无法考究了。但在现今健在老人的记忆里，从中华民国到新中国成立初期，每年端午节——农历五月初五都是要进行龙舟竞赛的。

每逢端午节，松溉百姓吃过节日午餐后，穿戴整齐，撑着伞，摇着扇，呼朋唤友，邀邀约约，提前来到江边，抢占观看龙舟赛的最佳位置。同时，毗邻松溉的何埂、聚美、张家、五间、水碾，乃至临江、朱杨等地也来了不少看客，整个松溉江边比肩继踵，人山人海，热闹非凡。

松溉的龙舟通常有4条。每条龙舟宽大约1米，其中16个舱的长近10米，18个舱的长近11米。每个舱左右各坐一名桡手，而且两名桡手必须用力一致，这样龙舟才会朝同一个方向前进。上码头划桡的由力行（搬运工人）组成，中码头划桡的由打铁匠组成，下码头划桡的由榨油匠组成，还有一条龙舟是大陆村的，划桡的由船工和渔民组成。这些人都臂力惊人，真可谓"船"逢对手、旗鼓相当。每条龙舟由踩头的一人担任指挥，其手执小旗，如小旗向前，表示龙舟继续前进，如小旗左右摇动，表示放弃这局比赛。龙舟中间有打锣、打鼓的各一人，他们会根据小旗挥动的频率敲打出有节奏的锣鼓声，划桡的根据锣鼓声确定划桡的速度。这就是人们常说的"听鼓下桡"。另外，船中间还有两人，名曰"催桡"，他们根据指挥的动作和锣鼓声呐喊助威，给划桡的鼓舞士气。船尾则由十分熟悉水路的人掌艄。掌艄对胜败起至关重要的作用，如果掌艄掌得不稳，龙舟就不能准确到达终点。

龙舟赛的训练最迟在每年五月初二下午开始进行。训练前，参赛人员要在水神庙集中，以敬奉水神，祈求保佑龙舟赛平安、获胜。敬完神明，龙舟正式下水，开始演练、试赛。每天训练完，大家会把龙舟拖上岸，将船背晾干，抹上桐油或鸡蛋清，以保证

◆古镇龙舟赛

第二天划起来好“杀水”（减少船和水的摩擦力）。

五月初五，龙舟赛正式开始。参赛者会穿与龙头颜色相同的服装，以组成“黄龙”“火龙”“青龙”“白龙”等竞赛队伍。比赛前，各条龙舟被摆放在抽签确定的位置，等待从水神庙发号施令。“轰、轰、轰”三声震耳欲聋的铁炮响后，节奏紧凑的锣鼓声，“嗨、嗨……”的号子声，江边上万人的欢呼声，顿时形成一片欢乐的海洋。刹那间，几条龙舟已划到江心，远远看去，犹如几条真龙在江面“兴风作浪”，奋力前进，煞是壮观。再隔三五分钟，鞭炮声大作，人们已在为胜利者欢呼。一会儿，河对岸响起舒缓、悠扬的锣鼓声，参赛队员以喜悦的心情唱出“嘀——嘀哟嘀——”轻快而绵长的号子声。几条“龙”相继回到起点，接着进行第二轮、第三轮比赛，最后以胜数多寡决定名次。在松溉这边的龙舟赛中，经常是上码头的龙舟队赢。如遇下渡口（对岸江津辖区）参加，则几乎都是下渡口的赢。在一些老人的记忆中，有几年五月初五赛过龙舟后，休息几天到初十又开赛，直赛到五月十五过所谓的“大端阳”，但后几次的规模及程度都远远不如端午节。

像龙舟赛这样庞大的活动，经费由松溉商会号召各大商家、钱庄出资赞助。

为了庆祝抗战胜利，1946 年的龙舟赛规模空前，共有 7 条龙舟参加比赛。这一年又正好遇上松溉河对面的川军师长陈希仲回家省亲。他每天指挥人用鸡蛋清抹船，对参赛者像训练士兵那样严格，并施行严明的奖惩办法：赢了吃“膀扣席”，奖背心、球裤、毛巾；输了就打屁股，吃点儿胡豆稀饭。所以参赛者士气高，在预赛中几乎都是第一名。谁知松溉的几条龙舟合谋施小计，比赛进行到中途时，指挥将小旗左右摇

◆龙舟在江面竞逐

摆，表示弃权，其实是“闪艄”。下渡口的人不知是计，也放慢速度。说时迟，那时快，松溉的几条龙船突然全速前进，下渡口的方知中计，重整旗鼓用力追赶，但是怎么也赶不上了。松溉岸边顿时鞭炮齐鸣，彩旗招展，成千上万的观众欢呼雀跃。这下激怒了河对岸的陈希仲，因为松溉几条龙船的举动，都被他从望远镜里看得一清二楚，他下令士兵朝松溉上空开枪。成千上万的观众，谁见过这种阵仗，顿时惊恐万分，哭爹喊娘，四处躲藏，所幸没有人员伤亡。不久，陈希仲派人过来兴师问罪，松溉这边自知理亏，办起酒席赔小心，说好话，事态才总算平息了下来。

1954年端午节，松溉如期举行龙舟赛。中码头的龙舟为了抢先铤而走险，艄公“戴聋子”直接将龙舟朝“狗狮子”的滩上杀去，导致全船参赛人员悉数落水。打鼓的熊定安是“旱鸭子”，抓住鼓才幸免于难，其余几十人各自游到岸边，而艄公“戴聋子”被艄把撇下水后再没有上来。自此，有关部门就很少组织这样大规模的龙舟赛了。到1983年才举办了新中国成立以后的第二次龙舟赛，1996年举办了第三次。

4. 松溉古镇的茶馆

在过去，松溉古镇的茶馆多达30多家，其中有商业性的茶馆、社交性的茶馆和一般性的茶馆。茶馆的茶具全是瓷盖碗，且大部分是景德镇出品，铜底茶座，美观耐用。泡茶的水，新街子、观音阁、黄桷树街这三个地段的茶馆是用泉水冲泡的，其他地段的茶馆用的是长江水，用前通过沙缸过滤，水质清亮洁净。茶叶是从成渝两地进的沱茶、清茶和各类花茶。直接用铜壶、锡壶（长嘴壶）烧水，茶水清香可口，客商无不赞叹：松溉茶馆的茶水独具特色，别有风味。

商业性的茶馆占全镇的三分之一。其中，最为兴旺的是服务白酒行业的茶馆——宋氏茶馆，设在文昌街和西大街丁字路口，经营人宋耀庭，前后三辈人开茶馆。每天，有从后山的县、乡油槽房挑来的上百挑白酒，以及由骡马、黄牛运来的白酒和菜油在此销售。茶馆外厅有二十张桌子，里面设雅座。买卖双方或通过喝茶面谈，或由经纪人撮合，是现金交易还是赊账，是现货还是期货等，都在茶馆中进行。从宜宾、乐山及贵州等地来此采购的客商，必到宋氏茶馆坐坐，以了解行情，以免吃亏上当。在神仙口开茶馆的吴东林是识别药材的行家，在重庆、泸州、白沙、成都开药材铺的老板，都要向他打听货源，以免上当吃亏。总之，这类茶馆为商家提供了各方面的信息和方便，在繁荣经济等方面发挥了不可缺少的桥梁作用。

在上、中、下三个码头，都有较大的茶馆，有的还兼营饮食业。上、中两个码头，均是轮船、木船装卸码头，也是大、小力行出入的地方，茶馆成了他们的调度室和休息喝茶的好地方。在下码头，过江旅客多是江津二溪、石蟆、仙鱼等地来购销物资的，茶馆是他们歇脚和打听行情的好场所。这类茶馆的顾客流动性大，茶馆老板和茶堂倌整天忙忙碌碌，利润较薄，但得到了工人、农民的欢迎和支持。此外，还有茶园坝的牲畜市茶馆、玉皇观的粮食市茶馆，顾客多为买卖猪牛等牲畜及运贩米粮等的人们。

松溉四个"堂口"，在长江上游知名度很高。由于旧时各类人物路经松溉的很多，这四个"堂口"也都有自己的茶馆。诸如先名"松茂如"，之后改名"大同仁"的塘湾街茶馆，便是松溉上层人员聚会的地方。茶馆装饰雅致，设有可坐可卧的椅子，可搓麻将、打纸牌，十分热闹。顾客稍有倦意，烧水烟的堂倌便远远递上长长的青铜水烟杆。抗日战争胜利后，在栀子铺又添开一家以"霞飞"命名的茶馆，平时爱放留声机，以招揽客人，但由于竞争激烈，不到一年就关门歇业了。"松鹤龄"茶馆位于上码头十字路口，是全镇最大的一家茶馆，经营人先后是尧鹤笙、张光禄、何晚樵。每年庙会唱戏，他们都会在看台开设茶座，收益很好。还有"松柏长""松永青"等茶馆，这些茶馆也给船工、脚夫等人提供了方便。

还有的茶馆系专为来往小商小贩提供方便而开设，如赖正修、高银山、尧善成等人开的茶馆。有些茶馆还附设了旅馆，价格又低廉，受到群众欢迎。

茶馆为了招揽生意，经常邀请各类艺人来茶馆献艺。如，四川金钱板著名表演艺

◆古镇茶馆

术家邹忠新常来“松鹤龄”茶馆打金钱板；著名川剧表演艺术家陈书舫落难时，多次来“大同仁”唱清音；泸州评书名嘴周吉安也常来上码头的正义茶馆、塘湾街的宏达茶馆说评书，说一部《西游记》一般要耗时两个月。说书时间是下午和晚上，其时茶馆内外挤满了人，当说书人说到“且听下回分解”时，人人都舍不得离开。另外，还有唱花鼓戏的、唱道情的、演木偶戏的、说相声的、讲圣谕的，其内容均为忠、孝、节、义一类故事，有《白蛇传》《梁山伯与祝英台》《杜十娘》《三娘教子》《封神榜》《三国》《西游记》《七侠五义》等，故事少有重复。为了让各类艺人常来松溉，茶馆老板为艺人们提供食宿并确保其安全，且收益大部分归艺人自己。

另外，镇上川剧爱好者计有上百人，以罗汉中、万叔模、陈正才、罗长青为首的几位，每隔一个场期，就要邀约一帮人在茶馆设座唱“玩友”（围鼓戏），或在庙会上唱川戏。“玩友”们还要邀请名角指导和座唱。“玩友”搞得红红火火，艺人说书演唱，让百姓也充分享受了文娱生活。

有人的地方，难免会发生矛盾，严重时甚至会打架斗殴，还有夫妻间闹离婚、父子间闹决裂，也出现了不少民事纠纷。这时，松溉人会请当地有威望的人士定出出面调解的时间，在茶馆公开调解，谁输道理谁赔礼道歉，错误严重者，还要遭到相应惩罚，除了叩“转转头”，还要付到会人员的茶钱。由于评判公正合理，输赢双方一般都心服口服，过后很少“翻盘”。

5. 松溉过去的“叫花营”

松溉镇过去是永川南部长江北岸唯一的水码头，茶堂、旅社、堆栈、马房四处可见。一方面，地主、商家的公子哥儿们吃喝嫖赌抽大烟，花天酒地。另一面，衣不遮体，终日靠讨残汤剩饭过日的叫花子（乞丐）却布满了全镇 20 多条大街小巷，一个仅有近万人口的古镇，就常有叫花子几十个人。晚上，他们没有住处，只好栖身于松溉上场背后，十分阴暗潮湿，但勉强能避风雨的溪沟边大崖口内。久而久之，这里就成了他们正式的宿营地。

这个大崖口有 15 米长，纵深约 5 米，面积 60 至 70 平方米。过去行人路过常见到三三两两的叫花子坐在崖口晒太阳，脱下他们的烂衣烂裤，不停地找虱子，黑黑的脸，长长的头发，瘦弱的身躯，那情景让人看了觉得真是十分可怜。得病的叫花子，由于无人照看和无钱就医，常发出凄惨的呻吟。

叫花营的叫花子来自四面八方，有男有女，有老有少，也有一些残疾人。他们多数是穷苦老百姓，因受地主、恶霸、土匪的盘剥、打抢，又碰上无法抗拒的自然灾害而流离失所，沦为乞丐。也有好吃懒做的兵痞、游民，以及因抽鸦片烟、赌博输光了家产而来讨口的，还有被拐骗来的少年儿童。

每年东皇庙会、端午节、春节，从外地来松溉的客居乞丐较多，人数会比常住乞丐多出一倍以上。入夜，大家相依而坐，无地可睡。一到冬天，情况更为凄惨。大家每天乞讨的钱和物都要给“营长”过目，然后交给他的三个叫花婆，由她们来保管和分配。讨来的饭菜，也要留一半归营。被派到较远乡镇去乞讨的乞丐，回来时间会长一些。若没有收获而归，要讲明原因，否则分食最少。发现偷食严重的或私吞钱财者，会被打屁股和扣减残汤剩饭等，偷懒者也以饿代惩，从不饶过。

每逢镇上财主、大户有红白喜事，“营长”会亲自登门，于开宴前去燃放鞭炮并说上几句吉利话或化解悲痛的言辞，以便得到主人的赏赐。遇到大方的，会宴请全体乞丐，散席后还会让他们带走剩菜剩饭。当然，这时叫花头和能说会唱的便要乘机显露一手，打着“莲花落”唱些恭维的顺口溜，乐得宾主们喜欢，好多得“封封钱”（另外的赏赐）。如果是丧事吃斋饭，他们又吃又包更是乐在其中。

一些有一技之长的叫花子，还会为商家、地主家做些鸡毛帚出售，过年过节也做些小红灯笼、纸风车、彩旗、彩灯、小鸟、小纸人、口哨等小玩意儿卖给学生和小朋友。“营长”会按贡献、技能等将收入进行分配。营里年年更换谷草，添置锅碗，购买稿荐、竹席等，若碰上久旱久雨，乞讨受阻，便会用积蓄购米熬稀饭充饥。

叫花子们有了落脚点，也有了积蓄，就具有了一些力量。若向大户乞讨时受到冷遇，也会予以报复。1944年冬，大地主邵永怀的儿子邵芳华结婚，唐少云组织人员庆贺，放了鞭炮，送了喜联，道了贺词，却受到羞辱，叫花子们就报复了他一两回——本书前面已讲述。

松溉叫花营的存在，是封建社会剥削压迫、贫富差距悬殊的必然结果。新中国成立后，叫花子们得到了新生，绝大多数被送回原籍并分得了土地和房屋。“营长”也被安置到现何埂镇科名村落户。无地可去的孤苦少年乞丐则被送往永川、江津等地的福利院。

松溉叫花营的营地大崖口，在 1995 年已被松江村一队修筑蓄水池淹没，现已不复存在了。

第六章

峥嵘岁月 照古丹心

松溉的名人传记和碑刻题咏

松溉是一个人才荟萃的历史文化名镇，在千百年来的历史长河中，不知有多少仁人志士和杰出人才为松溉这个千年古镇的建设、发展做出了卓越贡献！然而，由于历史久远的原因，我们虽千般努力，但仍然对古代松溉及松溉古人知之寥寥。我们知道，越是这样，越要勉力而为之，不然再过千百年后，谁又还知晓过去和现在松溉的人物故事呢？

本章主要记松溉名人，包括“名人传记”“名人传略”“名人轶事”“名人碑记及题咏”四个部分：“名人传记”自然记业绩卓著且资料充足的松溉名人；反之，如果资料不足，则纵使业绩卓著也只能记“传略”；“名人轶事”只记名人与松溉有关的故事；“名人碑记及题咏”记名人在松溉或有关松溉名人的碑刻、题记及吟咏。以上四类，资料虽多半来源于2010年修订的《松溉镇志》和相关内部书刊，但笔者都尽可能地进行了补充和完善。只不过基于上述原因，显得有些薄古厚今——今人远远多过古人。

第一节
松溉名人传记

1. 陈鹏飞

陈鹏飞（1078—1153），字少南，号鸣翔，生于北宋元丰元年（1078年）正月十五，卒于南宋绍兴二十三年（1153年）正月二十二。宋朝昌州永川县松溉场镇人，曾被召为太学博士，兼崇政殿说书，后迁礼部尚书郎，兼资政堂赞读和右皇朝。

陈鹏飞九岁读《易经》，对晁以道的《古易》有独特见解。后著《晁氏诗解》和《五

◆陈鹏飞

经通解》，与苏东坡、张子韶在江淮一带享有极高的声誉，被称为“注经三杰”。

南宋，秦桧住温州时，陈鹏飞为馆客，很受敬重，以贡举入经筵。

徽宗、钦宗被金兵俘虏北去后，高宗即帝位，陈鹏飞向高宗慷慨上书，请求出兵讨伐金国。秦桧斥曰：“和议已定，书生无妄言国事。”陈鹏飞叹曰：“事急矣，大臣不言小臣言之，小臣不言书生言之，胡以妄言键天下口乎？”

高宗的生母韦氏原为徽宗妃子，因儿子当了皇帝被尊为“宣和皇太后”。当金国同意让徽宗、钦宗的灵柩从北方运回南方安葬，韦后也一路随行的消息传出后，秦桧为了逢迎皇上，决定先穿喜服迎接韦太后，然后才穿孝服迎接两位老皇帝的灵柩回国。礼官们都附和秦桧的意见。只有言官吴才老者提出反对意见。秦桧斥骂道：“此岂尔等聚讼所乎！”陈鹏飞很失望地接着说：“《公羊》所云，母以子为贵之说，本非礼也。嫡只一耳，以小加大，所谓六逆之一。”（“嫡”指“徽宗”的皇后，“以小加大”指把妃子升格为皇后）陈鹏飞的这一番言论“冒犯”了秦桧，因而被贬去惠州。

陈鹏飞到了惠州后，每天都有许多学生去听他讲学，如性理之说，以及历史上圣贤名臣修身治世的事迹。高宗知道后，又想起用陈鹏飞。但秦桧却诬陷陈鹏飞结朋党讲伪学，加以阻挠。这时，张九成自金国逃回，竭力向孟后推荐陈鹏飞。孟后采纳了张九成的意见，下诏令至惠州。陈鹏飞接到孟后的诏令，拂袖而起，生气地说：“事势至此，尚可出而仕耶？”于是偕同妻子回到故乡永川县松溉场镇，自号“潜溪散人”，在松溉讲授理学，从不间断，直至逝世。

◆鹏飞书院

南宋绍兴二十三年（1153 年）正月二十二，陈鹏飞患恶性疟疾去世。宋叶适撰《礼部尚书郎陈鹏飞墓志》。清嘉庆《四川通志》载："宋陈少南墓在县南松溉镇。"

2001 年，在永川松溉镇发掘出陈鹏飞墓。其墓室较大，墓地四周用铁篱笆围成庭院状。墓前碑文面朝南，长约 2.3 米，宽约 1 米，上面刻有"先儒陈公少南夫子之墓、光绪八年"等字样，两侧则记载了陈鹏飞的生平事迹：

先生吾蜀之昌州人。陈姓，名鹏飞，少南其字，晚号潜溪。生南宋时，以贡举官经筵。时秦桧当国，徽、钦北狩，先生慷慨上书，请讨金，忤桧意。逾月，复因议礼不合，遂安置惠州，后荐至粤，不欲仕。携孺人归隐于永川之松溉终焉。事载邑乘，崇忌乡贤。殁与孺人合厝于旗山之阳。历今数百年，墓萧然，殆成荒冢，则培理护守，是吾辈之贵欤。谨约同人编篱竖碣，醵缗累息，以承祭祀，庶垂不朽，爰为撮其大概云。

《陈博士行状》记载：陈鹏飞"幼孤志学问。性简言重，行有则，动有法。其经不为章句新说，风俗之际必本人论证，反复详至而趋于深厚。有《陈鹏飞书解》（三十卷）、《罗浮集》（十卷）、《管见集》（十卷）、《陈鹏飞诗解》（二十卷）刊行于世”。

注解诗经，难在还为原句，通其文义。添不紧要字倒不妨，添重字不得。宋朝著名理学家朱熹著《朱子语类·读书法》，对陈鹏飞注经解经推崇备至：“今之谈经者，往往有四者之病：本卑也，而抗之使高；本浅也，而凿之使深；本近也，而推之使远；本明也，而必使至于晦，此今日谈经之大患也。盖卿。后世之解经者有三：（一）儒者之经；（一）文人之经，东坡、陈少南辈是也；（一）禅者之经，张子韶辈是也。”

观览陈鹏飞之注经、解诗，大致可划分为以下三类。

一是考证出处。如在注解《诗物性门类》八卷时，陈鹏飞曰：“不著名氏，多取《说文》，今考之，盖‘陆农师’所作《埤雅》稿也。”在注解《诗风雅颂》四卷《序》一卷时，陈鹏飞曰：“晦庵所录，以为《序》出后，不当引冠篇首，故别录为一卷。”在注解《诗古音辨》二卷时，陈鹏飞曰：“从政郎信安郑庠撰。”在注解《白石诗传》二十卷时，陈鹏飞曰：“宗正少卿乐清钱文子撰，所居白石岩，因以为号。”

二是辨析文字。在注解《毛诗补音》十卷时，陈鹏飞曰：“其说以为《诗》韵无不叶者，如“来”之为“厘”，‘庆’之为‘羌’，‘马’之为“姥’之类。《诗》音旧有九家，唐陆德明始定为《释文》。《燕燕》以‘南’韵‘心’，沉重读‘南’作‘尼心切’，德明则谓古人韵缓，不烦改字。……今之所作，大略仿此。其援据精博，信而有证……或问：‘吴氏叶韵何据？’曰：‘他皆有据。泉州有其书，每一字多者引十余证，少者亦两三证。他说元初更多，后删去，姑存此耳。然犹有未尽。’”

三是加注已见。如在注解《诗学名物解》二十卷时，陈鹏飞曰：“多用《字说》，其目自《释天》至《释杂》。凡十类，大略如《尔雅》，而琐碎穿凿，于经无补也。”又如在注解《诗传》《辩妄》等二十六卷时，陈鹏飞曰：“辩妄者，专指毛、郑之妄。谓《小序》非子夏所作，可也；尽削去之，而以己意为之序，可乎？樵之学虽自成一家，而其师心自是，殆孔子所谓不知而作者也。”

在陈鹏飞的传世著述中，以《陈鹏飞诗解》二十卷影响最广。尤其是其关于“不解《殷》《鲁》二‘颂’，以为《商颂》当阙，而《鲁颂》可废”的注解，引发了很大的学术争论。

朱熹《朱子语类·为政篇》中“诗三百篇”对此论述云：“文振问‘思无邪’。曰，人言夫子删诗，看来只是采得许多诗，夫子不曾删去，往往只是刊定而已。圣人当来刊定，好底诗，便要吟咏，兴发人之善心；不好底诗，便要起人羞恶之心，皆要人‘思无邪’。盖‘思无邪’是《鲁颂》中一语，圣人却言三百篇诗惟《鲁颂》中一言足以尽之。问所谓‘其言微婉，各因一事而发’。曰，一事，如淫奔之诗，只刺淫奔之事；如暴虐之诗，只刺暴虐之事。‘思无邪’，却凡事无所不包也。又曰，陈少南要废《鲁颂》，忒煞轻率。他作《序》，却引‘思无邪’之说。若废了《鲁颂》，却没这一句。”

清代著名诗人袁枚所著的《随园诗话》也对陈鹏飞的这个注解专门进行评论：“《三百篇》者，鲁国方策旧存之诗，圣人正之，使《雅》《颂》各得其所而已，非删之也。后儒王鲁斋欲删《国风》淫词五十章，陈鹏飞欲删《鲁颂》，何迂妄乃尔！”

由上可见，姑且不论学术争鸣之对错，单就陈鹏飞对注经解诗的学术研究而言，其观点不拘泥于传统经典，在推陈出新上是非常大胆的。

2. 罗廷唯

罗廷唯（1526—1558），字会甫，号贯溪。重庆永川（原四川东道重庆府永川县）松溉人。曾任明嘉靖朝监察御史。

罗廷唯的始祖罗祥胜为避元末战乱，从江西吉安府吉水县迁至湖广麻城，再从麻城携家眷至永川松溉安身置业。

时人了解罗廷唯，首先还是他的文才。他于26岁时考中举人，第二年（1553年，嘉靖三十二年）则考取癸丑科同身进士。不是饱学之士，哪能如此厉害?

从古音古训，到金石铭刻、诸子之书，他无不悉心研究；无论是儒、道、法、农，还是天文、医术、书画、博物、文学、诗歌、曲词，他都能道其旨奥。《四川通志》里记载他“著作甚丰，有《贯溪文集》《音释》《瑟音古选》《葵心亭记》《子云集》合若干卷散佚”。

罗廷唯之所以为文无所不涉，所涉无不精通，除了天资聪慧以外，深厚的家学渊源也是一个重要原因。其曾祖父罗琼、祖父罗鋆、父亲罗洪载等人均为进士。

罗廷唯任枣强知县时，“质之史志，验之封疆”，明确考定董仲舒为枣强人物；为“表章其遗迹”，在县治西侧建立了该县历史上第一座书院——大原书院。书院设董子祠，由官方选拔县域优秀学子入院受教。

他在为学为著为事诸方面身体力行，对明清时期的学术风尚和文学艺术的发展有很大影响。

罗廷唯的秉性风骨，自幼已见端倪。“男儿到死心如铁，看试手，补天裂”，小小年纪，即在学堂侃侃而谈，可见其志高远。

罗廷唯在取得进士的当年（1553 年）升任监察御史。这个属于都察院的官位，虽然品级仅为正六品下，但因内外官吏均受其监察，权限甚广，颇为百官忌惮。既然御史如此权重，选授其职自然也就极为慎重。早在永乐八年（1410 年），朝廷就规定御史必从进士及监生通达治体者中选任。罗廷唯恰是才胜其职、德配其位之人。

罗廷唯任监察御史期间，明世宗用给事中（给事中是辅助皇帝处理政务、监察六部的官员）徐浦之议，令廷臣及督抚举荐边才。于是，前侍郎郭宗皋，都御史曹邦辅、吴岳，祭酒邹守益，修撰罗洪先，御史吴悌、方涯，主事唐枢，参政周大礼、曹亨，参议刘志，知府黄华，皆在推荐名单中。

怎么能把庸才放在兵家危事的重要岗位上呢？罗廷唯上疏反对：“臣观朝廷近日以边材为急，而诸臣所举有不尽然者。所举大臣，不曰胸藏万兵，则曰筹决千里。所举武臣，不曰身经百战，则曰雄挡万夫……今被荐者不自洁其人之短长，荐人者不复任其事之成败，则人孰不怀侥幸之心乎？若谓人才难得，姑且试焉。则兵者危事，以庸才试危事，所伤益多，此臣所以重为国家惜也。”罗廷唯风正纪严、铁面无私的进谏引起了世宗的重视。

为杜绝吏部滥举，世宗责令会同都察院核议。左都御史周延与尚书吴鹏等人却与罗廷唯作对，上言谎称所举者皆不负众望，这使得世宗极为不快。因为罗廷唯讲得有理有据，所以周延等人受到了世宗的斥责，举贤之事也就从此作罢。

要知道，面对一大帮人，罗廷唯能够发出谔谔之言，是需要很大的勇气的。因为在他 24 岁（1550 年，嘉靖二十九年）的时候，明朝边境曾发生“庚戌之变”。有着家国情怀的罗廷唯，当然容不得庸才试危事的险象再现，所以他的上疏正好印证了其幼年的志向：如果长天裂开，那就要像女娲一样把它补上。惜乎天妒英才，或因积劳成疾，他才 32 岁就病死在任上。

3. 罗文思　罗奇英

罗文思（生卒年不详），清朝重庆府永川县松溉场镇人。雍正元年（1723 年）癸卯科副榜、乾隆三年（1738 年）戊午科解元。曾任六品官员，因编修《四川通志》有功，提至商南县，特授蒲城县，历署白河、雒南、白水、山阳等县，任知县。任知县期间，政绩优异，关心百姓疾苦。后升任商州知州，迁贵州石阡府知府，署贵西道。

罗奇英（生卒年不详），清朝康熙五十六年（1717 年）丁酉科举人，曾任甘肃秦州清水县知县。

清朝乾隆年间，罗文思写信给罗奇英，倡议修建祠堂，得到大力支持。在罗奇英的主持下，乾隆四十年（1775 年）开始在松溉松子山修建祠堂，历时三年，于乾隆四十三年（1778 年）修建完成，取名“世德堂”。

◆罗文思

◆罗家祠堂

罗家祠堂至今保存完好。正殿八根大柱，柱脚石墩上雕刻的花草、鸟兽、石龙、人物仍清晰可见，横梁木质串架完好。正殿两侧是古砖所砌的高封火墙。正殿房顶四角斗翘，每个翘角塑有一条龙。正殿两侧各修有几间厢房，石拱卷门，门坊横石梁上也雕有花草、人物，十分别致。正殿前面是一块长方形石坝子，原有一座木质戏台。正殿后面的殿堂供奉着罗氏历代祖宗的神主牌位。2005—2007 年，松溉镇党委、政府引资 500 万元修复罗家祠堂。此后，许多大型活动都在此举行，每年参加清明会的罗氏族人达 1 万人以上。罗家祠堂成为宣扬古镇祠堂文化等传统民俗文化的重要场所，是古镇民俗文化游一道独特的景观。

4. 唐献彬

唐献彬（1861—1919），字定章，永川松溉人。父唐兴康，经营乡酒业务，中产人家，祖上有田数十挑。唐献彬系唐兴康次子，幼颖悟好学，为晚清诸生。弱冠曾授徒乡里，目击清廷朝政腐败，报效无门，于 1904 年与江津邓缡仙、永川杜芬、松溉黄瑞麟东渡日本，入东京弘文师范学校（黄入蚕桑学校）潜心深造，寻求救国之道。

1905 年 7 月，孙中山从欧洲抵达日本，为推翻清朝统治，振兴中华，不久正式成立同盟会。唐献彬与邓缡仙、程潜及永川其他留日学生相继加入同盟会，受西方资产阶级民主思潮的影响，宣传革命思想，认为只有摧毁封建腐朽的帝制，才能挽救中国。唐献彬学成归国后，应聚奎学堂堂长邓鹤翔之聘，协助校务，主讲史学课程，莘莘学子，颇受教益。名闻海内的“白屋诗人”吴芳吉曾受业于其门下。吴芳吉曾回忆道：“先生大节不在事功而在学养；平居俨然，面临众雄谈吐倾座，讲至宋、明之亡，及崖山思陵殉难之士，辄使满堂泣下，先生亦复挥泪且讲，至哽咽不能成声。”平时，唐献彬喜欢给学生讲述李颙学说（李颙是明清之际的哲学家。明亡以后，李曾绝食以拒清廷征召）。唐献彬革新了宋、明的儒学，主张道不虚谈，学贵实效，对吴芳吉等人产生了极大的影响，实乃吴之恩师，所以吴芳吉对他崇敬有加。

1906 年至 1917 年，唐献彬在聚奎学堂任教时，治学严谨，身言并重，故深受学生爱戴，驰誉几水（长江在江津一段称“几江”）。有关方面曾在庆祝聚奎中学建校 120 周年的文章中写道：“至今聚奎三绝者，即吴芳吉的诗，邓绍勤之字，张采芹之画……”而此三君皆受业于唐献彬门下。还有知名教授颜歆、细菌学家陈文贵、医学博士陈文镜等名人，都受到了恩师唐献彬的影响。

1918年，熊克武出任四川督军时，委派王子骞为四川烟酒公卖局局长。王素稔唐献彬为人，邀其从政，出任江津县烟酒公卖局局长。唐约本镇名儒肖宧廷掌该局文案，对局内的积习弊政努力革除。当时的公卖局职位，时人莫不视为“美差肥缺”，局长更是贪赃致富的“好职务”，可唐献彬在任职期内，清廉自持，一丝不苟，除每月领取自己的薪俸外，并无其他积蓄。惜乎不幸积劳成疾，卒于江津县烟酒公卖局局长任上，年仅58岁。

唐献彬邃于学，淡仕进，性好吟咏。寒暑假归故里，常与松溉宿儒温徽杉、肖宧廷、陈大健、龙垤封等诗文交往，相互酬唱，颇多佳作存于《健庐诗稿》内，不幸在“文化大革命”中遭到抄洗，竟全部被焚毁。

5. 张斯棨

张斯棨（1887—1926），名芳成，别号狮，永川松溉人。聪颖机警，富有胆识，但气度狭小。祖辈经营织布致富，辛亥革命后，家道渐衰。张斯棨幼年就读私塾，颇有根底。其时晚清政治腐败，丧权辱国、割地赔款之事接踵发生。张斯棨一心想通过学习深造振兴中华，但因家庭经济困难而难以如愿，于是求助于亲友，终以“集会”的方式筹集白银数百两，考入重庆法政专门学校学习。在校期间，张斯棨勤勤恳恳，学而不厌，且留心时事，而使眼界愈加开阔。

1911年10月，武昌起义获得胜利。张斯棨离开学校，参加民军，奔走于重庆、成都等地。1915年，任川边镇守使张午岚秘书。越年，讨袁军兴，大局动荡，川战频繁。张斯棨不甘为不惜残害人民以牟取私利的军阀卖力，于是愤然辞职回乡。时已萑苻遍野，火热水深，乃创办团练，以谋自卫。他以正规军队的要求训练团丁，强调纪律，形成了一支具有相当战斗力的队伍。他的队伍，善于突击攻坚，常以少胜多。云雾坪一战，声誉突起，继而应召出击西山东段匪巢，仰攻薄刀岭，更显出松溉团丁所向披靡的气概。与此同时，已经接受招安的土匪杨春芳、邱华玉等率队道经松溉，意欲洗劫市镇。张斯棨布置数十团丁在镇左侧螺蛳谷，数易旗帜，绕谷而行，恍若大军潜伏，早有戒备态势，终于使拥兵千余、似军非军、垂涎松溉市场的招安部队缩手缩脚，不敢进犯，最后逃窜而去。

陈食匪首邓国璋，几经发展成为永川绿林巨魁，为攻占松溉曾多次南进，均被张斯棨会同邻乡团练阻击。有次战于离松溉数十里的何埂周围，邻乡团练大队长罗东臣、吴润禄先后战殁，但因最后受到张斯桀奋力冲击，终于使之退回陈食老巢。匪首赵蚊子（文治）亦聚众千人屯于朱沱附近佛子嘴，拦截来往的轮船、木船，勒取财物，虽离松溉仅有一水之便，然终不敢以乌合之众来犯。1923 年，永川县城遭土匪洗劫，而松溉虽处于四面环匪之势仍得保安全，张斯桀功不可没，镇人亦为此深感无限快慰！

1920 年初，松溉成立商会，与地方行政机构的团局并列，推举张斯桀为商会督办。当时的松溉市场上，有湖北黄州帮花行数家、酿酒作坊 30 余户，在全县乡镇中最为繁华。练丁薪饷取自各帮商户的事务费，量等级缴纳，其他殷实富户负担较少，街道和乡、保的门户练，则量力自筹。张斯桀率领团练与土匪经过长期搏斗，小股者逐渐收敛；大股者，有的远窜，有的分化，有的接受招安。原来酝酿的五县联团先已奠定基础，张斯桀与泸县肖耀南、合江王学希、江津周化成、荣昌廖逢吉等接触频繁，不时聚首，治安日臻巩固。原由重庆老关口，循中大路旱运至永川、荣昌、隆昌、内江、资中、自贡的匹头（布匹）、棉纱，除永川外，改由轮船运至松溉，经张家、吉安翻越排山坳上行。同时，荣昌、隆昌的夏布，也由上述线路下运至重庆出川。这就给松溉带来了 1935 年成渝公路通车前的繁荣，商旅畅行，闾里安谧。在军阀交斗、无暇顾及地方治安的情况下，联团的自卫能力起到了相应的作用。

1923 年 10 月，孙中山大元帅委任熊克武为四川讨贼军总司令，声讨北洋军阀曹锟、吴佩孚，却被川军杨森、刘湘击败。1924 年 2 月，熊由川北撤退至松溉渡河，转移至湘、粤，欲委任张斯桀为高参或带兵。周西成退屯黔北，亦派员来松溉委以团长。张斯桀均婉言谢绝而专意办团。

1925 年，军阀蓝文彬驻防永川，派秦某来松溉成立护商处，贪污中饱，已成积习，上下联手，勒索刁难，弄得行商坐贾皆叫苦不迭。张斯桀见此，提请减改，用纾民困。该处秦处长不予理会。争论日久，摩擦日深，驻军与民团关系日趋恶化。张斯桀在一些邻县、邻乡联团的鼓动下，将秦某执往对岸离松溉六十里的木庀乡软禁起来。蓝文彬闻讯，即向各县联团疏通，表示愿在护商税项下拨银一万元作为各联团的补助费，问题才告以解决。听说当时该款除分给荣昌廖逢吉和邻乡一部分外，还有十之七八分由张斯桀的手下甘荫棠、温崇和保管，等待协商分配。张斯桀死后，究竟谁得多少，局外人无从得知。

1926 年夏，兼任川东南团务总监的王方舟（即王陵基）委任张斯桀为永川、荣昌、隆昌、泸县、合江、江津、巴县七县联团督察长。农历六月，成立督察部于松溉镇马路街，分股办公。据知当时张斯椝手下装备较好的练丁不过百余人，另可调用的乡保保丁也不过数百人。名大力小，这就让他面临险象环生的境地。

张斯椝由于与人结下宿怨，且自身失去警惕，以致遭人暗算。早在1924年，张斯椝在外打击土匪期间，松溉正在酬神演戏，借赌敛财。张斯椝为了防备土匪混入，率队回松溉制止，令其停演，团总刘从美大为扫兴。张斯椝平时出击捕获的匪徒，不管谁来求情，一概不准，照样处决。因此怨者日增，而蓝文彬更欲除之而后快，于是暗中与刘从美互通声气，刘不断为之献计献策。蓝文彬遂于1926年6月，派何团长率兵二营来松溉，大放军团和解论调，邀请张斯椝亲临修好。当时张斯渠住于镇西的青紫山寨，拒不应邀。该寨四面悬崖，千兵万卒亦只能望险兴叹。偏偏张的左右温崇和、甘荫棠等为何团长大帮其忙，多方力劝，张乃离开山寨来到督察部，再经大家催促，竟于农历七月初五乘坐大轿，随带身配手枪的练丁四名，既没有张良，又没有樊哙，竟昏头昏脑地闯入了何团长的团部所在地罗家祠堂。杯盘交错，宴毕告退，步及营门。卫兵吼令从者缴枪，刚为座上客的张斯椝就成为阶下囚了。督察部的团官们四散惊逃，群龙无首的团丁亦随之溜避。何团长大摇大摆，一路无阻地将张斯椝押解至永川县城。王方舟闻讯，急电蓝文彬放人。蓝采用先斩后奏的手法，于农历七月初十悍然将张斯椝枪毙，终年39岁。听说他在狱中写有万字遗书，想来是不许公开并随即被销毁了。

张斯椝居官五年，办团十载，遗一妻、一妾、一女、一子。其子当时还在襁褓中，听说蓝文彬要斩草除根，还东躲西藏了一段时间。张斯椝仅遗留下田产20余亩，合家寡弱生活就一天天捉襟见肘，眼看就江河日下、人亡家破了。

1927年，松溉镇人陈海门、李象贤、万兰卿、罗光远等为张斯椝举行了隆重的追悼会并编印会刊。其中有挽联、诗歌各一：

挽联：

毁我长城，不死于陷阵冲锋，七县同悲联团长；

爱遗桑梓，泪洒遍昌州溉水，千夫共指人面狼。

诗歌：

革命思潮涌，清廷庆推翻。
军雄争夺柄，不甘伴虎狼。
返里倡民治，击匪上东山。
闾里获安堵。忽焉噩耗传。
吁嗟乎！长城毁，泪盈腔。
壮士捐躯不复还，霜飞六月倍凄凉。

另立有一石碑于新街右侧场口，文曰："捐躯桑梓。"系其时永川县县长左樊龙所书，后被毁。

6. 陈海门

陈海门（1880—？），曾用名开宗，1880年出生于四川省巴县（现属重庆市九龙坡区）冷水场。1900年，同家人迁来永川松溉，从事棉纱生意，创立"源顺庆"花纱铺。1906年，父亲因操劳早逝，时年26岁的陈海门，尚有继母及两个兄弟。儿子陈文贵、陈文镜年幼。陈海门肩挑商务、家务双重担子。他在学徒中培养出采购、销售、财会等人才，扩大了商品经营品种。晚年支持三子文烈（号子敬）向外投资入股、在重庆建立豫立钱庄。在松溉先后创建鸿毅黄谷加工厂、德华酒精厂。将幺兄弟陈昂高培养成独立的"怡庆长"油槽房经理。经营商业所获利润，从不用于购置田土来收租吃饭（仅有父辈留下的90挑老业），始终坚守自食其力之道。

陈海门从事商业活动50多年，始终遵守诚信原则，商号兴旺发达。1937年8月13日后，淞沪会战爆发引起物价波动，消息他尚不知晓。朱沱镇"华源"商号来人抢购棉纱10件（每件40饼），棉花10包（每包约80斤），业务是他的得意门生宋君维签订的。事隔半小时，重庆发来急电，棉纱、棉花分别上涨三至四成。他十分平静，并没有责备爱徒，从容布置收款付货。1941年5月，五间乡棉花加工户周继华来商号购棉花100斤，过秤人拿错了秤砣，少付棉花10多斤，事关商号声誉，他急派徒弟严心友赶赴五间，道歉并退还不足的棉花货款，客户为此非常感动。

陈海门经商之所以能取得较好利润，还与他爱好读书看报密不可分。他对古典文学著作、现代小说常手不释卷，报纸则每天必看。他常对员工们讲，“书到用时方恨少”，商业和国家命运紧密相连，书报中的消息是最好、最全面的“电报”，知道了国情形势，可以预测生意动态，对货物的涨跌、来源及去路有数；如果不读书看报，做起生意就像聋子、瞎子，那就是一位傻商。

重视发挥员工的积极性，也是陈海门经商的一个要诀。“源顺庆”生意庞大，货物购销渠道很广，在川渝地区许多县城均有庄客蹲点。门市人员除掌柜外，多数是先收为学徒，后转为员工。他从不拖欠员工薪资，员工年终有分红，还可以入股。庄客在外时，若遇家属有困难，他会主动上门解决。驻成都、郫县（今成都市郫都区）的庄客孔帜昌因为有后顾之忧，他一帮就是整整 40 年。盘海清师爷（总会计）于 1940 年 5 月去世，他亲自护送回五间老家安葬，并发给他妻子一大笔钱养老。他的善举感动了全体员工，增强了大家团结挚爱商号的信心。

1921 年，松溉商会正式成立，首任会长是肖宦廷（肖仕炳）老先生，次年肖老先生去世，陈海门接任会长。他认为要使松溉商业兴旺，大家都应当好好继承传统文化，好好教育子孙，讲礼仪、守孝道。他抓住每年春节、元宵节舞龙和农历三月二十七日东皇庙会、端午节龙舟赛等大好时机，带头捐款、捐物，商业活动搞得红红火火，既活跃了商业市场又娱乐了各界群众，各行各业收入增多，人人都夸陈四爷（海门）是大家的财神爷。当时百姓缺吃少衣的情况很普遍，他为此感到十分不安。商会在他的主持下，决定成立松溉慈善会，专门帮助穷人。1924 年 3 月，他就任首任慈善会会长，开初筹集慈善资金黄谷 20 石，其中一半来自“源顺庆”商号。慈善会制订了章程，每年筹集资金，救助首先从生病吃不起药的百姓入手，患者可在“培善堂”“心诚”两大药房免费取药。无米过年的百姓，经慈善会成员开条子（各保均有成员）就可到指定的关圣殿米房、玉皇观黎氏米房领取两升（10 斤左右）米，人口多的家庭还可加大领取额度。外地来松溉的流浪人员，可在“源顺庆”领取伙食和回家路费。1926 年，他辞去了商会会长职务，慈善会会长一职却保留到 1940 年，后来因为年老多病，慈善会会长职务才由邓会嘉和他的三子陈子敬先后担任。

抗日战争全面爆发后，下江（江、浙、皖等省）人纷纷迁来西南大后方，松溉还建起了实验区，办起了纺织厂。松溉人多了，但青少年读书升中学很困难，陈海门决定利用禹王庙等庙宇作校舍，筹募资金开办一所初级中学，命名为“精诚中学”并成立董事会。大家又一致推举陈海门任董事长，聘请四川省立教育学院院长颜实甫

（颜歆）教授为名誉董事长。几经周折和策划，精诚中学获得四川省教育厅批准，于1941年春季正式招生，共两个班，生源除本地青少年外，还有江律、合江、泸县等地的小学毕业生，教师多半由颜院长审聘。精诚中学一直开办到1949年，其间为当地培养了不少人才，还为成渝两地高级中学输送了一批批优秀学生。直至今天，陈海门的慈善和重教之举仍在松溉百姓中被广为传颂，人们深深地怀念着他。

陈海门知道做人的基础就是要先读书，而自己读书少已是一大遗憾，绝不能再因此误了子女。因此，他十分重视子女的教育。他膝下共有四男五女，四男中有三个大学生，还有一个是高中生。长子陈文贵后来成为国际知名的细菌专家，是中国科学院学部委员（早期院士）和第一、二、三届全国人大代表，曾任卫生部防疫司司长和四川医学院副院长。二子陈文镜是医学博士，曾任上海第九人民医院外科主任。三子陈文烈（号子敬）高中毕业后继承父业，除辅助父亲经营好老字号“源顺庆”外，还开创了松溉加工业。四子陈文渊，大学毕业后因病早逝。五女中有三人具有大学文化，从事医疗事业，另外两女为中学文化。幺女陈文嘉在读书期间认识了同学赵世利。赵家当时极端贫困，住房破烂不堪，双方恋爱返家，遭到不少群众议论，认为门不当、户不对。陈文嘉人才出众，貌美大方，亲友们都说她眼瞎了，但陈海门认为赵世利勤俭好学，成绩很好，今后定是个有用人才，便积极支持幺女这门婚事。结果不出老人预料，早在1947年赵世利就获得农业经济硕士学位，此后相继担任中国人民大学经济系教师、西南财经学院系主任、四川省高教局教育处副处长等职。1955年，加入中国共产党，任四川大学经济系党总支书记、文科处处长、校党委委员。1979年，四川大学组建人口研究所时出任所长。1988年退休后，受聘任深圳大学客座教授。1995年12月病逝，享年77岁。陈海门的孙辈更加人才济济，海内外知名人士也大有人在，他们在祖国各个重要岗位上为人民服务，出力流汗且硕果累累，这都应归功于陈海门的远见和胆识。

当代著名影星陈冲系陈海门老人曾孙女，即其孙陈星荣的长女。其曾孙子陈川系著名画家，其余后辈有成就者尚多。

7. 陈秉刚

陈秉刚（1892—1966），字大健，永川松溉人，祖籍四川巴县（今属重庆），六岁入私塾，启蒙于温徽杉（拔贡）门下，经过严格的八年学习生活，打下了坚实的知识基础，文章书法开始初露头角、名闻梓里。1905年，进入江津白沙聚奎书院学习，逾年考入江津中学堂，受业于名儒、书法家程农永（举人）门下，在程的精心教育下学业日进，书法被评为全校之冠。年仅16岁，各方求书者便接踵而来。后邀约三位好友考入四川共和大学攻读法律，因目睹清廷腐败、列强入侵而努力寻求救国之路。

1911年，全校师生参与保路运动后的斗争。这一年，腐朽的清王朝已处于风雨飘摇之中。成都及附近州县纷纷成立了保路同志会，就铁路“官办”与“民办”的问题与清王朝进行了坚决的斗争。农历七月十五日（9月7日），四川总督赵尔丰逮捕了保路的民众代表蒲殿俊、罗纶等，并下令开枪打死了许多前去声援的民众。这激起了成都广大人民群众的义愤，他们纷纷用各种方式揭露赵尔丰的罪行。陈秉刚与许多同学也参与其中。他们在电报不通、邮政不能传信的情况下，由成都近郊某农场场长曹笃（同盟会会员）组织，采用一尺长、二寸宽的杉木牌书写“赵尔丰先逮蒲、罗，后剿四川，各地同志速起义自救”的方式，投入岷江河中，让其顺流而下传至各州县。陈秉刚由于擅长书法，很多木牌都出自他手。不久，四川各地保路同志会都得到消息，纷纷起来斗争，很多州县的保路同志会都组织起了队伍，浩浩荡荡向成都进发。清王朝慌了手脚，急调大臣端方带领驻湖北的一半新军向四川进发，致使湖北防务空虚。是年10月，武昌起义成功，中国历史上最后一个封建王朝宣告结束。四川保路运动对武昌起义的成功起到了重大的促进作用。陈秉刚在这次斗争中也得到了锻炼，参加了孙中山先生组织的同盟会（后来改组为国民党）。

1914年，陈秉刚大学毕业，面对当时旧中国仍处于帝国主义压迫、军阀割据，老百姓生活在水深火热之中的现实情形，遂决心放弃从政而致力于教育救国，提倡男女平等。回永川后，他与松溉的同盟会会员黄瑞麟（留日学生）等创办了松溉第一所女子学校，开松溉文化开放之先河。20世纪30年代末，又与松溉镇人共同创办私立学校精诚中学。当时办理立案手续要由四川省教育厅批准备案，要求极其严格，陈秉刚本人出任校长并聘请大批教育精英任教，如邓盛昆、郃文殿（新中国成立后曾任重庆师范学院教育系教授）、刘国清（新中国成立后任四川大学文学系教授）……精诚中学越办越好，受到社会各界好评。“陈三老师”（陈秉刚排行第三，故称）的名气也越来越大。新中国成立前夕，精诚中学聘请胡寅任校长（中共地下党员，新中国成立后调至四川省委宣传部工作）。

陈秉刚治学严谨，终身不懈。他在古典文学方面造诣颇深，花50余年的心血著有《健庐诗稿》十余本，其中包括楹联千余副。由于大半生系在旧社会度过，他善于体察民生疾苦，同情劳苦大众，在20世纪20年代即写下长达700韵的《穷人苦歌》挽老农荣某；还有《卅一惨案》等长篇诗作痛贬时弊；抗日战争时期写的长诗及律绝亦不少，如“旅成铸下中兴局，薪胆池吴雪耻心。誓灭楼兰期到底，挥戈喜见鲁阳军”等。有的作品曾发表在刊物上。

在书法方面，陈秉刚在读私塾时就狠下苦功夫，以研习颜体为主，继而学苏轼、赵孟頫、何绍基诸家各种碑帖，融为一家，自成一格。十岁出头即开始为人书写楹联，其成就与老书法家温徽杉、程农永的培养是分不开的。后来，他的书法作品遍及川东南，各地求书者络绎不绝，各方好友愿代为在成、渝两地举办“健庐书法展”，总被其婉言谢绝。曾在熊克武部任第一军军长的但懋辛慕名相邀入幕也婉辞未就，而始终以教育为己任。1925年，他在友人一再邀请之下出任陆军二十军第四师书记官，与车耀先烈士（中共地下党，曾任川康特委军委委员）共事两年，友谊纯笃，但因不惯仕途逢迎三番固辞而归，临别曾书赠诗书条幅与车耀先留念。抗战期间，车耀先在成都常悬挂其字，只要晤见永川同乡，总要嘱咐致意问候友人。

陈秉刚一生不愿曲意逢迎，而更恶钻营小人，始终默默以教育为己任。新中国成立后，精诚中学由国家接收改成公办的松溉中学，陈秉刚留校任教直到1952年退休。他积极学习毛泽东著作，购到《毛泽东选集》后心中十分高兴，立即在书上题诗一首：“南北分函购此书，众云无卷费踯躅。惊收包裹传弥渡，解渴欣含押忽珠。”后担任永川县政协委员直至暮年，仍努力学习，不断追求进步，还在永川举办书法讲座，写诗赠送友人。遗憾的是，他在“文化大革命”中遭受迫害，其生前所书诗书墨宝也片迹难寻。粉碎“四人帮”后，一场不白之冤才得以昭雪。

附：陈秉刚晚年仅存的两件作品：

挽联：

愧此一世虚生，纵留下几句诗文，无非是虫吟鸟唱。

刘迈万缘俱居，才明白这场因果，大都成绝影昙花。

示子：

我生癖性好词章，笔陈横冲闯过关。
小技雕虫无秘诀，三多功到自然香。

8. 陈文贵

陈文贵（1902—1974），名愠愧，是经营棉纱生意的松溉“源顺庆”老板陈海门长子。自幼性情耿直，报考大学时就与父亲陈海门为专业的选择产生了冲突。少年时代的陈文贵怀着“修身、齐家、治国、平天下”的豪情。1921 年夏从重庆求精中学毕业时，他本欲报考北京大学政经系，梦想着将来匡济天下，有一番作为，但他的志向遭到了父亲及家人的坚决阻止。父亲认为他的性情太过刚烈，搞政治必为佞人所害。无经济自主权的儿子没有拗过父亲。1923 年，陈文贵免试入湖南雅礼大学医科预科学习，次年考入湖南湘雅医学院。

◆陈文贵

1926 年秋，本是萧疏的季节，湖南长沙却涌动着澎湃的激情。其时，第一次国内革命战争方兴未艾，工人运动此起彼伏，这股热潮也蔓延至“象牙之塔”。湘雅医学院附属医院的护士和工友相继罢工，陈文贵的政治热情也被重新唤醒。他被同学们推举为学生会会长，坚决赞同旨在铲除反动军阀的北伐战争，支持附属医院护士和工友的正当要求。他的行动惹恼了学校当局，校方将他列为“赤化分子”，并列入黑名单。还差半年学习、一年实习便毕业的陈文贵辍学了。他与 20 余位同学前往武汉寻求出路。就在那时，他加入了作为北伐先锋的叶挺部队。

1927 年之后，南昌起义的战火虽然在陈文贵的眼前消散了，但他忧国忧民的政治热情却并没有消解。1928 年，他回到四川，在华西协合大学补修一年半后毕业。之后即辗转奔波于北平—重庆—北平—兰州之间，从事内科及流行病学工作。1935 年，他已成为颇具素养的流行病学专家，在绥远省归绥市（今呼和浩特）新城创立了蒙绥防疫处。在这里，他结识了一位看上去忠实可靠的朋友，那是某测绘队的一位负责人。陈文贵哪里知道，此人是当局安插的“耳目”。当他面对辽阔的草原向朋友倾诉心中郁结时，一把利刃已悄然悬挂在他的头上。秋日的一天，他被突然召去南京，罪名是“思想左倾，对最高领袖有不敬言论”。受到幽闭威胁的他可谓大难不死，时任绥远省主席的傅作义将军致电当局，保证他并没有参加政治活动，陈文贵这才逃过一劫。

“七七事变”后，陈文贵担任国民政府第一防疫大队队长，负责包括延安在内的华北战区的防疫工作。接受工作后，他曾由德国人兰度雅秘密引荐，会见了八路军驻南京办事处负责人廖承志，并获知老首长叶挺将军在延安。1937年岁末，告别身患癌症的爱妻，在凛冽的寒风中，他怀揣八路军驻西安办事处的介绍信，率10名队员乘大卡车北上到了延安，为解放区创立了疫防第四分队。然而，他的延安之行又给他惹上了麻烦，对这位参加过南昌起义的“红色专家”，当局是留了一手的，从延安归来后，他即被罢去了队长之职。

在陈文贵的一生当中，打仗、辍学、复学、撤职、开除，这些总是与他如影随形。这位走遍大半个中国的松溉古镇人，他的科学生涯总是与中华民族的苦难联系在一起，而他担当苦难的胆识和铮铮铁骨，又足以让人掩卷三思。

回溯中华民族的苦难史，抗战期间，日军发动的细菌战令人触目惊心。

1940年秋，浙江宁波地区鼠疫流行，造成上百人死亡，近百人身患鼠疫症。此前，曾发生日本飞机空投事件。一些居民在室外金鱼缸里发现了跳蚤。同年10月，衢县（今浙江省衢州市衢江区）地区也发生了鼠疫，夺去了2000多人的生命。继而相邻的义乌县也被鼠疫阴影笼罩，有200多人死亡，并在死亡百姓居所附近发现了大量的死鼠。鼠疫继续蔓延到东阳地区，又有100多人死亡。

1941年11月初，日寇变本加厉，用同样的手段在湖南常德地区投下更多感染了鼠疫的跳蚤。历史上从无鼠疫记载的常德地区发生了大规模的流行性鼠疫。一些家庭在短短的十几天内就有6名成员命归黄泉。此次浩劫，致使该地区死于细菌战的人数达到了7643人。

1942年秋，在华中浙赣线一带，日寇再次使用细菌武器。除了鼠疫之外，丧心病狂的侵略者还投放了霍乱杆菌，将之混入老百姓的食物之中。

当宁波地区发生鼠疫时，陈文贵即敏锐地认识到这是日寇利用跳蚤传播的疾病。在当年召开的全国防疫工作会议上，他建议当局发布指示，让全国人民提高警惕。但他的警告无人理睬，甚至还有人持“高论”判断说，该地区的鼠疫是从福建传播过来的。更令陈文贵感到悲哀的是，在现场采获的跳蚤标本和调查报告一直被秘而不宣，当局不仅不采纳他的合理建议，反而警告他不得泄露军事秘密。

常德的鼠疫始于大雾弥漫的一个清晨。伴随着突然响起的防空警报声，一架日机出现在城市上空。蹊跷的是，飞机没有扔下炸弹，扔下的是带有鼠疫杆菌的棉絮、破布以及谷物。7 日之后，第一例病例出现，那是一位名叫蔡桃儿的女孩，她在被送往医院时已经神志不清，发病 36 小时后救治无效身亡。之后，患者接踵而至。陈文贵于当月下旬率队前往调查，此次调查证实了他对宁波鼠疫的判断。他解剖了一位名叫龚超盛的遇害者，并将感染了病菌的脾组织在豚鼠身上进行实验。3 日后，豚鼠毙命。患者死于鼠疫杆菌败血症传染毋庸置疑，铁证如山！以此为依据，他奋笔疾书，一部医学文献——《湖南常德鼠疫调查报告书》（以下简称《常德报告书》）诞生了。该报告书从三个部分进行了缜密论证，并得出两点结论：第一，常德在 1941 年 11 月 11 日至 24 日有鼠疫流行；第二，鼠疫流行是由于敌机散布感染鼠疫性物体（大概是染菌性的蚤类）所致。

这无疑是一部揭露日寇暴行的重要文献，引起了陈文贵上司的重视。该报告书被翻译成英文分送给各国驻华大使，以期获得国际支持。但这一次又让陈文贵感到深深的失望，当局竟再次隐忍日寇违反国际公法行为，拒绝全文发表，只在《防疫旬报》上简略地提到一点儿。日寇再次于 1942 年发动细菌战，眼见人民再次蒙难，陈文贵只得仰天浩叹！

直到 1945 年秋，陈文贵似乎看到了将该报告书公之于众的希望。其时，刚担任重庆宽仁医院副院长的陈文贵正忙得不亦乐乎，一位美国人突然登门拜访。此人是国际军事法庭指派的法官，此番前来，是要求陈文贵提供《常德报告书》于法庭作证。当陈文贵在该报告书上签上自己的名字时，不由得长舒了一口气。他心想，虽然有人别有用心地试图将报告书扼杀，但自己的努力毕竟产生了影响，早该将那些禽兽绳之以法了。然而，历史似乎总爱与这位细菌学家开玩笑。在审判日本战犯时，《常德报告书》并没有出现在法庭上，致使一批恶魔逃脱了惩罚。这是因为陈文贵提供的证据无力吗？答案是否定的。1949 年，12 名日本战犯终于供认了他们在我国常德及宁波等地使用过细菌武器。直到 1952 年，当美军在朝鲜进行细菌战时，《常德报告书》才大白于天下，得到国际科学界的高度重视。

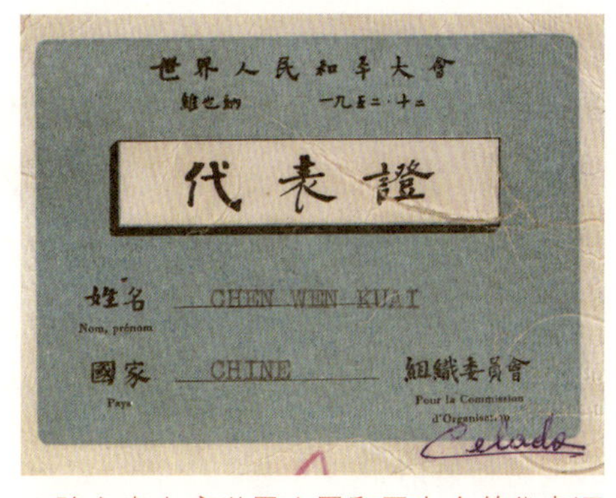

◆陈文贵出席世界人民和平大会的代表证

1952年初，卫生部任命陈文贵为志愿军卫生部顾问兼防疫队队长。他奔赴朝鲜，这里硝烟弥漫，战火纷飞。他带领检疫队广泛收集苍蝇、人蚤等。为了深入了解因感染病菌而致病及死亡的人畜情况，他冒着被敌机轰炸与扫射的危险，身先士卒，在现场制作实物标本。有一张老照片是陈文贵与检疫队在实验室外拍的，背景中的这间房子后来在二次轰炸中被夷为平地。所幸的是，陈文贵从昆虫体中先后分离出的伤寒杆菌、副伤寒杆菌、鼠疫杆菌、霍乱弧菌等毒性很强的病原体未被破坏。它明白无误地表明，美国人为了挽回战争的颓势，果然不顾一切地使用了有毒的细菌。

掌握了第一手资料，陈文贵抓紧时间进行分类整理，写出了一份揭露美军使用细菌战的备忘录。这份在硝烟中诞生的备忘录，意义非同凡响。按照国际科学委员会的说法，美军“这种遭各国人民一致谴责的灭绝人性的手段竟见诸使用，此为本委员会的委员们过去所不易置信，现在本委员会迫于事实，必须下这样的结论。全世界的人们都应加倍努力使世界免遭战祸，并制止科学的发明被用于毁灭人类”。1952年12月，陈文贵携带从前线采获的实物证据前往维也纳，参加世界人民和平大会。在会上，他以中国代表团成员、细菌学家身份，出示美军进行细菌战的实物，愤怒揭发和控诉美帝国主义使用细菌武器的滔天罪行，赢得了世界人民的同情和支持。同时，他提醒不同肤色的人民要提高警惕：“今天落在朝鲜人民废墟上的带菌人蚤，明天也可能会落在你们的家园里。”

朝鲜战争结束后，1954年，由国际科学委员会全体科学家签名通过的《报告书》昭然于世，其中一段文字表述道：“为调查有关细菌战的事实而组织的国际委员会，在现场进行了两个多月的工作之后，现已结束工作。”“委员会已得出以下的结论：朝鲜及中国东北的人民，确已成为细菌武器的攻击目标，美国军队以许多不同的方法使用了这些细菌武器。”“委员会是经过有逻辑的步骤而后得到这些结论的。”知情人明了，这“有逻辑的步骤”乃是与中国细菌学家陈文贵所提供的事实与科学证据密不可分的。

20世纪50年代，是陈文贵的事业高峰期。这位曾经备受压制的细菌学家终于如火山喷发，淋漓尽致地发挥他的才能。他在朝鲜战场的出色工作，得到了医学同行和中朝两国的高度评价，我国政府给他颁发了奖状和奖章，并授予他“爱国卫生运动模范”称号。朝鲜民主主义共和国授予他二级国旗勋章。陈文贵回国后，还受到了毛泽东主席的接见和宴请。

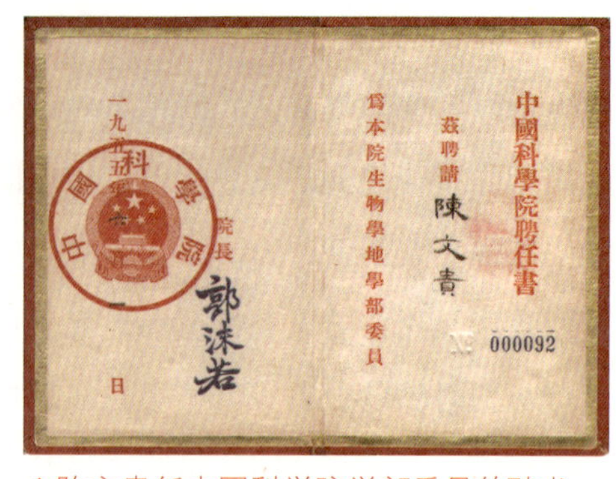
中國科學院聘任書
茲聘請 陳文貴
爲本院生物學地學部委員
№ 000092
院長 郭沫若
一九五五 日

◆陈文贵任中国科学院学部委员的聘书

陈文贵在卫生部担任防疫司司长期间，积极筹建微生物学流行病学研究所，举办流行病学医师进修班，培养出一批又一批既懂理论又有实际工作经验的流行病学专家。

1961 年，陈文贵任四川医学院副院长，主管科研工作，进一步筹建和完善了四川医学院的科研组织，并多次率领医疗队开展巡回医疗服务。

“文化大革命”中，陈文贵被列为“资产阶级反动学术权威”，受到残酷斗争。1970 年夏，他被送去大凉山劳动改造。因身患高血压、肺结核等多种疾病，他于 1974 年 6 月 15 日与世长辞，终年 72 岁。

陈文贵曾担任第一届全国政协委员和第一、二、三届全国人民代表大会代表，被评为一级教授和中国科学院生物学学部委员。

9. 陈文镜

陈文镜（1903—1987），永川松溉人。系九三学社成员，上海市政协委员。其父陈海门，膝下有陈文贵、陈文镜、陈文烈、陈文渊兄弟四人。

陈文镜自幼聪颖，勤奋笃学。童年时代，受启蒙教育于私塾，十岁即与胞兄陈文贵同赴白沙入聚奎小学，毕业后考入江津中学堂。川滇黔军阀为争夺地盘，内战频仍，学校一度受到干扰，中学刚上一年，即转入重庆求精中学。但校方鉴其年龄较小，虑难以胜任学习，姑准以旁听生名义试读，俟期末考试后，再定级，乃转入正班。学校为激励学子勤学上进，特醵资铸金

◆陈文镜

匾一块悬挂于教学楼前。陈文镜成绩常名列第一，给学校师生留下了深刻的印象。

1923 年秋，陈文镜考入湖南湘雅医学院攻读外科，更加刻苦学习，每年寒暑假均留校复习功课，卒业后才回家探望双亲。

1927 年，陈文镜遂同其兄陈文贵投笔从戎，任叶挺部队少校军医，参加了震惊中外的南昌起义。殊因革命失败，弟兄失散，辗转于广东一带。陈文镜流落至上海，经湘雅医学院负责人金宝善（该校教授、国民党卫生署署长）介绍，转入上海圣约翰大学医学院，于 1928 年毕业，获博士学位。

1930 年，陈文镜受聘于武昌同仁医院，任外科主任医师。由于在校时就富有实践经验，所以施行手术时，他操作熟练，非一般初试者可以比拟，被赞为国内第一流的外科医生。“七七事变”后，国民党政府西迁重庆，陈文镜也于 1938 年随着行政院卫生署等一道来渝，受聘于重庆宽仁医院，担任外科主任医师，兼该院设在曾家岩和歌乐山两分院的负责人，又兼内江体仁医院名誉院长和重庆求精商学院董事会董事。

陈文镜敦厚周慎，平易近人。在学术争论中，他颇谦逊有礼，从不好高比胜。在当时西医名家荟萃的重庆，“英美”“德日”派系矛盾激烈。时有某大人物，身患重病，初经某大医院检查，谓不可能动手术，病家乃转诊于宽仁医院，经陈文镜细心检查，告知可以动手术。为此而惹怒“德日”派，认为输了面子，拟借学术座谈之名，采取手段，打击“英美”派。后经医界名流从中斡旋，一场即将引发的派系斗争始告平息。陈文镜从事外科医生工作近半个世纪，亲自主刀的大型手术众多，因此在人民群众中享有极高的声誉。每周应诊三处，除宽仁总院外，还要到曾家岩及歌乐山分院上班。他人在哪里，病家就到哪里。每天工作量虽大，他总是耐心坚持，必将病号诊治完毕才得下班，从无怨尤。

1946 年，陈文镜夫妇被保送到美国芝加哥大学医学院深造；逾年回国，正当鼎盛之年。

重庆解放后，陈文镜继续留在宽仁医院工作。

1951 年，陈文镜任上海第二医科大学二级教授，兼任上海市第四人民医院（即第二医大附属医院）外科主任。

1951 年，陈文镜加入第一批抗美援朝手术队，任队长，出色地完成了任务。

周恩来总理病重期间，在将进行手术之前，上海派出专家组赴京视疾，陈文镜任该组技术指导。

1953 年，陈文镜回沪，调任上海市第九人民医院外科主任，上海第二医科大学教授，直至 1978 年退休。在此期间，他工作兢兢业业、勤勤恳恳，医德医风受人称赞。从医 50 年，主刀大型手术何止千例，但他从不张扬，外界报道较少，而他对外科手术所做出的贡献却是有口皆碑。他的长子陈星荣是我国著名的放射学专家，曾任上海华山医院院长；长女陈星琪是第四军医大学儿科主任和教授（大校军衔）；三女陈星煌是北京航空学院（今北京航空航天大学）教授；幺女陈星焰毕业于上海农学院（后并入上海交通大学），曾任上海市农场管理局奶牛研究所所长。子女皆事业有成，这与他的表率作用是密不可分的。

10. 龙志云

龙志云（1905—2002），永川松溉人。中医内科主治医师，民盟盟员。

1919 年，龙志云家贫失学，拜名医徐壁成先生为师学习中医。由于勤奋好学，常就教于师长及名医吴双鹄、胡席珍等，到三年学习期满时，他已经能较熟练地掌握中医技术遂开始行医。

在民国时期，按《中医条例》规定，要有专业著作，并经审查合格，才能取得合法资历成为中医师。龙志云于 1938 年，将自己所著《病家常识》和《育婴指南》二书，送“中央国医馆”审查合格后，经“国民政府考试院”发给准字 217 号证书，并经永川县政府核发 5 号开业执照，成为永川县取得合法手续的中医师。

1938 年，为躲避日军轰炸，重庆保育总院在松溉设立第六分院。龙志云免费为分院儿童医治。

1941 年春，松溉开办私立精诚中学，龙志云受聘担任校医直至永川解放。

1945 年，霍乱、伤寒、痢疾先后在松溉流行，镇长张鹏飞与当地黑势力人物勾结，贪污慈善会大笔基金和捐款，致使贫苦百姓、残疾人士无法从“培善堂药房”“心诚药房”免费领药。龙志云挺身而出，主持公道，要求公布账目。官员们害怕露出马脚，赶紧退出赃款，药房逐渐恢复向贫苦百姓、残疾人士施药。但龙志云因此得罪官绅，于 1945 年 3 月，被恶人用石头打折左腿，在家医治半年才告痊愈。

1948 年，松溉新派头领杨思可为笼络讨好龙志云，许愿给个永川县候补参议员的头衔，请龙志云为新派服务。龙志云却以自己“从医不从政，宁做一个有骨气的贫民医生”而予以拒绝。

1949年12月，永川县解放，第四区人民政府在松溉镇成立。龙志云积极协助政府宣传党的各项方针政策，维护新生政权。1952年土改结束，松溉镇政府和派出所部分干部轻信谎言，发起清理“匪赃运动”，导致积极拥护支持政府工作的龙志云及广大善良群众被牵连。洗脱冤屈后，他以宽容的态度正确对待干部的过失，仍积极协助党和政府在松溉镇、何埂区建立医疗诊所。

1960年，龙志云从松溉镇医院调至永川县人民医院，每日门诊70人次以上，兼带本院学徒和永川卫校实习生。在院工作30多年，他曾多次担负中医培训教学任务，又多次被派往乡镇、农村巡回医疗，治疗了不少疑难杂症，受到群众的欢迎。

“文化大革命”中，龙志云遭受了两次激烈冲击，分别是被诬陷为“反动学术权威”和“反革命”。但他坚信乌云终究遮不住太阳，振作精神、鼓足勇气活了下来。在他遭受隔离管制时，有些群众对他的遭遇深表同情，在无人看管的夜晚给他送来安慰或补品，甚至有些病人仍来找他治疗。为了治病救人，他冒着挨批斗的风险为病人开处方，尽职尽责。

1973年4月，经核查，永川法院宣告他无罪。1976年，县委统战部部长、县委书记先后亲自登门致歉，并在各种大会小会上宣布平反。从此雨过天晴，云开见日，组织上给予他各方面的关怀和补偿，给他分了住房，让他每日只工作半天。直到1981年6月，他才正式办理了退休手续，时年已经76岁。

退休后，他仍参加县医院和卫生局组织的医疗、教学、修志等工作。

1979年9月，他的专业文章被重庆中医药管理局编入《名老中医经验选编》；1985年6月，他荣获重庆市人民政府颁发的“名老中医”荣誉证书；1986年9月，他荣获四川省人民政府颁发的“从事科研50年以上（即名老中医）”荣誉证书；1987年12月，他荣获中共永川县委和永川县人民政府颁发的“‘四职’教育活动”荣誉证书。

由于颇懂养生，晚年他身体犹健。1989年3月，他荣获重庆市老年人体育协会颁发的“山城健康老人”荣誉证书，并在各地作健康养生报告，听众超过2000人次。为了开展学术交流，1987年，他赴北京参加中国中医研究院（后更名为“中国中医科学院”）召开的“全国首届养生学术交流会”；1991年11月，又赴成都参加“首届中华自然疗法国际学术交流会”；1992年10月，赴海南省海口市参加“全国唯象中医外科学术研讨会"；1993年，再赴成都参加"全国首届名医学术大会"；1994年，赴四川省自贡市参加"全国脐疗学术经验交流会"；1994年11月，赴南京参加"全国养生康复学术交流会"。通过参加这些会议，他进一步开阔了视野，了解到国内外对中医的重视和中医的广阔前景，他感到自己还有很多责任没有尽完。通过几年努力，93岁的他再次根据实践经验写出了《中医实践论》，深受同行和读者的欢迎。

在自己的一生中，龙志云稍有积蓄，便会为永川的繁荣和老家松溉镇的建设做贡献。曾先后为整治改造肖家冲街道和兴建望城北路捐款，并多次为松溉到朱杨新修公路、桥梁及一碗水到松溉公路扩建等公益事业捐款。1991年至1993年间，他还先后为松溉、王坪、何埂、涨谷等乡镇敬老院送去了棉帽、棉鞋等物资及现金。

新中国成立以来，龙志云历任永川县第一至第六届人大代表、县政协委员（其中第六届是政协常委）。90岁高龄的他还积极参加社会活动，是永川诗词学会的顾问，著有《龙吟诗草》（第一、二辑）和《古今诗词集》等作品。

2002年3月15日，龙志云因病逝世，享年96岁。当时的中共永川市委、市政府、市政协、统战部、卫生局和松溉镇党委政府都敬献了花圈。

11. 刘永怀

刘永怀（1908—1997），原永川县张家乡（现永川区仙龙镇）莲花村人，1936年携妻子搬迁到松溉镇黄桷树街居住。早在青年学生时期，刘永怀就加入了中国共产党。由于蒋介石叛变革命，入党介绍人及有关同志被捕并遇害，他与组织失去联系近十年后于1947年重新入党，历任永川县第四区区长、城关粮库主任、直属粮站站长、三教粮站站长等。1962年精简人员时，退职回家，在松溉乡新九大队二队落户。1980年3月，经中共永川县委组织部澄清过去对他的不实之词和不公正对待并予以改正，恢复了他的党组织关系，享受离休干部待遇。1997年12月21日去世，终年90岁。

刘永怀出生于一个大地主家庭。其祖父留下田业800余亩。祖父膝下有五子七女。刘永怀的父亲刘伯春是长子，分得田产160亩，全靠收租吃饭，夫妇养尊处优。1924年，16岁的刘永怀已渐懂事，认为不能长期靠别人养活，要自强自立。在表姐邵菁华、表兄邵仲辉的指点下，他到白沙聚奎中学读书，以增长知识，成为自食其力的人。又由同学邀约，他在白沙聚奎中学高中尚未毕业，便去成都就读于中法大学。该校有三个班，学生200多人，课程包括政治经济学、三民主义、唯物辩证法等。通过学习，刘永怀思想觉悟大大提高，认识到自己的家庭是一个腐朽的、不劳而获的剥削家庭。而当时的中国，由于军阀混战，国民党一党专政，四大家族统揽全国经济，贫富差距很大，人民群众还是一盘散沙，各国列强都想吞食中国并奴役中国人民。国家兴亡，匹夫有责。作为人民的一员，刘永怀积极参与师生组织的“反独裁、要民主”等进步活动。1926 年 12 月 1 日，他经罗世文介绍，与同学罗镜微在成都少城公园屋内宣誓加入中国共产党，并认识了来自自贡的罗永华、肖竟宽、尹祖孝等。1927 年春，蒋介石叛变革命，重庆发生“三三一”惨案，国共合作惨遭破坏，罗世文指示大家回家隐蔽活动。刘永怀回到老家张家乡，与同学邵仲辉、潘卓莲、龙明坤、吴太城等青年组建“青年促进会”，对外宣讲“三民主义”，普及文化教育；在农民中暗地宣讲“农村应耕者有其田”、打倒地主军阀等革命道理，并在五间圣水寺创办普济小学，以教书作掩护开展工作。1928 年春，他接到罗世文的来信去自贡参加短期干部培训，全班共有学员 20 人。培训结束后，他被分配到威远县组织盐业工会，领导工人反对资本家加班不加工资的斗争。但由于当年 5 月胃病突发，他被组织派人护送回家。同年 8 月，与李灵洁女士结婚。1931 年，他接到泸州陈泽煌的通知到泸州，在《川南日报》搞摘编工作，为在泸州站稳脚跟，又兼任小学教师。1932 年，他调至重庆求精中学任教，仍暗中积极宣传党的方针政策和政治主张。当年寒假，因为党的地下组织筹款购置军火而暴露身份，国民党永川防管区多次派人来老家抓捕他，家庭成员也纷纷抱怨，叫他四处躲藏。1936 年底，西安事变和平解决，地方当局的追查有所缓和，刘永怀才得以返家，恰遇爱人临产，便留在家中没有再外出，从而与党组织失去联系。后经多方打听，得知罗世文等同志在成都被捕，党组织遭到破坏，他心中充满悲痛，无比挂念但束手无策。

1936 年下半年，为了与组织取得联系，刘永怀决心独自为业。他携妻子从张家乡搬迁到松溉镇黄桷树街，在思想、经济等方面正式和家庭决裂，并以和表兄弟杨绍怀共做水烟生意作掩护，招牌取名为“康复烟号”。1939 年，杨绍怀退股，刘独自经营，订有《新华日报》等各种进步书刊，同不少进步人士往来，并以资金支持刘培基、杨碧峰在松溉正街创办宏毅书店，销售、出租进步书刊，受到松溉中学等学校师生欢迎。1943 年，经刘培基介绍，刘永怀认识了郭福玉。郭常来刘的烟铺看《新华日报》，谈论国家大事。1946 年 6 月，永川县稽查处派人到松溉了解情况，并警告刘永怀，不准他订阅《新华日报》和苏联书刊。刘见势头不对，赶快悄悄将进步书刊转移到乡下。

1946年，刘永怀通过郭福玉认识了廖林生。1947年5月，廖突然对刘称自己是中共川南工委负责人，知道刘入党多年，与党组织失去联系，现愿恢复刘的党组织关系并在松溉建立党支部。在廖林生的帮助下，刘永怀重新回到党组织的怀抱。他多次为廖筹集资金，支持川南工委工作，但因此又三次遭永川稽查处及复兴社爪牙追捕。1948年2月1日，由于地头蛇复兴社杨斯可的出卖，刘永怀遭稽查人员王某逮捕，被关在罗家祠堂暗室。刘妻各方活动并支付大洋一百元，使监护人员防守松懈，刘永怀得以从后门翻墙逃走。在白色恐怖的笼罩下，时时处处风声鹤唳，刘永怀小心翼翼地坚持开展工作，还发展杨碧峰、杨汉元、李灵洁为党员，又向廖林生介绍了罗凤翔、刘健二人，经廖亲自审批后发展入党，组建了直属川南工委负责人廖林生领导的松溉党支部。1949年5月，刘永怀安排杨汉元护送廖林生从松溉到重庆经香港去解放区，迎接西南解放。

1948年2月，刚把丈夫营救出狱的李灵洁积劳成疾，不幸于3月上旬去世。刘永怀失去了爱他、理解他、支持他干革命的伴侣，他们的四子一女也失去了好妈妈。李灵洁在临终前握着刘永怀的双手，要他再找个好女人作为帮手和伴侣，好把革命进行到底。

1949年12月4日，永川和平解放，刘永怀和他的战友们欢迎解放军入城，并在五区参加征粮支前工作。1950年元旦，他突然接到廖林生来电，叫他火速去泸州会面。廖林生告诉刘永怀，他的党组织关系已通过西南局转去永川（当时永川属川东行署，泸州属川南行署），并附给永川县委的介绍信一封，让他去永川接受组织安排。刘永怀回到永川见到县委组织部部长刘增耀，不久被分配到第四区区公所任代理区长、区长，并和南下干部闻立修（区指导员）、赵明利（副区长）、李洪峰（区财粮管理员）被分到一个党支部。

1950年，被击溃的蒋军残部和敌特人员以及当地伪党政人员、地痞、恶霸相互勾结，打着“救国军”的旗号四处抢劫，企图反攻复辟。1950年3月25日，实为政治土匪的大刀队第一次攻打区公所被击溃。为了防止土匪卷土重来，刘永怀建议在区公所后山上修建一座碉楼，同区公所所在地成犄角之势。在快要建好时，由于选料不慎，木材生虫腐朽，刘去检查验收时碉堡突然垮塌，两名唐姓工人被当场压死，刘永怀的腿部也受重伤，被送往永川治疗。

1950年3月，松溉镇土匪头目杨斯可、罗君、黄老幺等邀约张家、五间、科名、何埂、聚美、水碾以及江津的朱杨、石门等十个乡镇土匪一万多人围攻第四区区公所，时间长达一星期。刘永怀在黄桷树街的老家被抢劫一空，凡不能拿走的全被打烂，板凳、床被搬出在空坝中焚烧。群众目睹惨状，无不泪下。土匪逃跑时，将刘永怀的大儿子刘远西作为人质劫走。刘永怀在黄桷树街老家的邻居刘鲁芹曾是国民党参议员、张家乡“仁”字堂口的舵把子，见刘永怀担任区长，为了讨好他，与土匪斡旋，十天后土匪将刘远西放回。从此，刘永怀是否串通土匪、被抢是真还是假，成为被怀疑的重点问题。是年 7 月，赵明利通知刘永怀暂停党组织生活，接受组织审查。同年底，他被免去区长职务并调离第四区公所，改任县政府建设科科长。平息匪乱后，他的大儿子刘远西、二儿子刘远照分别被安排在七区和税务所工作。刘去建设科仅任职两个月又被调任城关粮库主任。1952 年土改结束后，全县开展第一次整党整风，对刘永怀脱党的问题提出疑问，说未见川东行署党委的介绍信和档案，是假党员；对儿子刘远西被土匪释放也说不出来龙去脉。因此，刘的组织生活被完全停止。但鉴于他过去为党做了一些工作，且任劳任怨，整风结束后调任城关镇直属粮站站长。同年，大儿子精神病发作（因被土匪拉去做人质，神经受刺激，经常尖声怪叫）被解雇，不治身亡；二儿子被单位以不遵守纪律为名辞退。刘永怀的精神压力越来越大。幸有后妻陈先裕安慰，他仍然积极认真工作。1960 年，他调任三教粮站站长，随后又被定为内部右倾分子，免去了他的站长职务。1962 年，精简人员，他只好申请退职下农村接受改造，组织同意了他的申请，将他安置在大南公社中和大队四队参加农业劳动。同年，他又经组织同意迁回老家松溉乡新九大队二队，和两个儿子团聚。

刘永怀家在土改前还有产业 90 挑，成分被评为地主。老家群众知道他心地善良，处处同情农民，并大力支援革命，解放后家里财物又被土匪抢劫一空，可以说是一无所有。村里开批斗地主会，都没通知他到会。去生产队参加劳动，50 多岁的他还能评上四至五分，他自食其力，没有怨言。

“四人帮”被粉碎后，不少冤假错案得以平反昭雪。刘永怀于 1979 年向中共永川县委提出申诉。1980 年 1 月，原川南工委第一书记廖林生与江津专区副专员何君辉来到永川，向县委书记吕祥发等同志介绍了刘永怀 1947 年重新入党的情况，并经有关方面查明，土匪抢劫，刘永怀受害最大，儿子被劫作为人质是土匪所为；工作中被定为“右倾机会主义”是极左行为，应予改正。1980 年 3 月，由中共永川县委组织部下文纠正了过去对刘永怀同志的不实之词，即日起恢复党籍，党龄从 1947 年算起，待遇上按离休干部对待。

刘永怀的问题终于得到澄清，尽管时年已 72 岁高龄。每逢新九村党支部开会，他必到，常给党组织献计献策，提倡农业产业化，积极倡导松溉土特产进入市场，受到干部群众的尊敬和欢迎。1997 年 12 月 21 日，刘永怀因病去世，享年 89 岁。中共永川市委组织部、老干部局、三教粮站和松溉镇党委政府都敬献了花圈，沉痛悼念刘永怀同志。

12. 邓迪人

邓迪人（1909—1986），永川松溉人，出生于一个工商业兼地主家庭，原名邓启贤，曾用名于夏。

1926 年 8 月，邓迪人考入重庆高级工业职业学校。在二哥邓明贤（曾用名邓旭东，大公报记者，早年参加革命，1947 年病逝）影响下，接触到马列主义，参加读书会，负责邮寄上海党的机关报刊《布尔塞维克》《上海报》等，许多同学在他的影响下走上了革命道路。在大哥邓超韩（原名邓文贤）的支持和帮助下，掩护革命学生躲避敌人追捕，并捐出大量金钱作为革命活动的经费。

◆邓迪人

1929 年 8 月，邓迪人进入上海大学文学系学习，在校内秘密建立党的地下联络站，以求学为掩护开展革命工作。在上海时，他参加了中国共产党领导的上海反帝大同盟和中国革命互济会等多个革命团体，多次参与组织学生反帝爱国示威大游行，负责散发传单、秘密联络等革命工作。1931 年 1 月，他转入上海立达学院，并加入中国共产主义青年团。1932 年 8 月，他考入位于杭州的浙江省立医药专科学校，在学习医学的同时继续进行革命工作。1934年10月，由于叛徒出卖在上海被捕，先被押入南京宪兵司令部看守所，后又被拘押于国民党中央军人监狱，在狱中同敌人进行了不屈不挠的斗争。

1937年，国共两党实现第二次合作。中共驻南京办事处将邓迪人等一批革命同志集体保释出狱，转送至延安，入陕北公学学习。同年11月，他被分到延安边区医院任医助。1938年2月，邓迪人参加八路军，调军委卫生所工作；10月，调抗大一分校任军医。1938年底，党中央决定抗日军政大学总校挺进敌后，在各抗日根据地建立分校。邓迪人于1939年1月调入刚组建的抗大二分校任医务股长，不久即参加了首任校长陈伯钧参与指挥的陈庄连续伏击战，经过4天4夜的激烈战斗，将进犯根据地的日伪军一举歼灭。1939年5月，邓迪人加入中国共产党。1940年，在聂荣臻领导的晋察冀军区参加了著名的百团大战。

1941年1月，抗大二分校校长孙毅任命邓迪人为抗大二分校医务主任。当时，学校距敌寇不足百里，师生须随时准备进行战斗，医务主任邓迪人既要组织战地抢救，又要保障全校几千师生的防疫和内外科疾病的诊断治疗。由于日军大规模扫荡，晋察冀边区医疗条件十分艰苦，疟疾流行猖獗，部队和老百姓很多人患病，八路军药品极度匮乏。邓迪人根据多年战地救护经验，成功创造了多种防治新方法，为保护我党我军的抗日骨干力量和根据地的发展做出了突出贡献。邓迪人任职期间，全校治愈了大量伤员，为前线输送了万余名骁勇善战的军政指挥员，其中有徐钟祥中将、宋玉琳少将、陈云中少将等66名后来的共和国将军。1943年6月，邓迪人作为具有丰富战地救护经验的医政管理干部，被组织保送至白求恩学校进修学习。由于具有扎实的医学基础和较好的英语、日语、德语水平，他成为同期学员中的佼佼者，未等毕业，就奉命调任晋察冀军区卫生部医务科长兼野战医院院长。

解放战争期间，邓迪人随聂荣臻领导的晋察冀军区、华北军区部队转战南北，参加了察绥战役、保北战役、涞水战役、张家口战役、平津战役等多个战役；先后担任晋察冀军区野战医院院长、察哈尔军区卫生学校副校长、察哈尔军区后方医院院长、北岳后方医院院长、二十兵团第一总医院院长、华北军区第一总医院院长等职务。随着革命斗争形势的发展，大规模运动战使医疗保障和战救任务更加艰巨。邓迪人高度重视医护人员的政治思想教育和军事素质教育，把“伤员的生命高于一切”作为全院的至高信念，有效组织实施前线的战伤抢救手术，迅速安全转运重伤员，最大限度地保障伤员生命。由于他组织部署周密，救治措施科学严谨，极大地降低了伤员死亡和残疾率，提高了治愈率，在我军部队巩固和增强战斗力中发挥了重要的作用。他的医疗管理和救治水平得到军区领导的高度评价。在残酷的战斗中，邓迪人总是身先士卒，为挽救伤员生命多次献血。有一次战势突变，医院猝不及防地与敌人大部队遭遇，邓迪人一面组织伤病员迅速撤离，一面亲自带领警卫员冲到村口，准备与敌人展开短兵相接的战斗。幸好我军大部队及时赶到，解救了医院，保护了伤员。在长期的革命战争中，邓迪人为促进我军医政建设，组建了多个医疗单位，培养了大批优秀医护骨干，为我军战地医疗卫生事业做出了巨大贡献。在烽火硝烟的战场，邓迪人与河北完县（现河北省顺平县）神南区妇救会小队长门素湘相识并结为革命伴侣，并肩战斗在我军医务战线上。

在抗美援朝战争中，邓迪人奉命担任中国人民志愿军后勤三分部医院管理处副处长，他不顾个人安危在前线指挥，组织医护人员利用夜间及敌机轰炸的短暂间隙，突击抢运伤员，及时救护伤员。

1952 年 8 月，邓迪人奉命调回国，与欧阳启旭（北京协和医院原院长）一起接收北京黑山扈法国教会疗养院，组建军委黑山扈疗养院（中国医学科学院阜外医院前身）并担任该院副院长。1955 年 10 月，中央军委授予邓迪人中校军衔，以及三级独立自由勋章、三级解放勋章。1957 年 1 月，邓迪人调任华北军区 107 疗养院院长。

1959 年，邓迪人服从党的安排，由部队转业到北京市东城区卫生局任副局长。他看到地方传染病的预防和治疗是一个亟待解决的重要问题，就主动要求到北京第一传染病医院担任副院长（行政级别 13 级——正局级待遇）。他这种以党的事业为重、不计名利、任劳任怨、勇挑重担的崇高品格，使领导和同志们很受感动。他多次被评为优秀共产党员。他时时处处以身作则，经常参与抢救危重病人；他关心爱护医护人员，利用有限的资金组织全院自己动手改进医疗设备，改善医护人员的工作条件和防护措施，使医院工作很快有了起色。因此，他深得医护人员的敬重。

之后，在“左”倾错误的影响下，邓迪人受到了不公正的待遇。尤其是在“文化大革命”中，遭到诬陷与迫害，身心受到极大摧残，但他始终保持对党和革命事业的坚定信念。1970 年，他不顾自己年迈多病，在北京第一传染病医院担任顾问，并承担了北京第二传染病医院的部分工作。直到 1982 年 12 月 31 日，他才办理离休，时年已经 73 岁。

邓迪人少小参加革命离开家乡，转战大江南北，但仍时常惦记亲人和家乡。1983年春，在北京市卫生局的关怀和安排下，他回到了阔别50年的家乡——原永川县松溉镇。当见到家乡交通便利，市场繁荣，物资丰富，农村楼房四处可见，人民群众个个喜笑颜开时，他内心感到十分欣慰。其间，他受到了家乡人民的热烈欢迎。

1986年10月18日，邓迪人因积劳成疾在北京逝世，享年77岁。其骨灰与妻子门素湘（1927年2月16日—1982年1月16日）共同安放在北京八宝山革命烈士公墓。

13. 陈树清

陈树清（1910—1984），号独能，川剧演员，艺名“东方髡”，人称“时装小丑”。出生在原永川县松溉镇一个小商人家庭，其父先给人作账房先生，后经营骡马店。陈树清自幼聪慧，被送到高等小学堂读书，1926年考入永川县立中学，是学生自治会宣传干事。

在中学读书才一个学期，他便因父亲病死、家境渐衰而辍学在家。他曾在潼南县三汇场和双江镇当小学教师，但不久就失业了，又到潼南县塘坝场夜校工作。夜校只供伙食，不发工资，陈树清深感谋生之难。

1932年冬，塘坝场成立“清文艺术剧部”（简称“清文科社”），他毅然投考科社学戏。在生、旦、净、末、丑众多行当中，他挑选了丑角。他认为舞台是社会的缩影和教化的阵地，丑角在舞台上可以装癫佯狂、针砭时弊，嬉笑怒骂、抨击丑恶。当时在科社教戏的老师有龙文斗、王教法、王腾蛟等，都是川北有名的演员。在名师的指导下，他勤学苦练，第一次登台饰演《春陵台》中的康王就打响了知名度，从此开始了自己的梨园生涯。

此后，剧社到潼南、璧山、铜梁等地巡回演出。他常扮主角，舞台经验日益丰富。特别是后来在成都、重庆等地演出时，结识了许多川剧名角，他博采众长、技艺大进，并形成了自己独特的风格。在演出实践中，他能对所饰人物仔细琢磨、深刻理解，决不会脱离人物性格而一味追求噱头，所以不管演“襟襟丑”还是“袍带丑”，不管扮演康王还是叫花子，他都注意传神达意，演绎得恰如其分。人们赞他诙谐幽默的表演颇具东方朔、淳于髡之风，于是他合二人之名将“东方髡”作为自己的艺名。后来，“东方髡”名声远扬，而陈树清则鲜为人知了。

除了塑造各色各样的艺术形象，更难能可贵的是他能大胆地针砭时弊，巧妙地利用舞台这个宣传阵地，对当时腐败的政治、丑恶的社会进行批判。1937年，抗日战争全面爆发，陈树清在成都“三益公”剧场演戏时，临时决定把《花子骂相》改为《乞丐爱国》，借剧中叫花子孙小二之口宣传抗日：

说“日白”就“日白”，日个白来了不得。时而走东京，时而到美国。小小贼倭寇，妄想吞中国。占我好河山，人民在流血。奸淫烧杀掳，天天搞恐吓。中华四万万，齐心（就）了不得。一致来抗日，赶那强盗出中国！出中国！

继而又借骂奸相“为富不仁”，来揭露国民党政府对日妥协投降的丑态：

你身为宰相想一想，克扣军粮为哪桩？而今国难当头在打仗，日本鬼子烧杀掠抢好猖狂。你本该赴国难挥师北上，却偏不抗战克扣军粮。你当官人却不为民族着想，逼得我叫花子骂你的“台黄”。你欺压百姓谄皇上，甘当汉奸作豺狼，屈膝投降像狗样，件件桩桩太荒唐。手中握枪不准放，大好河山献东洋。眼看祖国要沦丧，你认贼作父丧天良。我叫花子虽然少力量，论骨气老子都比你强！强！强！一腔热忱把日抗，愿献微躯死疆场。咦！越说越说气朝上，我要打你个“哐当哐”！

他还在成都“新又新”大舞台连续上演《卢沟桥》《枪毙李服膺》《是谁害了她》等抗日题材和反映现实生活的剧目。当他唱到“打日本，防内战，枪口对外是好汉”这些台词时，场内掌声雷动。一时“时装小丑”的美名传遍巴山蜀水。

“东方髡”受到人民群众的欢迎，却遭到国民党政府的仇视。1937 年，他与名演员翠霞（本名何廉士）联合义演了一个多月，将全部收入献给抗日将士。成都警备司令部以“宣传赤化，破坏治安”的罪名将他拘押。后经戏院老板多方斡旋，他才被保释出狱。出狱后在成都已无法立足，他只得又回川东一带演出。但在合川又遭特务毒打，幸亏同行连夜把他送走才保住了性命。之后“东方髡”辗转来到重庆，在得胜舞台继续演戏。

1943 年，陈树清去到宜宾，遇见了少年时的同学、永川王坪乡乡长唐友思，在唐的诱惑下做起贩卖鸦片的生意。妻子和老母也被骗到王坪。他到王坪找唐要人，唐翻脸不认人，破口大骂“老子要你命”，威逼陈树清在两天内离开王坪。其母气疯，含恨死去，妻子不明真相，怨恨丈夫，并卖掉一女，带着另一女儿逃走。陈树清家破人亡，孑然一身，无奈只得四处流浪，靠卖艺为生。

1945 年初，陈树清应好友张德成之约，到重庆中央大舞台演出。抗战胜利后，驻渝的文化界人士纷纷外迁，重庆各界人士举行盛大欢送会，欢送田汉、洪深等。会上，“东方髡”和张德成合演了《渔夫剑》，“东方髡”饰老渔翁，博得阵阵掌声。田汉十分兴奋，一再说：“川剧好！很好！非不良也，应大力宣传。”

不久，重庆中央大舞台因缴不起“娱乐捐”而关闭。陈树清只得搭班子糊口，长期奔波于江津、合川、泸州和宜宾一带。这时他已染上鸦片恶习，不幸又患沉疴，嗓音也比不上以前了，独自在艰难的岁月里苦苦挣扎。

1949 年 12 月，宜宾解放了，川剧班社恢复演出。他治好疾病，戒掉鸦片，嗓音也有所好转。党的“百花齐放，推陈出新”方针，给戏剧事业带来了广阔的前景。“时装小丑东方髡”重新活跃在舞台上，焕发出新的光彩。他心情舒畅，积极工作，担任宜宾川剧团副团长，宜宾市第一、二、三、四、五届人大代表和第六届政协委员。

新中国成立后的 30 多年里，他为川剧的繁荣做了大量工作。宜宾川剧团先后上演了《宜宾白毛女》《戎城烈火》《红杜鹃》《红岩》《首战平型关》《水牢记》等主题严肃的大型戏剧和《划不划得着》《两块六》等轻松活泼的小戏。他在《红杜鹃》《宜宾白毛女》中既是导演又是主演。此后，他成为中国戏剧家协会四川分会会员。

新中国成立后，陈树清在宜宾组织了新的家庭，失散了的子女也回到他身边。1981 年，他退休回家乐享天年。1984 年，他在宜宾病故，终年 73 岁。

14. 赵世利

赵世利（1918—1995），出生于原江津县羊石乡，与永川南部的水陆码头松溉镇仅一江之隔，自幼在松溉生活。赵世利系家中独子，父亲早年离家不归，由小脚且不识字的母亲抚养长大，但他从小用功读书，聪慧过人。1930 年从松溉小学毕业后，他于 1931 年考入江津白沙聚奎中学，之后又相继就读于重庆联立中学、重庆大学。1941 年，他以优异的成绩考入中央大学农业经济系，1945 年转入中央大学研究生院深造，1947 年获农业经济硕士学位。

赵世利研究生毕业后，留校从事教育教学工作，1947—1949 年任中央大学农业经济系助教、助研和重庆大学讲师。赵世利因读书勤奋，颇有成就，深得松溉商会会长陈海门的赏识，同意将幺女陈文嘉嫁给他。赵世利年轻时也曾是一位热血爱国青年，日本侵略中国时，曾参加救亡合唱团，宣传抗日。国民党统治时期，参加过“反饥饿，反迫害”大游行。

新中国成立后，政府选送了一批青年知识分子到中国人民大学学习新理论，赵世利是其中一员。从人大学习回来后，他被派往西南人民革命大学当教师。1953 年院系调整，赵世利调往成都，在四川财经学院任副教授，并任国民经济计划系副主任。1959 年初，赵世利代表四川省赴京筹办和参加全国“教育与生产劳动相结合展览会”。1960 年，他又调四川省高等教育局，任教育处副处长（处长空缺）。在高教局工作时，因业务关系，认识了当时的著名学者李新、黎澍等。1964 年，由李新、黎澍推荐，吴玉章批准，赵世利被调入中国社会科学院近代史研究所作研究员，并准备全家迁往北京。而第二年台海局势紧张，北京户口冻结，一家人由此两地分居。当时近代史研究所里派系林立，斗争激烈，赵世利十分不适应，遂于 1965 年应老领导王亦山之邀，调入北京语言学院任教务长。王亦山曾任四川省高教局副局长，当时是北京语言学院党委书记兼院长。北京语言学院是当时全国唯一一所教外国人汉语的高等院校，赵世利回到自己熟悉的教育战线，如鱼得水。正当他心情舒畅、干劲十足准备大干的时候，“文化大革命”开始了，赵世利和他的领导以及同事们一下子被打倒，被下放到北京茶淀农场劳动。

1972 年，中央计划向四川支援干部，赵世利被调到四川大学工作，担任经济系主任兼党委书记。当时的川大仍旧是造反派掌权，赵世利“不识时务”地启用老教授、老教师，结果遭到造反派的抵制和排挤。出于无奈，借助学校开门办学的机会，赵世利去了彭县（今四川省彭州市）农场，直到“四人帮”被粉碎后才回川大。不久，康乃尔出任四川大学校长，赵世利重新得到重用，出任川大文科处（主管文学、经济、历史、哲学、外语五系）处长，是中共四川大学校党委委员、校学术委员会委员。他多次出国访问，分别到美国密歇根大学、康奈尔大学和夏威夷大学东西方中心作访问学者。在与外界接触的过程中，赵世利认识到西方的人口理论已很先进，而在中国几乎还是空白。于是他在 60 多岁时转而研究人口理论，并组建了川大人口研究所，兼任所长。在此期间，赵世利还是中国人口学会理事，四川省人口学会副会长，四川省经济学会秘书长，四川省个体劳动者协会常务理事，四川省社科联常务理事，《中国人口·四川分册》副主编，国家教委特别奖学金项目中方工作组成员，四川科技顾问团成员。他参与主编的《中国人口·四川分册》荣获 1989 年四川省社科院研究成果一等奖，他和叶秀书教授等人编写的《人口学英汉、汉英分类词汇》在中外人口学界获得了很高的评价。

赵世利积极推动学术交流，曾一度使四川大学人口研究所在国内外颇有名气。

1988 年，赵世利辞去四川大学人口研究所所长职务，申请退休。深圳大学经济系随即聘其为客座教授。此时，他已是 70 岁高龄。但他仍重执教鞭，给本科生上课。两年后，国家教委和四川省联合调查组的结论推翻了之前有人状告他的不实之词，还了他一个清白。

赵世利在勤奋工作、潜心治学的同时，还不忘对子女的培养教育。他对子女严格要求，毫不懈怠，既是慈父，又是严师。他的四个子女在他长期潜移默化的影响下都是学有所成、业有所就：大儿子赵勇，获北京航空航天大学硕士学位，毕业后在深圳招商局工作，曾任领导职务，现已退休；二儿子赵松，留学丹麦，获博士学位，回国后在汕头某公司工作；三儿子赵西林，留学美国，获博士学位，现在美国某大学担任教授；女儿赵西燕，留学美国，获双博士学位，曾在联合国相关部门工作，现在世界银行工作。

赵世利一生笔耕不辍。他在美国探亲期间，几乎每天都会去国会图书馆查资料，去世前几个月还在学术期刊《消费经济》上发表了文章，把当时在美国盛行的仓储式商店介绍到中国。正当赵世利准备再次去美国探亲时，1995 年 10 月被查出患食管癌并住进医院。短短三个月的时间，癌细胞无情地摧毁了他的身体。在住院期间，川大党政领导多次探望他，但他从未向领导提出任何要求。病重期间他留下遗嘱："先火化，后报丧，不举行任何形式的悼念活动。不保留骨灰，遗体火化后，将骨灰撒进大海。"他还嘱托亲人帮他交上最后几个月的党费，并将自己珍藏多年的文献捐献给四川大学人口研究所。

赵世利终因病重医治无效，于 1995 年 12 月 30 日，在华西医科大学附属医院逝世，享年 77 岁。

15. 王绍清

王绍清（1922—1996），原永川县松溉乡两路口村第四村民组人。1954 年 12 月，加入中国共产党。1955 年春，脱产任乡干部。曾担任公社副社长、社长、管理委员会主任和党委书记等职。

1958 年，实行人民公社化，搞“一平二调”，要求平均分配劳动力和物资。松溉乡各村同样出资投劳修建上游水库，却有大陆、莲花、松江、东江、旗山等五个村无法接通水源，村民意见很大。王绍清了解群众意见后，在党委会上建议不搞“一平二调”，主张“谁受益，谁负担”，又到村队给干部、群众做思想工作，得到了大家的理解和支持。在上游水库修建期间，王绍清住在水库上，与修建水库的社员同吃住、同劳动，时间长达十年，保质保量地完成了公社任务，多次受到县委、县政府的表彰和奖励。水库修好后，受水和不受水的大队（村）都非常满意，大家一致认为王绍清办事讲政策、讲原则，公平合理。从此，大家称王绍清为“王政策”。

1978 年，王绍清升任公社党委书记。他穿着简朴，平易近人。人人都说“王政策”开会是社长，散会是群众，没有半点儿官架子。下队到户，随意就餐，吃饭付钱，从不预约。他常对同志们讲，这是原则，不是小事，贪便利，是懒、馋、占、变的开始。

1979 年，在王绍清的领导下，全公社 14 个大队（村）都建起了柑橘大果园，并在 72 个生产队中建立中小型果园 42 个。到 1981 年，果园成林挂果。王绍清主张承包经营，反对“吃大锅饭”。全公社每年产红橘 50 万斤、广柑 30 万斤，且年年递增，增加了集体收入，减轻了农民负担。

1980 年，王绍清负责架设何埂至松溉 12 千米的高压线路，线路途经何埂、聚美、松溉 3 个公社的 7 个大队、12 个生产队，仅用 18 天架线完毕，解决了松溉两万群众的用电问题。

王绍清于 1982 年 9 月退休。退休后他仍坚持学习，自费订阅多种报刊，任松溉镇老年协会副主任、政协松溉联络组农村组组长，多次组织、参加各种活动。

王绍清于 1996 年 4 月 13 日逝世。他的追悼会在镇政府大楼内举行，上千名群众自发赶来参加。王绍清平时心系群众，廉洁奉公，为群众办实事，在干部和群众中影响深远。

16. 梁显政

梁显政（1958—），永川松溉人，1978 年 10 月考入江津师范专科学校（今重庆文理学院）数学系，1981 年毕业后被分配到在松溉镇上的原永川县第二中学任教。针对农村小学学生升上初中后一时还难以适应的问题，他在实践中大胆进行教学改革，制订了“放慢进度，慢中学法，循法而上”的教改方案，摸索出了入门教学的“五要”原则，使自己教的第一届初中学生的数学成绩由入学时的全县下游跃居毕业统考时的全县之首。

因为教学科研成绩突出，1986 年，他从永川二中调到了当时全县唯一的省级重点中学永川中学。然而，更严峻的挑战立即摆到了他面前：他一到就接任了初二两个班的数学课，其中一个班是为外单位办的代培班，学生数学成绩尤其堪忧。他没有放弃，也没有抱怨，而是把教好这些学生看成自己义不容辞的职责，是锻炼自己的机会。于是，他经过多少个不眠之夜，不断地进行平心静气的理智分析和大胆探索实践，终于探索出了一条教改新路：利用单元教学目标管理的方式，采取以退为进、递进达标的办法，以帮助学生树立学习信心为突破口，充分利用每一节课、每一道题、每一个教学单元、每一条教育信息反馈，逐步提高学生成绩。一年多后，这两个班的学生参加全省会考，数学成绩合格率均大大高于重庆全市的平均水平。他在此基础上撰写的论文《目标管理与转变差生》，先后获得了永川县和重庆市的教育科研优秀成果奖，并被刊登在《中国教育学刊》1989 年第 3 期上。

梁显政并不止步于此，他继续在教学、科研上奋勇攻关。他深知兴趣是求知的先导和开发智力的钥匙，注意在培养学生的学习兴趣上多下功夫。他根据初中学生年龄尚小、兴奋点多、注意力转移快、模仿能力强等特点，总结出提高四十五分钟的课堂教学效率是培养学生学习兴趣的有效措施这条经验。为此，他的课堂教学除了采取适宜的“读、议、讲、练、评”外，还采用包括竞赛在内的其他生动活泼的教学形式，使学生一堂课下来轻松愉快、余兴未尽，并且增强了在学习上的竞争意识，开始有勇气攀登科学高峰。在教学过程中，梁显政不但注重培养学生的学习兴趣和自学能力，还注重挖掘教材中的思想教育因素，对学生进行潜移默化的思想教育。《寓德育于数学教学、师能展示中的认识与实践》是他从事教学工作第一个十年的经验总结。从教十年时的梁显政已经是硕果累累。在教学方面，他带出了许多优秀班级，所执教的初中 1990 级两个班在四川省全省数学会考中取得了优秀率 100% 的骄人成绩，平均考试成绩 96 分，其中有 16 人考了满分；由他辅导的学生参加重庆等五市联赛、全国联赛等数学竞赛，共获得市级、省级和国家级奖励数十人次。在科研方面，他在从教十年时已经发表了数十篇论文，其中有十多篇获了奖。他多次被评为学校和永川的先进个人：1990 年，被中国数学会奥林匹克委员会授予“中国数学奥林匹克一级教练员”称号；1991 年，被评为“全国教育系统劳动模范”并获得“人民教师奖章”；1993 年，成为“全国五一劳动奖章”获得者。

之后的20多年，梁显政一直扎根在永川中学，并且一直扎根于教学、科研第一线，不断地追求进步。迄今，他已发表200多篇论文，出版多部著作、教材，是中学研究员、特级教师，享受国务院政府特殊津贴，还是重庆直辖以后的第一届市政协委员和第二、三届市人大代表。即便如此，他依然谦逊，自云“我是一个很平凡的人，只能谨记‘终日辛辛，未觉苦苦，常年忙忙，不甘碌碌’——只要还能干，就会一直坚持干下去”。

第二节
松溉名人传略

1. 陈猷

陈猷，生卒年不详，永川松溉人，明孝宗朱祐樘弘治十五年（壬戌年，1502 年）考取进士，于两年后的甲子年（弘治十七年，1504 年）主持续修松溉钟湾陈家祠堂族谱并亲自作序。序中有句云：“余而言曰：修祠以妥先灵，刊谱所以明世系，我等建祠于松溉镇檀木林，祠宇已辉煌也，而谱未订，可乎哉？于是饬材鸩工，复编成册。”文末署名为“嗣孙，壬戌进士猷谨识”。其事迹清人李周望于康熙五十九年（1720 年）编印的《国朝历科题名碑录初集·明洪武至崇祯各科附》第 509 页有记，称他为明弘治十五年（壬戌年）进士，为第三甲第一百五十四名，是已知的松溉历史上第一位进士。

2. 邵涵

邵涵，字海珊，生卒年不详，永川松溉人，清朝咸丰六年（1856 年）考取进士。据今人朱保炯、谢沛霖合编的《明清进士题名碑录索引》（1963 年版）等典籍记载，他系丙辰科进士之三甲第一百一十二名，为清朝永川县八名进士之一。

《清史稿·地理》说“慧山记续编四卷。邵涵初撰”。《慧山记续记》曾由“二泉书院”出版，时间为咸丰己未年，即咸丰九年，1859 年。

许曾荫主编的《永川县志》说他“官户部主侍升授郎记名简用道员”，与曾任山东巡抚、四川总督，曾经诛杀骄纵不法的大太监安德海的晚清清官丁宝桢交好，而他后来却“坐罪被斩”，若非自身贪污腐败，便是政治斗争的牺牲品矣。

3. 肖仕炳

肖仕炳（1855—1922），又名瑞深，号宦廷。松溉镇水井湾邵家坝子人。1879 年 7 月，赴成都求学，学成后，先后考取秀才、举人。1889 年，由于正式进士名额有限，捐资获得“恩进士”学号。先后在四川大竹县、宣汉县、岳池县任知县。1891 年，离任返回老家松溉，由于威望高，任松溉大保（相当于现在的镇长）至 1922 年。1922 年，逝世。生有二子。长子肖德成，号叔蔚，从永川英井中学毕业后从商。次子肖德聪，号稚骅，江津中学毕业，曾在民国时期任永川县田赋科科长、县参议员、参议会秘书长等职，1949 年随县长邱挺生起义。

4. 先国华

先国华（1914—1991），松溉镇新街子村石马山人。青年时期在松溉镇栀子铺培善堂药房当过学徒，生活无着落。1934 年，在川北参加中国工农红军，随红四方面军转战南北。1936 年，加入中国共产党。历任班长、管理员、副科长、科长、昆明军区后勤部组织计划处处长，以及云南省军区后勤部副部长、云南省军区后勤部政治委员、云南省军区副军职顾问等职。1955 年，被授予少校军衔。1967 年，先国华曾返回老家松溉看望乡亲和自己的两个侄儿。1991 年，先国华在昆明逝世，终年 78 岁，原永川县人大常委会副主任李发宽、县老干局干部古庆福前往吊唁。

5. 赖守国

赖守国（1932—2021），永川松溉人。1958 年从云南大学生物系植物专业毕业后，被分配到内蒙古大学生物系任教。1977 年，调回四川省永川县工作。1985 年，到重庆师范专科学校（今重庆文理学院）生物系任教。曾任重庆师范专科学校生物系副教授、重庆市植物学会理事等职。长期从事教学、科研工作，并多次进行野外考察。编写教材多部，撰写的教学科研论文有《内蒙古伊克昭盟库布齐沙漠植被报告》《沙生植物白刺根系研究报告》《内蒙古巴盟巴彦淖尔盟沙漠沙白生植被报告》《巴盟沙漠的海子燕水生植物调查报告》《西藏自治区吉隆自然保护区植被调查初报》《青海香日德农场植被现状》《四川省苔藓植物群落分布现状》《永川市植物现状》《重庆师专校园植物及其名录》《江津市四面山植被及其植物名录》《四川省苔藓植物群落分布现状》等 50 余篇，主要发表在内蒙古大学、重庆电大、重庆师范专科学校等高校的学报上。还结合教学需要建立了重庆师范专科学校植物标本室，采集制成植物标本 6000 多件，其成果已被收录入《中国植物标本馆索引》一书。

1989 年，赖守国被评为“全国优秀教师”。1994 年 12 月，赖守国荣获曾宪梓教育基金三等奖。

6. 秦贵治

秦贵治（1938—2014），1938 年 7 月出生于永川松溉。1956 年，从永川中学高中毕业后考入成都工学院土木工程系学习。1959 年，加入中国共产党。1959 年 12 月，获准在成都工学院提前毕业并留校工作。1960 年 1 月，由学校派送到清华大学第三届力学研究班研习流体力学。1962 年，从清华大学研究生毕业，返校后创建成都工学院流体力学教研室、实验室，任教研室主任兼党支部书记。之后又参与创建力学系，为学校力学专业的发展和力学系的建设做出了重要贡献，并在流体力学教研室基础上孕育、发展出力学重点学科生物力学。

他在科学研究和发明创造上做出了杰出贡献，硕果累累：1982 年 3 月，荣获四川省重大科技成果三等奖；1983 年 4 月，获得纺织工业部科技工作二等奖；1983 年 12 月，获得由国家科委颁发的科技发明三等奖；1988 年 12 月，获得水利电力部科技进步三等奖；同时，还获得了辽宁省、江苏省等省份的相关奖励。在此期间，秦贵治所在的成都工学院于 1978 年升格为成都科技大学，又于 1993 年与四川大学合并为四川联合大学，再于 1994 年与华西医科大学合并后改称四川大学。1994 年 10 月，国务院向四川大学教授秦贵治颁发了政府特殊津贴证书。2013 年 5 月，秦贵治教授把自己珍藏的读书笔记、教学笔记等手稿捐赠给了学校，被四川大学作为珍贵的历史档案永久收藏。2014 年 2 月，秦贵治教授因故不幸离世。

7. 杨本华

杨本华（1916—？），出生于松溉镇马路街，小学毕业于松溉寿尊寺小学，之后在原江津县白沙聚奎中学学习，因成绩优异，被成都县立中学（现成都七中）录取。他因父亲早逝，经济来源较少，高中毕业时正值自流井盐务局招职员，经考试被录用。工作三年后，又因求学心切考上浙江大学化工系，1944 年毕业，获工学学士学位。

之后在乐山五通桥化工公司工作。1945 年，日本投降后回老家，先后在松江、精诚两所初级中学任教到新中国成立。1949 年，曾任松江中学校长。1950 年 6 月，受聘到东北的锦西化工厂，先后任生产科长、厂总工程师。1960 年，调至北京化工设计院大连化工厂任工程师。1961 年，贵州新建大批化肥厂需要人，他又被调到贵州省都匀市剑江化肥厂任工程师。其间，省经委常借调他参与赤水、平坝、毕节等地化工、化肥厂的设计和建设。在此期间，他还是省政协委员。1966 年“文化大革命”开始后，他被定为“反动学术权威”在车间劳动。1970 年，厂里进驻军代表，他的问题被澄清。1975 年，贵州省化工局组织化工检查，委任他为检查组副组长。他尽心尽责，圆满完成贵州化工工业恢复工作。“四人帮”被打倒后，他获准退休，到成都定居。

8. 余光平

余光平（1912—2019），女，1912 年出生于原永川县城城郊一大户人家，1942 年出嫁到本县松溉镇苏家，是一位在那个时代罕见的知书识礼且 30 岁才出嫁的大家闺秀。丈夫苏国仁曾在国民党军队中担任团长，在 1949 年新中国成立前夕起义。夫妇二人育有四个子女，而今都健在。她本人则起居有规律。她 90 多岁时还能阅读长篇小说。2012 年过 100 岁生日时，子女陪她打麻将竟赢了所有人，让她直乐得哈哈大笑。2017 年过 105 岁生日时，还让孙子用车载她到永川城区畅游神女湖。2018 年过 106 岁生日时，接受记者采访，还背诵了好几首唐诗，是松溉镇目前最长寿的老人。

9. 熊德兴

熊德兴（1952—），永川松溉人，松溉“熊氏杆秤”第四代传人。自 13 岁起便跟随父亲学习手工制秤，迄今 50 多年从未停歇，被称为“是一种实实在在的坚守”。在这 50 多年中，他先是在原永川县二轻局当工人，后来工资关系又被划归到作为乡镇企业的永川县松溉衡器厂。再后来他退休了，并且杆秤已极少人问津，

◆熊德兴制作杆秤

他不但自己仍旧坚持做秤不辍，还把手工制秤的工艺传给了儿子，说这是祖宗传下的技艺，是一项珍贵的非物质文化遗产，不管有无经济报酬，只要做着心里就感到安逸——绝不能把它荒废掉了。

10. 龚君财

龚君财（1944—），松溉镇茅园村人，农民，民间歌手。种过地，打过石头，也当过船工，能演唱川江船工号子、石工号子、抬工号子、打夯号子等多种劳动号子。他在演唱时字正腔圆且富有乐感，声音能响彻几里外。2006 年，他参加《重庆时报》举办的重庆、四川、湖北等数省市号子类民歌演唱比赛获得第三名，同时赢得了“永川号子王”美誉。之后他相继接受了重庆电视台、中央电视台、新华网、《人民日报》等媒体的采访。他说自己唱号子初为劳动、工作之需要，到老年时唱则纯属自娱自乐。由于对民歌有深深的挚爱，他还做了一些基础的研究，撰写了《抬工号子的起源》等文稿，连同已经谱曲的民歌一同贴在自家墙壁上，以便于自己随时温习、不断提高。

第三节

松溉的名人轶事

冯玉祥将军在松溉

古镇松溉是原四川省永川县长江北岸的水码头，当时虽没有铁路、公路，成群结队的马帮驮运及水路木船、轮船的客货运输却畅通无阻，是川东永川、荣昌、大足、铜梁等县物资的主要进出口通道及集散地。这里共有 26 条大街小巷，商号林立，商贸繁荣。1938 年，蒋介石夫人宋美龄为安置抗属，在此建起实验区、纺织厂。1939 年秋，她还亲临古镇视察。1944 年秋末初冬，国民政府军事委员会副委员长冯玉祥路过松溉也特地停留，给古镇百姓留下了深刻的印象。

1944 年 11 月 19 日，风和日丽，天高气爽。时值周末，刚在松溉上初中的几个小男生，正在上码头趸船上看渔翁垂钓长江鱼，上午 10 时左右，民生公司从白沙开往宜宾的“民康”号轮船在松溉码头停靠。不少旅客下了船，最后下船的有四位旅客：其中两人穿着中山服，较年轻；另外两人是老者，但颇有精神。其中一人高大魁梧，上身穿着半新半旧的灰布对襟大褂，虽已进入初冬，衣领还是敞开着，下着蓝色布裤，脚上穿双圆口布鞋，左手拿根木制拐杖，右手拿着一顶刚从头上摘下来的旧呢礼帽。他从趸船上岸，不要同路的年轻人搀扶，上岸走路更是精神抖擞，的确不像一个老人。几个初中生对这些陌生人的姿态和动作十分好奇，便跟着他们一路上岸。旅客中一人忽然向学生问道：小同学，你们知道这里有个实验区吗？学生齐声回答说：知道，在西大街南华宫，纺织厂是蒋夫人开办的。那位老者听了，微微一笑。他们在大梁子河坝停下脚步，向四周观望，满脸笑容地谈论着松溉的美丽山川，忽然一个随从指着拿拐杖的老者向学生问：你们认识他老人家吗？学生说：不认识。他接着说：他就是我们尊敬的冯玉祥将军，国民政府军事委员会副委员长。几个同学不约而同地发出“哇”的一声尖叫，感到万分惊喜——他就是冯将军，就在我们眼前，他居然不坐专机，不乘包船，衣着这么朴素，和老百姓没什么两样！冯玉祥微笑着向大家招手，停留在河边的旅客、行人、船工一传十、十传百，大家都向冯玉祥将军走来。冯玉祥高兴地即兴讲了话。他说之所以在松溉下船，是来看看实验区的兄弟姐妹们，大家支持抗日有贡献。现在国难当头，全民要紧密团结抗日，一盘散沙要吃亏，后方要增产节约，支援前线，四川老百姓在这方面做得好；工人要好好做工，农民要好生种地，同学们要发愤读书，要成为顶天立地的人才。冯将军讲了十来分钟，赶来的群众越聚越多，下属人员催他离开，前往纺织厂没多少时间了。他的精彩讲话令群众听得津津有味，几个学生还带头鼓了掌。他也很高兴，临别时还向四周群众行了几个鞠躬礼。群众使劲鼓掌，对冯将军的评价很高，无不称赞叫好。

冯玉祥副委员长来到松溉的消息，很快传到了正街和塘湾街，老百姓聚集在街面最宽的火烧坝，大家几年前看了蒋夫人来松溉的情景还没有遗忘，心想：这次没有兴师动众冯将军又来了，我们松溉人真有福气。冯将军看见群众这样热情，就只好走走停停，右手拿着礼帽，不停地向群众挥手致意，群众也不停地鼓掌。在场没有一个士兵和警察，秩序却非常好。心诚药房掌柜端出凳子，拿出竹壳温水瓶，为将军一行献茶，冯玉祥忙点头致谢，并就地发表了简短讲话，主要讲抗日的道理及团结的重要：下江人和四川人同是中华儿女，工农要努力生产，商家要合法经商，支持前线，日本鬼子末日快到了。他声音洪亮、激昂，又讲了约 10 分钟才和群众辞别，还亲吻了几个小朋友的小手。大家不停地鼓掌欢送，精彩的场面和融洽的气氛很难用文字形容。大家评论说，冯玉祥都是 60 多岁的人了，不辞辛苦，还在忧国忧民，爱老百姓如同亲人，廉洁自律，提倡勤劳、节俭的新生活，真是可敬可佩！

到了纺织厂，时间已是 11 时 30 分许，由于事前没有接到任何通知，门卫不准来人入厂。随从人员及跟随其后的群众高声说是冯玉祥副委员长，门卫查验了证件才肃立请进，这时便有些惶恐不安，冯玉祥见其窘态忙说：你是好门卫，你忠于职守，令人称赞，不但不能斥责你，而且还应奖励你，若每个中国人都能像你一样忠于职守，抗日战争的最后胜利会很快到来。门卫听后心情舒畅，立即向将军举手敬礼。之后该门卫果然得到了厂方嘉奖。

冯将军在厂长陪同下，看望了车间职工和卫生所病号职工，再三嘱托不要惊动他人，吃过厂里的便饭，下午 2 时即乘民生公司“民文”号轮船赶赴宜宾继续考察去了。

（据松溉镇 2007 年编印的内部资料《灿烂的松溉民俗文化》中的文章改写）

第四节
松溉的名人碑记及题咏

一、纪念陈鹏飞的碑文及诗

1. 陈鹏飞墓碑碑文

前文已介绍，故此仅存题。

2. 敬拜陈鹏飞墓留诗

明朝万历年间，拔贡罗茹（籍贯不详）敬拜陈鹏飞（少南）墓后，留诗一首：

荒冢累累江上阿，谁怜风韵等东坡。
考亭已重文人选，晁氏独存诗解多。
合葬有铭苔掩映，荒丘无主柳婆娑。
我来一拜增惆怅，遥想瓣香意若何。

清朝光绪年间，綦江文人陈为言谒陈鹏飞墓后，写下洋洋诗篇，满怀激情，倾诉衷肠，为一代贤士忠良鸣不平，并义愤填膺、淋漓尽致地痛斥奸臣当道，家破国亡。诗曰：

松山之麓旗山阳，中有邛碣姓名香。

南宋迄今六百载，邦之人士切景行。

封山崇隆原爽垲，笆篱森戟草光芒。

更醵金缗权子母，春秋诔祭罗酒浆。

我着齿履访神道，昕蒸鬲炳增宗光。

潘志撮概祀时地，史逸幸藉邑乘祥。

吁嗟桧贼拥昏构，迁社竟忍父兄忘。

北狩已矣南渡急，四载浪走京师亡。

先生当日贡举耳，上书请讨慨而慷。

大臣不言小臣激，小臣不言书生当。

忤触权奸甘黜抑，潮惠韩出任颉颃。

机会可图人事误，可惜柄国促朝纲。

诏举不应归计决，天地闭塞贤人藏。

高风亮节贲志去，九原毅魄何轩昂。

知否奇冤岳忠武，半壁力竭文天祥。

天不祚宋非天意，建灾魁罪跨靖康。

敢云尚渝县特识，陇丘四顾心茫茫。

君不见，长江滚滚流不尽，飓风鲸浪摇沧桑。

3. 肖宦廷（肖仕炳）先生祭陈鹏飞文

少南（陈鹏飞）夫子死后，葬于松溉旗山之阳。自南宋灭亡，经元、明、清各代及民国，他对松溉文风起到了促进作用。为了纪念这位伟大的经学家、爱国诗人，自晚清而民初，后人曾两次为他维修墓地，树碑立传。为防止意外，并另立内碑，记叙史实，墓志铭为清朝贡生潘祖基撰写。迨民国初年，又由恩进士肖宦廷撰写祭词。每逢清明节，松溉绅、商、学各界知名人士，咸备酒醴鞭炮，前往夫子坟扫墓。19 世纪以来，此举已相沿成习，可谓经久不衰。“文化大革命”破“四旧”中，始随之而湮没。

下面是肖宦廷先生作于清末的祭文片段：

注经博三俊之誉，名噪江淮；学《易》以晁为宗，奥探要领。当其授餐适馆，未尝不见重权奸；那堪伏阙请诛，竟斥为妄言国事。都堂议礼，驳《公羊》立说之非；宰相恃权，岂书生聚讼可挽。一语竟遭贬黜，欢迎潮惠生徒；两宫不获生还，羞伍庙堂卿相。继而宸衷鉴及，迭颁起用之书；其如国运衰何？诬为朋党被阻……

4. 陈秉刚先生游夫子坟题诗

文采风流今不见，空留马鬃傲云烟。
旗山麓，松江边，巍然高耸葬前贤。
我生富有看山癖，胜地每逢留爪迹
……
奏议煌煌一纸书，先生高洁谁比伍。
（作于20世纪20年代）

又：

去年一度此登临，山色模糊认不清。
奈何万方多难日，那堪热泪洒心情。
（作于20世纪30年代）

二、明代徐公先登德政碑

此碑原存于松溉玉皇观，现已被毁。邑人凌夫惇（临江场人，明末曾任云贵学正太仆寺少卿）记。

永川，渝西隅之上邑也。上接昌元，下达巴江，左抚铜合，右连汶泸，赤冲壤也。兵燹后，邑之人，死于兵者半，死于饥者半，死于虎者又半，孑遗无几，皆舍庐而他徙。十余年来，千里无烟，长江绝渡。散之四方者，苟非披荆斩棘之仁人出而安集之，其不沦落遐方老死异域乎？癸巳（明万历二十一年）秋，徐公奉郡伯董公命，来治兹土，目击人烟断绝，古道无踪，遂向北而达赤水，越长滩箐抵瓮坪之地，遇有永人，即签一为首谕，以领率流旧来归。于是，攀葛藤，冒雨雪，往返五阅月，获三十余家。又以城垣崩圮，哀鸿鲜集，不得已侨至松溉，野翁无家，枯骸支枕，爰通榜劝化。邑人欢欣鼓舞，引类而归者甚众。是时山君肆虐，人多恐惧，公广募猎户殄灭，乃获安堵第。粒食为艰，耕者寥寥，公则请牛种米粟分给之。由是，民始得尽力南亩。公为政总以无讼为心，间有雀角，但集众和议，不事敲扑，以故亭稀斗讼。尤以开垦为重，凡开一亩者，必加意奖劝。老幼者，存恤之。几秋无市，三载餐荠，四壁萧疏，囊无余积，公之操行廉矣，公之居心苦矣。邑之人得复故庐，见先冢，乐稼穑，然火辉耀，炊烟四起，非公之善政，何以至此。兹因陈君特述舆情之请而记之，非徒颂公之德，亦以励后之为民父母者。公讳先登字忠辅，黔之贵阳人。

（选自清朝光绪年间的《永川县志》）

三、历代文人在松溉的题咏

1. 吟诗松溉（王渔洋）

峭壁临江势欲倾，丹砂蘸叶一江明。
囊中正有鹅溪绢，只少黄荃为写生。

王士祯（1634—1711），清初著名诗人，字贻上，号阮亭，又号渔洋山人，死后因避雍正（胤禛）讳，改为士正。山东新城（今山东桓台）人。顺治十五年（1658年）进士。次年，出任扬州推官。后升礼部主事，官至刑部尚书。康熙四十三年（1704年），因受王五案失察牵连，以“瞻循”罪被革职后回乡。

这是王士祯沿长江东下，船过松溉时写下的一首行旅诗。松溉濒临长江，那里有温中坝，有使艄公胆战心惊的哑巴溉、九大矶，有“每江水泛溢，声震百里，舟橹上下不行，盖绝险也”的东岳沱，故诗有“峭壁临江势欲倾”之句。此处用丹砂一词并无深意，不过是形容飘落在江面的枫叶红似火，有如丹砂染就，与寥廓江天的黛绿形成强烈的色彩对比罢了。三、四句紧承前两句，谓松溉江山如画，行囊中又有可供挥毫的高级画布——鹅溪绢，但令人遗憾的是没有作画的人，“只少黄荃为写生”！

2. 十一夜泊松溉南野岸见月同亥白作（张问陶）

十月苦阴雨，推篷月乍来。
眼明千嶂出，心远一江开。
诗笔潜虬避，朝衫过客猜。
他年说松溉，举酒空徘徊。

张问陶（1764—1814），字仲冶、乐祖，号船山、老船、豸冠仙史、宝莲亭主、蜀山老猿、药庵退守、群仙之不欲开天者，四川遂宁人，清初名臣张鹏翮（1649—1725）曾孙。乾隆五十五年（1790）进士，曾任翰林院检讨、江南道监察御史、吏部郎中。后出任山东莱州知府，未几引疾归，年未五十侨居苏州，言其所居曰“乐天天随邻屋”。才情横溢，诗名重于海内，所作多表现生活及写景题画之诗，情调流于感伤。所为古文辞，奇杰廉劲，其诗极为袁枚推重。他在松溉曾作停留，故有此诗。《诗经》中有以阴沉景色反衬愉快心情的千古名句，此诗亦有类似表现手法，“眼明千嶂出，心远一江开”，似乎诗人诗情旷达，其实不然，十月的阴雨使诗人为之苦，阴雨天见月，实属不易，可即使见了月，也只能徒增相思、乡思之苦，甚至“他年说松溉”，也只能“举酒空徘徊”。人们评论他的诗，多指其“情调流于感伤”的特色，窥此诗，亦可见其于一斑矣！

四、松溉“化民亭”亭联及墓联

新运纺织厂农场技术负责人林化民，早年毕业于南京金陵大学农科，博学多才，长于园林，勤钻研，重改造，至今口碑载道，惜乎过早辞世，为表哀思，松溉各界在石包冲建“化民亭”，以示纪念。陈秉刚先生为亭、墓撰书各一联。

亭联为：

孤亭镇日迎风月，
大地何年解甲兵。

墓联为：

胜有茅亭撑溉北，
独留荒冢望江南。

五、松溉文人陈秉刚诗选

陈秉刚先生在抗战时期的诗作不少，但保存下来者寥寥无几，选录一首于下：

旅戍铸下中兴局，薪胆池吴雪耻心。
誓灭楼兰期到底，挥戈喜见鲁阳军。

1952 年，陈秉刚退休后，在党的关怀和教育下自觉改造思想，学习毛主席著作，购到《毛泽东选集》后非常高兴，立即在书上题诗一首：

南北分函购此书，众云无卷费踯躅。
惊收包裹传弥渡，解渴欣含押忽珠。

六、松溉各界悼张斯棨的诗歌

张斯棨曾任永、荣、隆、泸、合、津、巴七县联团督察长，驻松溉镇保一方平安。1926 年 6 月，以“草菅人命、挑衅军团、违抗政府”等罪名被驻防永川的军阀蓝文彬枪毙。1927 年，人们为其举行隆重追悼会。现选录挽诗和挽联各一于下：

挽诗：

革命思潮涌，清廷庆推翻。
军雄争夺柄，不甘伴虎狼。
返里倡民治，击匪上东山。
闾里获安堵，忽焉噩耗传。
吁嗟乎！长城毁，泪盈腔。
壮士捐躯不复还，霜飞六月倍凄凉。

挽联：

毁我长城，不死于陷阵冲锋，七县同悲联团长。
爱遗桑梓，泪洒遍昌州溉水，千夫共指人面狼。

七、钟代华的新诗《魅力古镇松溉》

钟代华（1963—），当代诗人，儿童文学作家，中国作家协会会员，重庆作家协会副主席，重庆市永川区政协原副主席，永川区文联主席，民进永川区委原主委。著有抒情诗集《微笑》《穿过那段雨声》和儿童诗选《纸船》《让我们远行》《迎面而来》《画山的孩子》等多部，获得第六届宋庆龄儿童文学奖、第13届陈伯吹儿童文学奖、第三届薛林怀乡青年诗奖、建国40周年重庆文学奖、首届重庆儿童文学奖、“小天使”铜像奖等诸多大奖。

魅力古镇松溉

你可知道，有棵远古的石松
参天直上，即将顶破天庭
玉皇大帝无比恐慌
你可知道，二郎神张弓搭箭
呼啸而出，树断枝裂

惊呆了神兵天将
那颗带翅的大松果
伴着沉沉的夕阳
掉落在长江边上
从此，长出了巍巍松子山
长出了依江而立的高昂，从此，涓涓溉水，汩汩清亮
从此，松溉的名字
就像那个迷离的传说，源远流长

松溉，一个神奇久远的地方
也许是上天的赐予
这里的山水灵气荡漾
青紫山下，田园绿野
飞龙洞瀑布，碧翠溅玉
长江中坝，浪拍金沙
青草芦苇，云飘鸟翔
你可饱览过这里的无限风光

松溉，一个自然美丽的地方
也许奇迹已深深地扎根
这里延绵着风雨也难剥落的怀想
一座座祠堂，犹显当年荣华
一处处四合院，宁静恰如那青苔沿阶而长
古县衙依稀的威严
难道似那抹紫烟，升绕在凤凰山上
古牌坊的残痕
藤缠叶绕，难道在诉说那个爱情的绝唱
高高的风火墙，飞檐翘角，凌空远望
悠悠青石板，镶嵌着多少厚重，让你醉入梦乡

十里长街，蜿蜒小巷
谁在将漫长的古朴轻轻敲响

松滋，一个优雅经典的地方
曾经，马蹄声急，铃儿叮当
曾经，纤夫号子，帆影苍茫
陈鹏飞墓碑，摩崖石刻
刻下多少精湛的辉煌
陈氏兄弟，更是风流倜傥
新运纺织纱厂
远离战火，也曾在这里兴旺
松滋往事，谁能遗忘

松滋，一个人文灿烂的地方
嚼一口松滋盐白菜
尝一杯百年老字号的松滋健康醋
你可品味出那名扬天下的醇香
还有那火电三期工程
还有那西部饮水工程
还有那国家级重点职中
还有那红红火火的民风民俗
还有那崛起繁荣的新港
长江日出，浪花翻卷
你可倾听到松滋人超越的远航
千年古镇，历史名镇
松滋的寸寸土地，行行脚印
沐浴着一片片青春的阳光
走一走，看一看
游一游，想一想

魅力松溉，谁不神往

松溉，一颗古老而新鲜的明珠
璀璨文明，辉映着万里江山

[原载于2010年编印的《松溉镇志》（内部资料）]

八、张景一《沁园春·松溉古镇》

张景一，松溉人，原系江汉油田天然气勘探处处长。现为重庆市诗词学会会员、江汉诗词学会理事、三峡诗社秘书长。

十里长街，百家商号，千年码头。
忆戏楼茶馆，音清座满；殿坛庙观，火旺香悠。
陈院罗祠，酱园纱厂，奇事名人史册留。
归帆近，听寺钟衙鼓，缕缕乡愁。
伞街花巷门楼，有中坝江桥漫泛舟。
看河灯勾梦，三维动影；乡筵馋客，一醉方休。
广场廊亭，千人拱手，民朴风淳诗意柔。
抬望远，叹新客旧貌，正展鸿猷。

九、松溉古镇古建新联征集作品选

1. 牌坊联（共4副）

咸丰收

五千年风浪雄豪，兼天接地。
一万里帆樯辐辏，继往开来。

梁志涌

边镇中兴，古色于今香域外；

大江东去，涛声依旧绕坊间。

市井呈祥，祠院几家焕彩；

江山如画，俊贤千古流芳。

郭万擀

小镇千秋，瑰材报国古今有。

大江万里，乳汁哺民记忆多。

景有云

松风古韵，一派生机辉日月。

溉水新潮，满江玉液醉烟霞。

2. 陈鹏飞（陈少南）故居（共 7 副）

（1）大门（1 副）

冯泽尧

名称三杰此门令望彰徽德，

官挂一书本土为行成美谈。

【注】陈鹏飞与苏轼、张子韶并称“注经三杰”。令望，谓仪容善美，使人景仰。徽德，美德。官挂，指陈少南因上万言书得罪秦桧被贬官回乡。为行，谓行仁义之事，此指回乡教书一事。美谈，令人赞扬称道的好事。

（2）品酒房（1 副）

黄顺江

大坛玉液君须品，

小屋余香我自留。

（3）厢房（5副）

郭万擀

少修经史传中道，

南渡人臣思北征。

张昌华

尚质尚文，德业昌言宣至理；

闻诗闻礼，威名清吏做真师。

黄家田

贤哲鸿文昭日月，

雄豪浩气贯山河。

吴太康

枕上难眠，愁听江涛号子；

堂前细想，常思社稷风雷。

赵杰凡

博览群书，知地知天知世道；

精通周易，筮人筮物筮玄机。

3. 陈家大院（共6副）

（1）大门（1副）

咸丰收

礼乐传家，家声累世承三恪；

风华满族，族裔高名誉九州。

【注】三恪，夏禹之后封于杞，商汤之后封于宋，虞舜之后封于陈，称为“三恪”。

（2）厢房（2副）

夏业昌

满院书香忠义士，

一门俊秀栋梁材。

张正先

古镇探清幽，有风有月；

陈门凭景仰，亦德亦才。

（3）其他（3副）

蔡有林

竹叶萧萧，节气长同清气永；

宗门济济，英才更与博才多。

周明扬

经商重信家资富；

教子从严贤士多。

李坤栋

院庭雅澹，清韵幽馨盈溉水；

族党兴隆，高人雅士出陈家。

4. 古县衙（共4副）

（1）大门（2副）

冯泽尧

我这衙门，有理便能进；

你那案子，无钱亦可来。

梁志涌

门户重开，故署深深藏故事；

云霞蔚起，长江滚滚动长风。

（2）囚房（2副）

王仕新

民水犹如舟下水，

政风莫当耳边风。

冯泽尧

满牢善恶凭谁断，

一纸是非唯我知。

5. 马帮议事厅（共6副）

（1）大门（1副）

梁志涌

早知尘世艰辛，将身托骡马；

都是自家兄弟，有事好商量。

（2）其他（5副）

王仕新

商谈要事，涉水爬山闯南北；

恪守行规，扬鞭催马载东西。

冯素兰

山间铃响马蹄疾，

月下烟香酒脚甜。

朱开全

驮袋千斤，尽载风霜雪雨；

铁蹄四掌，周游春夏秋冬。

梁志涌

路有陂陀，四蹄双腿不辞远；

事无巨细，众议群言皆摆平。

蔡东

老马识途，何惧山高路险；

诚心聚议，唯期事顺人和。

跋 语

江流千古 溉水焕然：松溉正面临新的发展机遇

从冰原最初的一滴清泉，到沱沱河的奔流，长江源头的活水继续东去，通过当曲后变身为通天河。当通天河南流到青海玉树巴塘河口，其以下至四川省宜宾市之间河段，又成为著名的金沙江。当金沙江汹涌到宜宾，与岷江汇合，“长江”得以正名。

有数据表明，沱沱河段长约 358 千米，通天河段长约 815 千米，金沙江（到达宜宾）段长约 2308 千米，宜宾到达松溉约 229 千米。从源头到松溉，长江已经走过 3700 千米左右。松溉几乎处于长江的“中间”地段。

◆古镇面貌

长江从朱沱、松溉交界处的青草湾进入松溉后，虽然全长仅 7.5 千米，但同样具有沟通千年、连接万里、造福盛世大业之功。

相对而言，长江河道松溉段，与上游较多地方比较，显得更为平坦和宽阔。但此处古老的长江河道与今天的河道相比应该较窄。明万历二十一年（1593 年），知县徐先登迁县治到松溉后，离松溉旧城往北一里许重建松溉新城，以避水患，可以让人想象，其时旧城离江水更近。其时松溉新城即今松溉街道所在，而如今江水又几乎逼近“城下”。可见江面随着历史的推进在不断拓宽。可以想象，在古代，松子溉水从山口流出而后进入长江尚有一段距离，就是这段距离的水面和长江近岸之水形成了一泓清水，出现“澄江如练”的美景，引人观瞻。

此景至清朝康熙年间尚存，引得郡守陈邦器大书“澄江如练”四字而刻之。

上述情况证明，古松子溉水量是很大的，甚至能行船开展航运。

当松子溉水完全汇入长江后，即刻随长江主流往东奔去。但长江主流随即受到江中的巨石阻拦。长江之中顿现惊涛拍岸、千堆雪起的凶险景象，十分不利于航运。过往船客，或刚刚经过松子溉入江口，赏过“澄江如练”的美景，不经意间突见急流，便以为此为松子溉所为，故称其为“哑巴溉”，寓意其来得突然而悄无声息。

松子溉出山之后至长江主流之间一段流水，平缓慢行，长年累月，就在入江口形成大量泥沙，以至淤积成小的沙洲，不仅使松子溉水流受阻，也使其航运功能大为降低。

明代知县徐先登将县衙迁往松溉后，还做了一件意义很重大的事情。就是凿上溪沟往上衔接肖家河引水南流，下达下溪沟，注入长江，以改善航运，促进松溉北面的物资南运。

这说明，至明朝万历年间，松子溉仍然具有重要的航运功能。

长江河道中，“澄江如练”之下，过了巨石乱流之后，临近今江津界处，江水重又变得平缓，大量的泥沙又在这一段江面沉积，岁月不断，积沙日多，此处长江河道便也逐渐淤积，形成长江出松溉处一大航行阻碍，被人们叫作“大矶碉滩”。

清朝顺治十八年（1661 年），清政府委任的永川知县赵国显到任。因战乱，永川县城被毁，居民无几，县衙仍驻松溉。赵国显招抚流亡之民，挖掘河沙，疏浚河道，让水道扩大，使河道通航能力得到提高。长江松溉段再现蓬勃生机。

新中国成立后，实行川江航道整治，天堑变通途，长江水运于是进入黄金时代。

改革开放以来，不但原来在江面上往来的小舢板儿早已换作钢铁的巨舰楼船，陆路交通更是突飞猛进，随着高速公路、高速铁路的次第开通，从松溉到重庆主城或者成都，都是一个小时左右的工夫。特别是进入新时代以来，重庆、永川两级党委政府高度重视松溉古镇的开发利用和建设发展，古镇干部群众也更加意气风发、奋力前行，一张宏伟的规划蓝图正在形成……

大江东去，浪淘尽，千古风流人物。松溉，这个千年古镇和历史文化名镇，在历经百代沧桑、饱受岁月洗礼后的今天，正面临着新的发展机遇。

向前向前向前，大江东去，不停拍向岸边的浪花，也淘尽千古之中许多支流，使它们经历了无数岁月的沧桑。随着长江河道的自然拓展，松子溉入江口不断后退。长江水位不停提高，加上松子溉下泻水流的减少，江水开始倒灌。松子溉从此更与长江生命相连，呼吸与共。

伫立江岸，眼见江上帆影点点，耳闻川江号子阵阵传来。长江之上，百舸争流，穿云钻雾，东来西往，带着神秘，带着欢畅，让许多松溉人充满向往，给许多松溉人带来梦想。江水带来不同的物资，带来形形色色的人物，带来不同的民俗，带来不同的文化，松溉在接纳和学习中，也学会了下水入江，把大大小小的船只划向目的地，开往期待的地方，追逐向往已久的梦想。

◆古镇未来街景规划图

◆古镇未来游客中心规划图

长江流经青海、西藏、四川、云南、重庆、湖北、湖南、江西、安徽、江苏等省(自治区、直辖市),最后在上海市注入东海。长江在湖北省宜昌市以上为上游,水急滩多;宜昌至江西省湖口之间为中游,湖口以下为下游。松溉,作为长江上游的历史文化名镇,与长江朝夕相伴,共生共荣,见证了许多的江风渔火,共同度过了无数岁月。

"万里长江我为中",松溉人以长江为起点,上溯川江,沟通滇、黔、渝、湘、楚、赣、皖、苏、沪,长江水系所在无处不到。从历史出发,松溉不仅得到长江带来的恩惠,也通过桨橹和纤夫,将永川、松溉元素传向江河所连的广大地域,一直走到今天。

白日千人拱手,入夜万盏明灯……十里长街,九宫十八庙,述说着松溉曾经的峥嵘岁月和可堪追忆的辉煌。

选择、接纳、学习、吸收、融合,传承、发展、开拓,创新,深化改革开放,江流千古,溉水焕然。松溉人总是站在新的高度,不断绘出更美好的蓝图,把梦想的色彩渲染到更开阔和遥远的地方……

岁月洗礼,人文酝酿,时代创造,松溉终究成为长江上游的历史文化名镇。2008年年底,松溉实至名归地入选第四批中国历史文化名镇。"一品古镇,十里老街,百年风云,千载文脉,万里长江。"旧时"水码头",如今焕然一新,成为永川重要的水陆出口。松溉,正以规模发展走向新征程。

以永川城区人民广场为中点，松溉、箕山薄刀岭连成一条直线。从海拔 1025 米的薄刀岭，到海拔 199 米的松溉江岸，箕山为永川提供了高尚、灵动的茶竹雅韵，而松溉为永川拓开了远眺祖国更广大山河的望眼。到中流击水，浪遏飞舟。松溉作为永川重要的水路出口，必将为永川的航船走向世界、五湖四海的来客走向永川，继续做出贡献。

◆古镇未来亲水图景

主要参考文献

（一）著作类

1. 重庆永川市陈食镇志编纂组 . 陈食镇志 [M]. 成都：四川人民出版社，1999.

2.《永川区第三次全国文物普查成果专辑》编委会 . 见证永川 [M]. 北京：中国戏剧出版社，2013.

3. 赵万民，等 . 松溉古镇 [M]. 南京：东南大学出版社，2009.

（二）期刊论文类

邓思薪 . 明清时期长江水运与沿岸城镇的互动发展——以松溉古镇为例 [J]. 宜宾学院学报，2015，15（1）：66—72.

（三）其他类

1. 松溉陈氏（钟湾）族谱 [Z].

2. 松溉罗氏族谱 [Z].

3. 永川区文化委员会，永川区政协文史资料编辑委员会 . 永川文物与文化遗产（永川文史资料选辑第三十一辑）[Z].

4.《永川市松溉镇志》编纂委员会 . 永川市志 · 松溉镇志 [Z].

5. 中共重庆市永川区松溉镇委员会，重庆市永川区松溉镇人民政府 . 灿烂的松溉民俗文化〔渝新出内（2007）字第 226 号〕[Z].

6. 中共重庆市永川区松溉镇委员会，重庆市永川区松溉镇人民政府 . 松溉古镇轶事 [Z].

7. 中国人民政治协商会议四川省永川县委员会文史资料组 . 永川文史资料选辑 [Z].